W. de Porta

Weltlicher Humor in Geschichte, Recht und Gesetzgebung

W. de Porta

Weltlicher Humor in Geschichte, Recht und Gesetzgebung

ISBN/EAN: 9783743477582

Hergestellt in Europa, USA, Kanada, Australien, Japan

Cover: Foto ©ninafisch / pixelio.de

Weitere Bücher finden Sie auf **www.hansebooks.com**

Weltlicher Humor

in

Geschichte, Recht und Gesetzgebung.

Von

W. de Porta.

Neue Ausgabe.

Paderborn.

Druck und Verlag von Ferdinand Schöningh.

1895.

Zweigniederlassungen in Münster, Osnabrück und Mainz.

Inhalt.

I.

Geist, Witz und Humor der Alten.

Was ist Witz? Was ist Humor? Diese Frage ist oft aufgeworfen und beantwortet worden, selten aber ausreichend und befriedigend.

Lessing wollte „Humor" mit Laune übersetzen. Er hatte Unrecht und nahm das auch später in seiner Dramaturgie wieder zurück und sagte: Humor und Laune sind verschiedene Dinge, Laune kann zu Humor werden, aber Humor ist außer diesem einzelnen Falle nie Laune. Laune ist in der That nur die physische Stimmung zum Humor so gut, wie zu dessen Verwandten oder, wenn man will, Steigerungen, dem Witz und der Satyre. Der Humor entspringt lediglich aus dem Gemüthe, wogegen der Witz gleich wie die Satyre mit ihren Abstufungen der Ironie und dem Sarkasmus im Verstande ihren Sitz haben. Witz ist das Vermögen, verborgene Aehnlichkeiten aufzufinden, Verstand das, verborgene Unterschiede zu entdecken. Der Witz springt, der Verstand geht Schritt vor Schritt; der Witz findet, der Verstand, das Genie erfindet, um zu personifiziren: Voltaire ist Witz, Franklin Genie.

Jean Paul, anerkannt einer unserer großen Humoristen, definirt deshalb den Humor ziemlich richtig: als das umgekehrt Erhabene, er erniedrigt das Große, um ihm das Kleine, er erhöhet das Kleine, um ihm das Große an die

Seite zu setzen und so beide zu zernichten, weil vor der Unendlichkeit alles gleich ist und nichts. Wenn aber unser großer Humorist nun weiter geht und dazu übergeht, jene ihn so sehr auszeichnende Eigenschaft in ihre einzelnen Bestandtheile zu zerlegen und er darnach einen lyrischen, einen dramatischen und einen epischen Humor herausdestillirt, so muß man bedauern, daß er auf diesem Gebiete, wo er als Praktiker so sehr zu Hause, als Theoretiker auf Abwege geräth. Er verwechselt die Form mit der Sache und könnte auch eben so gut einen historischen, medicinischen, philosophischen und theologischen Humor erfinden und am Ende gar einen katholischen und protestantischen! Der Humor läßt sich eben auf kein bestimmtes Gebiet begränzen und in keine bestimmte Formen einengen, er ist überall zu Hause, wo die kleine Außenwelt mit der Erhabenheit großer Ideen in Conflict kommt, und gerade da am meisten, wo diese Contraste am größten. Da schreitet er aber auch am meisten aus, zur strafenden Ironie, zum beleidigenden Sarkasmus und verliert seine Berechtigung in der gebildeten Gesellschaft, verletzt Geschmack, Sitte und Ehre. Der Witz soll den Umgang beseelen, die Langeweile verbannen, den Lebensgenuß erhöhen, soll leicht, froh und gaukelnd sein, wie der Schmetterling um die Blume im Sonnenstrahle. Humoristische Menschen sind in der Regel auch gute Menschen. Der eigentliche erheiternde Humor kennt keinen Neid und keinen Geiz, aber alle anderen Leidenschaften, die das Leben bewegen, ziemlich genau. Ein Humorist ist niemals eigennützig. Er ist aufopferungsfähig, er ist im Stande, sich selbst zu verleugnen und seine schwachen Seiten noch genauer zu ermitteln, als selbst seine Feinde. Er hat nur e i n e schlimme Seite: er ist ein Zweifler an Allem, sogar an dem, was er selbst behauptet.

Wir begründen unsere Bemerkungen und Behauptungen mit einem Gange durch die Geschichte des Alterthums.

Das alte Griechenland, von wo die Kultur über die ganze Welt sich verbreitet hat, war auch die Heimath des Witzes, den die Römer zwar weiter kultivirten, ihn jedoch an Feinheit und Zartheit nicht erreichten. Des Witzes bedienten sich die Staatsmänner, Gesetzgeber, Philosophen, Dichter und Künstler, ja sogar die niedere Volksklasse: der Witz war zum Gemeingut aller Hellenen geworden. Wie der König sprach, wie der Dichter sang, wie der Künstler formte und der Bildhauer meißelte, Alles war in Witz gekleidet und geformt.

Das „attische Salz" und die Lakonismen der Spartaner, die wir in unserer Jugend auf den Schulbänken als Ausbruck heroischer Gesinnung bewunderten, haben die Jahrhunderte der Weltgeschichte überdauert und dienen bis zur Stunde noch als Muster. Sokrates, der Weiseste unter den Weisen, war berühmt wegen seines unvergleichlichen, stoischen Humors. Als ihn seine Xantippe vor der Hausthüre auszankt und ihm gar dann ein Gefäß voll schmutzigen Wassers nachwirft, ruft er: „Dachte ich doch gleich, daß auf das Donnerwetter Regen folgen werde." Bei der Nachricht: „Die Athener haben Dich zum Tode verurtheilt," erwiderte er kalt: „Und die Natur sie." Als man ihm einst hinterbrachte, daß die Leute auf ihn schimpften, antwortete er ruhig lächelnd: „Mögen sie mich auch schlagen, wenn ich nur nicht dabei bin." Als seine Schüler um ihn versammelt waren und in Klagetöne ausbrachen, daß er unschuldig sterben müsse, da sagte er: „Wünschet Ihr etwa, daß ich schuldig sterbe?" Von einem prächtigen und eben erst vollendeten

1*

Palaste eines Fürsten bemerkte er ironisch: „Alles eilt herbei, um den Palast, Niemand, um den Fürsten zu sehen."

Diogenes, den man den „närrischen Sokrates" nannte, war gleichfalls ein Witzbold ersten Ranges, und zwar ein cynischer, der am helllichten Tage mit der Laterne nach Menschen suchte. Als man ihm ein kleines Städtchen zeigte, das ungeheure Thore besaß, sagte er: „Das geschieht aus Furcht, die Stadt möchte davon gehen." Wie drastisch verhöhnte er nicht Plato's Definition des Menschen als eines unbefiederten Zweifüßlers, indem er einem Hahn die Federn ausrupfte, ihn laufen ließ und der Menge zurief: „Da sehet den Menschen des Plato." Als einer sich wunderte, daß man eher einem Armen oder Kranken etwas schenke, als einem Philosophen, sagte er: „Man denkt eben an die Möglichkeit, selbst arm oder krank zu werden, während man vollkommen sicher ist, kein Philosoph zu werden." Bei einem glänzenden und langen Gastmahle wunderte er sich, daß die Diener im Rücken ihrer Herren sich so lange enthalten könnten, über die Speisen herzufallen. Verurtheilt, eine Stadt zu verlassen, in welcher der Aufenthalt sehr unangenehm war, rächte er sich mit den Worten: „Und ich verurtheile die Einwohner dort zu bleiben." Dem Aristoteles werden sehr viele und gute Witze nacherzählt. „Nicht wahr, ich habe Dich gelangweilt?" fragte ein Schwätzer den Aristoteles. „O nein, ich habe Dich nicht angehört!" Als ihn wieder ein Zudringlicher mit der Erzählung seiner Wunderthaten behelligte und sagte: „Nicht wahr, das ist wunderbar?" antwortete er: „Wunderbar ist, daß ich Dich anhöre." Auf die Frage, warum er die äußerliche Schönheit liebe? antwortete er: „Das ist die Frage eines Blinden." „Schönheit," meinte er, „ist ein großer Empfehlungsbrief der Natur." Die „Hoffnung"

nannte er geistreich den Traum eines Wachenden. „Eine Sache,"
sagte er, „die erwiesenermaßen gut ist, nochmals unter=
suchen wollen, heißt das Tageslicht mit einer Lampe suchen."

Solon, der weise Gesetzgeber der Athener, pflegte
gleichwohl von den Gesetzen zu sagen: „Sie gleichen den
Spinnegeweben, worin man nur die Mücken fängt." Als
man ihn fragte, ob die den Athenern gegebenen Gesetze
die besten wären, antwortete er: „Ich habe ihnen die
besten von denjenigen gegeben, die sie ertragen können."
„Nur jener Staat," setzte er hinzu, „ist dauerhaft, wo der
Magistrat den Gesetzen und das Volk dem Magistrate ge=
horcht." Die Städte nannte er die Herbergen des mensch=
lichen Elends. Von Demosthenes, dem großen Redner, sind
viele geistreich=witzige Antworten überliefert. Einem jungen
Schwätzer bemerkte er: „Warum hat derjenige, der Dich
sprechen lehrte, nicht auch das Schweigen Dich gelehrt."
„Nichts ist leichter," meinte er, „als sich selbst zu betrügen,"
und wieder: „Nichts ist schwerer, als Vielen zu gefallen,
wenn man Vielen zu gebieten hat." Das Gesetz nannte
er: Die Seele des Staates.

Thales, dessen Wahlspruch lautete:

Ἐγγύα, πάρα δ' ἄτη,

Sponde, sed praesto et laesio,

Kein Bürge ist geborgen,

oder wie das deutsch gewordene Sprüchwort sagt:

Bürgen soll man würgen;

gab auf die Frage, welches die größte Seltenheit wäre, die
eben so wahre als witzige Antwort: „Ein alter Tyrann."

Pittakus, dessen Wahlspruch:

Γίνωσκε καιρόν,

Tempus noris,

Beobachte die gelegene Zeit!

sagte auf bezügliche Fragen: „Unter allen Dingen ist die Zeit das Dankbarste, die Zukunft das Dunkelste, die Erde das Getreueste und das Meer das Ungetreueste."

Auch von Bias, dessen Leibspruch war:

Οἱ πλεῖστοι κακοί,

Plures sunt mali,

Die Bösen sind die Mehrzahl,

mag folgende schöne Antwort hier ihren Platz finden: Er hatte einst als Richter schuldig Befundene zu verurtheilen; als ihm bei dem Ausspruche der Sentenz Thränen entfielen, und man um den Beweggrund fragte, sagte er: „Eine Thräne gebührt der Natur, die andere dem Gesetze."

Bion, ein Philosoph der tyrenischen Schule, bekannt als Religionsspötter, bespöttelte selbst den Homer, welcher den Agamemnon das Haar sich ausraufen läßt, als wenn man die Schmerzen nicht so fühlte, wenn man einen kahlen Kopf hätte. Als einst der Dichter Theognis dem Alcibiades ein Gedicht vorlas, worin folgender Vers enthalten war: „Ein armer Mann kann niemals was reden oder thun, weil seine Zunge fest dadurch gebunden ist", da sagte er zu ihm: „Warum belästigst Du uns mit so vielem unnützem Geschwätz, da Du doch so arm bist?"

Zeno, dem gegenüber Jemand die Behauptung auf- stellte, daß die Weisen nicht lieben dürften, antwortete tref- fend: „Wie unglücklich werden dann die Weiber werden, wenn sie nur Narren lieben sollen."

Antisthenes, ein atheniensischer Philosoph aus der Schule des Sokrates, verspottete die Ernennung von in der Kriegs- kunst unerfahrenen Männern zu Generalen durch die Frage: „Kann man denn durch ein Dekret Maulthiere zu Pferden machen?"

Themistokles und Aristides, das Dioskurengestirn der Athenienser zur Zeit der Perserkriege, galten beide für witzige Köpfe. Von ersterem sagte sein Lehrer voraus, daß er entweder das Heil oder der Ruin seines Vaterlandes sein werde. „Er gleicht einem wilden Pferde, das Wunder thut, wenn es gebändigt ist." Gefragt, ob er lieber Achilles oder Homer sein möchte, antwortete Themistokles: „Das heißt fragen, ob ich lieber Sieger als Herold sein möchte." Als er sein Landgut zum Verkaufe aussetzte, fügte er zur Rechtfertigung des geforderten Preises hinzu: „Auch der Nachbar ist gut." Als ihn Jemand lehren wollte, wie man das Gedächtniß stärken könne, sagte er: „Lehre mich lieber, wie man vergessen kann." „Die angenehmste Musik," meinte er, „ist der öffentliche Zuruf der Zufriedenheit." Als man nach einem geschlossenen Frieden ihn vernachlässigte und nach dem Grundsatze behandelte: der Mohr hat seine Arbeit gethan, der Mohr kann gehen, verglich er sich mit einem Baume, unter dem man nur Schutz suche, wenn ein Gewitter aufziehe. Aristides, der Gerechte, erhielt diesen Namen von dem oft ausgesprochenen Wahlspruch: „Ich hasse die Intriguen aus Furcht, die Ungerechtigkeit zu autorisiren." Zu einem Geizigen sagte er: „Dein Reichthum macht Dir mehr Sorgen, als mir meine Armuth."

Perikles, der größte Staatsmann des Alterthums, besaß ungemein viel Geist und Witz. Von einem seiner Freunde angegangen, aus Staatsgründen eine Thatsache eidlich zu erhärten, sagte er: „Wir sind Freunde, doch nur bis zu den Altären." „Eine Magistratsperson," behauptete er, „muß nicht nur reine Hände, sondern auch reine Augen und eine reine Zunge haben." Einst staunten die Soldaten über eine Sonnenfinsterniß. Perikles hielt einem den Mantel vor's Gesicht und fragte ihn: „Ist das denn ein Wunder?" Die Schwester seines Todfeindes Cimon, Elpinice, die sich in einer Gesellschaft gegen ihn Sticheleien — nicht ohne Anflug von Koketterie — erlaubte, fertigte er ab, indem er ihr einen Vers aus dem Archilochus zitirte, welcher lautet:

„No corpus unguentis anus tuum linas."
„Schminke Dich nicht, Du bist schon zu alt dazu!"

Von den Spartanern sind nicht minder viele geistreichwitzige, meist sarkastische Antworten bekannt. Viele jener Lakonismen, die wir in der Jugend lediglich als den Ausdruck heroischer Gesinnung bewundern, gehören in das Gebiet jenes kaustischen Witzes, der den Spartanern überhaupt eigen war. Die Rede der Gesandten von Samos, die um Früchte baten, mißfiel zu Sparta. „Wir verstanden das Ende der Rede nicht," sagten die Spartaner, „weil wir den Anfang nicht mehr wußten."

Auf König Philipps Brief: „Wenn ich nach Lacedämon komme, werde ich sengen und brennen!" antworteten die Lacedämonier blos mit „Wenn". Als die griechischen Staaten insgesammt an Philipp von Macedonien mehrere Gesandte schickten, sandte Sparta nur den Agis. „Wie?" rief der König, „nur Einer?" — „Einer zu Einem," sprach Agis. Agesilaus antwortete einem Fremden auf die Frage: „Wo sind denn die Grenzen Sparta's?" „An der Spitze unserer Piken!" — Als die Ephoren Leonidas bei seinem Auszuge aus Sparta aufmerksam machten, daß er sehr wenig Leute mit sich führe, erwiderte er mit grimmigem Witze: „Wir sind zahlreich genug für das, was wir zu thun haben." Auch beim Herannahen seines Heldentodes in den Thermopylen machte er noch seine heroischen Witze. Xerxes forderte ihn auf, seine Waffen auszuliefern: „Komm und hole sie," antwortete er. Als man ihm endlich meldete: „Der Feind ist nahe bei uns," da sagte er: „Und wir bei ihm." Xerxes galt ebenfalls selbst für witzig. Als man ihm Feigen von Athen brachte, sagte er: „Nein! alsdann erst wollen wir sie kosten, wenn das Land, das sie hervorbringt, unser ist." Als er die Thermopylen nicht durchdringen konnte, rief er aus: „Ich habe viele Leute, aber wenige Soldaten." Als sich bei Salamis die Königin Antemisia sehr tapfer vertheidigte, sagte er: „Die Weiber haben sich wie Männer, und die Männer wie Weiber geschlagen."

Eine ganze Blumenlese grober Witze, womit sich die Spartaner über die Sitten der übrigen Griechen lustig machten, ist uns überliefert. Eine Ruhmrede auf die Gerechtigkeit der Eläer bei den olympischen Spielen beantwortet Agis: „Ein schönes Verdienst, einmal alle fünf Jahre gerecht zu sein." Kallikratidas weist eine große Summe zurück, womit man ihn bestechen wollte, damit er einen Kriegsgefangenen tödte. „An Deiner Stelle hätte ich es angenommen," sagte ihm ein Jonier. „Ich auch an der Deinigen," erwiderte der Spartaner. Dieser feine Witz wird übrigens auch Alexander dem Großen nacherzählt. Alexander sagte zu Parmenio, welcher bemerkte, daß er des Darius Anerbieten annehmen würde: „Auch ich, wenn ich Parmenio wäre!"

Häufig genug ist freilich bei den Spartanern die Grenze zwischen einfacher Grobheit und Witz nur schwer zu finden. Antalkidas schickte einen Athener, der sich über die Unwissenheit der Spartaner lustig machte, mit der beißenden Bemerkung heim: „Wenigstens haben wir nichts Schlechtes von Euch gelernt." Besonders die athenischen Sophisten und Dichter forderten den Witz der Spartaner heraus. Ein Dichter wollte dem Antalkidas ein Gedicht zum Lobe des

Herakles vorlesen. „Wer hat ihn denn je getadelt?" fragte
Antalkidas. Derselbe kommt zu spät zu einem Vortrage
des Atheners Eudamidas und hört ihn nur noch anführen,
daß die Philosophen die Tugend suchen. „Wie!" sagte er,
„in der langen Zeit haben sie dieselbe noch nicht gefunden!"
Eudamidas war übrigens keineswegs sehr von seiner Vater-
stadt Athen eingenommen und gab Jemandem, der diese
ungebührlich lobte, die gewandte Antwort: „Es ist noch
keiner besser von Athen zurückgekommen." Anaxander, den
man fragte, weshalb die Lacedämonier keine Staatskasse
hätten, gab zur Antwort: „Aus Furcht vor denen, welche
die Schlüssel dazu haben." Thearidas, den man fragte, ob
sein Schlachtschwert auch die gehörige Schärfe habe, antwortete: „Es ist schärfer als die Verleumdung."

Uebrigens wurde den Spartanern ihr derber lakonischer
Witz von den andern Griechen oft mit gleicher Münze heim-
gezahlt. Als spartanische Gesandte sich bei Epaminondas
über die Thebaner beklagten und dabei wider ihre Gewohnheit viele Worte machten, sagte der Sieger von Leuktra:
„Mir scheint, wir haben Euch gezwungen, Eure gewöhnliche
Wortkargheit aufzugeben." Als ein Athener einst nach Sparta
kam und sah, wie in den Straßen Spartas einige betrunkene
Heloten umhertaumelten, welche die Spartaner auf Staats-
kosten in den Straßen umherlaufen ließen, um der Jugend
ein abschreckendes Beispiel von der Trunksucht zu geben,
da berichtete er nach Athen: „Ganz Sparta ist betrunken!"
Iphikrates, der athenienfische Feldherr, dem Jemand seine
niedere Herkunft vorwarf, gab die bezeichnende Antwort:
„Ja, ich bin der erste meines Stammes, Du aber der letzte
des Deinigen." Gerade so wollte Napoleon I. seinen Adel
und Stammbaum auch nur von sich datirt wissen.

Die besten und beißendsten Witze sind von Phocion bekannt. Auf des Demosthenes Warnung: „Die Athener werden Dich tödten, wenn sie in Wuth gerathen," erwiderte er: „Und Dich, wenn sie wieder zur Besinnung kommen." Die Gesandten Alexanders des Großen brachten ihm ein königliches Geschenk. „Warum?" fragte Phocion. „Weil Dich der König für besser hält, als alle Uebrigen." „Wohl," entgegnete Phocion, „so lasse er mich es bleiben." Ein anderes Mal trug ihm ein feindlicher General ein großes Geschenk an. „Ich habe es dem Alexander abgeschlagen," sagte er ablehnend. Einst stimmte er gegen den Krieg. Ein dickbäuchiger Redner ohne alle Kriegserfahrung erhob sich und sprach mit so vieler Anstrengung für den Krieg, daß ihm der Schweiß auf der Stirn lag. „Wie wird der Mann erst schwitzen," sagte Phocion, „wenn es zum Treffen kommt." Von einer prächtig gekleideten Truppe meinte er: „Sie ist zur Parade bereitet, nicht zum Schlagen." „Besser," urtheilte er, „schläft man auf dem Boden im Frieden, als in ewiger Spannung und Unruhe im sanften Bette." „Nichts," so lautet eine fernere Sentenz von ihm, „ist schwerer, als mehrere Personen zu spielen." Vor seinem Tode sagte er: „Wenn mein Sohn weise ist, so hinterlasse ich ihm genug; ist er es nicht, so nutzt ihm auch das Uebrige nichts."

Wie Phocion, so widerstand auch sein Zeitgenosse Epaminondas allen Bestechungsversuchen und fertigte sie mit treffendem Witze ab. „Mich zu bestechen ist der König von Persien nicht reich genug," ließ er dem ihm ein großes Geschenk antragenden Darius sagen. Als man ihm die Nachricht hinterbrachte, daß die Athenienser stark und wohlgerüstet in den Peloponnes angekommen, sagte er: „Ein großer Tonkünstler staunt noch nicht, wenn er nur das

schöne Instrument eines Anderen sieht." Nachdem die Spar=
taner Theben den Krieg erklärt, befragte man die Orakel.
Es kamen günstige und ungünstige zum Vorschein. Epa=
minondas bemerkte dem unruhigen Volke: „Wenn ihr eure
Schuldigkeit thut, gehen euch die guten an, wenn nicht, die
bösen."

Philipp von Macedonien, dessen wir schon Erwähnung
thaten, war, wie sein großer Sohn Alexander, ungemein
treffend und schlagend in seinen Antworten; auch sonst sind
viele ihm Ehre machende Aussprüche von ihm bekannt.
Seinem stolzen Leibarzte, der ihm in hochmüthigem Tone
geschrieben hatte: „Menekrates Jupiter grüßt Philipp!"
antwortete er: „Philipp an Menekrates Gruß und Menschen=
verstand." Als man nach dem Siege bei Chäronäa ihm
rieth, die gefangenen Athener zu tödten und die Stadt zu
zerstören, sagte er: „Nein, ich vernichte das Theater meines
Ruhmes nicht." Einst fiel er zur Erde, und seine in dem
Sand abgedrückte Figur betrachtend, sagte er: „Große
Götter, wie klein ist doch das Plätzchen, das der Mann
einnimmt, dem die Welt zu enge ist." Eines Tages erhielt
er drei angenehme Nachrichten: eine Siegesnachricht, die,
daß ihm ein Sohn geboren, und die, daß er in den olym=
pischen Spielen einen Preis erhalten. „Schicksal," rief er
aus, „lege doch etwas Unangenehmes auf die andere Wag=
schale." Als er sah, wie sein Sohn Alexander ein Pferd
bändigte, das kein anderer bändigen konnte, sagte er: „Mein
Sohn, suche dir ein anderes Reich, das meinige ist für Dich
zu klein." Dieser aber bedauerte, daß sein Vater ihm nichts
mehr zu erobern übrig lasse, und antwortete auf die Be=
merkung, daß der Vater ja für ihn erobere: „Ich suche
Ruhm, nicht Gewinn." Aufgefordert vom Vater, in den

olympischen Spielen sich zu zeigen, antwortete er: „Nur, wenn ich mit Königen um den Preis kämpfen kann." Als er zu Milet die Statuen der Athleten betrachtete, welche in den olympischen Spielen den Preis erhalten hatten, fragte er: „Wo waren denn diese Helden bei Eroberung der Stadt?" Einst begrüßten ihn die Priester des Hammon als Sohn des Jupiter. „Das sind alle guten Menschen," erwiderte er. Andere Schmeichler sagten ihm nach einem Siege: Er wäre größer als Herkules. „Nein," meinte Alexander, „was Herkules that, that er allein, ich aber brauchte 30,000 Helfer." Als er den Perserkrieg unternahm, theilte er seine Schätze unter seine Freunde. Man fragte ihn, was er sich denn vorbehalte: „Die Hoffnung," gab er zur Antwort. Einst las er einen Brief. Da er bemerkte, daß auch sein Busenfreund Hephästion hineingesehen, nahm er, ohne ein Wort zu reden, sein Siegel und drückte es Hephestion auf den Mund. Ein unauslöschlicher Flecken auf der Sonnenscheibe seines Ruhmes bleibt immerhin der Tod von Parmenio, der Antipater den Ausspruch entlockte: „War Parmenio schuldig, wem sollen sich die Könige ferner anvertrauen; war er unschuldig, wer wird den Königen ferner trauen?" Beide großen Macedonier, die eine Welt besiegten, konnten aber in Ansehung einer Leidenschaft sich selbst nicht beherrschen, — der des Trunkes. Alexander fiel ihr zum Opfer, denn sie war, nach Uebereinstimmung aller Geschichtsschreiber, die alleinige Ursache seines frühen und jähen Todes, indem er in der Blüthe seiner Jahre, im berauschten Zustande starb. Seine Ausschweifung in Ansehung des Weines war erstaunlich, und er beging in diesem Zustande die grausamsten Thaten, welche, wie gesagt, seines Ruhmes Glanz verdunkeln. So ließ er in seiner Trunkenheit

seinen Busenfreund Klitus, der ihm das Leben gerettet,
tödten und in einer ähnlichen Weinlaune — gepaart mit
der Weiberlaune einer Thays — die allerschönste Stadt
Persepolis niederbrennen. Die Leidenschaft hatte sich vom
Vater auf den Sohn vererbt; denn, wie Plutarch berichtet,
soll Demosthenes, einer der heftigsten Gegner Philipps von
Macedonien, als man ihm die Leistungsfähigkeit Philipps
im Trinken gerühmt, gesagt haben: „Das ist keine könig=
liche Eigenschaft, sondern die eines Schwammes!“ Bei
Philipps zweiter Vermählung, nachdem er sich von der
Olympia, der Mutter Alexanders, getrennt, wünschte ihm
Attalus einen rechtmäßigen Thronerben, worüber Alexander
dermaßen in Zorn gerieth, daß er ihm den Becher an den
Kopf warf. Philipp zog den Degen und fiel damit unter
den Tisch. „Macedonier!“ rief Alexander höhnisch, „sehet
den Helden, der nach Asien ziehen will und nicht einmal
von einem Tisch zum andern gelangen kann, ohne zu fallen!“

Von den in das große Reich Alexanders sich theilenden
Generalen war der geistreichste und witzigste Antigonus. Ein
Schmeichler sagte ihm, daß der Wille der Könige die Norm
der Gerechtigkeit sei. „Nein,“ entgegnete Antigonus, „die
Gerechtigkeit ist die Norm der Könige.“ Ein Cyniker bat
ihn um ein Talent. „Das ist zu viel für einen Philosophen.“
„Nun, so bitte ich um einige Denare.“ „Das ist zu wenig
für einen König.“ Ein Dichter nannte auch ihn den Sohn
eines Gottes. „Mein Kammerdiener,“ sagte Antigonus,
„weiß das Gegentheil.“ Als er von einer Krankheit genas,
sagte er: „Das war eine Erinnerung der Götter an meine
Sterblichkeit.“ Mancher, meinte er, würde eine Krone nicht
vom Boden aufheben, wenn er wüßte, wie sehr sie drückt.
Pyrrhus forderte ihn auf, zu einem Treffen von seinen

Gebirgen herab zu kommen. „Wenn Pyrrhus der große Feldherr ist," antwortete Antigonus, „so zwinge er mich, daß ich komme." Auch dieser epirotische König konnte treffende Antworten geben. Als ihm seine Offiziere nach einem großen Siege Glück wünschten und ihn mit einem Adler verglichen, gab er das Compliment zurück: „Ihr aber, tapfere Krieger, seid meine Flügel." Bei einer ähnlichen Gelegenheit, wo der Vergleich wiederholt wurde, meinte aber ein gefangener feindlicher Offizier: „Auch das Adlerauge kann ein Fell bekommen."

Von den alten Römern galt als der witzigste Cato, von dem Seneca sagt: „Weder konnte Cato nach der Freiheit, noch die Freiheit nach Cato bestehen." Er sagte: „Ich will lieber gefragt werden: warum hast Du keine Statue? als: warum hast Du eine?" Er nahm nie etwas von der Beute eroberter Städte. „Mein Antheil," sagte er, „ist die Ehre." Den Luxus und Einfluß der römischen Damen tadelte er mit den Worten: „Die Gebieter der Erde gehorchen jetzt den Weibern." Von dem Volke sagte er, daß man es leichter heerdenweise, als einzeln treiben könne. Wer sich selbst nicht leiten könne, der, das war seine Meinung, könne andere nicht beherrschen. „Macht, mit Mäßigung gebraucht, ist von längerer Dauer." Drei Dinge bedauerte er vor seinem freiwilligen Tode: Daß er sein Geheimniß einem Weibe anvertraut; daß er durch das Wasser gegangen, wo er zu Lande hätte hinkommen können; daß er einen Tag habe vorübergehen lassen, ohne etwas gelernt zu haben. „Ich verzeihe der ganzen Welt," sagte er einst, „nur mir nicht."

Die Scipionen waren sämmtlich witzige Köpfe. Der jüngere sah einst die Maulthiere eines Offiziers mit allen

Produkten des römischen Luxus beladen und bemerkte ihm:
„Du machst Dich dadurch für jetzt dem Vaterlande unnütz,
und Dir selbst für das ganze Leben." Jemand pries die
Güte seines Schildes. „Ein Soldat," sagte Scipio, „muß
mehr auf seinen rechten Arm vertrauen, als auf seinen
linken." Ein guter General, meinte er, müsse wie ein guter
Arzt wissen, wann es Zeit, das Eisen zu gebrauchen.

Von seinem großen Gegner Hannibal ist auch eine
sehr witzige sarkastische Antwort bekannt. Er erwiderte dem
ihm seine reichgeschmückten Truppen vorführenden Antiochus
auf die stolze Frage: „Werden die Römer genug daran
haben?" „Gewiß, und wenn sie noch so geizig wären."

Ebenso von Aemilius Paulus, den Hannibal bei Cannä
besiegte. Man tadelte diesen, daß er sich von seiner Frau
trennen wollte, die doch von Verdiensten und hoher Geburt
wäre. Er nahm seinen Schuh in die Hand und sagte:
„Seht, wie er so schön gemacht ist: allein ihr wißt nicht,
wo er mich drückt."

Wir bemerkten im Anfange unserer Abhandlung, daß
der Humor oft da am lautesten, der Witz am schärfsten,
wo der Contrast am größten. Diesen Satz haben die
griechischen, wie die römischen Philosophen und Freidenker
schlagend bewiesen. Die meisten ihrer spöttelnden Witze
haben sie gegen ihre Götter gerichtet. Schon der h. Augu=
stinus tadelte sie darob heftig, indem er sagte: „Die Griechen
und Römer haben ihren Dichtern keine Sticheleien gegen
obrigkeitliche Personen erlaubt, allein sie haben ihnen volle
Freiheit gelassen, ihrer Götter zu spotten." Der Geschichts=
schreiber Livius gibt den Grund dafür an, der auch sehr
zutreffend erscheint. Er sagt: „Was die Religion betrifft,
so ist den Göttern mehr als uns daran gelegen, sie werden

schon Anstalten treffen, wenn es ihnen gut dünkt, dafür zu
sorgen, daß die heiligen Sachen nicht durch unreine Hände
besudelt werden." Auch Tacitus führt einen ähnlichen Aus=
spruch vom Kaiser Tiberius an: „Deorum injuriae Diis
curae." „Wir wollen den Göttern die Sorge überlassen,
ihre Beschimpfung zu rächen." Euripides erlaubt sich fol=
genden Witz in seiner Tragödie „Jon" gegen die Götter:
„Sollten die Götter gefordert werden, Rechenschaft über
ihr unkeusches Leben zu geben, so würden sie, Neptun und
Jupiter nicht ausgenommen, in Folge des wider sie gefällten
Urtheils sammt und sonders die Tempel räumen müssen."
Der Anfang des „Menalippus," einer Tragödie des Euri=
pides, lautet:

> „O Jupiter! von Dir ist mir sonst nichts bekannt,
> Als daß man ehemals Jupiter Dich genannt."

Ein französischer Dichter P. Thomassin, Méthode de lire
chrétiennement les Poëtes. (Tom. I.) bemerkt zu dieser
Stelle ganz richtig: „Die Griechen haben in ihren Tempeln
dieselben Gottheiten angebetet, die man auf den Schaubühnen
ungestraft auslachte." Als Diagoras, mit dem Beinamen
„Gottesleugner", einst in ein Wirthshaus kam und daselbst
nichts als Linsen, aber kein Holz sie zu kochen vorfand, so
stieß er beim Suchen nach Holz auf ein altes Götzenbild
des Herkules, welches der Schutzgott des Hauses war, und
redete es also an: „Heute mußt Du, Herkules, den drei=
zehnten Kampf wider die Linsen wagen!" Aehnliches wird
auch dem Römer Publius Claudius nacherzählt. Als er
einst in einen Vorhof gekommen war, wo die Priester aus
dem Fressen der Vögel Vorbedeutungen zogen, und gesehen,
daß die andächtige Versammlung ganz erschrocken darüber
war, daß die heiligen Hühner nicht fressen wollten, da nahm

er sie und warf sie ins Wasser mit den Worten: „So saufet denn, wenn ihr nicht mehr fressen wollt!" Hannibal sagte freigeisterisch zu Prusias, der nichts unternehmen wollte, weil die Eingeweide der Opfer nichts Gutes prophezeiten: „Willst Du einer Kalbsleber mehr glauben, als einem erfahrenen General?" Als Diagoras einst wieder in Samothracien war, da zeigte man ihm verschiedene Gemälde von Personen, die glücklich einem Schiffbruche entronnen waren und als ein Wunderwerk Gottes zur Schau ausgestellt wurden, und sagte zu ihm: „Betrachte diese, der Du an keine Vorsehung glaubst!" „Ihr malet wohl diejenigen Wenigen ab," erwiderte er, „die einmal einer Gefahr entronnen sind. Ihr denket aber nicht daran, die vielen Tausende abzumalen, die auf dem Meere umgekommen sind."

Ein griechischer Philosoph lobte einst die Mäßigkeit des Gottes Merkur, der sich mit Milch und Früchten begnüge; tadelte hingegen scharf die Unmäßigkeit des Herkules, der so viele Schafe und Ochsen als Opfer wünsche. Als ihm die Leute auf seine gotteslästernde Rede antworteten: „Dieser Gott beschützt ja unsere Heerden so gut," da sagte er witzig: „Was liegt mir daran, ob meine Heerden von Wölfen oder von Demjenigen, der sie beschützt, gefressen werden?" Simonides, aufgefordert, etwas für die Götter beizusteuern, sagte: „Ich kümmere mich nicht um Götter, die ärmer sind als ich." Xenophanes, der nach Aegypten kam und sah, daß die Aegypter bei ihren Festen wehklagten, gebrauchte folgenden satyrischen Witz: „Wenn die Gegenstände Eurer Andacht Götter sind, so weinet nicht; sind sie aber nur Menschen, dann bringet ihnen keine Opfer." — Die besten Witze von dem schon erwähnten Philosophen Bion hat uns Plutarch aufbewahrt; sie betreffen zumeist

die Religion. „Der Weg in die andere Welt," sagte er,
„ist leicht; man geht denselben blindlings." Er fand etwas
Widersprechendes in dem Leichengepränge und sagte: „Man
verbrennt die Menschen, als wenn sie unempfindlich wären,
und beweint sie wieder, als wenn sie empfindlich wären."
Ueber die Strafe der Danaiden sagte er: „Man hätte sie
weit mehr bestraft, wenn man sie dazu verdammt hätte,
das Wasser in keine durchlöcherten Gefäße zu tragen."
Selbst Cicero, obwohl er ein weises Buch: De natura
Deorum schrieb, hielt sich nicht frei vom Spotte über
die Götter Roms und ihren Cultus. „Er begriffe nicht,"
sagte er, „wie sich zwei Augurn begegnen könnten, ohne zu
lachen." Und so weiter. Man fällt von der Wahrheit
nicht ab, wenn man behauptet, daß die Götter Griechenlands
und Roms aus ihrem Olymp herausgespottet sind. Konnte
es anders kommen? Wie sind sie denn erstanden?

Als sich die alten Volksstämme nach den verschiedensten
Weltgegenden hin zerstreuten, verfielen sie, indem sie ihre
ursprünglichen Ueberlieferungen aufgaben, in immer größere
Irrthümer. Hingerissen von dem, was sie sahen und fühlten,
selbst von der Wohlthätigkeit der Natur machten sie sich
bald eben so viele Gottheiten, als es Wesen in der Natur
gibt, oder vielmehr, sie machten dasjenige, woraus sie Gott
hätten erkennen sollen, selbst zu einem Gott. Man kam auf
die Gedanken der Genien, welche die Natur und die Thiere
beleben, und jedes Volk schuf sich nach eigner Phantasie oder
aus Rivalität mit andern Nationen besondere Schutzgötter.
Bald gab es so viele Religionen, als Völkerschaften, und so
viele Götter, als der Eigennutz bedurfte. Und auf diese
Weise kamen sogar die Thiere auf die Altäre. Die Aegypter
verehrten den Wiedehopf, weil er mit dem Wehen der

2*

Hundstagswinde pünktlich zurückkommt, um die Würmer und Insecten aufzuzehren; den Jbis oder Storch, der jedes Jahr erscheint, die Schlangen zu vernichten; den Ichneumon, der die Eier des Crocodils aufsucht, um sie zu zerbrechen und zu verzehren, den Hund, wegen seiner unverletzlichen Treue gegen seinen Herrn. Je nachdem die Thiere oder Elemente den Nationen gute Dienste geleistet, wurden sie vergöttert. Die Phrygier beteten die Ratten an, und auch die Trojaner erwiesen denselben göttliche Ehren, weil sie die Sehnen an den Bogen ihrer Feinde abgenagt hatten. Die Syrier holten ihre Götter aus dem Meere und verehrten die Fische. Die Assyrer beteten die Tauben an; die Thessalier die Schwanen; die Samogitier die Schlangen; die Mongolen die Kühe; die Inder einen weißen Elephanten. Die Perser erzeigten den Flüssen göttliche Verehrung, so daß sie sich nicht einmal von ihrem Wasser zu waschen getrauten, wogegen die Hindus ihre größte Ehre noch jetzt darin setzen, im heiligen Ganges ihr nasses Grab zu finden. Die Massageten beteten die Sonne an; die Tartaren den Mond; die Lydier und Nubier die Planeten. Ebenso ging es mit den Producten der Natur; so daß man sogar Zwiebel und Knoblauch vergötterte. Allen diesen Vergötterungen lag meistens der Begriff zu Grunde, die Natur werde durch besondere Intelligenzen oder Genien beherrscht und geleitet und die Verehrung komme mehr diesen, als ihren Symbolen zu. Und handelte der Aegypter, der aus Achtung und Dankbarkeit nutzbare Thiere verehrte, gewiß nicht thörichter, als wenn in dem aufgeklärten Griechenland ein Schöngeist der Nymphe eines Flusses einen Stier, oder in dem glänzenden Rom der fromme Horaz der blandusischen Quelle im Ernste eine Ziege opferte! Juvenal spottete über die Ehrerbietung,

welche die Völker den Vögeln erwiesen und vergaß, daß
man ihnen in Griechenland und Rom sogar einen prophe=
tischen Geist zuschrieb, und sie über Staatsangelegenheiten
um Rath fragte. Wenn die wilden Völker steif glaubten, daß
die Thiere von Genien belebt seien, so ist das doch zweifelhaft,
ob es widersinniger war, wenn der große Cartesius die
Thiere zu reinen Maschinen machte. Wären alle jene Völker
bei der bloßen Verehrung der Thiere und der Natur ge=
blieben, so würde die Abgötterei doch nie so weit um sich
gegriffen und jenen hohen Grad der Verdorbenheit erreicht
haben, den sie durch die Dichtkunst und die abscheuliche
Götterlehre erhalten hatte und der nothwendig den Spott
herausfordern mußte. So wie man anfing, nicht nur die
Menschen sondern auch ihre Leidenschaften zu vergöttern,
nicht nur der Tugend sondern auch dem Verbrechen, dem
Laster Tempel zu bauen, einen Gott der Diebe zu erfinden,
und solche Opfer zu entrichten, gegen welche sich die Mensch=
heit sträubte, mußten auch die letzten Strahlen der Gottheit
erlöschen und mit diesen alles sittliche Gefühl. Wer erstaunt
nicht, den mythischen Olymp und die irdischen Tempel mit
solchen Göttern angefüllt zu sehen, in deren Gesellschaft zu
sein nur das glänzende Athen und das große Rom sich
nicht zu schämen vermochten? Um dem Laster den höchst
möglichsten Schwung zu geben, brauchte es nicht anders, als
die Götter selbst zu Mitschuldigen zu machen. „Wer würde
sich wohl getrauen," sagt Bossuet, „die Ceremonien der
unsterblichen Götter und ihre unreinen Geheimnisse zu er=
zählen? Ihre Liebeshändel, ihre Grausamkeiten, ihre Eifer=
suchten und alle die andern Ausschweifungen waren der
Gegenstand ihrer Feste, ihrer Opfer, der Loblieder, welche
man ihnen sang, und der Gemälde, welche man ihren

Tempeln widmete." Also ward das Laster angebetet, und zum Dienste der Götter für nothwendig erklärt. Der ansehnlichste aus den Philosophen, Sokrates, verbot das Uebermaß im Trinken, es wäre denn an den Festtagen des Bacchus, und zur Ehre dieses Gottes. Ein anderer, nachdem er alle ungebührlichen Gemälde mit aller Strenge bestraft hatte, nimmt hievon die Bildnisse der Götter aus, welche durch dergleichen Ehrlosigkeiten geehrt werden wollten.

Man kann nicht ohne Erstaunen die Ehrenbezeugungen, welche man der Venus erweisen mußte, und die Unzuchten, welche zu ihrer Verehrung eingeführt waren, lesen. Griechenland, für so fein und weise es auch immer gepriesen wird, hatte diese verabscheuungswürdigen Geheimnisse. In dringenden Geschäften gelobten die Privatpersonen und die Republiken der Venus öffentliche Dirnen, und Griechenland erröthete nicht, sein Heil den Gebeten, welche diese ihrer Göttin verrichteten, zuzuschreiben. Nach der Niederlage des Xerxes und seines gewaltigen Kriegsheeres stellte man in dem Tempel die Gemälde auf, wo ihre Gelübde und ihre Bittgänge mit dieser Aufschrift des Simonides, eines berühmten Dichters, vorgestellt waren: „Diese haben die Göttin Venus gebeten, welche aus Liebe zu ihnen Griechenland gerettet hat." Wenn einmal die Liebe anzubeten war, so hätte es doch wenigstens die ehrbare Liebe sein sollen; allein es verhielt sich nicht also. Selbst Solon weihete zu Athen der unzüchtigen Venus oder der unreinen Liebe einen Tempel. „Das ganze Griechenland war mit Tempeln, welche dieser Göttin geheiliget waren, angefüllt, die eheliche Liebe aber hatte in dem ganzen Lande nicht einen einzigen!" — — — — „Das römische Staatswesen behandelte die Religion nicht ernsthafter, weil es der Ehre der Götter die Unreinigkeiten der Schaubühne und die blutigen Auftritte der Kämpfer widmete, das ist, alles dasjenige, was man nur Verderbtes und Grausames ersinnen konnte."

Dieser geistreiche Diskurs Bossuet's erklärt jene geist= reichen Spöttereien hinlänglich; wir haben nichts hinzu= zufügen. —

II.

Der Humor im altdeutschen Recht.

Die Wissenschaft des Rechtes genießt im Allgemeinen
den Ruf einer gewissen Trockenheit. Sie wendet sich vor=
zugsweise an die Kräfte des Verstandes, an das Denkver=
mögen und läßt dem Gemüth und der Phantasie wenig
Spielraum. Insbesondere aber verbindet man mit dem
Recht die Vorstellung, daß es mit allem, was in das Gebiet
des Humors einschlägt, auf Kriegsfuß stehe. Und doch darf
man von dem Humor im Rechte sprechen, oder vielmehr
von dem Humor im deutschen Recht; denn die humoristischen
Anklänge sind eine dem germanischen oder doch dem aus
germanischer Wurzel entsprossenen Rechte eigenthümliche Er=
scheinung. Zwar findet sich einzelnes Aehnliche auch in
andern Rechten; dann aber hat es im deutschen Rechte
wenigstens stets eine besondere Wendung und Färbung er=
halten. Das Schalkhafte, Launige, gemüthvoll in's Kleine
Gehende, dabei oft Derbe überwiegt; doch findet sich auch
Witziges und Spöttisches, bisweilen Bizarres und Seltsames.

Zuvörderst begegnen uns mancherlei einzelne humoristisch
gefärbte Ausdrücke der Rechtssprache. Dahin gehören
z. B. die alterthümlichen Bezeichnungen des Knaben als
halben Menschen, des Maulesels als halben Pferdes in den

Bestimmungen, wonach der Gerichtsherr oder sein Vertreter
zur Landbesitznahme, zum Gericht oder zur Jagd mit andert=
halb, drittehalb, siebenhalb, neunthalb, zwölfthalb Mann
oder Pferden oder Hunden eintreten soll. Ferner die um=
schreibenden Formeln für die Strafe des Stranges und der
Enthauptung, wie: in der Luft reiten, den dürren Baum
reiten, die Luft über sich zusammenschlagen lassen, einen Kopf
kürzer machen. Hier schließt sich füglich an ein ziemlich be=
kannter Ausdruck aus der Rechts= und Culturgeschichte Köln's:
Einen an den blauen Stein stoßen. Wenn ein Verbrecher
zur Todesstrafe verurtheilt worden war, so wurde er, nach
geschehener Verlesung des Urtheils, durch den Nachrichter,
und unter Militair=Escorte, an den sogen. „blauen Stein"
geführt, der sich auf dem Domhofe befand. Der Nachrichter
stieß den Verurtheilten mit dem Rücken gegen diesen Stein
und sprach dabei: „Wir stüssen dich an den blauen Stein,
du küß dinger Vader en Moder nit mie heim." (Dieses
Anstoßen des Verurtheilten war eine symbolische Handlung,
welche bedeutete, daß dem zeitlichen Kurfürsten ausschließlich
zustand, in Köln über Leben und Tod zu richten.) Auch
gehören in diese Kategorie manche einzelne Rechtswörter,
wie Kutscherzins, walzende oder fliegende Güter, Sonnen=
lehen, eisern Vieh, die Bezeichnung vogelfrei für den Fried=
(Rechts=) losen: auch die Bezeichnung des Heimathsdorfes,
in welches Jemand zurückkehrt, als Nest, von dem er aus=
geflogen: Redensarten, wie Theilung eines Nachlasses „wie
ein Schweinsfues," womit die Theilung in zwei gleiche
Hälften ausgedrückt wird.

    Besonders kräftig äußert sich die Neigung, eine Rechts=
regel in humoristischer Form auszudrücken, in manchen
Rechts=Sprüchwörtern. So ist es ein humoristisches

Gleichniß, wenn es in Bezug auf den Anfall des ehelichen
Gesammtgutes an den überlebenden Ehegatten heißt: der
Letzte macht die Thüre zu; oder wenn wegen des Anschwellens
des versäumten Zinses, wodurch das Gut selbst verloren
gehen kann, gesagt wird: die Tochter frißt die Mutter.
Andere Rechts = Sprüchwörter gefallen sich in einem schein-
baren Paradoxon, wie z. B.: eisern Vieh stirbt nie: der
Bauer hat nur ein Kind, — wegen der bäuerlichen Erb-
folge --, und ein Mal ist kein Mal, womit der Anspruch
auf Begnadigung angedeutet werden soll. Wieder andere
Rechts = Sprüchwörter sagen etwas scheinbar Selbverständ-
liches in bestimmter Anwendung aus. So, wenn es bezüglich der Beschränkung der Strafbarkeit auf Handlungen
heißt: Gedanken sind zollfrei, und: Worte schlagen Einem
kein Loch in den Kopf. Aehnlich die im Volksmunde noch
geläufige Wendung: „Worte sind keine Stüber." Desgleichen das nach verschiedenen Richtungen hin verwendbare
Sprüchwort: „Wo nichts ist, hat der Kaiser sein Recht
verloren." Auch: Haust du meinen Juden, hau' ich deinen
Juden — auf die völkerrechtliche Retorsion bezüglich; Wer
sich nicht bessern will, den soll der Henker in die Schule
nehmen; Selbst eingebrockt, selbst ausgegessen; Die Eule
trägt ihr Recht auf dem Buckel, d. h. ist ungeschützt; Wer
die Augen nicht aufthut, thue den Beutel auf. Wollte man,
wie Eisenhart's „Deutsches Recht in Sprüchwörtern" thut,
auch solche von nur schwacher juristischer Bedeutung, wie:
„Noth bricht Eisen," „Einen Kuß in Ehren kann ein
deutsches Mädchen nicht wehren," dazu nehmen, so ließen
sich noch sehr zahlreiche Beispiele anführen.

Während hier das Humoristische überall nur im Ausdruck liegt, liegt es bei anderen Bestimmungen in der Fassung

des Inhaltes. Das ist besonders bei den Rechtsüber=
treibungen und Scheinrechten der Fall.

Eine Rechtsübertreibung besteht darin, daß, um die
Stärke eines Rechts oder einer Pflicht auszudrücken, über=
triebene und in ihrer Uebertreibung lächerliche Folgerungen
daraus gezogen werden. So heißt es im Weisthum von
Erkenbach am Züricherfee über die Freiheit der Hofgüter:
„Und were Sach', das einer ein bös tach hette und ein
nussbom by dem hus stuend und die nussen zuo dem für
(Feuer) durch das tag fielied, soll einer in das hus gan zu
dem für und soll die nussen uflesen und soll im das nieman
weren." Hier gilt also ausnahmsweise das deutsche Ueber=
fallsrecht nicht; man darf vielmehr das Nachbargrundstück
betreten und die vom eigenen Baume auf dasselbe fallenden
Früchte auflesen. Dieses Recht nun wird in seiner Stärke
drastisch ausgemalt. Ueberschattet nämlich mein Nußbaum
das Nachbarhaus und hat das Dach dieses Hauses ein Loch
und fallen durch letzteres Nüsse auf das Herdfeuer, so darf
ich in das Haus gehen und selbst am Herd die Nüsse auf=
lesen. Praktisch ist der Fall selbst wohl schwerlich je ge=
wesen; stärker aber ließ sich die Freiheit des Hofgutes nicht
ausdrücken, als durch solche Ueberwindung des Hausfriedens
und der Heiligkeit des Herdfeuers, die sonst so weit ging,
daß der Hausherr nicht nur den Eindringling, sondern
sogar den bloßen Lauscher unter der Dachrinne bußelos er=
schlagen durfte. Die besondere Heiligkeit und der hohe
Frieden der Nacht wird in einer Rechtssatzung von Watten=
wil also ausgedrückt: „dann die nacht soll so fri sin, das
ainer sin türli ab der landstrasz zu nacht nemen mag, und
an sin wand hencken und mornent das wideremt hintoue."
Natürlich wird im Ernst Niemand die Hausthüre Nachts

ausgehenkt haben: aber es konnte nicht leichter schöner und
sinnfälliger die erhöhte rechtliche Sicherheit des Friedens in
der Nacht (denn thatsächlich ist ja die Sicherheit geringer)
ausgemalt werden. Nach dem Weisthum von Köllerthal
an der Saar soll ein Forst so frei sein, daß Niemand
ohne Erlaubniß Holz hauen darf: „und fare eyn arm man
dadurch und breche yme eyne tischennagel, so sol er eynen
finger in das loch stossen und keyne holz dazu da ynne
hauwen noch seyden in dem forsten." Die Stärke der
Waldfreiheit wird hier dadurch bezeichnet, daß selbst das
sonst regelmäßig dem wegfertigen Manne verstattete Recht,
den zerbrochenen Wagen mit Holz aus dem Walde auszu-
bessern, fortfällt: drastischer wird das Verbot dann noch
durch den Zusatz gemacht, daß der Bauer statt des zerbrochenen Nagels den Finger in das Loch stoßen soll! Zu
Hofstetten in Franken sollte, wenn der Schultheiß eine der
Gemeinde verfallene Buße nicht einzutreiben vermöchte, der
Prior als Gerichtsherr ihr dazu verhelfen: „thet das der
prior nit, so sollen sie sich ime an die kutten hencken, als
lange bis inn geholfen wurde." In mehreren Weisthümern
wird die Pflicht der Wachsamkeit mit malerischer Uebertreibung eingeschärft. So sollen nach dem Nebenweisthum
von Twann am Bielersee von 1426 die drei Bannwarthe
(Weinbergshüter) nicht nur bei ihrem Eide nie unter einem
Dach im Gerichtsbezirke schlafen, sondern, „wa sy der Schlaf
an gabt, da sollent sy ihr spiess zwischent ir arm und ein
kisling (Kieselstein) under ir höpt (Haupt) legen und ihr
Schlaf also tun." Häufiger noch wird den Hirten geboten,
ihr Hirtenstab solle an beiden Enden ein spitziges Eisen
haben und der Hirt, wenn er still steht, solle stets die eine
Spitze auf den Fuß, und die andere unter das Kinn thun,

damit ihn das Eisen steche, wenn er einschlafe. Der aller=
stärksten Rechtsübertreibung macht sich aber wohl die be=
rühmte Soester Schrae (Gerichts=Ordnung) schuldig. Sie
bestimmt, daß der Richter eine zweifelhafte Sache sich nicht
weniger wie 123 Mal überlegen soll: „es soll der richter
auf seinem richterstuhl sitzen, als ein grisgrimmender Löwe,
den rechten fuss über den linken schlagen und wenn er aus
der Sache nicht recht könne urtheilen, soll er dieselbe hundert
drei und zwanzig mal überlegen." Ursprünglich hat aber
jene Ziffer wohl nur besagen wollen, ein Mal, zwei Mal
drei Mal, und ist von späteren Auslegern jenes Gesetzbuches
mißverstanden worden.

Zu den scherzhaften Rechtsübertreibungen gehört noch
die charakteristische Schnelligkeit, mit der oft eine Hand=
lung betrieben werden soll. Insbesondere seitens eines
Erben. Erhält er die erste Kunde davon, daß ihm eine
Erbschaft angefallen ist, während er bei Tisch sitzt, so soll
er nach den Hofrechten von Barmen und Schwelm sein
Messer unabgewischt in die Scheide stecken, aufspringen und
sein Näherrecht üben. War der Berechtigte im Auslande
und kommt zu Pferde heim, so soll er nach dem Berkhofer
Hofrecht zum Herrn reiten und in Stiefel und Sporen
sein Gut fordern. Oder er soll nach dem Hofstetter Weis=
thum, wenn er bereits einen Schuh ausgethan hat, den
anderen nicht ausziehen, sondern schnell den ersten wieder
anthun. Viel weiter noch geht die Rastatter Dorfgerichts=
ordnung, nach welcher man sogar mit einer Hose am Bein
und der anderen in der Hand die Losung thun soll. Und
ähnlich heißt es in Loßburg: „hätte er den ainen schuch'
an, so soll er den anderen in die Hand nemmen" und hin=
laufen, um sein Recht zu wahren. Auch wer über Tisch

die Beschlagnahme seines Gutes erfährt, soll nach dem Bochumer Landrecht sein Messer nicht in die Scheide stecken, er habe denn erst sein Gut entsetzt; und nach Schöpplenberger Hofrecht, wenn er über Land und See ist, sein Messer nicht abwischen, sondern aufspringen und keine Nacht weilen, wo er die vorige weilte, bis er zu seinem Gute kommt. Ganz besonders wird in den elsassischen Weisthümern die Schirmpflicht des Herren und Vogts ihren im Recht gefährdeten Grundholden gegenüber dahin ausgemalt: daß derselbe auf die erste Nachricht hin, im Nothfalle barfuß oder mit einem Stiefel auf ungesatteltem Pferd hinzureiten und wenn er erst einen Stiefel angezogen, den anderen in die Hand nehmen soll. Es ist nicht glaublich, daß jemals ein Vogt in dieser Weise zur Leistung der Rechtshülfe geritten sein sollte, aber hier, wie überall, gibt die scherzhafte Uebertreibung ein anschauliches, lebendiges Bild, wo wir einfach das farblose „sofort" an die Stelle setzen würden.

An humoristisch=poetischen Umschreibungen ist überhaupt das alte Recht ungemein reich. Da will der ehrwürdige Abt von St. Martin in Köln den Scheffen zu Flittard die Zehntpflicht in Erinnerung bringen. Anstatt nun einfach zu sagen, daß von den Erträgnissen aller liegenden Güter der Zehnte zu entrichten sei, hat nach einer Notiz im Pfarrarchiv von Flittard im Jahre 1488 „uf Montag vor St. Antoniustag der ehrwürdige Abt Adam Meyer die Scheffen gefragt und hent gewisen, dat man Zehnden geben solen von allen landen und güdern, dat der wind beweget, der reen besprent, de sichel snytt, de seß bement." Man wird zugeben, daß der Stil unser heutigen Notarialacte auch nicht entfernt ein so blühender ist.

Häufiger noch als die vorerwähnte Erscheinung der Rechtsübertreibung ist die des Scheinrechtes. Hierher gehört vor allen die vielfach vorkommende Scheinberechtigung der Grundherren in den freien Marken und Wäldern. Die Markengenossen erkennen kein herrschaftliches Holz- oder Nutzungsrecht an; aber sie verneinen dasselbe, wenn es herkömmlich geworden ist, auch nicht geradezu, sondern gewähren in poetisch scherzhafter Ausschmückung etwas, was so gut ist wie nichts. So heißt es in einem Weisthum der Carber Mark in der Wetterau: „das ein herr oder etelmann soll durch den Wald riden und soll ihm sein knaben nach lassen traben und der soll sein schild auf sein haupt führen und was dann von eckern (Eicheln) da uf dem schilde bleibt, dasz ist seine." Das Holting (Holz- oder Forstgericht) auf dem Vorholz weist dem Herrn des Hauses Steuerwald und anderen Herrschaften im Walde auf die Frage des Richters nach ihren Rechten Folgendes an: „wann die daburch reiten, mögen sie einen reis brechen im holze, dem pferd die mücken abe zutreiben; und wann sie daburch sind geritten, sollen sie das reis zurück in das große vorholz werffen, sonst sind sie pfandbar." Aehnlich erkennt das Holzgericht zu Mordmühlen von 1703 dem Abt von Prüm im Walde die Gerechtigkeit zu, daß, wenn er durchreitet, sein Saumthierknecht eine Ruthe, die weder eichen noch buchen sein soll, abhauen darf, um das Saumthier damit anzutreiben. Das Zurückwerfen wird hier nicht erwähnt; wiederum aber in dem Holting des Truwaldes: „wann der hertzog von Luneburg durch den Truwald thut, mogen s. f. gn. ein strick windt darin lösen und brechen einen kranz (um den Hut, als Symbol der Fürstenwürde) up der einen siden des woldes; wann s. f. gn. up der anderen siden wedder ut dem wolde thuet, schall he den kranz wedder in dem wolde werpen und danken den wolb." Also selbst das Recht auf den Kranz ist nur eine Vergünstigung, wofür der Fürst sich noch beim Walde bedanken soll! Nach der Oeffnung von Tagerwylen im Thurgau von 1447 wird die Grenze der Gerichtsbarkeit mit dem benachbarten Gottlieben dahin beschrieben: „es soll ein Hahn quer auf die Brücke gestellt und ihm das nach der Seite der Tagerwyler Mark schauende Auge ausgestochen werden: so weit er nun sieht, reicht die Gottlieber Gerichtsbarkeit, d. h. sie reicht nicht über den Bach, da Hühner nur seitwärts sehen, der einäugige Hahn also nur nach der Gottlieber Mark hinüber sieht." Auch das Recht auf bloß symbolische, auf Anerkennung der Herrschaft gerichtete Abgaben, stellt sich häufig als Scheinberechtigung in scherzhafter Form dar, so zum Beispiel wenn ein österreichischer Adeliger seinem Lehnsherrn jährlich zwei Maß Fliegen bringen, ein fränkischer Edelmann jährlich auf Martini einen Zaunkönig liefern sollte!

Der häufigste Fall des Scheinrechtes ist die Scheinbuße, die von den mittelalterlichen Rechtsbüchern rechtlosen Leuten, denen weder Wergeld noch wahre Buße zusteht, gewährt wird, wobei die Anschauung zum Grunde liegt, daß durch willkürliche Verletzung doch auch an ihnen eigentlich das Recht gebrochen wird und gesühnt werden muß. So erhalten gedungene Kämpen als Buße „das Blinken eines Schildes gegen die Sonne;" Spielleute und Alle, die sich zu eigen gegeben haben, „den Schatten eines Mannes;" Diebe und Räuber, spöttisch genug, zwei Besen und eine Scheere, d. h. die Werkzeuge, mit denen die sonst verdienten Strafen „zu Haut und Haar" vollzogen werden; unfreie Taglöhner zwei wollene Handschuhe und eine Mistgabel!

Die skandinavischen Rechtsbücher kennen ähnliche Scheinbußen. So erhält der verletzte Spielmann eine ungezähmte, den Hügel herabgepeitschte Kuh, wenn er sie mit frischgeöltem Handschuh am glattgeschorenen Schweife festhält! Insbesondere wird der Todtschlag, wo er für berechtigt erklärt worden, gleichwohl mit einer Scheinbuße gesühnt. Nach dem Benker Heiderecht darf der Hausherr den in sein Haus eindringenden Frevler straflos erschlagen; dann soll er aber den Leichnam durch ein Loch unter der Schwelle aus dem Hause ziehen und als Besserung den Kopf des Haushahns (als des symbolischen Hüters des Hausfriedens), oder eine ganz geringe Münze auf die Brust legen.

Eine sehr verbreitete Form des Scheinrechtes ist ferner die Scheinerfüllung einer Verbindlichkeit, deren wirkliche Erfüllung dann an der Säumigkeit des Berechtigten scheitert. Als vorzugsweise charakteristisch für diesen Fall können die Vorschriften über Auslieferung von Verbrechern dienen. Der Gedanke ist dabei, den Verbrecher, wo man ihn eben ungern seinem competenten Richter übergibt, als scheinbar an der Grenze ausgeliefert darzustellen, so daß er dann, nachdem die Gerichts-Eingesessenen fortgegangen, durch seine eigene Handlung entrinnt. Gewöhnlich ist es ein Faden von Seide oder Zwirn, mit dem man ihn anbindet. Nach dem baierischen „Hofmarkweisthum" mußte er mit einem Strohband an eine Fallthorsäule gebunden werden; nach dem Weisthum von Melrichstädt an die dritte Sprosse der Leiter zum Gefängnißthurm; am Chiemsee soll man den Dieb „gepunden in em ledigs Schiff setzen und in on alle ruder rinnen laszen." Hier ist es also eine Art Gottesgericht, wenn er entkommt! Versagt der Förster dem Markgenossen den Holzschlag unrechtmäßiger Weise, dann darf jener in den

Wald fahren, hauen und laden, und muß rufen: komm
Förster und hole dein Recht. Erscheint dieser nicht, so legt
er drei Pfennig auf jeden Stock und fährt heim! Hat der
Reisende den Fährmann drei Mal vergebens gerufen, so
darf er sich selbst übersetzen und während des Wartens
sogar auf des Fährers Kosten zechen; der Zinser, um dessen
Zins sich zwei Herren streiten, setzt einen Tisch halb in den
Flur, halb vor das Haus, legt das Geld darauf und wartet,
wer es holt.

Sehr zahlreich sind endlich im alten Recht die Bestimmungen, wo die Scheinberechtigung dadurch ausgedrückt
wird, daß etwas Unmögliches oder übertrieben Großes
geleistet werden soll. So wenn der Sachsenspiegel den unfreien Tagelöhnern trotz ihrer Rechtlosigkeit und äußerst
geringern Buße als Wergeld einen alterthümlich gefüllten
Weitzenberg zwischen 12 Ruthen, mit je 12 Nägeln an jeder
Ruthe, je 12 Beuteln an jedem Nagel und je 12 Schillingen
in jedem Beutel, also offenbar einen übertriebenen und nur
spöttisch gebotenen Betrag gewährt, und das, wie wir vorhin
gesehen haben, neben einer Scheinbuße von zwei Handschuhen
und einer Mistgabel! (Es kommen 20,736 Schillinge heraus, abgesehen von dem Weizen.) Oder wenn, wie Grimm
in seinen Rechtsalterthümern mittheilt, eine Buße von 100
schwarzen Schwänen oder 100 weißen Raben angesetzt wurde.
Als um's Jahr 1370 der Graf von Tecklenburg in seiner
Fehde mit den Bürgern von Osnabrück von letztern gefangen
genommen wurde, setzten sie ihm ein Lösegeld von einem
gestrichenen Scheffel Wefelinghöfer (eine kleine Bischöflich-
Münsterische Silbermünze), drei Manns hohen Rosenstöcken
ohne Dornen, und drei blauen Windhunden. Das Lösegeld
wurde wirklich — freilich vergingen acht Jahre darüber - -

erbracht: die Münzen nah und fern gesammelt, die Rosen=
stöcke durch Glasröhren geleitet, die Windhunde gezüchtet,
indem man die blaugefärbten Alten in ein blaues Zimmer
einsperrte und nur mit blauen Speisen fütterte! (Schücking,
malerisches und romantisches Westfalen p. 156.)

Außer den Fällen der Rechtsübertreibung und des
Scheinrechtes gibt es nun aber noch viele andere Satzungen,
denen der Volkshumor ihre besondere Färbung verleiht. Das
kommt vielfach bei Maßbestimmungen vor, z. B. in der
Bestimmung des Wetterauer Wassergerichtsweisthums, wo=
nach der Müller das Wasser nicht höher stauen darf, als
daß eine Biene auf den Kopf des Nagels in dem einge=
schlagenen Merkpfahl fliegen, sich darauf erhalten, und, ohne
Füße und Flügel zu benetzen oder zu verletzen, vom Wasser
trinken kann. In Franken wurde ein Hauseigenthümer
baupolizeilich gestraft, wenn in seinem Dach ein Loch ge=
funden wurde, so groß und so weit, daß man ein Gespann
Esel möchte hineinwerfen. In den Weisthümern der Mark
Schwanheim wird eine zu liefernde Wagenladung Holz näher
dahin bezeichnet, sie solle so lose und weitläufig geladen sein,
daß eine Atzel aufrecht oder „mit ufgerecten Ohren" hin=
durch fliegen könne, und im Biegeler Weisthum heißt es,
mit noch weniger verkennbarem Humor, „daß jede Hube
zwei Wagen Rechholzes führen soll, da sollen an dem Wagen
nicht mehr sein als vier Pferde, und er soll so schwer und
voll und übel geladen sein, daß sieben Hunde einen Hasen
dadurch mögen jagen." Am seltsamsten lautet eine Be=
stimmung des Beeker Haiderechtes. Danach soll der Mann,
der von seiner Frau geschlagen worden, aus dem Hause
weichen, eine Leiter ansetzen, das Dach höhlen und das Haus
zupfählen, dann soll er ein Pfand im Werthe eines Goldstückes

mitnehmen, und dieses (als eine Buße) mit zwei Nachbaren
vertrinken; aber es soll so gleichmäßig getrunken werden,
daß beim Einschenken aus der Kanne unter dem zum Messen
an dieser angebrachten Ringe (Pegel) jedes Mal gerade so
viel Raum bleibt, als eine mit aufgerichteten Ohren krie=
chende Laus braucht! Die Dachabdeckung als Ehrenstrafe
kommt, beiläufig bemerkt, im altdeutschen Recht häufiger vor.

Auf dem Gebiete des Strafrechtes spielt der Humor
überhaupt am meisten, und sehr oft in doppelten Momenten,
indem erst die Strafandrohung in übertrieben grausamer,
und schon deshalb nicht zur wirklichen Ausführung gelan=
gender Weise erfolgt, und dann durch die Hinzufügung einer
sehr leichten Ablösung das Zugeständniß gemacht wird, daß
die Sache doch nicht so ernst gemeint sei. So die Be=
stimmung des burgundischen Rechtes, daß der Habicht=Dieb
sich entweder sechs Unzen Fleisch auf die Brust legen, und
den Habicht diese von da wegfressen lassen, oder aber, wenn
er es vorzieht, sechs Schillinge zahlen soll. Ebenso die Be=
stimmung desselben Rechtes, wonach der überführte Hunde=
dieb entweder vor allem Volke den Hund küssen, oder fünf
Schillinge zahlen soll. Großer Humor waltet ferner in
einer Vorschrift des alemannischen Volkrechtes, wonach der
Erbe des von einem Hunde Getödteten von dem Herrn
des Hundes das halbe Wergeld erhalten soll. Fordert er
aber das ganze, so erhält er den Hund ausgeliefert, muß
sich jedoch folgender Bedingung unterwerfen: Alle Thüren
seines Hauses werden verschlossen, bis auf eine, durch die
er stets aus= und eingehen muß. Ueber dieser Thüre wird,
in der Höhe von neun Fuß, der Hund aufgehenkt, bis er
gänzlich verfault ist, herunterfällt und die Knochen dort
liegen. Nimmt er den Hund fort oder geht er durch eine

andere Thüre, so muß er auch das halbe Wergeld zurück-
zahlen. Zweck der sonderbaren Bestimmung soll offenbar
sein, den Berechtigten zu vermögen, sein an sich nicht be-
streitbares Recht nicht auf die Spitze zu treiben, sich vielmehr mit dem billigen Ausgleich des Gesetzes zu begnügen.
Scherzhafter Art ist auch die Drohung des Capitulare
Bononiense (c. 6. p. 173), daß, wer im Heere betrunken
befunden würde, so gebannt werde, daß er, bis er sein Unrecht eingesehen, nichts als Wasser trinken solle! Am aller-
grausamsten wurden in dem altdeutschen Rechte bekanntlich
Grenz- und Markfrevel bestraft. Wer einen Grenzstein
auspflügt, wird selbst an dessen Statt bis zum Gürtel
eingegraben und ihm der Kopf abgepflügt. Wer einen Baum
köpft, der wird wiederum geköpft und sein Kopf zum Ersatz
auf den Stamm gesetzt, bis diesem ein neuer Kopf wächst.
Wer von einem Zaun eine Ahrte abhaut, dem wird „wiederum" die Hand abgehauen. Waldbrenner werden drei
Mal gebunden in ein Feuer geworfen oder in dessen Nähe
gesetzt, bis ihnen „die Sohlen von den Füßen, nicht von
den Schuhen fallen."

Daß alle diese Strafen nie ernstlich gemeint, niemals
wirklich vollzogen worden, ist kaum anders anzunehmen,
und man kann Professor Dr. Gierke nur beistimmen, wenn
er meint, daß der im alten Strafrecht überall wiederkehrende
Gedanke der Wiedervergeltung (Talion) dadurch in das
Bizarre und Höhnische habe verkehrt und so unwirksam
habe gemacht werden sollen; gleichwie auch die so oft hervortretende Idee der Schadensbesserung. So soll nach
westfälischen Weisthümern der Fuhrherr, welcher den Dieb
einer Wagenlünse auf frischer That ergreift, statt des Nagels
den Finger des Thäters in das Loch vor das Rad zwicken

und mit ihm fortfahren, bis er zu einem Schmied kommt, der einen andern Nagel herstellt. Wieder andere Strafen kehren den Gebrauch, die Strafe vorzugsweise an dem Gliede zu vollziehen, mit dem die That begangen, in's Lächerliche. So die Vorschrift, daß der Lügner beim gerichtlichen Widerruf der Schmähungen sich selbst auf's Haupt schlagen, daß man den Lauscher mit den Ohren an's Fensterbrett zwicken soll und dergleichen. Endlich gibt es eine ganze Reihe von Strafen, deren eigentliches Wesen gerade in der Zufügung eines lächerlichen Schimpfes beruht, die also von vornherein darauf ausgehen, das Gelächter der Zuschauer zu erregen und dadurch den Bestraften zu höhnen. Dahin gehört das bekannte Hundetragen und andere Gänge, bei denen zum Zeichen der verwirkten Strafe Stricke, Ruthen, Besen, Sättel, Pflugräder u. s. w. getragen werden mußten. Ferner die sehr verbreitete Strafe des Schnellens, Wippens u. s. w., wobei der Missethäter in einen Korb, der über einer Pfütze schwebte, gesetzt, an manchen Orten in die Pfütze hinabgeschnellt, an andern sich selbst überlassen wurde, bis er zur Belustigung der Zuschauer hineinsprang und beschmutzt davon lief. Fürst Leopold von Dessau vollstreckte eine solche Strafe ein Mal in höchst eigener Person an einem Juden, der ihn betrogen hatte. Für die schmachvollste Strafe dieser Art galt der Eselsritt. Sie trat in Hessen in Anwendung bei Frauen, die ihren Mann geschlagen hatten; ein Vergehen, welches das altdeutsche Recht ganz absonderlich dem Fluche der Lächerlichkeit, und zwar beiderseitig preisgab. Die tyrannische Frau mußte rücklings auf dem Esel, dessen Schwanz in der Hand, durch den ganzen Ort reiten; der schmachbedeckte Mann aber, sofern er nicht hinterrücks ohne Möglichkeit der Abwehr geschlagen worden war, mußte den Esel selber führen!

Die rechtliche Stellung der Frauen spiegelt sich wieder in vielfachen in unser Thema hineinspielenden Bestimmungen. Nach dem Sprüchwort werden Ehen im Himmel geschlossen. Zur Zeit des heiligen römischen Reiches aber, als die „Mehrer des Reiches" ihre Gewalt noch unumschränkt gebrauchten, übten sie auch einen förmlichen Heirathszwang aus. Wie die Geschichte bezeugt, war es nämlich Sitte, daß die Könige und Fürsten ihren Unterthanen gegenüber das Recht des Mundwalds, die in ihrem mundium stehenden Kinder zur Ehe zu geben. beanspruchten und auch ausübten, sofern sie eine Tochter derselben mit einem Dienst= mann (Servus regius), überhaupt mit einem vom Hofgesinde verheirathen wollten. Der Kaiser machte dann förmlich den Freiwerber, sandte einen Marschall in das Haus der Aus= erkorenen und ließ mit folgender Formel die Verlobung ankündigen:

> Höret zu ihr Herren überall,
> Was gebeut der König und Marschall,
> Was er gebeut und das muß sein:
> Hier ruf ich aus N. N. (Braut) mit N. N. (Bräutigam)
> Heute zum Leben,
> Morgen zum Ehen
> Ueber ein Jahr
> Zu einem Paar.

Lesner, der in seiner Frankfurter Chronik vom Jahre 1706 uns diese Formel mittheilt (auch Savigny in der Zeitschrift für geschichtliche Rechtswissenschaft gibt sie an), erzählt dabei: Als König Heinrich im Jahre 1232 nach Frankfurt kam, verliebte sich ein Hofbediener in des Jo= hann von Goldstein Tochter und bat den König, sie ihm zur Gemahlin zu geben. Er gewährte die Bitte und erließ die Verkündigung nach obiger Formel. Auf dringende Bitte

des Vaters der ganz wider ihre Neigung und Willen Ver-
lobten gab jedoch der König letztere wieder frei. An und
für sich aber durfte eine abschlägige Antwort nicht gewagt
werden und zog Ungnade nach sich. Sogar ein bestehendes
Verlöbniß gab, so lange es nicht publicirt war, kein Wider-
spruchsrecht. Es war eben eine Art Majestätsrecht, das die
Kaiser in den Reichsstädten wie die Fürsten und Schutzherren in den Landstädten ausübten. Sie sahen sich als
höchsten Vormund an. Begreiflicher Weise rief dieses Pri-
vilegium vielfache Unzufriedenheit und Gesuche um Befreiung
hervor. Frankfurt war die erste Stadt, welche in Folge
des erzählten Falles einen Freibrief erhielt mit den vier
übrigen wetterauischen Städten. Wetzlar wirkte sich 1257,
Ingolstadt 1312, Landshut 1341, Wien 1364 den kaiserlichen Verzicht aus. Allmählich kam dann diese ganze Frei-
werberei in Vergessenheit; eine allgemeine Verzichtleistung
der Kaiser und Schutzherren oder eine gesetzliche Abschaffung
meldet unsere deutsche Rechtsgeschichte nicht.

Einen Nachklang jenes Marschallspruches findet man
übrigens noch in verschiedenen Gegenden, in den sogenannten
Mailehen. Bei diesen wird über die Dorfschönen gleichfalls, ohne daß man sie fragt, verfügt und dieses öffentlich
ausgerufen. Am Abende vor dem 1. Mai versammeln sich
die Burschen eines Dorfes und bestimmen in der Form
einer Versteigerung und des Zuschlages an den Meistbietenden,
welches Mädchen sich Jeder für das nächste Jahr zum Schatze
erkoren hat. Dann gehen sie unter die Dorflinde, von deren
Gipfel das Resultat unter Peitschenknall und Pistolenschüssen
mit lauter Stimme verkündet wird.

Ein hervorstechender Zug des altdeutschen Rechtes ist
die Berücksichtigung und Begünstigung des Rechtes der

Wöchnerinnen. So heißt es z. B.: Wenn Jemand zu
Herren-Dienst aus wäre, daß er Mühlsteine fahren sollte,
und unterwegs Botschaft kriegte, daß seine Frau in's Kind-
bett gekommen sei, so soll er alsbald die Pferde abspannen
und nach Haus ziehen und seiner Kindbetterin etwas zu
Gute thun, daß sie ihm seinen jungen Bauern desto besser
ernähren und erziehen könne. In einem Kindbetthaus durften
schuldige Zinshühner nicht eingefordert, sondern mußten, nachdem ihnen der Erheber des Zinses die Köpfe abgeschnitten
hatte, der Frau zur Speise gelassen werden. Nach Büdinger
Waldrecht durfte jeder geförstete Mann (Märker), dem ein
Kind geboren wurde, Holz aus dem Walde holen, und zwar
bei einer Tochter einen, bei einem Sohne zwei Wagen voll,
aus dessen Erlös er seiner Frau Wein und schön Brod
kaufen sollte. Eine andere Bestimmung sagt: So eine Frau
eines Kindes genäse, und ihr Dienstbote käme in eines
Wirths- oder Brodbäckers Haus und begehrte Wein oder
Brod, es sei Tag oder Nacht, so soll der Wirth gehorsam
sein, ihr Wein und Brod geben; wollte er solches aber nicht
thun, so mag der Bote Wein und Brod selber nehmen und
so viel Geld, als darum gehört, auf das Faß legen und
liegen lassen, und damit nicht gefrevelt haben.

Höchst naiv unterscheidet das alte lübische Recht die
Zurechnungsfähigkeit eines Kindes unter zwölf
Jahren, wenn es ein anderes Kind getödtet hatte. Dann
soll ihm ein Apfel und ein Pfennig vorgehalten werden.
Greift das Kind nach dem Apfel, dann soll es wegen seiner
Kindheit entschuldigt sein; greift es aber nach dem Pfennig,
dann muß es sein Recht stehen.

Daß schließlich die geselligen Zusammenkünfte, Trinkgelage, Schmausereien, Spiele und Tänze, welche jede noch

so feierliche Rechtshandlung, jedes Gericht und jeden Zinstag
beschlossen, und dabei keineswegs ganz aus der Sphäre des
Rechtes herausschritten, den sie betreffenden Satzungen manchen
Anlaß zur Entfaltung von Humor boten, ist leicht begreiflich.
Grimm nennt das: die Geselligkeit im Recht. Dar=
unter fällt, wenn das Gesetz Größe und Maß der zu
liefernden Gegenstände, Art und Zubereitung der Gerichte,
die Farbe der Geräthe und der zu schlachtenden Thiere —
der Widder soll einen weißen Fuß und einen weißen Fleck
an der Stirne haben, — genau festsetzt; wenn es nicht bloß
Lieferung und Bezahlung, sondern selbst das Abgeben des
Dritten beim Kartenspiel — der Meyer soll den „Dritt=
mann" abgeben —; die freundliche Miene — das Weib
oder der Koch soll sonder Zorn sein —; die Heiligkeit des
Feuers, den Tanz und die Stellung der Musik dafür zu
Rechtsverbindlichkeiten stempelt; wenn es die Zeitdauer der
Feste nach alterthümlicher Weise bemißt: — die Zinser essen
und trinken so lange, bis ein grünes Rad, das drei Tage
im Wasser gelegen, im Feuer zu Asche brennt —; wenn
es die Betheiligung von Frauen und Gästen anordnet, wenn
es die Tischordnung macht und selbst dem Hunde seinen
Platz anweist: — des Sentherrn Hund soll beim Essen
unter dem Tische sein —; wenn es, wie bei den Gilden,
Zünften, Gesellen=Bruderschaften die genauesten Regeln über
Anstand und Sitte aufstellt. Allein, es fehlt auch nicht an
lustigen Bestimmungen, wie sie dem Anlaß entsprechen. Soll
doch schon nach den ländlichen Weisthümern die Mahlzeit
eine fröhliche sein — nach gehaltenem Gericht sollen die
Männer mit ihren Frauen aldahe im Northoffe zusammen=
rücken und in fröhlicher Gesellschaft eine Mahlzeit halten —,
und wenn man dabei auch im Trunk züchtig sein soll und

durch Unmäßigkeit Zahlung der ganzen Zeche riskirt —
wer sich übergibt oder die Treppe herunterfällt, bezahlt
alles — so wird doch die Grenze nicht ängstlich gesteckt, denn
man schenkte den Schöffen so lange ein, bis sie eine Taube
von einer Krähe auf dem Dache nicht mehr unterscheiden
können (Weisthum von Schwarzrheindorf), und wenn den
Raugrafen und seine Knechte der Wein übernimmt, daß sie
Schwert oder Sporen verlieren, dann soll der Heimweg
ihnen neue Sporen von Hagedorn oder ein neues Schwert
von Haselstock machen, und sie damit Gott befehlen! Und
so haben die Satzungen der Gilden, Innungen, Zünfte, die
der Studenten-Gesammtheiten und Bruderschaften noch eine
Menge wiederkehrender lustiger Gebräuche ausgebildet, die
ursprünglich in einem viel engeren Zusammenhange mit der
rechtlichen Bedeutung solcher Genossenschaften standen, als
dieses später der Fall war.

Alle diese Erscheinungen des Humors im Rechte sind
geschwunden, seit das Recht sich vom Volksleben ablöste
und in den Alleinbesitz gelehrter Juristen, gelehrter Gerichte
und gelehrter Beamten überging; seit mit Einem Worte
Juristenrecht an die Stelle des Volksrechtes trat. Daran,
daß dem so, läßt sich nichts ändern. Was von solchen
Dingen ein Mal verloren gegangen, das ist unwieder-
bringlich verloren. Der Humor im Rechtsleben war ein
Ausfluß der Jugendkraft unseres Volkes und mußte mit
dieser Jugend sich allmählich verlieren. Ob die jetzige trockene
nüchterne Auffassung in Gesetzgebung und Rechtsprechung
einer lebendigeren jemals wieder Platz machen wird, hängt
wesentlich ab von dem Grad der Wiederbetheiligung des
Volkes am Rechtsleben in weiteren und engeren Kreisen.

Unser, wennschon flüchtiger, Blick auf das alte deutsche
Rechtsleben zeigt, welch' reicher Schatz köstlichen Humors
auf einem Felde aufgespeichert ist, dem das Gemüthvolle an
sich recht fern liegt. Während aber der Humor im Recht
der Vergangenheit angehört und seine Erscheinungen nur
noch ein historisches Interesse beanspruchen, grünt und blüht
derselbe auf andern Gebieten des deutschen Culturlebens,
zumal in Kunst und Poesie in ewiger Jugend fort. Ins=
besondere ist der Rhein von jeher eine Heim= und Pflege=
stätte des Humors gewesen; er gehört recht eigentlich zum
rheinischen Volksthum, als ein Theil der rheinischen Eigenart.
Möchte dem immer so bleiben; denn wo Humor ist, da ist
auch Frische, Leben und Gesundheit.

III.

Trinker und Trinkrechte aus alten Zeiten.

— ··· —

Als Noah, der für den Erfinder des Weines gilt
und ihn auch sogleich mißbrauchte, die Rebe pflanzte, da er=
schien Satan und tränkte sie mit dem Blute eines Lammes,
Löwen, Affen und Schweines. „Warum thust Du das?“
fragte Noah und Satan sagte warnend: „Trinkst Du einen
Becher dieses Weines, so wirst Du froh und unschuldig sein,
wie ein Lamm; trinkst Du zwei, wirst Du muthig und
stark sein, wie ein Löwe; trinkst Du drei, wirst Du schon
Possen treiben und Dich geberden, wie ein Affe; trinkst
Du vier, oder gar noch mehr, so sinkst Du zum Schwein
herab und wirst Dich gleich ihm im Schlamme wälzen.“

Charakteristischer als in dieser christlichen Legende können
die Tugenden, wie die Untugenden des Weines und die Sta=
dien, welche der ihm Ergebene durchläuft, wohl nicht ge=
zeichnet werden. Keine Leidenschaft hat auch die Menschen
von je her so stark in ihre Netze zu locken und zu umstricken
gewußt, als die Trunksucht und selbst viele Personen, die
in der Geschichte als Heroen glänzen und als Musterbilder
geistiger Größe uns vorgeführt werden, sind ihr zum Opfer
gefallen. Wir erinnern nur an Philipp und Alexander von
Mazedonien, an Peter den Großen von Rußland. Im

Rausche zog der Zar einmal den Degen gegen seinen Liebs=
ling Lefort; doch Lefort war ein noch größerer Riese, ver=
mied das Schicksal des Klitus, entwaffnete ihn, und der
plötzlich ernüchterte Zar bat ihn um Verzeihung mit dem
Klagerufe: „Rußland kann ich beherrschen, nicht mich!"

Ueber die Trunksucht des Herkules berichtet Makrobius,
daß sein Trinkbecher von einer solchen erstaunlichen Größe
gewesen, daß er ihm gleichzeitig auf dem Meere statt eines
Schiffes gedient habe. Ueber Nestors Becher erzählt Homer,
daß, wenn er gefüllt gewesen, ein Mensch Mühe hatte, ihn
emporzuheben, der greise Nestor jedoch ihn mit einem Zuge
geleert habe. Der Perserkönig Darius setzte sich selbst seine
Grabschrift, worin er sich rühmte, ein großer Trinker ge=
wesen zu sein: „Ich habe viel Wein getrunken und die Last
desselben wohl tragen können." Auch sein Sohn Cyrus
ahmte ihm in der Trunksucht nach und sagte, daß sein
starkes Trinken ihn würdiger der Krone, als seinen älteren
Bruder Artaxerxes mache. In einem Schreiben an die
Lacedämonier, die er gegen seinen Bruder aufzureizen suchte,
sagte er: „Ich besitze mehr Herz als er, ich bin ein besserer
Philosoph, ich verstehe die Magie besser, ich trinke auch
mehr als er und kann den Wein besser als er vertragen."

Selbst Dichter und Philosophen, welche die Werth=
schätzung des Menschen in dem vollen Bewußtsein seines
Ichs erblickten, überhaupt das menschliche Sein nach dessen
klarem Denkvermögen und freier Willenskraft normirten,
waren dem Trunke ergeben. Sie lehrten zwar das cogito,
ergo sum („Ich bin, weil ich denke"), waren aber davon
weit entfernt, dieses Axiom selbst zu bethätigen. Schon
Plato billigt in seinen Gesetzen die Zechgelage, nur wünscht
er, daß stets ein König des Festes gewählt werde, der

nüchtern bleiben müsse. Wie Diogenes Laërtius berichtet, war der berühmte griechische Philosoph Lacydes so sehr dem Trunke ergeben, daß er an den Folgen desselben starb. Er ließ sich mit einem anderen Philosophen Namens Timon in einen Wettkampf ein, wer von ihnen beiden im Trinken mehr zu leisten im Stande sei. Lacydes besiegte zwar seinen Kollegen, allein sein Sieg war sein Verderben, denn er verschied bald darauf. Auch von dem sonst so strengen Sittenritter Cato sagt Horaz: „Hat doch des ersten Cato Tugend — sagt man — nicht selten beim Weine geglüht!"

Selbstverständlich mußten solche böse Beispiele üble Folgen haben und ihren zersetzenden Einfluß auf die übrigen Menschen ausüben. In Rom, das der Welt Sitten und Gesetze gab, war zu einer Zeit die Trunksucht Mode geworden. Der Apostel Paulus weist immer auf die Mäßigkeit hin. Paulus beständige Mahnungen werden erst recht verständlich, wenn man die Zeit betrachtet, in welcher sie geschehen. Diese Zeit wird markirt durch das Gastmahl des Trimalchion und durch die Trunksucht eines Vitellius. Es war eine Periode der wüsten Völlerei, die Rom damals beherrschte; die Trunksucht wüthete beinahe epidemisch in allen Kreisen der Bevölkerung, und widerliche Trinkturniere wurden als edler Sport betrieben.

Die Gesetzgeber aller Zeiten und Völker haben deßhalb Verbote gegen das übermäßige Trinken erlassen und insbesondere den Genuß des Weines geregelt.

Moses hat das Verbot des Trinkens nur für die Priester, welche die Volkslehrer waren und daher mit gutem Beispiele den anderen vorangehen sollten, eingeschränkt. Christus der Herr, der den Wein bei Einsetzung des Abendmahls gewählt, hat sicherlich damit andeuten wollen, daß er nur beim heil.

Mahle, und zwar mäßig getrunken werde. Mohamed hat
das Verbot schon auf alle Moslims ausgedehnt und ihnen
den Genuß desselben streng verboten. Die Juden haben
jedoch die Trunkenheit für einen Tag im Jahre — für das
Purimfest — ausdrücklich anbefohlen und jedem strenggläu-
bigen Israeliten die Pflicht auferlegt, an diesem Tage sich
derart zu berauschen, bis er nicht mehr den Unterschied
zwischen „Verflucht sei Haman" und „Gesegnet sei Mor-
dechai" zu machen weiß. Ueber die üblen Folgen dieser
sinnlosen Trunkenheit erzählt der Talmud ein tragikomisches
Märchen, das, wenn auch nicht wahr, doch gut erfunden ist.
Ein Rabbi forderte seinen Kollegen auf, an diesem Tage
mit ihm nach rabbinischer Satzung zu zechen, und beide
berauschten sich derart sinnlos, daß der eine den andern im
Rausche todtschlug. Als er kommenden Tages von seinem
Rausche erwachte und sah, welches Unheil er angerichtet,
flehte er zu Gott und der todte Rabbi wurde wieder lebendig.
Des künftigen Jahres forderte ihn wieder derselbe Rabbi
auf, mit ihm zu zechen, allein der schwergeprüfte Rabbi
wies ihn mit den Worten ab: „Nicht alle Tage geschehen
Wunder!"

Kein Land, kein Volk aber hat die guten wie die
schlechten Eigenschaften des Weines, das Lamm wie die
Affen, den Löwen wie das Schwein in solch hohem Grade
cultivirt, wie das der alten und auch der neueren Teutonen.
Der Grund war ein zweifacher. Bei allen rohen noch in
urwüchsiger Naturkraft befindlichen Völkern zeigt die Erfahrung, daß sie starken Getränken sehr ergeben sind, indem
solche das Blut erwärmen, die Nerven kitzeln, die Ein-
bildungskraft befeuern, die Seele entflammen und sie gewissermaßen schadlos halten vor dem Mangel anderer Thätigkeit.

Für den alten Deutschen aber war der stärkende Trunk deßhalb und dann ein besonderes Labsal, wenn er rauhe Wälder durchjagt, reißende Flüsse durchschwommen hatte, wenn er ermattet von harter Arbeit, oder bluttriefend aus dem Kampfe heimkehrte. Andrerseits gewährte ihm das Zechen bei seinem Müßiggang und seiner stolzen Arbeits= scheu eine unwiderstehlich lockende Unterhaltung, verwebte sich mit seinen religiösen Anschauungen; bestand doch das Leben, die Seligkeit in Walhalla vornehmlich in der Theilnahme an den ewigen Göttergelagen, bei denen die Walkyren die vollen Becher reichten, die Odin, dem Fürsten der Götter Wein credenzten, während die Helden um ihn her nur Meth zechten. Doch wir müssen hier etwas ausführlicher sein. Wie uns die Edda, unsere altnordische Göttersage berichtet, war die größte Seligkeit der alten Götter Kampf und Trank. Der tapfer gefallene Krieger wird von den Wal= kyren, Odin's Schildjungfrauen, zu den seligen Sitzen der Walhalla entführt, wo an jedem Morgen die Helden in den Saal des Gottes ziehen und einander im blutigen Kampfe bestehen.

Doch schnell heilen die Wunden durch Zauberkraft, und wenn das lecker bereitete Mahl fertig, dann kehren sie heim und zechen Ale und Meth. Nur Odin, der Götterfürst, erfreut sich ausnahmsweise des Weines.

Nie kann es an herzerfreuendem Naß fehlen, denn die unerschöpfliche Ziege des Heidrun füllt stets die Schale mit schäumendem Meth.

Gewaltiger Durst plagte einst die Asen (Götter), als sie zur Zeit der Leinernte den Meeresgott Aegir mit ihrem Besuche beehrt hatten, und diesem der Braukessel fehlte.

Aegir verlangt, der Gott Thor solle ihm zur Wieder=
erlangung seines Kessels behülflich sein, dann wolle er ihm
sofort ein probehaltiges Gebräu liefern.

Thor, von Biereifer angetrieben, rastet nicht lange,
sondern eilt, vom Asen Tyr begleitet, zu Hymir, Tyr's
Stiefvater, der im Osten der Eisströme haust und dort den
kolossalen Braukessel birgt.

Angelangt, werden beide Helden gastlich von Tyr's
Mutter empfangen, können auch schon einigermaßen ihren
Durst löschen, da ihnen vortreffliches Bier vorgesetzt wird.

Hymir selbst ist nicht zugegen; erst spät Abends kehrt
er heim.

Da die Götter nicht blos Durst, sondern auch erkleck=
lichen Hunger verspüren, so werden schnell drei Stiere ge=
schlachtet und ihr lecker bereitetes Fleisch aufgetischt.

Thor schlägt eine gute Klinge, denn er verzehrt allein
zwei davon.

Am nächsten Tage zieht Hymir mit seinen Gästen zum
Fischfang aus, und nun hat der Eisriese Gelegenheit, sich
von der Stärke des Gottes zu überzeugen, der die gigan=
tische Midgardschlange bis zum Schiffsrande hebt und darauf
nach der Landung die beiden gefangenen Wallfische zugleich
mit dem Boote allein heimträgt.

Hymir ist aber mit diesen Kraftleistungen noch nicht
zufrieden, er reicht ihm einen Becher hin, den der Gott
zerbrechen soll.

Thor schleudert nun mit gewaltiger Wucht den Pokal
gegen die Säulen der Halle; doch wenn diese gleich zerschellen,
so bleibt doch der Becher unversehrt.

Nicht wenig darob verwundert, wird er von der Gattin
des Riesen heimlich belehrt, und nun nimmt er alle Kraft

zusammen und schleudert den Pokal gegen die Stirn des
Gastfreundes, die unverletzt bleibt, während der Pokal in
Stücke zerspringt. Aber noch ist Hymir nicht beruhigt,
vielmehr fordert er seine Gäste auf, den riesigen Braukessel
aus der Halle hinauszutragen.

Tyr versucht es zweimal umsonst; doch nun kommt
Thor heran, packt den Kessel, stülpt ihn sich aufs Haupt
und schreitet stolz mit ihm hinaus, von seinem Genossen
begleitet.

So gelangte er zum Göttermahl mit seiner kostbaren
Beute.

„Daraus", heißt es nun in der Edda, „sollen trinken
die seligen Götter Ale in Aegir's Haus jede Leinerte."

Diesen Vorschriften und Beispielen der Edda sind denn
unsere grauen Ahnen der Vorzeit nur zu getreulich nach=
gekommen. Wie die alten Griechen und Römer, so brachten
auch sie ihren Göttern reichliche Libationen aus, anfänglich
von Meth, später von Wein. So oft der Priester opferte,
goß er ein Horn zu den Füßen des Götzen aus, füllte es
wieder und trank es ihm zu. In den Tempeln an den
Opferstätten zündete man ein Feuer an, hob die vollen
Becher durch die Flammen und leerte sie in folgender
Ordnung: den ersten zu Ehren Odin's, den zweiten zu
Ehren Thor's und der Freia, den dritten, Bragakelch ge=
nannt, zum Gedächtniß berühmter Helden, den vierten, den
Minnebecher, zum Andenken abgeschiedener Freunde! Von
den Alemannen wird insonderheit berichtet, daß sie
mancherlei Trinkfeste aus Dankbarkeit gegen die Götter ver=
anstaltet, von den Sachsen, daß sie selbst auf den Gräbern
Gelage zu Ehren der Geister gefeiert hätten! Damit
hätten wir die Erklärung für die Entstehung der deutschen

Nationalneigung. Tacitus schildert bekanntlich diese schon als so groß, daß er meint, man solle ihr nachgeben, sie befördern, denn dann würden die Deutschen weit leichter durch ihr eigenes Laster, als durch fremde Waffen besiegt werden. Führt er doch mehrere Beispiele an, daß ganze deutsche Heere, an ihren Tischen vom Rausch eingeschläfert, sich überfallen und besiegen ließen und bezeichnet es als charakteristisches Merkmal unserer Vorfahren: den Durst können sie ganz und gar nicht ertragen. Bündnisse, Geschlechterverbindungen, Verträge und öffentliche Verhand= lungen, so sagt er dann weiter, werden bei Trinkgelagen vorgenommen, „als wäre zu keiner Zeit die Seele zu ver= nünftigen Entschließungen offener, zu großen feuriger." So wurde das Trinken eigentliche Volkssitte. Zu Anfang des 6. Jahrhunderts war sie schon ganz allgemein. Der römische Dichter und Schriftsteller Venantius Fortunatus, der gegen Ende desselben Bischof von Poitiers war, wohnte einem deutschen Trinkgelage auf einer Reise am Rhein bei und macht darüber folgende Beschreibung: „Sänger sangen Lieder und spielten die Harfe dazu. Umher saßen Zuhörer bei ehernen Bechern und tranken wie Rasende, Gesundheiten um die Wette. Wer nicht mitmachte, ward für einen Thoren gehalten. Man muß sich glücklich preisen, nach solchem Trinken noch zu leben." Man ersieht, daß das Wett= und Gesundheitstrinken dazumal schon ein stehender Brauch war. Nichts lag auch dem Herzen näher, als dem Freunde, dem Ehrengaste das beste Gut, die Gesundheit zu wünschen, be= sonders in jener Kampf= und Heldenzeit, wo auf Rüstigkeit und Leibesstärke alles ankam. Die Sitte, den ankommenden Gästen, als ersten Beweis der Gastfreundschaft einen ge= füllten Becher, später Willkomm (poculum gratulatorium) genannt, darzureichen, findet sich schon sehr früh an dem fränkischen und bayrischen Hofe. Sie scheint zu den Ur= sitten der Menschheit zu gehören, sie findet sich schon bei Homer und Ossian. Wollte Fingal einen Fremdling seiner freundschaftlichen Gesinnung versichern, so bot er ihm die „festliche Muschel." Die Willkomm = Becher selbst waren von besonderer Größe und meist sehr kostbar. Vornehme Wirthe beehrten die Damen mit goldenen oder krystallenen, die Fürsten oder Grafen mit silbernen.

Theudelinden's, des Herzogs Garibald von Bayern Tochter Willkomm = Becher, mit welchem sie den um sie freienden Longobardenkönig Autharis empfing, bestand aus einem einzigen Saphyr und „war zwei Fäuste dick."

Die Freude und Lust an schönen großen, volles Maaß haltenden Trinkbechern war überhaupt den Deutschen von den ältesten Zeiten an eingegraben. Der fromme Mönch Eck= hard nennt die Gläser, welche der Bischof Salomo vor Constanz seinen Gästen schenkte, cara munera. Ehemänner schenkten nach vollzogener Heirath ihren Frauen oft einen kostbaren Kelch zur Morgengabe; ein kostbarer Familien= pokal war (ist vielerorts noch) der Stolz des Hausgeräths, des s. g. Tresor. Der bekannte Alchymist Johann Kunkel, der die Kunst der Glasfabrikation so sehr vervollkommnete und 1702 starb, befahl zum Andenken an seine Kunst seinen Leichnam zu Asche zu verbrennen und aus dieser Asche einen herrlichen Familienpokal zu gießen! Knaben aus vornehmen Familien erhielten gewöhnlich zum Pathengeschenk auch einen Becher. So auch, wie Eckhard berichtet, Kaiser Carl der Große von seiner Base. Herzog Friedrich von Würtemberg machte noch zu Ende des 16. Jahrhunderts ein solches Pathengeschenk, — zur guten Vorbedeutung, daß der heranwachsende Jüngling dereinst nicht unerfahren im Trunk sei und nicht in den Ruf der Unmännlichkeit komme. Freunde beschenkten einander zum Gedächtniß ihrer Liebe und Treue mit Trinkbechern. Auf dem Büchersaal in Nürnberg steht (oder stand) ein Becher, den Luther seinem Freunde D. Jonas geschenkt. Beider Bildnisse sind darauf eingegraben und oben darüber die Verse:

Dat vitrum vitreo Jonae vitrum ipse Lutherus
Ut vitro fragili similem se noscat uterque.

Kostbare Trinkbecher, mit edlem Wein oder Gold gefüllt, waren denn auch die sinnigsten, Gehorsam wie Ehrfurcht ausdrückenden Huldigungs = Geschenke an die Fürsten. Als Eberhard der Rauschebart zum Herzog erhoben ward, wurden ihm von den verschiedensten Seiten unter anderen Ge= schenken, 32 silberne und vergoldete Becher und Trinkschalen verehrt. Als Carl V. 1541 Nürnberg besuchte, wußte ihm der Rath kein schicklicheres Zeichen seiner Ergebenheit wie Freude über diesen Besuch zu geben, als einen goldenen Doppelkelch mit 100 Goldstücken. König Heinrich VIII. ehrte seinen Gastfreund, den Pfalzgrafen Friedrich mit einem Becher aus gediegenem Golde, 800 Dukaten werth. Der bedrängte Fürst schenkte ihn hernach auf dem Augs= burger Reichstage von 1548 dem Kanzler Granvella. Als, ein Jahrhundert vorher, Erzherzog Leopold von Oesterreich seinen Einzug in Wien hielt, brachten ihm die Bürger silberne Becher zum Willkomm. Wer nun aus solchem Willkomm=Pokale Bescheid that, schrieb gewöhnlich seinen Namen nebst Wahlspruch in ein besonders dazu gewidmetes Buch. Aus dem Willkomm entstand auf die natürlichste Weise das gesellige Zu= oder Vortrinken (propinare), damit eben wieder das Wett= und Gesundheitstrinken. Bei solchem

Cultus konnte es gar nicht ausbleiben, daß auch das weib=
liche Geschlecht eifrig und fröhlich mit feierte. Die Frauen
der alten Teutonen waren alle Mannweiber, konnten sehr
wohl einen guten Trunk vertragen. Wenn die Männer
aus dem Krieg oder von der Jagd heimkehrten, oder wenn
sie in Gastlichkeit oder zur Festesfeier beisammen saßen,
kredenzten ihnen die Frauen den Becher. So wurde ihnen
ein kleiner Rausch auch gar nicht hoch angerechnet und so
geriethen selbst die Fürstentöchter in den Ruf, ihr Gläschen
recht tapfer führen zu können. Doch waren und blieben
das, zur Ehre der deutschen Frauen sei es gesagt, doch nur
Ausnahmen, wenn auch nicht gerade seltene. Bei den
Männern dagegen ward das Zechen in ihre Lebensordnung
schon so verwebt, daß sie sogar des Morgens hitzige Ge=
tränke tranken, unter denen auch gekochter Wein (vinum
coctum) vorkommt.

Zu Carls des Großen Zeit hatte die deutsche National=
neigung solchergestalt schon einen hohen Grad erreicht. Unter
ihm finden wir die öffentlichen Schenken und Wirthshäuser,
welche auch von Geistlichen besucht wurden. Ebenso kommen
Gesellschaften vor, welche den Landsmannschaften auf den
späteren Universitäten nicht unähnlich waren, und wobei man
dem heiligen Stephan, dem Kaiser oder seinem Prinzen zu
Ehren trank und zechte. Carl der Große, dieser gewaltige
Regent, der größte Staatsmann des deutschen Alterthums,
der seine Völker nach allen Seiten hin aufzuklären sich be=
mühete, erließ auch die ersten Verordnungen gegen das
Trinken. Selbst ein Muster der Mäßigkeit, schärfte er den
Gemeindeältesten ein, sich zuerst des Trinkens zu enthalten
und mit einem Beispiele der Nüchternheit voranzugehen.
„Kein Priester oder Laie“, so heißt es in dem betreffenden

Capitulare, „soll einen Bußethuenden zum Trinken einladen.“
Ein anderes Capitulare vom Jahre 803 verfügt, daß kein
Trunkener vor Gericht klagen oder Zeugniß ablegen solle,
daß kein Graf zu Gericht sitzen solle, außer nüchtern! Ein
drittes aus dem Jahre 809, welches Carls Nachfolger
mehremale wiederholt haben, verbietet den Clerikern den
Besuch der, wie gesagt, damals aufkommenden Tabernen.
Ein viertes verbot alles und jedes Zwingen zum Trinken
und jene Brüderschaften, wo solches Sitte geworden war;
dasselbe verfügte auch, daß Dienstleute, welche den Heerbann
versäumend, bei einer angesagten Volksversammlung nicht
erschienen, sich so viele Tage, als sie ausgeblieben waren,
alles Fleisches und Weines enthalten mußten.

Diese Verordnungen und Verbote, so wohlthätig sie
auch nach manchen Seiten hin, in den höheren Ständen
zumal, wirkten, konnten jedoch eine Neigung nicht unter=
drücken, welche der ganzen Lebensart so gemäß und in die
herkömmlichen Bräuche der Nation bereits so tief einge=
flochten war. So lange Jagen, Reiten, Kämpfen und
Kriegen die vorwiegenden Beschäftigungen waren, blieben
Meth, Bier und Wein auch die vorwiegenden unentbehrlichen
Nahrungs= und Genußmittel. Die allgemeine Trunkliebe
war so hervorstechend, daß in= und ausländische Geschicht=
schreiber damaliger Zeit sie als einen spezifischen Hauptzug
deutscher Art und Sitte angaben. Der griechische Kaiser
Phocas sagte zum Bischof Luitprand, dem Gesandten Kaiser
Otto's I., „der deutschen Soldaten Muth sei ein Rausch,
ihre Tapferkeit Trunkenheit.“ Donizo, ein italienischer
Mönch unter Heinrich IV., sprach dasselbe Urtheil aus: „die
Deutschen wären in den Wein verliebt und hieben in ihrer
Trunkenheit einander die Glieder vom Leibe.“ Antonius

Campanus, Geheimschreiber des päpstlichen Legaten bei Kaiser Friedrich III., dichtete über Deutschland:

> Nil hic aliud est vivere, quam bibere.

Johannes Owen sagte beißender:

> Mors, inquit Seneca, est non esse, Soglicine! Contra
> Germanus mortem non bibere esse putat.

Sebastian Frank sagt in seinem „Weltspiegel" von dem deutschen Volk: „dazu säuft es unchristlich zu, Wein, Bier und was es hat." In der zweiten Hälfte des 17. Jahrhunderts klagt Konring über das viele Saufen und nennt den Wein einen Feuertrank, den nicht nur Männer nnd Erwachsene einschütten, sondern welcher selbst Kindern anstatt der Muttermilch eingegossen wird. Mit offenstem Freimuthe nannte Poggius Florentinus in der Mitte des 15. Jahrhunderts die Deutschen Weinfässer und Leute, die keine Kraft hätten außer zum Trinken. Wir könnten noch manche derartige schmeichelhafte Urtheile folgen lassen. Was aber diesen üblen Ruf der Deutschen am meisten bezeichnete, ist der Umstand, daß jedem Kaiser sogar, vor seiner Krönung in Rom die Frage zur Angelobung vorgelegt wurde: Wirst Du mit Gottes Hülfe Dich nüchtern halten?! (Petersen gibt als Quelle an: V. Cenni monumenta dominat. Pontif. T. 2. pag. 263.) Gutdenkende Geistliche arbeiteten zwar der Trinksucht nach Kräften entgegen, wie Bischof Burkhardt von Worms, der in seinem Beichtspiegel sagt: „Wer sich bis zum Uebergeben vollgetrunken, soll 15 Tage in Wasser und Brod büßen." Aber anstatt nachzulassen, wuchs die Unsitte, ungeachtet der Hoffnung, daß der sich immer feiner ausbildende Rittersinn sie allmählich abschwächen oder gar ganz vertreiben würde, doch immer weiter. Das immer noch in Wirksamkeit befindliche Faust- und Fehderecht förderte sie. Stärke und leibliche Ausdauerungskraft wurden in jenen harten Zeiten als die schätzbarsten Vorzüge angesehen, Vieles vertragen zu können galt als eine Ehre, ein großer Trinker hatte einen angesehenen Namen. Seinen Genossen und Wetteiferer halb todt zu trinken, däuchte, wie Conrad Celtes sagt, eben so rühmlich, als einen Sieg über den Feind davon zu tragen. In Preußen geschah das Zutrinken so stark und nachdrücklich, bis der Gast sammt dem Zu= trinker, seiner Frau, Tochter, Sohn und Hausgenossen be= trunken am Boden lagen. Der Hochmeister des deutschen Ordens aber in Preußen, Siegfried von Feuchtwangen, der dem Lande viel heilsame Gesetze gab, gab auch dieses: Ein jeder Preuße, der einem Deutschen zugetrunken, und den Becher nicht bis auf den Grund geleert hat, soll wiederum von neuem zu trinken anfangen, oder wenn er sich dessen weigert, den Kopf verlieren.

Der Grund dieses grausamen Gesetzes war dieser: die Preußen, ihrer vorigen Freiheiten eingedenk, konnten die deutschen Ritter und alle Deutschen, welche sie als Räuber ansahen, nicht leiden, und da sie sich mit Macht nicht rächen konnten, thaten sie es mit Hinterlist; sie vergifteten den Ehrentrunk, den man damals den Gästen reichte, und ihre Feinde durch denselben.

So erklärt sich sehr einfach der Gebrauch daß bei jeder Belehnung die Vasallen ungeheure Lehnsbecher leeren mußten, zum Beweise ihrer Kraft und Deutschheit. Höchst interessant ist die Bestätigung dieses Gebrauches durch eine Urkunde, die Lüning in seinem Corpus juris feud. Germ. III. pag. 70 mittheilt, wo es von einem hohenlohischen Vasallen heißt: Nach abgelegtem Eide wird ihm gratuliert und sofort zur gräflichen Tafel angesagt, wo er dann nach

dem alten deutschen Herkommen den großen Lehnsbecher, ein
Oehmger Maaß haltend, Bescheid und damit vol quasi
eine Probe thun muß, ob er auch ein gut deutsch geborener
von Abel und dem Vaterlande hernächst gute Dienste leisten
könne. In den Statuten der wetterauischen Grafschaft
Friedberg wird eben so gefordert, daß ein aufzunehmender
Burgmann einen großen Becher, Patriarch genannt, aus=
trinken solle. Ganz gleiche Gewohnheiten bestanden bei den
Lehnshöfen im Eisenachschen und vielen anderen Reichslanden;
sogar bei der Kaiserkrönung. Bekanntlich war der Erz=
schenke eine der sieben Säulen des heiligen römischen Reiches
deutscher Nation. „Es schenkte der Böhme des perlenden
Weins", wie Schiller sagt. Die goldene Bulle verfügt in
Caput 27, § 6 also: „Darnach sal der Konig von Beheim
komen, uf eyme pferde und sal brengen eynen silbirn Kop
(Becher) von 12 mark silbirs met wine und met wazzir
gemisschit und sal sten (steigen) von seine pferde und sal
den Kop den Kaysir adir Konige zu trinckin biedin (hin=
bieten.)" Bei solchen Auszeichnungen konnte es gar nicht
ausbleiben, daß die nationale Neigung beständig und ge=
flissentlich erweckt und genährt werden mußte. Am meisten
wuchs sie denn auch in Folge der vielen mit so großer
Verschwendung und Pracht gefeierten Feste bei den Höfen.
Die Chroniken des fünfzehnten und sechszehnten Jahr=
hunderts berichten darüber wahrhaft unglaubliche Dinge.
Selbst der mäßige Kaiser Carl V. brachte zu einer Fürsten=
versammlung in Regensburg 3000 Eimer Wein mit und
ein österreichischer Erzherzog ließ sich 2000 Eimer nach=
kommen. Bei der sechstägigen Hochzeit des Prinzen von
Oranien mit der sächsischen Prinzessin Anna im Jahre
1561 zu Leipzig, gingen 3600 Eimer und 1600 Fässer

Wein auf. Freilich war das Gefolge sehr zahlreich, stand aber doch mit diesem ungeheuren Consum in keinem Verhältniß. Zu Speier 1544, zu Regensburg 1546, zu Augsburg 1547, zechten die Fürsten Tag und Nacht auf's Stärkste. In Regensburg machten seine spanischen Räthe dem Kaiser Vorhaltungen und drangen auf Bestrafung der Trunkexcesse der Deutschen. Carl, der vielen vergeblichen Verbote müde, antwortete ihnen: „Was soll ich thun, ich bedaure ihre Thorheiten, aber ihre Gurgeln vor dem Wein verschließen, das kann ich eben so wenig, als euch Spaniern die Hände binden, daß sie nicht wüthen.“ Schon Johann von Schwarzenberg hatte in seinem „Sendebrief der Stände der Hölle an den Zutrinker“ dem Kaiser Max 1. zu verstehen gegeben, daß er zuerst den Vornehmen und Gewaltigen am Hofe und dann den anderen Unterthanen das Zutrinken verbieten müsse. Alle Schriftsteller jener Zeit stimmen darin überein, daß letzteres die Hauptquelle des Uebels und vor Allem zu verstopfen sei. Der witzige Taubmann meinte: balneum est non potio, ita infundimur et perfundimur hodie, atque adeo confundimur; dumque alienae saluti bibamus, nostram laedimus! Auch erzählte er häufig folgende Fabel: Beelzebub stellte unlängst unter den bösen Geistern eine Prüfung an, die Verrichtungen ihres Amtes betreffend. Hier bestand nun der Saufteufel nicht zum Besten, sondern ward wegen seiner Saumseligkeit ausgescholten. Er entschuldigte sich: die Prediger, Aerzte und Naturkundigen arbeiteten ihm zuwider; seine Nachlässigkeit sei gewiß nicht schuld. Nun es sei, erwiderte Beelzebub, aber sag: Trinken die Deutschen noch auf Gesundheit? Ja! war die Antwort. O, wenn dem so ist, so laßt uns nicht verzweifeln!

Gänzlich blind gegen ihre Schwäche waren die Fürsten der damaligen Zeit keineswegs. So sagte Herzog Ernst von Lüneburg an der kurfürstlichen Tafel zu Luther: Herr Doktor, wir wollen alle gern gute Christen sein, aber das Laster der Völlerei können wir nun einmal nicht ablegen. Das solltet ihr Herrn aber thun, versetzte Luther. Wir thuns, scherzte Herzog Heinrich von Mecklenburg, denn wenn wir Fürsten nicht dazu thäten, das Saufen wäre längst abgestellt. Allbekannt ist Luthers Aeußerung in Erklärung des 101. Psalms: „Es muß ein jeglich Land seinen eigenen Teufel haben, Welschland seinen, Frankreich seinen; unser deutscher Teufel wird ein guter Weinschlauch sein und muß Sauff heißen, daß er so durstig und hellig ist, der mit so großen Saufen Weins und Biers nicht kann gekühlet werden und wird solcher ewiger Deutschlands Plage bleiben, deß hab' ich Sorge bis an den jüngsten Tag." Uebrigens besitzen wir von Luther eine Hymne auf das Trinken, die wahrscheinlich aus der Zeit seines Klosterlebens herrührt und lautet:

> „Si vino te impleveris,
> Dormire statim poteris
> Et post somnum ventriculum
> Vino implere iterum,
> Nam Alexandri regula
> Praescribit haec remedia."

Im Reformationszeitalter, so berichtet unser Gewährsmann, erreichte überhaupt die nationale Leidenschaft ihren Höhepunkt; am meisten während und nach der Zeit des 30jährigen Krieges. Gerade der müßige Adel fröhnte ihr im höchsten Maaße. Die sehr interessanten, auch von Goethe gewürdigten Memorien des schlesischen Ritters Hans von Schweinichen, welche den Zeitraum von 1552—1602

umfaſſen. legen das ſehr getreulich dar. Von dem Beſuche
Schweinichen's mit dem Herzog von Liegnitz 1573 an dem
Mecklenburgiſchen Hofe heißt es: Habe auf dieſem Ritt im
Reiche große Kundſchaft bekommen und mir mit meinem
Saufen großen Namen gemacht. Aeneas Sylvius (ſpäter
Papſt Pius II.) und Fugger im „Oeſterreichiſchen Ehren=
ſpiegel" erzählen von dem letzten der alten Grafen von
Görz: er ſei oft Nachts aufgeſtanden, um ſeine Kinder zum
Trunk anzutreiben, und wenn ſie geſchlafen, habe er ſeine
Gemahlin eine Ehebrecherin geſcholten und ausgerufen: es
ſeien nicht ſeine Kinder, wenn ſie eine ganze Nacht
ungetrunken bleiben könnten! Am meiſten excellirte
in der edlen Kunſt des Saufens der ſächſiſche Hof. Beim
Kurfürſten Chriſtian II. wurde ſieben volle Stunden lang
aus ungeheuren Humpen um die Wette getrunken und der
Fürſt ſelber trug den Sieg davon. Als er 1610 den
Kaiſer Rudolf II. in Prag beſuchte, dankte er daher beim
Abſchied mit den Worten: „Kaiſerliche Majeſtät haben mich
gar trefflich gehalten; ich bin keine Stunde nüchtern
geweſen." Ein Jahr darauf ſtarb der Kurfürſt in Folge
eines Rauſches. Sein Nachfolger Johann Georg ſoff ſich
mit ſeinen Räthen gewöhnlich ſo voll, daß ſie ſämmtlich
vom Tiſche getragen werden mußten. Auch am galanten
Hofe Auguſt des Starken ward mitten zwiſchen den Liebes=
abenteuern und ſittenloſen Feſten oft unbändig gezecht, be=
ſonders wenn es galt, die Ehre der ſächſiſchen Cavaliere im
Wettſtreit mit ihren polniſchen Standesgenoſſen zu retten
und dieſen letzteren den Aufenthalt am Hoflager zu Dresden
ſo angenehm als möglich zu machen. Noch heute bewundert
man im grünen Gewölbe zu Dresden die koloſſalen pracht=
vollen Pokale und Trinkapparate. Tüchtige Trinker gehörten

zu den unentbehrlichen Requisiten eines jeden wohlgeordneten Hofstaates. Wie Keysler auf seiner „Reise durch Deutsch= land" erzählt, kam 1729 nach Stuttgart ein Würzburger Geheimrath und besiegte alle Herrn des dortigen Hofes im Trinkkampf, indem er zehn Maaß Burgunder an einem Tage zu sich nahm. Nach der Versicherung dieses Becher= helden gab es am Würzburger Hofe noch fünf so starke Trinker, wie er selbst, alle auf 10 Maaß täglich geaicht! Sogar das ehrwürdige Reichskammergericht zu Wetzlar forderte von seinen Assessoren, daß sie nicht bloß den Reichs= kammergerichtsprozeß und die Reichsgesetze inne hätten, sondern auch die Kunst des Trinkens verständen, um vor= kommenden Falls dem hohen Collegium keine Schande zu machen!

Die Stuttgarter Städteordnung vom Jahre 1492 machte es einem jeden neu eintretenden Richter zur Pflicht, einen silbernen Becher mit seinem Wappen auf die Rathsstube zu bringen: zu dem gleichen Zwecke mußte in Halle ein jeder Herr, der in den Rath gewählt wurde, das erste Quartal seiner Rathsbesoldung zurücklassen; in den Kanzleien gab es Suppen=, Schlaf= und Unterträuke, damit die Räthe und Schreiberknechte nachher wieder fleißig arbeiteten, so wie Peter der Große in seiner neu eingerichteten öffentlichen Bibliothek in Petersburg Schnaps ausschenken ließ, um Leser anzulocken. Herzog Christoph gab bestimmte Ver= ordnungen, wieviel in jeder Kanzlei getrunken werden dürfe, und als ihm einmal einige Kostenzettel zur Dekretur vor= gelegt wurden, schrieb er darunter: „Muß denn immer ge= fressen und gesoffen sein? Jedoch placet Christoph." Wenn in Münster i. W. ein neuer Bürgermeister gewählt wurde, mußte er vor seiner definitiven Anstellung einen wohl

1 ½ Liter haltenden silbernen Hahn voll Wein austrinken, wobei der pensionirte Bürgermeister zum Bescheide einen in genanntem Hahn aufbewahrten Becher leerte. Dieser Hahn wird heute noch auf dem Rathhause in Münster den Besuchern gezeigt.

Nächst den Höfen waren die hauptsächlichen Pflanzschulen für den Saufgeist die Universitäten. Unter der akademischen Jugend kam die Nationalleidenschaft zum grellsten Durchbruch, der höchste Lebenszweck ward in der Virtuosität des Trinkens gesucht; „je bodenloser das menschliche Weinfaß, um so größere Ehre und Bewunderung ward ihm zu Theil, wer am meisten saufen kann, wird Magister oder Doktor." So berichtet Geiler von Kaysersberg. 1552 schrieb Matthias Friedrich seinen „Saufteufel" gegen das Trinken, worin er erwähnt, wie hoch ein sonderlich neuer Orden angerichtet, der Sauforden genannt; „möchte wohl Sau worden heißen, da Niemand genommen wird, der nit wohl saufen, übel essen, übel lügen, die ganze Nacht sitzen und Frost und Kälte leiden kann." Nicht selten gaben die Professoren selbst ihren Schülern das böse Beispiel der Unmäßigkeit. 1562 verbot ihnen eine Verordnung, mehr als 120 Personen bei den Hochzeiten ihrer Kinder zu setzen und eine andere schärfte den Fakultäten ein, keine versoffenen Professoren zu wählen. (Biedermann, Deutschland im 18. Jahrhundert, II, pag. 19.)

Den Ruf, am meisten im Trinken und Handhabung der Trinkregeln zu leisten, behauptete Tübingen. Wenn man dort den Studenten beikommen wollte, so gingen sie nach Rottenburg unter dem Vorwande, dort Papier und Streichhölzer zu kaufen. Da tranken sie dann „immer noch eins." Ein Visitationsrezeß von 1591 rügt sogar, daß die Frauen der Professoren häufig ein Gläschen über den Durst trinken, so daß z. B. Frau Professor Crusius und Frau Hamberger sich „gar ungebürlich halten," daß sie gar übel fluchen und schwören, dem Trunke sich ergeben, sonderlich des Crusie Weib, gehen selten zur Kirche, ziehen oftmals nach Lustnau und Derendingen und zeigen sich dort ziemlich (des Trinkens) verdächtig. Ein Kostgeber, dem nachgewiesen war, daß er einem Herrn von Landschub für 2 Gulden zu viel Wein gegeben, berief sich auf die ausdrückliche Erlaubniß des Vaters, daß sein Sohn zuweilen einige Maß über die Ordnung nehmen dürfe, da sein höherer Stand „etwas Weiteres erfordern thue!" Und ein Professor Ziegler erklärte, er habe immer dafür gehalten, daß erwachsene Studenten 100 bis 120 Maaß Wein des Vierteljahrs trinken dürften!!

Der anerkannt treue Sittenmaler Michael Moscherosch gibt uns in seinen „Wunderlichen und wahrhaftigen Geschichten Philander's von Sittewald" ein wahrhaft vorzügliches Gemälde von einem Studentengelage aus jener Zeit. Schon auf dem breiten Weg zur Hölle trifft Philander eine Schaar Studenten, und auf seinen Umgang durch die Hölle selbst kommt er an einem Ort vorüber, aus dem die Worte entgegen schallen: O hätte ich die Unkosten, so meine Eltern auf mich gewendet, besser angelegt und nit im Luder mit Fressen und Saufen durchgejaget! O mihi praeteritos! Wie er sich wegwenden will, ruft ihm ein Gast zu: Schaue, in was Stand eure Studenten heutigen Tags leben. — Und siehe, ich sah ein großes Zimmer, ein contubernium, Kueckelstube, Musäum, Bierhaus, Studiolum, Bastetenhaus, Weinstube, Ballhaus. Ich kann nicht sagen, was es eigentlich gewesen, denn alle diese Dinge sahe ich darinnen, Dirnen und Buben, Herrn und Bernhäuter, Rockel und Studenten. Die vornembste saßen an einer Tafel und soffen einander zu, daß sie die Augen verkehrten, wie gestochene Kälber. Einer bracht dem anderen eins zu, auf einer Schüssel, einem Schuh, der eine fraß Gläser, der andere Treck, der dritte trank aus einem verdeckten Geschirr, darinn allerhand Speisen waren, daß Einem davor gräußelte. Einer reichte dem anderen die Hand, fragten sich unter einander nach ihrem Namen und versprachen sich ewige Freunde und Brüder zu sein, mit angehenktem gewöhnlichen Burschspruch: ich thue, was dir lieb ist, und meyde, was dir zuwider; bande einer dem andern einen Nestel von seinen Lobberhosen an des anderen zerfetztes Wamms. Die aber, so einander nicht Bescheyd thun wollten, stellten sich als Unsinnige, Teuffel, sprangen vor Zorn in alle Höhe, raufften aus Begier solchen Schimpf zu rechen sich selbsten die Haare aus, stießen einander die Gläser ins Gesicht, mit den Dägen heraus und auff die Haut, biß hie und da einer nieder fiele und ligen bliebe, und disen Streit sah ich unter den besten und Bluts=freunden selbst mit Teuffelischem Wüthen geschehen. Andere mußten auffwarten, einschenken, Stirnknuppen, Haarropfen außhalten neben anderen vielen Narrentheyen, da die anderen, Esel, auf diese, als auff Pferde saßen und eine Schüssel mit Wein auff ihnen außsoffen, etliche Bachus Liedlein sangen, Bachus Meß lasen: O vinum gloriosum, Resp. Mihi gratis-simum! Welche Aufwärterer von den ersteren genannt wur=den Bachanten, Pennäl, Haupthanen, Spulwürme, Mutter=kälber, Säuglinge, Quasimodo geniti, Offsky; junge Herren (jetzt Füchse genannt), schoren ihnen das Haar ab, als den Nonnen, so Profeß thun wollen, dennen hero dise Schoristen, Apirer, Pennalisirer (jetzt alte Häuser, bemooßte Bursche)

heißen, die sich aber unter sich selber frische Kerls, fröhliche
Burschen, freye, redliche, dapfere, herzhafte Studenten tituliren. Andere schwärmten blinzelnd herum, wie im finstern,
trugen bloßen Dägen in der Faust, haweten in die Steine,
daß es funkelte, schryen in die Luft, daß es wehe in den
Ohren thate, stürmten mit Steinen, Brüglen und Knütteln
nach den Fenstern und riefen herauß Pennal, Feix, Bech,
Raup, Schurk, Oelberger, da es den bald an ein reissen
und schmeissen, rennen, laufen, hawen, stechen gienge, daß
ein darob die Haare gen berg stunden. Andere soffen einander zu auff Stühl und Bänken, Tisch und Boden, durch
Arm, durch ein Bein, auf den Knyen, den Kopff under sich,
über sich, hinder sich und für sich; andere lagen auf dem
Boden und ließen sich einschütten, als durch einen Trichter;
bald ging es über Thür und Ofen, Trinkgeschirr und Becher
und mit denselben zum Fenster hinaus mit solcher Unsinnig-
keit, daß mir graußete. Andere lagen da und kotzeten, als
die Gerberhunde u. s. w. Ein ganz ähnliches Bild ent-
wirft Grimmelshausens Simplicissimus von einem Gastmahl beim Gouverneur in Hanau, während des dreißigjährigen Krieges. (Ausgabe von Bülow, Leipzig 1836, p. 72.)

Den deutschen Universitäten war überhaupt der
zweifelhafte Ruhm vorbehalten, das Zechen wissenschaftlich
auszubilden. Es wurde nach besonderen Regeln, nach Comment gezecht, man gründete Bierstaaten, hielt eigene Disputationen zu Gunsten des Bacchus. In Jena, welches sich
gleichfalls vor allen anderen Musenstädten auf diesem Gebiete
auszeichnete, gingen die Disputationen in der Weise vor sich,
daß die Zuhörer kleinere Becher, der Opponent einen Humpen
hatte, womit er in dreifachem Schluck das sus objectionis
darstellte, worauf der Respondent durch dreimaliges Trinken

5*

diesen nassen Syllogismus annahm und der Präses das Uebrige austrank. Die Bierstaaten sind allbekannt. Ihre Verfassung war absolut monarchisch, der „Fürst von Thoren" aber kein erblicher, denn er konnte vom Throne getrunken werden: ein einziger Krug mehr gab die Oberherrschaft über Alle. Die Staaten schlossen Bündnisse, führten Kriege miteinander, in denen aber kein anderes Blut floß, als das des theuren Hans Gerstenkorn. Der berühmteste aller Bierstaaten war wieder das Fürstenthum Lichtenhayn bei Jena, dessen Fürsten Thus XXXVII. der joviale Carl August von Weimar gelegentlich der Ehre der Ebenbürtigkeit erwies, indem er ihn mit Ew. Liebden titulirte! In der langen Herrscherreihe hat es nach der Tradition einer der Fürsten zu 18 Stübchen an einem Galatage gebracht, eine ungemeine Quantität, denn 1 Stübchen umfaßte $3\frac{3}{4}$ Liter unseres gegenwärtigen Maaßes. Mehrere Fürsten sollen sogar auf dem Throne im wahren Sinne des Worts gestorben sein. (Vergl. Westermann's Monatsschrift von 1864; Robert v. Mohl, Sitten der Tübinger Studenten während des 16. Jahrhunderts; Keil, Geschichte des Jena'schen Studentenlebens.)

Auch das weibliche Geschlecht überschritt in jenen Zeiten oftmals die Gesetze der Mäßigkeit, und es heißt deßhalb in einem Rathsdekret von Heilbronn: „Dem Trunke ergebene Weiber sollen vom Stadtknecht herumgedrängelt und ihnen an den Kopf ein Zettel gehofften werden mit den Worten: versoffene Krugsgurgel!" In Hall gingen 1532 drei Schwestern nach Münkheim in des damaligen Mühlmichels Haus, wo sie 32 halbe Maß des besten Weines tranken, dann die Zeche bezahlten und Abends ruhig nach Hause kamen! Heinrich VI., König von Frankreich, wollte keine deutsche

Fürstentochter zur Frau, indem er sagte: „Ich würde immer denken, ein Weinfaß mir zur Seite zu haben." Um jene Zeit wurden in den Städten fast jeden Morgen Betrunkene in den Straßen schlafend gefunden, und in Nürnberg wurde von dem Magistrat ein besonderer kleiner Wagen gehalten, um diese nach Hause zu fahren. Selbst der mäßige Herzog Christoph bekennt in Briefen, daß er „etliche Trunk zu viel gethan," er zog nie auf einen Reichstag, ohne einige Fässer Neckarwein mitzunehmen.

Eine zweite eigenthümliche Institution Deutschlands zu der Ausbildung seiner Nationalneigung waren die Raths= keller, dergleichen man in allen wohlhabenderen und grö= ßeren Reichsstädten fand. Hier herrschten aber doch mildere Formen und walteten praktischere Zwecke vor, denn diese Rathskeller hatten gewissermaßen für den Wein dieselbe Be= deutung, wie der Marktplatz für die Lebensmittel. Die Kaufleute mußten allen Wein in „Eines Ehrbaren Raths Keller" bringen lassen. So wurde Controlle geübt, daß der Verkäufer nicht durch Weinfälschungen oder durch falsche Maaße den Käufer betrogen. Denn auch diese unedle Kunst des Fälschens war seit den frühesten Zeiten geübt. Kaiser Carl der Große sah sich schon zu einem strengen Gesetze dagegen veranlaßt, ebenso Friedrich II., Ludwig der Bayer und andere Fürsten. 1447 beschloß der Hansetag nach Cöln, Bingen, Frankfurt und Straßburg zu schreiben, „man möge gefälligst die Plumperer einstellen und den Wein ganz so lassen, wie Gott ihn wachsen gelassen." In Ulm mußte 1487 jeder Weinschenk schwören, daß seine Weine ächt seien und „kein Gemächt von Weidaschen, wei= drischiger Lauge, Kalk, Senf, Senfkorn, Speck, Scharlach= kraut, Birn= und Apfelmost, Bleiweiß, Quecksilber, Spring=

kraut oder Vitriol gemacht sei." Man sieht, wie weit sich die Weinchemie damals schon vervollkommnet hatte. Der Weinverfälscher Erni wurde 1706 in Stuttgart öffentlich enthauptet, weil sich nachweislich mehrere Personen durch seinen gefälschten Wein den Tod getrunken hatten. Der Hauptsache nach aber dienten die Rathskeller zu solchen geselligen Zusammenkünften, die meist in Privathäusern der beschränkten Räumlichkeiten wegen nicht stattfinden konnten. Zu Lübeck insbesondere wurden die großen Hochzeiten im Rathskeller gefeiert; sie arteten aus, insbesondere die üblichen vorgängigen Weinproben, und der Hochweise Rath sah sich genöthigt, diese „ehrliche Gewohnheit" dahin zu beschränken, daß nur 12 Personen, 6 von Seiten des Bräutigams, 6 von Seiten der Braut „probiren" durften. Dann hatten die Keller den Zweck, der mittelalterlichen Sitte, fremden Fürsten und Gesandten Wein zum Willkomm anzubieten, gerecht zu werden. Wie streng auf solche Ehrenbezeugung gehalten wurde, mag man daraus entnehmen, daß, als der Rath zu Antwerpen sie 1520 bei der Anwesenheit von Gesandten Lübecks, Hamburgs, Cölns, Braunschweigs unterließ, daraus auf eine feindliche Gesinnung geschlossen wurde. Als Kaiser Max I. 1486 durch Herzogenbusch reiste, verehrte ihm die Stadt zwei ungeheure Fässer mit Rheinwein, damals ein glänzendes Geschenk. In Lübeck hatte man für solche Ehrenspenden eine förmliche Taxe statuirt. Ein König erhielt bei seiner Ankunft 4 Ohm, und Tags darauf 16 Stübchen, eine Königin 3½ Ohm, und Tags darauf 8 Stübchen, ein Kurfürst 12 Stübchen, eine Kurfürstin 6, ein Herzog 8, eine Herzogin 4, ein Bischof und Graf 4, eine Gräfin, ein Ritter, Abt, Bürgermeister, Kanzler 2, ein Rathsschreiber 1 Stübchen. Selbstredend vergaß der

Ehrbare und Hochweise Rath auch sich nicht. An be=
stimmten Tagen im Jahre waren ½ bis 2 Stübchen zu=
gebilligt. Wer nur immer in geschäftlicher Beziehung zum
Rathskeller stand, sei es der Fischmeister, der Fische brachte,
sei es der Lichterzieher, der seine Lichter ablieferte, bekam
seinen gesetzlich geregelten freien Trunk und Wehrmann, der
Geschichtsschreiber des Lübecker Rathskellers, (Zeitschrift für
Lüb. Gesch. und Alterth., Lübeck 1863), rühmt dem Rathe
nach, daß er meist freigebig jenes theoretische Maaß über=
schritten habe. Gleicher Berühmtheit wie die schon genannten
erfreuten sich die Rathskeller von Nürnberg, Augsburg,
Hamburg und vor allen der von Bremen, welcher sich bis
in unsere Tage in der alten Blüthe erhalten und den
Wilhelm Hauff durch seine „Phantasieen im Bremer Raths=
keller" so vortrefflich illustrirt hat.

Bei solchem vielgestaltigen Cultus konnte es nicht be=
fremden, wenn alle Maßnahmen, mit denen die Kaiser und
Reichsfürsten gegen die nationale Leidenschaft ankämpften,
nur wenig fruchteten. Die Habsburgische Regentenfamilie
zeichnete sich darin und auch durch ihre Nüchternheit aus;
Friedrich III. war der erste Fürst, der es mit einem Orden
der Mäßigkeit versuchte, dessen Abzeichen er bei feier=
lichen Gelegenheiten öffentlich trug. Es war ein Kranz von
zusammengefügten Kannen, in deren Mitte ein Marienbild
hing, darunter befand sich ein Greif, der in seinen Klauen
einen Zettel hielt, mit den Worten: Halt Maaß. Sein
Sohn Maximilian I. erklärte in nicht weniger als vier
Reichsabschieden, dem von Worms 1495, von Freiburg
1498, von Augsburg 1500, von Cöln 1512 dem zu vielen
Trinken, insbesondere dem Zutrinken den Krieg. Aber die
Edelleute verspotteten diese Reichsabschiede und tranken ein=

ander mit den höhnenden Worten zu: Es gilt dem Reichs=
abschied. Graf Eberhard im Bart sah sich 1495 zu der
strengen Verordnung veranlaßt, das Zutrinken solle ebenso
wie die Gotteslästerung bestraft werden, weil diese aus jenem
entspringe. 1548 ließen Kaiser und Reich in der „Re=
formation guter Polizei," folgenden § 3 einrücken:

> „Wir wollen auch, daß Obrigkeiten ihren Pfarrherrn
> und Predigern befehlen sollen, alle Sonntag dem Volk
> zu verkünden, daß sie sich des Zutrinkens enthalten, mit
> Erzählung der Laster, so aus der Trunkenheit folzen,
> wie ihnen deßhalb von den Obrigkeiten ein Verzeichniß
> zugestellt werden soll."

Rudolf II. wiederholte diese Verordnung in dem Frank=
furter Reichsabschied von 1577. Ein zweiter, zeitweilig
noch berühmterer Mäßigkeitsorden als jener kaiserliche war
die von Siegismund von Dietrichstein, Kärnthenschen Landes=
hauptmann, zu Anfang des 16. Jahrhunderts gestiftete St.
Christophs=Gesellschaft. Die höchst interessanten, von
Petersen in ausführlicherem Auszuge mitgetheilten Statuten
sahen, charakteristisch genug, auch die Aufnahme von Frauen
und Jungfrauen adlichen Standes vor. Die Gesellschaft
bestand indeß nicht gar lange. 1524 errichteten Kurfürst
Ruhard von Trier und der Pfalzgraf Ludwig in Heidelberg
eine „Bruderschaft der Enthaltsamkeit," in welche
außer ihnen noch 15 andere Fürsten und Bischöfe eintraten,
sammt vielen Edelleuten. Dem folgte wenige Jahre ein wei=
terer Orden „gegen die Trunkenheit," dessen Mitglieder
als Wahrzeichen einen goldenen Ring trugen. Wer gegen
das Verbot des Zutrinkens verstieß, mußte diesen Ring dem
Ordensherrn zurückliefern und einen Goldgulden an die
Armen zahlen. Von diesem Orden erzählt ein Mitglied,

Thomas Leodius, in der Biographie des Kurfürsten Frie=
brich II. eine artige charakteristische Geschichte. Dieser hatte
ihn mit einer Botschaft an Heinrich VIII. von England
beauftragt, der nach einer langen, auf einem Spaziergange
gepflogenen Unterredung großen Durst verspürte und zwei
der größten Becher, einen voll Wein, den anderen voll Bier
bringen ließ. „Einen davon, sagte er eben zu Leodius,
mußt du mir zubringen, damit du siehst, daß die Eng=
länder und der König selbst auf gut Deutsch trinken und
du hernach deinem Fürsten ausrichten kannst, wenn er ein=
mal nach England kommen will, so soll es ihm an Trink=
kumpanen nicht mangeln. Leodius schützte sein Ordensgelübde
und den Ring vor, der König aber widerlegte ihn, und
wohl oder übel ergriff der Gesandte, dem vor der Größe
des Bechers graute („abhorrebam enim a magna poculi
capacitate") den Weinkelch und leerte ihn in vier schweren
Zügen, wogegen der König sein Bier in einem einzigen
Zuge hinab gejagt hatte. Heinrich beschenkte ihn dann mit
60 goldenen Ringen, als welche wider den Krampf gut sein
sollten und gab ihm für den Pfalzgrafen einen goldenen
Becher mit. Dieser ließ sich den Vorgang ausführlich be=
richten, trug ihn dann den Ordensmitgliedern vor, welche
aber des Leodius Verhalten einstimmig billigten und zum
Zeichen dessen den mitgebrachten Becher der Reihe nach
leerten. Der freigesprochene Ordensbruder schenkte dann
jedem einen Ring „und alle gingen vergnügt zu Bette."
Ein fünfter, seiner Zeit sehr renommirter „Orden der
Mäßigkeit" war der 1600 vom Landgraf Moritz von
Hessen und 11 anderen Grafen und Herren in Heidelberg
errichtete. Von den 14 Artikeln der Statuten waren der
elfte, zwölfte und dreizehnte die merkwürdigsten, indem sie

jeden Ordensverwandten in seinem Gewissen verpflichteten, Uebertretungen anzuzeigen, worauf dann der Stifter oder Patron — das war der Kurfürst Friedrich V. von der Pfalz — durch drei unschuldige Ordensmitglieder unter= suchen ließ, ob der Uebertreter mit der größten, mitt= leren oder geringeren Strafe zu belegen sei. Erstere machte auf ein Jahr unfähig, irgend einem Ritterspiele bei= zuwohnen, die zweite untersagte den Genuß des Weines auf zwei Jahre (war unzweifelhaft härter, als die erste), und nach der dritten mußte Excedent zwei seiner besten Rosse oder 300 Thaler geben.

Alle diese Orden gingen, ohne etwas Fruchtbares ge= leistet zu haben, nach dem Tode ihrer Stifter bald wieder ein. Ebenso wenig fruchteten andere Gegenmittel. Die Prediger zankten, die Aerzte zankten und Sebastian Frank und mit und nach ihm viele andere schrieben förmliche Bücher wider das viele Trinken. Auch die Verspottung des Auslandes, der Franzosen zumal, nutzte nichts, man gab's ihnen mit Zinsen zurück:

Bacchus germanos vexat, sed femina Gallos,
Dic mihi, quid gravius? — — —

Am kräftigsten that das Johann von Schwarzenberg, der da sagte: in den Trinkländern fände man gewöhnlich frumb, wahrhaft, kühne, getreue, beständig, hart, mannlich, streitbar Leut, hingegen in den anderen (Frankreich und Italien) die grewlichste Laster wider die Natur, Unkeusch= heit, Vergeben, Zagheit, Untreue, Geiz und dergleichen. Und denkende Ausländer, wie der französische Parlamentsrath Peter Lancre in seinem Livre des Princes, stimmten mit Schwarzenberg überein. Ungleich mehr als alle diese mora= lischen Mittel wirkten physische, nämlich die neuen Getränke, welche den Genuß des Weins beschränkten, die Chokolade, welche die Spanier aus Amerika, der Thee, den die Jesuiten aus China und Japan, der Kaffee, den türkische Kaufleute zuerst in Marseille einführten. Gegen 1680 wurden diese Genußmittel in Deutschland bekannt und nun machten die Kaffeehäuser den Weinkneipen Concurrenz. 1683 wurde das erste Kaffeehaus in Wien, 1686 ein solches in Regensburg und Nürnberg, 1687 eins in Hamburg gegründet. Seit jenen Zeiten hat denn die urgermanische Untugend auch, wenn auch nur sehr langsam, abgenommen, haben sich Trunkenheit und Völlerei aus den gebildeten Ständen zurückgezogen. Beispiele von Saufbolden oder „vollen Bölzen“, wie es in einer alten Chronik heißt, die man im 17. Jahrhundert in jeder Reichsstadt noch zu Dutzenden, ja Hunderten zählte, sind immer seltener geworden. Der mäßige Genuß des Weins dagegen wird und soll dem deutschen Manne immerdar werth bleiben. Der edle Rebensaft ist es, dem er bei traulicher Rede, im behaglichen Kreis der Freunde, mit warmer, froher Begeisterung für das Vaterland und die Freiheit stets zugethan bleiben soll, aber und immer mit Kaiser Friedrichs III. Wahlspruche: Halt Maaß!

Wir bemerkten und führten weiter aus, daß vorzugsweise unser germanischer Volksstamm dem Cultus des Weines in allen seinen Graden gehuldigt habe. Indeß auch unsere gallischen Nachbaren, Neider und Feinde haben uns darin nur wenig nachgegeben. Wir brauchen zum Erweise dessen nur einen Blick auf den französischen Hof des siebzehnten und achtzehnten Jahrhunderts zu werfen. Die durch ihre Gedichte berühmte Königin Margot, die schöne Margaretha von Valois, Gemahlin Heinrichs IV., hegte zum Becher die gleiche Liebe, wie zur Poesie. In einem Briefe, den ihr

Gemahl an einen Freund schrieb, kommt folgende Stelle vor:
„Margot hat mir einen Unterhändler geschickt und von
mir die Gnade erfleht, ich möge veranlassen, daß sie mehrere
Fässer gebrannter Wässer, ohne Zoll zu zahlen, herein=
schmuggeln dürfe. Ich kann es ihr nicht gewähren. Sie
hat in letzterer Zeit die seltsame Passion gefaßt, in den
Bergen von Quercy auf dem Rücken von Kamelen spaziren
zu reiten, und wenn sie gänzlich betrunken von diesem hohen
Sitze herabfiele, wäre sie verloren." Die Herzogin von
Mazarin, Nichte des Cardinals gleichen Namens, welche sich
in ihrem sechzehnten Jahre mit dem Herzog de la Meil=
leraye verheirathete, eine der schönsten Frauen (Saint=Evre=
mond nannte sie das achte Weltwunder), betrank sich in
solcher Weise, daß sie sich in derartigen Momenten Kleider
und Wäsche vom Leibe riß, so daß ihr Gemahl Sorge trug,
daß die Herzogin vor fremden Augen verborgen blieb, wenn
die Folgen des Branntweinrausches sich bei ihr zeigten. Zu
ihrer Entschuldigung sagte die schöne Herzogin: „Andere
Frauen, die Regentin, Frau v. Montespan haben es durch
Uebung schon so weit gebracht, daß sie trinken können, ohne
betrunken zu sein. Die Glücklichen!" Die Herzogin von
Mazarin ließ sich aus Irland einen Wirth kommen, der ihr
aus Safran, Cochenille und andern Droguen ein Getränk
brauen mußte, das ob seiner Schärfe für andere völlig
ungenießbar war. Die letzten drei Jahre ihres Lebens
nährte sie sich einzig durch gebrannte Wasser, kaum 28 Jahre
alt, war sie triefäugig und ihre Hände zitterten in solchem
Maße, daß man ihr den Inhalt des Glases direct in den
Mund gießen mußte. Die poetischste Blondine aller Zeiten,
die schöne Louise de la Balliere, das Mädchen, welches
lange Jahre dafür Buße that, daß sie den Anstürmungen

Ludwigs XIV. unterlegen, kannte da in der selbstgeschaffenen
Einsamkeit keine andere Zerstreuung als beten und — Li-
queur trinken. Sie ließ sich einen Betstuhl verfertigen, dessen
obern Deckel man aufheben konnte, und darin eine stattliche
Sammlung von Branntweinflaschen unterbringen, so daß
sie, ohne sich zu unterbrechen, beten und trinken konnte.
Die Herzogin von Bouillon litt an einer Art Krämpfe,
die keiner der Hofärzte, keine der von weit und breit herbei-
geholten Berühmtheiten zu heilen verstand. Eine Kammerfrau der Herzogin hatte einen Bruder, der die Arzneikunde
studirte, dieser sah einst zufällig die 22jährige Dame bei
einem Anfall ihrer schrecklichen Krankheit und sagte seiner
Geliebten sorglos: „Das ist ein schöner Fall von Säufer-
wahnsinn." Diese richtige Diagnose mußte er mit zehn
Jahren Bastille bezahlen. Der Großprior Philippe von
Vendome schrieb dem Regenten einen Zettel, in dem es hieß:
„Es sind vierzig Jahre vorüber, seitdem keine Nacht ver-
strichen, in der ich nüchtern war; mein Hauptglück besteht
darin, daß es am Hofe einen großen Ueberfluß der reizend-
sten Bacchantinnen gibt, die mir Gesellschaft leisten. Darunter muß ich vor allem die Enkelin des großen Condé
nennen, das ist gar keine Dame, das ist ein reizendes Fäß-
chen, in welches eine unglaubliche Menge von Branntwein
hineingeht." Der Herzog von Orleans war mit der Flasche
mäßiger, sein Unglück wurzelte in der Leidenschaft, gänzlich
verfaulte Fische zu essen, eine Passion, die er mit seinem
Leben bezahlen mußte. Ueber seine Gattin schreibt ihre
Schwiegermutter, die durch ihre pikanten Memoiren so bekannte Pfalzgräfin Charlotte Louise von Orleans folgende
Klage an den Papst: „Eure Heiligkeit sollten meiner
Schwiegertochter eine Warnung zukommen lassen, sie ist über

die Maßen eitel auf ihre königliche Abkunft und weiß ihren Stolz in nichts zu ertränken, als in Rosoglio. Als ihre Tochter, meine Enkelin, die Herzogin von Berry, von der ersten Communion heimkehrte, weihte sie die Mutter in die Kunst des Trinkens ein und beide setzten dies so lange fort, bis die Kammerfrauen sie mit zerzaustem Haare, in schreck- lichem Zustande, unter dem Tische fanden."

IV.

Aus der Küche der Gesetzgebung und der Gesetzgebung der Küche.

———

Die bekannte Frau v. Staël=Holstein sagt irgendwo, man dürfe nicht in die Küche der Gesetzgebung gehen, sonst verderbe man sich den Appetit. Der Ausspruch ist nicht ohne Berechtigung. Gesetze sollen Producte des Bedürfnisses, sie sollen „Spiegel, Regel und Riegel" sein für Regierende wie für Regierte. Wer aber ihrer Entstehungsgeschichte nachgeht, findet nur zu oft, daß sie das nicht sind, daß ihre Genesis nur zu häufig auf den einen Satz sich zurückführt: „Car tel est notre bon plaisir."

Noch im Anfang unseres Jahrhunderts verglich ein deutscher Staatsphilosoph die Reichsgesetzgebung mit einem Plum=Pudding, zu dem der eine Fürst das Mehl, der andere Butter und Eier, ein dritter die Rosinen und Mandeln 2c. geliefert habe. Die ganze Gesetzgebung des siebzehnten und achtzehnten Jahrhunderts trägt in der That an vielen Stellen den Stempel der Laune, Willkür und Projectenmacherei an sich. Es gilt das namentlich von jener Zeit, wo der Grund=satz: „L'état c'est moi" seine Wirksamkeit äußerte und eine förmliche Regierungs=Wuth erzeugte.

Allerdings gab es Fürsten, die sich von dieser krank=
haften Sucht frei, die überhaupt das Regieren nicht für so
leicht hielten, wie in unsern Tagen Herzog Karl von Braun=
schweig, der seinem das Minister = Portefeuille ablehnenden
Ober=Marschall Welzin versichert haben soll, er habe es in
einer halben Stunde gelernt. Im Gegensatz zu diesem
Regenten mit leichtem Herzen fand Friedrich August, der
letzte Fürst von Anhalt=Zerbst. (gest. 1793), das Herrschen
so schwer, daß er überhaupt gar nicht regierte, alles und
jedes liegen ließ, und durch ein besonderes Rescript vom
1. Mai 1788 seinen Beamten und Unterthanen kund und
zu wissen gab, daß ihm Niemand nachlaufen und ihn mit
Regieren behelligen solle, bei Vermeidung unausbleiblicher
Ahndung, für die Dienerschaft bei Strafe der Cassation!
      Indeß die Mehrzahl seiner Zeit= und Standesgenossen
war anderer Ansicht, und versuchte sich mit ihren Regierungs=
künsten auf allem und jeglichem Gebiete, in allen und jeg=
lichen Formen bis zu Geßler's Hut hinauf. So befahl
Herzog Karl von Würtemberg, der bekannte Stifter der
Karlsschule, daß jede seiner Schildwachen gleich ihm selbst
durch Abziehen des Hutes zu grüßen sei, und 1783 erhielt
wirklich ein Kammerrath, der diese Reverenz absichtlich unter=
lassen hatte, in der Wachtstube 25 Stockprügel applicirt.
Ein nicht minder gestrenger Herr wie jener würtembergische
Herzog war Ernst August von Weimar, allerdings einer der
originellsten Fürsten seines Jahrhunderts (er starb 1748).
Er verbat sich jede Kritik seiner Regierungshandlungen.
„Das vielfältige Raisonniren," so lautet sein desfallsiger
vom 3. November 1736 datirter Ukas, „wird hiermit bei
halbjähriger Zuchthausstrafe verboten, — was maßen das
Regiment von Uns abhängt und nicht von denen Bauern,

und wir keine Raisonneurs zu Unterthanen haben wollen. Und obgleich die Beamten mit denen Unterthanen nicht so hart verfahren sollen, so wollen Wir doch Unsere gnädigsten Befehle alle Mal mit der alleräußersten Accuratesse beobachtet wissen."

Ob nun die „Bauern" wirklich das Raisonniren gelassen haben, vermeldet die Weimarische Chronik nicht, wohl aber, daß es mit der „alleräußersten Accuratesse" der Beamten nicht weit hergewesen; denn Serenissimus klagt in einer weiteren Ordonnanz bitter über die Nichtachtung seiner Befehle, und daß die Räthe dieselben oft Monate lang in ihren Taschen herumtrügen, ohne sie einander mitzutheilen. „Wir wissen zwar nicht, ob es aus passion oder praepotence geschehen, aber verweisen euch dergleichen Beginnen und Anmaßen, als wäret ihr große Herren, und könntet, was euch nicht gefällt, lediglich nach Gutdünken an die Commission verweisen. Indem wir keine praepotence und keinen Dominat verstatten mithin die Subordination — sie sei geistlich oder weltlich — aufrecht erhalten werden, werden wir die unter ben großen a longueperruquen und großen theologischen pharisäischen Narrenkrausen steckende Hochmuths-Seuche, daran auch sogar die dii minorum gentium elaboriren, schon zu curiren suchen. Und daß ihr meinet, daß Wir nach euerer Caprice Uns richten werden, dürfte wohl fehlschlagen, indem Wir selbsten wohl wissen, was Justiz sei und ein großer (!) Herr in seinen Landen thun könne. — — Wir sind gewohnt, daß in Unsern Landen nicht die Uhrmacher-Gesellen, sondern der Meister die Uhren stelle. Daran also geschieht Unsere Meinung, und Wir sind euch in Gnaden gewogen."

Ob nun die Weimarischen Geschäfts = Uhren seitdem regelmäßiger und richtiger gegangen, wissen wir abermals nicht, erfahren aber aus einem dritten Rescripte doch wenigstens, von welcher Gattung und Beschaffenheit die Uhrmacher= Gesellen waren, die sie mitunter stellten. „Da Uns als Landesfürsten," so rescribirte der vorsorgliche Herzog, „die Disposition über die Landeseinkünfte zusteht, und Wir Uns von keinem Minister, Rath oder Damen maitrisiren lassen, und, obwohl die Frau Oberhofmeisterin, welche in Ansehung ihrer und Anderer dieserhalb einige Propositionen thut, eine kluge, welterfahrene Dame ist, so hegt sie doch principia imperantia, und mischt sich in alles, welches Wir aber bei Unserm Leben nicht dulden werden, noch daß die Frauen= zimmer=Seuche nach Unserm Tode einwurzele, allen maßen bekannt ist, daß die meisten Höfe durch die Reifröcke die größten und geheimsten Affairen den Fürsten zum Schaden und zum Verderb von Land und Leuten zu tingiren gesucht."

Derselbe regierungseifrige Fürst erfand auch ein eigen= thümliches Mittel zur Löschung von Feuersbrünsten. „Wir befehlen in Gnaden, daß in allen Orten und Dörfern höl= zerne Teller, worauf schon gegessen gewesen, mit einem Feuerpfeile, nach beigesetzter Zeichnung versehen, angeschafft und diese Teller Freitags bei abnehmendem Monde zwischen 11 und 12 Uhr mit frischer Tinte und neuer Feder mit den Worten zu beschreiben sind: »An Gottes Allmacht liegts; Consummatum est,« und bei jeder vorfallenden Feuersbrunst in's Feuer zu werfen sind, mit den Worten: »In Gottes Namen.« Wofern das Feuer dennoch weiter um sich greifen wollte, hat solches drei Mal zu geschehen, dadurch denn die Gluth ohnfehlbar gedämpft wird. Dergleichen Teller nun haben die regierenden Bürgermeister in denen Städten, auf

dem Lande aber die Schultheißen und Gerichtsschöppen in
Verwahrung aufzubehalten, und bei entstehender Noth, da
Gott für sei, zu gebrauchen. Hiernächst aber weilen dieses
jeden Bürger und Bauer zu wissen nicht nöthig ist, solches
bei sich zu behalten. Hieran vollbringen dieselben Unsern
gnädigsten Willen. Gegeben in unserer Residenz Weimar,
den 24. December 1742. Ernst August." Dieses Rescript,
ein merkwürdiger Beweis, welcher Aberglaube noch vor
wenig mehr als hundert Jahren selbst an den höchsten
Stellen zu finden war, erregte aber doch bald nach seinem
Erscheinen Bedenken, und der Herzog erließ daher einen
anderweiten Befehl, durch welchen er Allen, welche Exemplare
seines frühern Erlasses erhalten hatten, deren Rücksendung
bei Geldstrafe und mit der Anordnung, keine Abschrift da=
von zurückzubehalten, anbefahl. So erzählt wenigstens Graf
v. Manteuffel in einem Briefe an den Minister Grafen
v. Brühl vom 13. Februar 1743. Er fügt aber noch ein
anderes Curiosum bei. Der Herzog erließ auch eine Mühlen=
Ordnung, zunächst in der Absicht, den Betrügereien der
Müller Einhalt zu thun. Ein Jahr ließ er verstreichen,
ohne Notiz davon zu nehmen, ob die Müller seinem Befehle
nachkamen oder nicht. Nach Ablauf des Jahres aber erging
ein Rescript, dessen Inhalt v. Manteuffel dahin angibt:
„Man würde sich erinnern, was Jhro Durchlaucht vor eine
heilsame Mühlen=Ordnung hätte publiciren lassen. Da nun,
daß alle Müller Diebe wären, weltkundig und dahero gewiß
zu vermuthen sei, daß kein einziger unter ihnen solcher
landesväterlicher Verordnung nachgelebt haben werde, als
würden sie, Kraft dieses, durchgehends in die wohlverdiente
Strafe condemnirt, und hätten sie dahero, Dieser so viel und
Jener so viel weniger oder mehr hundert Thaler fördersamst

6*

baar zu der Rentkammer zu entrichten oder daß diese Straf=
gelder durch militairische Execution eingetrieben werden wür=
den zu gewärtigen." Manteuffel mag die Gewähr für diese
Mittheilung übernehmen. Er versichert aber, die Müller
hätten wirklich die ihnen dictirte Strafe ohne weitere Unter=
suchung bezahlen müssen.

Von einem seltsamen Vertrauen auf die Wissenschaft
war der erste König von Preußen, Friedrich I., beseelt.
1709 wüthete in Preußen die Pest, und zwar in so schreck=
licher Weise, daß in dieser einen Provinz in wenig Wochen
gegen 200 000 Menschen starben. Der König forderte
Bericht vom Sanitäts = Collegium, und dieses gab unter
andern Ursachen für die Verbreitung der Epidemie auch die
an, daß die meisten Pestärzte medicasti (Pfuscher) und em=
pirici und die meisten Pestprediger unmoralische Menschen
seien. Dazukomme noch die schlechte Justiz und Polizei.
„Ew. Majestät können sicher glauben," so heißt es in dem
betreffenden Berichte vom 4. April 1709, „daß die bei uns
im Schwange gehende Justiz die Materie ist, welche sowohl
die pestilentialische Seuche als alle Landplagen erzeugt und
ernährt. Wolle der König an der Wahrheit zweifeln, so
möge er so gerecht sein, das Collegium zu entlassen, außer=
dem aber diesem die Leitung der Anordnungen übertragen."
Letzteres geschah denn auch. Unter diesen Anordnungen war
nun eine, die Galgen zu erbauen befahl, um diejenigen im
Sarge daran zu hängen, welche gestorben sein würden, ohne
Arzneien einzunehmen. So versichert Vehse in seiner Ge=
schichte des preußischen Hofes und Adels.

Ueberhaupt ist es herzerhebend, in unserer Geschichte
zu lesen, wie mit so vieler Sorgfalt manche deutsche Landes=
väter sich des Wohles ihrer Unterthanen annahmen, freilich

nach verschiedenen Systemen. Traf der eine alle Vor=
kehrungen, daß sie nicht in der Andacht gestört würden, so
beschlich andern wieder die Furcht, daß sie zu fromm würden.
Würtemberg, „der theologische Augapfel Gottes," wie es
im Reformations=Zeitalter hieß, ging in ersterer Beziehung
voran. In Veranlassung eines erschienenen Kometen ord=
nete Herzog Eberhard III. Bußpredigten im ganzen Lande
an. Friedrich August von Anhalt = Zerbst, den wir schon
kennen, that ein Mal, aus der Rolle fallend, dasselbe in
Veranlassung eines Sturmes. Kurfürst August I. von
Sachsen erließ aus Aerger über ihre Andachtsstörungen in
der verwitterten Kreuzkirche zu Dresden ein besonderes
Rescript gegen das Geschrei und die Unreinlichkeit der
Sperlinge!

In entgegengesetzter Richtung reducirte Herzog Eber=
hard Ludwig von Würtemberg, dem seine Unterthanen zu
viele Zeit auf den Kirchenbesuch verwendeten, ihre bisherigen
täglichen Gebetstunden auf eine in der Woche. Wahrscheinlich
schwebten ihm die strengen, hernach durch das lange Par=
lament von Henkershand verbrannten Edicte der Stuart=
Könige gegen die Sonntagsfeier vor Augen, welche letztere
als gefährlich für Staat, Kirche, Gesellschaft und Heerwesen
bezeichneten. Für den S t a a t: weil die Menschen den
Sonntag über grübelten und auf unzufriedene Gedanken
kämen; für die Kirche: weil die Menschen keinen Gefallen
finden könnten an einer Religion, die so viel Langweiligkeit
auferlege; für die G e s e l l s c h a f t: weil Müßiggang zum
Trunk führe; für das H e e r w e s e n: weil die Race sich
verschlechtere, wenn das Volk nicht wenigstens ein Mal die
Woche tanze, froschhüpfe, Wochentänze aufführe und der=
gleichen. Wegen des darin enthaltenen Katalogs von Spielen

erhielt diese Verordnung — sie war von Jacob I. erlassen und von Karl I. erneuert — den Namen Book of sports.

Ganz ähnlich dachte in diesem Punkte Friedrich Wilhelm I. von Preußen. Aergerlich über seine Hofprediger erließ er die famose Cabinets = Ordre vom 18. December 1717, wonach keine Predigt länger dauern solle als eine halbe Stunde. Die Geistlichkeit opponirte in Gesuchen und auf der Kanzel. Half nichts. Eine fernere Verordnung verhängte die doppelte Strafe gegen jeden Prediger, welcher die genannte und überhaupt irgend eine königliche Verordnung auf der Kanzel „anzapfen" würde. In Würtemberg erließ der uns schon bekannte Herzog Karl, der Stifter der Karlsschule, ein Edict, welches seinem gesammten Adel und den Beamten den Besuch der Oper und andern Theater=Lustbarkeiten förmlich zur Pflicht machte, und welches allen „Kanzlei-Beamten mit ihren Frauen und erwachsenen Töchtern" auf den Redouten zu erscheinen gebot bei Strafe der Entziehung der vierteljährigen Besoldung. Das war ganz im Geiste seines Vorgängers, Herzog Friedrich († 1608) gedacht, welcher seinen Oberräthen, die sich darüber beschwerten, daß die jungen Leute, Studenten ꝛc., zu Fastnacht so viel Lärm und Unwesen trieben, rescribirte: „Es wäre gescheidter, wenn sie sonst besser über die Landes=Ordnung hielten wie bisher, und nicht allein eben diesen Punkt »steif halten« wollten; denn eine gebührende Fastnacht könne man Niemanden wehren." Auch der erste König von Würtemberg litt an ähnlichen gesetzgeberischen Launen. Er befahl seinem Standesherrn, sich mindestens drei Monate im Jahre in der Residenz aufzuhalten bei Strafe des Verlustes der vierteljährigen Einkünfte. Seinen Bauern gebot er, den Mist nur in geschlossenen Wagen zu fahren, und die Düng=

stätten einzuzäumen und zu bedecken, „damit Se. Majestät
im Vorüberfahren keinen Ekel fasse." Für ein ackerbau=
treibendes Land eine sehr zweckentsprechende Verordnung!

Wunderliche Quacksalber auf dem Gebiete der Gesetz=
gebung waren von jeher auch die braunschweigischen und
hessischen Fürsten. Erstern machte die Fortdauer ihres Hauses
gewaltige Sorgen. Die sieben Söhne des 1592 gestorbenen
Herzogs Wilhelm trafen unter einander die Verabredung,
daß alle Mal nur der Aelteste unter ihnen die Regierung
führen, und das Loos entscheiden, wer heirathen solle. So
wurde es denn auch gehalten. Dem Herzog Julius lagen
insbesondere die Bärte seiner männlichen Unterthanen am
Herzen. Er erließ 1605 eine ausführliche Bart=Ordnung:
Demnach der Kurfürst von Sachsen und er selbst sich die
Unterbärte hätten abschneiden lassen, sollten auch alle Be=
amten sich den Unterbart mit dem Scheermesser bei Verlust
des Knebelbartes rein wegnehmen lassen. Waren es in
Braunschweig die Bärte, welche die Gesetzgebungskunst des
Landesherrn in Anspruch nahmen, so in Kurhessen die Zöpfe.
Landgraf Wilhelm IX. von Hessen=Kassel, als erster Kur=
fürst restaurirt, nachdem er den auf dem Wiener Congreß
angestrebten Titel „König der Katten" nicht erlangen konnte,
erstreckte seine landesväterliche Fürsorge vornehmlich auf die
Uniformen und den Kopfputz. Die ganze Armee mußte
wieder Zöpfe tragen und Puder im Haare führen: die vier
vorschriftsmäßigen gepuderten Papillotten und gewichste
Schnurrbärte, ganz wie im siebenjährigen Kriege. Da die
Haare der Soldaten sehr oft nicht lang genug waren, um
die falschen Zöpfe daran zu befestigen, so wurde anbefohlen,
falsche Zöpfe an die Uniformkragen, aber keineswegs an die
Hüte zu heften. Dieser Befehl war durch einen seltsamen

Vorfall erwirkt worden. Der Kurfürst bemerkte einst, als
er aus dem Schlosse kam, und die Wache schnell in's Ge=
wehr trat, einen Offizier mit zwei Zöpfen. „Warum hat
man zwei Zöpfe?" donnerte die alte Hoheit. Der Offizier
hatte den Hut eines Kameraden, an welchem dessen Zopf
befestigt war, ergriffen, und der seinige hing an den eigenen
Haaren. Unnachsichtlich erhielt der unglückliche Lieutenant
Arrest, und es erging der gedachte Befehl. Um echte und
schöne Zöpfe zu erzeugen, setzte der Kurfürst eine Prämie
auf eine den Haarwuchs befördernde Salbe. Offiziere, die
echte Zöpfe vorzuweisen vermochten, erhielten eine Zopf=
Gratification. In ganz Europa wurde der Kurfürst wegen
dieser Zopf=Manie verspottet. Man erzählt sich noch in
Kassel, wie ein Engländer vor dem Schlosse Wilhelmshöhe
erst mit einem fast schenkeldicken Zopfe, der bis an die Knie=
kehle herabreichte, und dann sogar mit vier, fünf bis beinahe
zur Erde herabhängenden Zöpfen auf und nieder spazierte.
Kluger Weise nahm der sonst leicht gereizte Landgraf von
diesem Aergerniß keine Notiz.

Wir lernten Ernst August von Weimar als großen
Staatswirth kennen; aber er blieb mit seiner Regierungs=
weisheit doch weit zurück hinter Max Joseph von Baiern.
Vor dessen Regierungs=Schulmeisterei war eigentlich nichts
sicher. Er befahl alles Ernstes Jeden, der kein Geld hatte,
der unbemittelt war, zur Spinnerei anzuhalten. Kinder
wie Erwachsene. Er bestimmte, wie in seinen Kurlanden
gebaut werden müsse, die Größe und Form der Baumate=
rialien, der Ziegeln, der Backsteine, des Holzes. Ein Mandat
von 1762 ordnete an, zu welchen Stunden das Vieh der
Bauern im Stalle und wie lange es auf der Weide sein
dürfe — also eine Polizeistunde für Ochsen und Rindvieh!

Zwei andere Verordnungen von 1747 und 1762 bestimmten die Höhe des Tagelohnes für die Handwerker. Wer mehr zahlte, sollte an Geld gestraft werden; wer mehr nahm, wurde acht Tage in's Arbeitshaus gesperrt bei Wasser und Brod, und erhielt täglich zwölf Peitschenhiebe gratis. Lag ihm die Arbeit seiner Unterthanen am Herzen, so seinem Collegen, dem Kurfürsten August I. von Sachsen, deren Verzehr. Er schrieb, um Fremde und Einheimische vor Uebertheuerung zu schützen, den Gastwirthen ganz genau vor, wie viel sie für Zehrung nehmen mußten, was auch gar nicht so uneben ist, und — allerdings mehrere Generationen später — Kaiser Joseph II. ihm nachmachte, indem er den Wiener Metzgern eine sehr genaue Fleischtaxe octroyrte. Wer dieselbe überschritt oder schlechtes Fleisch lieferte, sollte für jedes Pfund, so er auf diese Weise profitiren wollte, 25 (nämlich die altehrwürdige Normalzahl österreichischer Stockprügel) auf sein angeborenes Fleisch erhalten.

Mit dem Verzehr sind wir dem zweiten Punkte unseres Thema's näher gerückt, nämlich dem, was verzehrt werden muß: dem Essen und Trinken. Nicht ohne Rührung kann man bei der Sorgfalt verweilen, die Deutschlands Fürsten aufwandten, damit ihre Landeskinder sich nicht den Magen verderben möchten. Sie spricht sich vorzugsweise in den Hofküchen = Ordnungen aus, worunter die von Johann Georg I. von Kur=Sachsen mit oben an steht.

„Diejenigen von Adel, welche in Unsern Diensten sind, sollen sich nicht unterstehen, von selbsten, ungeladen in das Gemach, darinnen gespeist wird, zu gehen und Unserer Junkertafel sich zu gebrauchen. Weil Uns Bericht eingelaufen, daß nach verrichteter Dienstwartung Musikanten, Trompeter, Lakaien, Jungen und andere Diener sich mit

Gewalt sonderlich in die Keller gedrungen, auch mit groben
verdrießlichen Worten oft die besten Weine erzwungen, so
ist dies künftig ganz zu vermeiden. Und dieweil dieser Un=
rath fürnehmlich daher rührt, daß ihrer viel Diener halten,
die es gleichwohl ihrer Besoldung halber nicht vermögen,
daraus dann ferner dieses folget, daß solche Bärenhäuter
und loses Gesindel, weil sie kein sonderlich Auskommen haben,
sich in Küche und Keller drängen, die Essen und anderes
aus den Schüsseln reißen, das Getränke aus den Gefäßen
gießen, abschleppen und abtragen, als wollen Wir, daß hin=
führo Keiner, er sei denn darauf besoldet, sich mit einigem
Gesinde belege, sondern auf sich und sein Pferd selbst warte.“

Gut gemeint. Aber wenn der Mensch Hunger hat, so
verfangen die weisesten Gesetze nicht, und der Kurfürst mußte
schließlich zu einem Radicalmittel greifen, dem, daß zur
„Vorsorge gegen die »Hofjunker« und die »Einspännigen«“
während der Tafel die Schloßthore geschlossen und die Schlüssel
ihm überbracht werden sollten.

Etwas praktischer griff Herzog Christian von Braun=
schweig=Lüneburg die Sache an, nämlich die Regulirung des
Appetits von seinem Hofgesinde. „Wenn der Thurmmann
geblasen hat, d. h. Morgens 9 Uhr, Abends 4 Uhr, soll
Jeder auf die Mahlzeit warten, und wer nicht zu rechter
Stunde kommt, leer ausgehen. Keiner soll sich in Küche
oder Keller sättigen. Sobald in der Hofstube das Essen
aufgetragen, soll ein dazu verordneter Junge beten. Ein
Jeder soll sich still und bescheiden aufführen, nicht schelten,
fluchen, noch einen Dritten mit Fleisch, Brod oder Braten
werfen, noch auch mit den Speisen seine Taschen füllen.
7 Uhr sollen die Junker ihre Morgensuppe erhalten, die
jedoch am Freitag (wo Predigt war) ausfällt, »damit man

um so geschickter zum Gottesdienst sei.« Zur Morgensuppe und Mahlzeit erhält Jeder einen »Untertrank«, Abends sein Bier und vor dem Schlafengehen noch den »Schlaftrunk«." Der Weinschenk, so hieß es mit besonderer Verwarnung, soll weder „Edel oder Unedel" in den Keller gehen lassen, und der Wein soll nur auf dem fürstlichen Tische und dem Tische der Räthe gegeben werden.

Noch praktischer war, wie Öttinger uns in seiner Ge= schichte des dänischen Hofes erzählt, König Christian IV. von Dänemark. Der gebot ganz allgemein: Unter unfreien Leuten soll kein Wein verabreicht werden.

Und ebenfalls praktischer als dieser braunschweigische Herzog verfuhr König Friedrich Wilhelm I. von Preußen. Von der Annahme ausgehend, daß seine Preußen nur dann zur Mäßigkeit und Sparsamkeit eingeschult werden könnten, wenn der Hof und die königliche Familie mit erspiegelndem Exempel darin voranleuchte, entwarf er höchst eigenhändig, wie uns Graf Manteuffel, der sächsische Gesandte am Ber= liner Hofe, mittheilt, unterm 3. April 1740 jene berühmte Tafel=Ordnung, die der ganzen königlichen Familie, zumal seinem Sohne so viel Kummer machte. „Das Service soll in einem guten Kasten wohlverwahrt und zum täglichen Gebrauche nicht mehr wie acht Schüsseln und zwölf Tellern herausgenommen werden, weil Niemand als die Königin einen silbernen Teller brauchen darf. Die Uebrigen sollen zinnerne haben. Des Mittags sollen acht Speisen servirt werden, nämlich eine gute Suppe, zwei andere, NB. wohl= feile Essen und zwei Braten, wovon aber nur der eine angeschnitten werden darf, und etwas Gebackenes. Des Abends fünf Speisen, und zwar eine Gerste=, Hafer=, Bier= oder Wassersuppe, ferner ein Eingeschnittenes, ein Fisch, ein ander wohlfeil Essen und ein kalter, bisweilen auch ein warmer Braten. An Wein soll täglich vier Bouteillen Pontac und vier Quart Rheinwein auf beide Mahlzeiten verrechnet und eingetheilt werden; doch kann die Königin Mittags auch wohl eine halbe Bouteille Sect haben, jedoch nur für sich und ihre Kinder." Wie ernst es dem Könige mit diesem Küchenzettel gemeint war, geht daraus hervor, daß er den Köchen, wenn sie sich nicht daran hielten, mit dem Galgen drohte, und aus dem Beisatze: „Diese Ordre soll auch nach meinem Tode gelten."

Der Galgen hat nun freilich an instructionswidrig handelnden Köchen nicht schwer zu tragen gehabt, anderseits aber ist dem königlichen Küchenzettel die ihm zugesicherte Unsterblichkeit auch nicht zu Theil geworden. Denn als der Kronprinz zur Rhein-Armee ging, mit der Prinz Eugen seinen letzten Feldzug eröffnete, mußte sich der König in Ansehung seiner zu einer nicht unwesentlichen Concession bequemen. „An des Kronprinzen Tafel sollen zu Mittag nicht mehr als acht Schüsseln und Abends ein kalter Braten gegeben werden, es wäre denn, daß des Prinzen Eugenii Durchlaucht bei des Kronprinzen Liebden speisen, alsdann soll die Tafel mit 14 Schüsseln couvertirt sein. So oft aber der Kronprinz zu Gaste geht, muß seine Küche nicht rauchen, außer einer Bagatelle für den Ordonnanz-Offizier, indem seine Küche keine Marketenderin sein soll, wie er sich denn ganz und gar nicht auf den Fuß setzen soll, Marketender für die Armee zu sein."

Friedrich Wilhelm I. war groß puncto Sparsamkeit und Ordnung in der Küche; aber sein Zeitgenosse, der erste Kurfürst von Hannover, doch noch größer. Auch er theilte nicht die Meinung, „daß die Köche allezeit in den vollen

Beutel greifen und so viel sie wollten depensiren dürften,"
und schrieb, als er die überraschende Entdeckung machte,
daß die besten Weine, zumal der Hochheimer, der Vin de
Champagne und Bourgogne immer am raschesten aufgingen,
sehr genau vor, welche und wie viel Flaschen Wein an
dieser und jener Tafel aufgesetzt werden sollten, wobei aber
Sorge zu tragen war, daß sie gut und trinkbar seien: „wes
Gestalt Wir denn Niemand gestatten wollen, daß er über
das Tractement bei Unsern Tafeln spitzige und verdrießliche
Reden führe, und wenn unsere Hofämter Uns dergleichen
melden sollten, Wir solches nicht ohngeahndet lassen werden."

Dazu erging nun, um die Kosten für die Speisen
einigermaßen wieder herauszubringen, an die Hofküche der
Befehl, die Fleischknochen zu verkaufen. Das aber setzte
Revolution ab, und zwar unter den — Hofhunden. Ihr
Anführer war kein Geringerer als — Leibnitz. Leibnitz,
obschon ihn Friedrich Wilhelm I. von Preußen für „einen
närrischen, selbst zum Schildwache stehen unbrauchbaren Kerl"
erklärt hatte, zeigte sich gleichwohl geschickt genug, gegen
jene den Hofhunden so fürchterliche Ordre einen energischen
Protest abzufassen, der gerichtet wurde an den „Agent
général de la cuisinerie de France et Secrétaire d'Estat
de ce corps pour les affaires étrangères, présentement
se trouvant à la cour d'Hannovre."

Die unterzeichneten Hunde beziehen sich gegen die Ver=
kümmerung ihres althergebrachten Rechtes auf die Knochen
sogar auf Homer, und drohen mit den Schutzgöttern der
Hunde, besonders dem großen Sirius, der zur Strafe der
mitleidslosen Menschen die Hitze in den Hundstagen ver=
doppeln werde; sodann stellen sie einen Strike in Aussicht.
Die komische Eingabe schließt:

A ces causes Votre Grandeur est suppliée, de faire
délibérer murement dans Notre Assemblée générale sur
une affaire de cette importance et de faire envoyer bien
loin ce novateur avec tout son appareil, et lui défendre
l'entrée dans toutes les cuisines; et pour Vous, Monsieur,
en votre particulière, Vous aurez la bonté d'empêcher,
qu'il n'aille point fourrer dans celles d'Hannovre. Nous
sommes avec tout le respect dont les chiens sont capables,
de Votre Grandeur les très-humbles chiens couchants.
Pour les chiens de chasse: Selasp. Pour les mâtins:
Mopse. Pour les chiens de Boulogne: Amarille.

Solchergestalt hat auch die Küche ihre Geschichte, ja ihre
Revolutionen. Wie viel mehr noch der Keller! Schwerlich
dürfte ein Gegenstand menschlichen Thun und Lassens die
Denkkraft unserer Gesetzgeber so sehr in Anspruch genommen
haben, als die deutsche National-Neigung zum Trunke. Das
ehrwürdige Reichskammergericht, dieser „Olymp der Pro-
cesse," wie Jacob Grimm es nannte, ihr gebührend Rechnung tragend, forderte von seinen Assessoren, wenn wir
J. J. Moser glauben dürfen, nicht bloß, daß sie den Reichs-
kammergerichts - Proceß und die Reichsgesetze inne haben
sollten, sondern auch, daß sie die Kunst des Trinkens verstehen müßten, um vorkommenden Falles dem hohen Collegium keine Schande zu machen; — eine Vorschrift, die auf
die Bildung unserer akademischen Jugend, insonderheit der
angehenden Juristen, noch bis zur Stunde einen unver-
kennbaren Einfluß ausübt, obschon sie eigentlich nur auf
eine Zeit berechnet war, wo man an fürstlichen Höfen,
wie Stuttgart und Fulda, absichtlich starke Trinker hielt,
um Fremden gehörig Bescheid zu thun und Stand zu
halten.

Aber die Mehrzahl der Reichsstände war doch anderer Ansicht. Schon 1562 schärfte eine Reichsverordnung den Facultäten ein, „keine versoffenen Professoren" zu wählen. Gleichzeitig erließ auch der Nürnberger Rath eine Verordnung gegen die Trunkenbolde, offenbar ein Vorläufer des preußischen Edictes von 1718 „gegen das Vollsaufen," welches Rohr in seiner „Ceremonial-Wissenschaft" mittheilt. In der Pfalz versuchte man es 1601 mit einem Mäßigkeits-Orden gegen das viele Trinken; aber der Hof des Kurfürsten, welcher Patron des Ordens war, hielt es mit dem Grundsatze von Lumpaci Vagabundus Knieriem: „es wird fortgesoffen."

In der That war die Pfalz gleich dem benachbarten Baden niemals ein geeigneter Boden für Mäßigkeits-Vereine gegen das Weintrinken, wie schon das berühmte Heidelberger Faß lehrt. Und der Appetit ihrer Landeskinder nach einem guten und vollen Glase Wein machte dann auch den pfälzer Kurfürsten und badischen Markgrafen viel Kopfzerbrechens. So dem Erbauer von Karlsruhe, Markgraf Karl III. Die häufigen Wein-Excesse seiner Beamten veranlaßten ihn zu der Erklärung, daß er ihre damals sehr gewöhnlichen demüthigen Gesuche um Wein-Zulagen nicht mehr bewilligen werde. Nun machte er aber die unliebsame Entdeckung, daß die Wein-Ausgaben sich unter allerlei andern Titeln versteckten. Es erging daher unterm 19. December 1724 ein Rescript an das Ober-Amt und den Stadtkeller zu Durlach, man solle sich — es handelte sich speciell um den Küster an der Durlacher Stadtkirche — in der Sache ganz still informiren und genau Nachfrage halten, und dann mit Zuziehung des Special-Etats die Sache legaliter in debitam formam bringen, et cum remissione hujus berichten.

Als nun das Ober=Amt berichtete, daß alle Nach=
forschungen vergebens, schrieb der Markgraf an den Rand
des Berichtes: „So! es heißt hier wie immer si fecisti,
nega. Die Kammer soll eine Verordnung machen, daß das
Saufen unterbleibe. Dem versoffenen Lumpenhund aber,
dem alten Förster M., habt ihr zu bedeuten, daß, wenn
er noch ein Mal besoffen in die Audienz kommt, so werde
ich ihn derb mit der Hundepeitsche klopfen lassen."

Und so ließe sich noch manches Pröbchen gelungener
Regierungs=Quacksalberei aufzählen. Sie bestätigen immer
nur von neuem die geschichtliche Erfahrung, daß der Deutsche
Vieles verträgt, nur nicht die Angriffe auf seinen Magen.
Als schlagendes Exempel citiren wir zum Schluß noch die
Kaffee=Verbote, welche zu Ausgang des vorigen Jahrhunderts
unter den deutschen Fürsten förmlich grassirten. Den An=
fang machte Friedrich II. von Hessen=Kassel, der den Genuß
und heimlichen Verkauf des Kaffee's bei 100 Thlr. Strafe
und selbst Zuchthaus verbot. Ihm folgte unser wohlbe=
kannter Ernst August von Hannover, der ihn zwar nicht
absolut, sondern nur den Bauern untersagte, „weil dieser
Stand — so heißt es in dem betreffenden Edicte vom
24. October 1780 — für die Soldatenwerberei nicht ab=
geschwächt werden dürfe." Dieselbe Ansicht theilte auch
König Friedrich II. von Preußen, und beschränkte deshalb
den Genuß dieses „Tränkleins" nur auf die privilegirten
Klassen. Aber es erhob sich Murren im Lande und ge=
waltige Opposition. Zuerst remonstrirten die treugehor=
samsten Stände, und zwar die von Pommern. Der König
wies sie ab und zur Ruhe, „dieweil er selbst in seiner
Jugend mit Biersuppe auferzogen worden sei." Nun rächte
das Volk sich durch Witze und durch Carricaturen. Es

bildete den „alten Fritz" in höchst kläglicher Gestalt ab
mit einer großen Kaffeemühle im Schooß und hing dieses
Conterfei an seinem Schlosse auf. Friedrich, der die Jäger=
straße heraufgeritten kam, sah den Volksauflauf, ritt näher,
lachte und ließ das Kunstwerk niedriger hängen, „damit
seine guten Berliner sich den Hals nicht ausrenken möchten."
Die Kaffee=Regie aber blieb. Indessen, wer weiß, was ge=
schehen wäre, wenn sie und ihr Urheber und seine Gleich=
gesinnten nicht zu rechter Zeit ihren Homer gefunden hätten.
Dieser war Professor Leidenfrost.

„Es ist so leicht nicht," schrieb der scharfsinnige Denker,
„zwischen diesem anscheinend großen Verlust (nämlich des
Geldes für Kaffee) und zwischen dem dafür aus dem Flor
des Commerces wieder zurückfließenden Vortheil des Landes
eine richtige Abwägung zu machen. Ich glaube, daß solches
für eine Privatperson, und wenn sie auch der beste Buch=
halter und Rechenmeister wäre, gar nicht möglich ist, sondern
nur allein für die erleuchtete Einsicht der Allerhöchsten Re=
genten, als in welchen die Fülle aller Erkenntniß des ganzen
Landes und aller Weisheit, gleichsam aus allen Bächen und
Strömen zusammenfleußt."

Gegen solche Argumente kam man natürlich mit Gegen=
gründen nicht mehr auf. Sie schlugen denn auch durch,
d. h. in Berlin, in Kassel, in Hannover, nicht aber — und
das macht unsern westfälischen Nachbaren alle Ehre — in
Paderborn. Hier hatte Fürstbischof Wilhelm Anton v. Asse=
burg zum zweiten Male einen Angriff auf den Kaffeetopf
gemacht. Es war am 23. Februar des Jahres 1781, als
die verhängnißvolle Ordonnanz erschien, welche dem Bürger=
und Bauernstande den Genuß und Verkauf des Kaffee's
untersagte, und ihn für ein Reservatrecht des Adels erklärte.

Wie wenn im Sommer von schwülen Düften
Oft ein Gewitter entsteht in den Lüften:
So geht vor dem Blitzen ordinair
Erst ein gelindes Murmeln vorher.

Also, um bei diesem Gleichnisse des Sängers der Jobsiade stehen zu bleiben: zuerst Murren und dumpfe Gährung im Volke, Pasquille und stille Jronie, dann Spott=lieder, Polizei=Krawalle und schließlich offene Revolte. Auf dem Marktplatze richteten die Führer des Volkes und Leiter der Presse ein großes Kaffee=Reform=Bankett an. Wer nur Lust hatte, konnte als Gast sich einstellen. Jedem wurden die Schalen gefüllt: ein besonderes Orchester hob mit Kaffee=Marseillaisen die Stimmung. That es der Mocca und die Cichorie allein nicht: so Wein, Bier, und vor allem das westfälische National=Getränk, der „weiß = bläuliche Fusel.“ Die Straßenjungen erhielten Trommeln und Pfeifen, das Geschrei der Menge kam hinzu: ein unbeschreiblicher Lärm durchtobte die ganze Stadt. Am heftigsten wüthete der Aufruhr vor dem Hause des fürstbischöflichen Vice=Kanzlers, den man für den intellectuellen Urheber der Februar = Or=donnanzen hielt. Man leitete die Röhren des benachbarten Brunnens in sein Haus und setzte ihm den Weinkeller unter Wasser! Dem Hof= und Universitäts=Buchdrucker, welcher das constitutionswidrige Mandat gedruckt hatte, wurde sein Gartenhaus demolirt und dem Erdboden gleich gemacht. Der Secretair, der es expedirt hatte, rettete sich durch schleunige Flucht. Die Sturmfluth war auf's höchste ge=stiegen. Da machte der Fürstbischof seine Armee mobil und die Stadt — ihr Musikcorps. Denn als die tapfern Krieger von der benachbarten fürstlichen Residenz Neuhaus her kampfesmuthig einrückten, empfing sie die Bürgerschaft mit den frommen Weisen kirchlicher Lieder. „Und", so schreibt der Chronist jener Tage, „die Palme des Friedens senkte sich zwischen die nach Gerechtigkeit dürstenden Bürger und die kaffeeversöhnten Krieger." Das Edict war vom Fluche der Lächerlichkeit betroffen und schlief von diesem Tage an den Schlaf des Gerechten. Fürstbischof Wilhelm Anton aber hat nach dieser Katastrophe noch 22 Monate lang mit Würde und Mäßigung regiert.

V.

Seltsame Abgaben und Steuern.

Steuer zahlen und sterben muß der Mensch nach dem
Ausspruche Benjamin Franklin's überall. Denn Steuern
sind eine sittliche Nothwendigkeit für die Ausbildung der
Staatsgesellschaft; in mehrfacher Beziehung eine Wohlthat.
Freilich kehrt diese Auffassung nicht überall in der Geschichte
wieder, viele ihrer Blätter zeigen die ganz entgegengesetzte,
daß nicht sowohl des Staats wegen, sondern wegen der persönlichen Bedürfnisse und Gelüste der ihn Regierenden die
Steuerkräfte der Unterthanen oft über Gebühr angespannt
wurden. Und so sind die Mittel, Geld zu schaffen, uner-
schöpflich gewesen, wie der menschliche Geist selbst, und nicht
minder die Künste, das erworbene Geld aus den Taschen
der Erwerber in den allgemeinen Staatssäckel hinüber zu
leiten. Was ist nicht Alles schon Gegenstand der Besteuerung
gewesen, welche Vorwände hat man nicht aufgesucht, um
neue Auflagen ausfindig zu machen, die bestehenden zu ver-
mehren? Man hat die Staatsbürger in allen Zweigen
ihrer Lebensthätigkeit, in ihren Bedürfnissen, Wünschen,
Schwächen belauscht, um die Steuerschraube immer wieder
an neuen Punkten anzusetzen; Unsittlichkeit, Lächerlichkeit,

Inkonsequenz in der Motivirung von Steuern finden wir zu allen Zeiten.

Die praktischen Römer, sowohl unter der Republik wie unter den Kaisern, gingen späteren Geschlechtern als Steuer= erfinder mit guten wie schlechten Beispielen voran. Sie kannten schon unter Servius Tullius Geburts= und Sterbe= steuern, eine Steuer auf unverheirathete Damen, wenn sie reich waren, eine Steuer bei Erhaltung der Toga. Bekannt ist Kaiser Vespasian's Kloakensteuer, womit er diejenigen Orte und deren Benutzung besteuerte, die man noch heutzu= tage in Paris Vespasiennes nennt. Hierauf beziehen sich Juvenal's Worte: lucri bonus est odor ex qualibet re. (Gut ist der Geruch des Gewinns, woher der letztere auch stamme.) Es war dieß die Antwort des Kaisers auf den Tadel dieser Steuern seitens seines Sohnes Titus.

Die raffinirteste Steuer des römischen Imperatoren= thums hat Kaiser Michael Paphlago eingeführt, indem er seinen Unterthanen den vectigal aëreum auferlegte: eine Steuer für die zum Athemholen nöthige Luft! Gleich als ob er im Stande gewesen wäre, diese ihnen zu entziehen. Auch den Einwohnern Palästinas sollte eine solche Steuer von Pescennius Niger auferlegt werden, es kam aber nicht dazu.

Auch im Mittelalter erschöpfen sich die römischen Finanz= künstler in Erfindung aller möglichen Steuer=Objekte. Dahin gehört z. B. der Milchzins, der auf die Dirnen in den Freudenhäusern gelegt war. Sie wurden nach dem Nutzen ihrer zu hoffenden Einnahmen taxirt. Ebenso die Concu= binatstaxen. Viele Bischöfe hatten nämlich dem ihnen untergeordneten Clerus gegen eine bestimmte jährliche Ab= gabe die Erlaubniß ertheilt, im Concubinate zu leben. Es war dieses eine der zahlreichen auf dem Reichstage zu Nürnberg von 1522 hervorgehobenen Beschwerden. (Kolb, Culturgeschichte I. p. 295, 296.)

Das jus primae noctis, und dessen Ersatz und Ablösung durch Geldabgaben: maritagium, cunnagium, französisch cuissage, italienisch cazzagio, in Deutschland: Jungfern-pfennig, Stechgroschen, Schürzenthaler, dieses nach den neuesten Forschungen leider nicht mehr zu läugnende Denkmal tiefster menschlicher Erniedrigung und Schmach ist bekannt.

Indeß lassen wir das Alterthum und dies frühe Mittel-alter bei Seite und werfen wir den Blick auf die neueren Zeiten. Frankreich steht in Erfindung von Steuerobjekten wohl in erster Linie. Sein größtes Finanzgenie ist wohl Colbert gewesen, der Ausbauer des von den Spaniern zuerst erfundenen, unter Carl V. in Praxis gesetzten Merkantil-systems, dessen Anmaßung ist immer zu verkaufen, ohne je zu kaufen. Er schaffte die Binnenzölle ab und legte da-gegen Zölle und Steuern auf alle möglichen fremden Fa-brikate, huldigte aber doch dabei dem Grundsatze: Boni pastoris est, tondere pecus, non doglubere, Ein guter Hirt muß die Schafe scheren, nicht aber schinden. Um den unaufhörlichen Geldbedürfnissen des prachtliebenden Lud-wig XIV. zu genügen, sah er sich genöthigt, die künstlichsten Steuerprojekte auszuarbeiten, insbesondere auf Luxusartikel. Einst wurde ihm allen Ernstes ein Projekt zu einer Auf-lage auf Geisteskräfte überreicht, mit der Bemerkung: daß sich Jeder leicht dazu verstehen würde, um für keinen Dummkopf zu gelten. „Trefflich, trefflich" sagte Colbert: „Sie sollen dafür von dieser Auflage frei sein." Wie das französische Volk über Colbert's Steuersystem dachte, das kennzeichnet am besten die auf ihn erfundene Grabschrift:

Charou voyant Colbert sur son rivage,
Le prend, à ce qu'on dit, et le noye aussitôt,
De peur, qu'il ne met un impôt
Sur sa barque et sur le passage.

Als Colbert an dem Styx gesehen ward,
Ergriff ihn Charon, um ihn zu ertränken,
Aus Furcht, daß für die Bark' und Ueberfahrt
Derselbe eine Steuer möcht' erdenken.

Auf Colbert's Merkantilsystem antwortete England mit
einem Prohibitivsystem. Alle fremden Rohprodukte und
auch Fabrikate, Seide, Baumwolle, Wolle, Eisen, Papier,
Töpferwaaren, Krystallgläser, bis zu den Handschuhen hinab,
wurden mit Eingangszöllen belegt. Es währte lange Jahre,
bis die Irrthümer beider Systeme entdeckt wurden. In
England erwarb sich dieses Verdienst Huskisson. Er versäumte keine Gelegenheit die Mißbräuche des Schutzzolles zu
brandmarken und erheiterte mehr als einmal das Unterhaus
durch witzige Ausführungen, welche unter seiner Behandlung
zu den schlagendsten Beweisgründen sich gestalteten. So
erwähnte er der Einfuhr einer egyptischen Mumie, welche
die Mauthbeamten von London in große Verlegenheit gebracht: die einen hatten sie als Rohstoff taxiren wollen, die
anderen als Fabrikat. Es fand eine lange Debatte statt
und schließlich siegte die Ansicht der letzteren. Man mußte
für diese Leiche den enormen Eingangszoll von 5000 Frcs
bezahlen, „ohne Zweifel", sagte Huskisson, „in der Absicht,
die einheimische Fabrikation zu schützen."

Colbert's Steuerprojekte fanden die meiste Nachahmung
in Preußen, wo die von Friedrich I. erworbene Königswürde
eine entsprechende Repräsentation und diese viel Geld verlangte. Im Jahre 1702 ward zuerst die Kopfsteuer

eingeführt. Kein Stand ward damals davon ausgeschlossen: selbst der Hof zahlte sein Kontingent, der König jährlich 4000 Thlr., die Königin die Hälfte davon, der Kronprinz 1000 Thlr., die königlichen Brüder je nach dem Grade, wie sie dem Throne am nächsten standen, 600 Thlr., 400 Thlr., 300 Thlr. Der gesammte Militärstand vom General-Feldmarschall bis zum Stabsoffizier mußte, — sehr im Kontraste zu den heutigen Verhältnissen, — einen ganzen Monatsold entrichten. Bei Weitem am meisten brachte diese Steuer dennoch, wie das gewöhnlich bei allen derartigen Auflagen der Fall ist, von den unteren Volksklassen ein; jeder Handwerksgesell mußte 12 Sgr., jeder Bauer 8—12 Sgr., ja sogar das um Tagelohn arbeitende Weib 4 Sgr. entrichten. Neben dieser Kopfsteuer bestand, wenn auch nicht gerade sehr lange, eine sogenannte Jungfernsteuer. Jede Jungfrau, die das wichtige Jahr Zwanzig erreicht hatte, mußte, bis es ihr gelungen war, unter die Haube zu kommen, oder bis sie das vierzigste Jahr erreicht hatte, einen Thaler an den Staatsfiskus erlegen; das sollte zum Heirathen ermuntern! Praktischer wäre es gewiß gewesen, eine Hage-stolzen- oder Herbstgesellen-Steuer einzuführen, die auch in mehreren deutschen Ländern bestanden hat, in Koburg sogar erst in allerneuester Zeit in Wegfall gekommen ist.

Hand in Hand mit jenen Auflagen gingen verschiedene Luxussteuern. So z. B. eine Karossensteuer, indessen nur für die Landeshauptstadt. „Wer eine Karosse, einen Zelle-schen Wagen oder Chaise gebrauche, wodurch das Pflaster der Residenz verdorben würde," der zahlte 12 Groschen bis 1 Thlr., später 3 Thlr. jährlich. Für die Damen war eine Fontangensteuer erfunden, welche Diejenigen, so einen Kopfputz trugen, mit 1 Thlr. jährlich entrichten mußten.

Unter Ludwig XIV. hatte nämlich der Marquis de Fon-
tanges die Mode aufgebracht, das Vordertheil der Perrücke
sehr hoch zu tragen, daher diese Tracht: devant à la Fon-
tanges genannt wurde. Ebenso bestand eine Strumpf-,
Schuh-, Stiefel-, Pantoffel- und Hutsteuer, für jedwedes
Paar, resp. Stück dieser Gegenstände mit 1 Groschen jährlich
zu entrichten. Bei Weitem einträglicher als diese war aber
die schon 1698 eingeführte Perrückensteuer, deren Vorbild
man eigentlich in der altrömischen Steuer beim Empfange
der zur Manneswürde erhebenden Toga zu suchen hat. Sie
sollte aber zugleich ein Schutzzoll für einheimische Fabrikation
sein, denn eine französische Perrücke steuerte 25 Proz. ihres
Werthes, eine preußische nur 5 Proz. 1701 erhielt ein
französischer Perrückeninspektor, Elie Pagus de Lavourbange,
diese Steuer in Pacht; er ward zugleich Karosseninspektor
bezüglich der oben erwähnten Wagensteuer. Alle Perrücken
mußten von nun an gestempelt werden, was mit Siegellack
geschah. Das hatte gleichwohl nicht den erwarteten Erfolg,
wegen der vielen Unterschleife und Intriguen, die dabei vor-
kamen, obschon man auf öffentlicher Strafe nach Erlaubniß-
scheinen fragte und Personen, die diese nicht vorzeigen konnten,
die Perrücke vom Kopfe riß. Deßhalb wurde, da die erforder-
lichen allzu genauen Visitationen nicht geringen Verdruß
und Chikanen aller Art hervorriefen, die Verpachtung schon
im folgenden Jahre wieder aufgehoben und eine besondere
Taxe eingeführt: Hofleute und Staatsdiener bis zum General-
major hinab sollten von ihren Perrücken jährlich 2½ Thlr.,
die anderen Beamten und Offiziere bis zum Major hinab
2 Thlr., bis zum Sekretär hinab 1 Thlr., alle übrigen
Subalternbeamten, Kammerdiener, Kaufleute, Krämer und
Bürger 16 Groschen, dann Handwerksgesellen, Lakaien und

andere geringe Leute endlich ½ Thlr. zahlen! Nur diese
genaue Durchführung und Klassifikation der Steuer war
Preußen eigenthümlich, nicht ihre Erfindung. In Sachsen
hatte sie der Landtag von 1676 schon eingeführt und einen
„Impost" von 10 Thlrn. für jede Perrücke auferlegt, wie
es hieß, zur Verhinderung des Luxus, der dadurch begreif-
licherweise erst recht gefördert wurde. Denn nun wollte,
wer eben konnte, reich und vornehm erscheinen. Wie gewöhnlich, so lag auch hier in der Uebertreibung der Sache
die Hülfe. Friedrich Wilhelm I. hob 1717 die Steuer auf,
nachdem er vorher die Perrücken aufgehoben hatte; denn als
bei seinem Regierungsantritt nicht weniger wie 88 Kammer-
herren und eine Menge anderer Hofbedienten mit riesigen
Perrücken erschienen, verabschiedete er diesen ganzen Schwarm
auf einmal und warf auch bald darauf seine eigene Perrücke
fort, indem er sein Haupthaar ganz schlicht hinten in einen
mit schwarzem Bande bewundenen Zopf flechten ließ; eine
damals ganz ungewöhnliche Tracht und eine Aenderung,
welche nicht verfehlte, in ganz Europa das größte Aufsehen
zu erregen. So trat denn der Zopf an die Stelle der
Perrücke. In England besteht übrigens eine verwandte
Steuer, die durch Pitt zur Zeit der französischen Revolution
eingeführte „Haarpuder-Taxe", unseres Wissens heute
noch und bewirkt, daß man bis zur Stunde die kohlschwarz
bebarteten Bedienten der englischen Aristokratie mit theuer
bezahlten, weiß gepuderten Köpfen erblicken kann. Pitt ward
damals verspottet durch eine ihn kopirende Persönlichkeit,
die im Hydepark umher kutschirte, einen Wagen lenkend, den
sechs Rappen mit eingepuderten schwarzen Mähnen und
Schweifen zogen. Ihm und der Geldnoth der damaligen Zeit
verdankte auch die erst 1851 wieder aufgehobene Fenstertaxe

ihre Entstehung. Auch hiermit suchte man den Erfinder
lächerlich zu machen durch eine Reihe zugemauerter Fenster
mit der Aufschrift: Pitts works Tom I, II, III, IV, V, VI.
Originalität der Erfindung konnte auch diese Steuer nicht
beanspruchen Sie war lediglich eine Nachahmung der von
Julius Cäsar eingeführten Säulensteuer, vectigal pro co-
lumnis, die entrichtet werden mußte, wenn Jemand beim
Aufbau eines Hauses, sowohl im Innern, wie nach Außen,
Säulen anbrachte, und die sich somit als eine Luxussteuer
charakterisirte.

In England, wo das Staatsschuldenwesen am meisten
ausgebildet war, wurde von jeher auch am meisten auf dem
Gebiete der Steuergesetzgebung experimentirt. Im Jahre
1644 den 26. März z. B. erging die merkwürdige Par-
lamentsakte, daß jede Familie jede Woche eine Mahlzeit
weniger essen und die Kosten dafür an die öffentliche Kasse
zahlen sollte!! Dr. Swift, der bekannte Satyriker (1697),
machte nachmals den Vorschlag, die Schulden von Irland
in sechs Monaten zu tilgen. Er bestimmte für jeden
Meineid 6 Sols, für jede Unmäßigkeit und jede Unkeusch-
heit 2 Schillinge, für einen Rausch 6 Sols, für jeden Fluch
6 Sols, jedoch um die Armen nicht zu ruiniren, so sollten
für den Mann täglich 40 bis 50 Flüche frei sein. Für
jede üble Nachrede sollte die geringste Münze entrichtet
werden, also 1 Penny; doch sollten bei Thee- und Kaffee-
partieen die Damen exemt sein. (Philippi, der vergrößerte
Staat, S. 222.) Swift kam auch, natürlich in Ironie, auf
den Vorschlag von Michael Paphlago zurück und schlug eine
Auflage auf das Sonnenlicht vor und Ohmgeld vom Wasser!

Diese eigenthümlichen Steuermethoden fanden zwar in
Deutschland keine Nachahmung, wohl aber die Fenstersteuer,

die unter anderen in den Bisthümern Köln und Lüttich bestand, wo 2 Sols von jeder Glasscheibe erhoben wurden. Vorzugsweise war es auch in Deutschland der Luxus, den man besteuern wollte, wobei man aber häufig reelle Bedürfnisse traf. Das war z. B. der Fall mit den zur Zeit des ersten Königs in Preußen auf den Genuß von Kaffee, Thee oder Chokolade gelegten, alljährlich mit einem Pauschquantum von 2 Thlrn. für jedes dieser Getränke abzuführenden Steuern. Friedrich der Große, dessen Regie wir hier bloß beiläufig Erwähnung thun, ging bezüglich des Kaffees noch weiter. Er theilte die Ansicht, daß der edle Mokka abschwäche und zum Soldatenstand untauglich mache, deßhalb monopolisirte er den Kaffee; nur die privilegirten Stände, die adeligen Offiziere, die Mitglieder der Landeskollegien und Geistlichen durften selbst Kaffee brennen lassen! Seine deßfallsigen Verordnungen fanden in manchen Kleinstaaten Nachahmung. Im Fürstenthum Paderborn veranlaßte die deßfallsige landesherrliche Verordnung schon 1781 einen Volksauflauf. — Eine fernere, in Preußen lange Zeit übliche, zuerst thatsächlich, dann mit Einführung der Verfassung auch rechtlich in Wegfall gekommene Auflage war die Prinzessinnensteuer, vom gesammten Lande zu entrichten bei jeder Verheirathung einer königlichen Prinzessin. Man hatte sie aus Mecklenburg herübergeholt, woselbst sie schon im 13. Jahrhundert vorkommt; damals betrug sie 20 000 Thlr. Im Fürstenthum Lippe-Detmold besteht diese Steuer noch bis zur Stunde.

Die meisten und seltsamsten Steuern kamen aber an den kleineren Höfen in Deutschland auf, als der glänzende Hof Ludwig's XIV. die deutschen Fürsten zur Nachahmung reizte und in beständige Geldverlegenheiten stürzte. In

Bayern besteuerte man, ganz im Gegensatze von Friedrich I. von Preußen, unter Maximilian Joseph III. (1745—1777) das Heirathen; es mußten besondere „Heirathslicenzen" gelöst werden, die jährlich gegen 150 000 fl. einbrachten. Der bekannte Skandal-Geschichtschreiber Vehse erzählt von einem Reichsgrafen, der einmal ein Bein gebrochen und zur Bestreitung der Kurkosten von seinen Unterthanen eine besondere Beinbruchssteuer erhoben habe, die auch nach völliger Herstellung des geliebten Landesherrn noch lange Jahre in Gebrauch geblieben. In einem andern deutschen Lande, wo die fürstliche Kammer die Apotheken selbst administrirte, schrieb der Fürst eine allgemeine Laxirsteuer aus, die sogar vierteljährlich erhoben wurde. Jeder Bauer mußte viermal im Jahre zwei Loth Sedlitzer-Salz nehmen und sich mit seinem Scheine dieserhalb bei dem betreffenden Ortsschulzen legitimiren! (Vgl. Vehse, Geschichte der deutschen Höfe, Band 48, S. 292.) Noch toller trieb es Landgraf Friedrich II. von Hessen-Kassel, der große Seelenverkäufer. Er erhob von seinen Unterthanen eine besondere Steuer für seine Mätressen, einen eigens für diese bestimmten „Salzheller"!! Derartigen Willkürlichkeiten begegnete man damals übrigens in jedem deutschen Lande, nachdem einmal die ständischen Verfassungen gebrochen und ein absolutistisches Regiment eingeführt war.

Vergebens wehrten sich die Stände; mitunter gaben sie sehr bezeichnende Antworten. Als Carl Theodor von der Pfalz für sein Militair alljährlich 40 000 Thlr. mehr verlangte, meinten die Stände von Jülich und Cleve, diese Summe lasse sich an den Mätressen ersparen! Da entgegnete der kurfürstliche Commissarius: Se. Durchlaucht behalten sich vor, hierauf in Scriptis zu antworten.

Serenissimus schwieg aber wohlweislich. (Kolb, Culturgeschichte II. p. 422.)

Der einzige Fürst, der ein besseres Einsehen gewann,
war Kaiser Joseph II. Er legte mehreren Reichsfürsten
das Handwerk gründlich, so dem Fürsten Friedrich Karl
von Neuwied, dem er gebot, sich der willkürlichen Erhebungen
von Geldauflagen, die dieser Duodezfürst unter dem naiven
Titel: „Allgemeine Landes-Nothdurft" sich zufließen ließ, zu
enthalten, und das zuviel Erhobene seinen klagenden Unterthanen zu erstatten. Das Beispiel fand nur nicht die
Nachahmung, die es verdiente; kaum gab es irgend einen
Gegenstand des Gebrauchs, der dazumal der Besteuerung
nicht unterlegen hätte, es paßte auch auf Deutschland vollkommen, was Sidney Smith, der witzige Dechant von
St. Paulus, in den dreißiger Jahren einmal im englischen
Parlamente spöttelnd beklagte, daß jeder Brite ein besteuertes
Hemd auf dem Leibe und auf dem besteuerten Hembe einen
besteuerten Rock trage, daß er aus einem besteuerten Fenster
auf ein besteuertes Gärtchen hinabschaue, besteuertes Brod
esse, auf besteuerten Sohlen durch's Leben wandle, in einer
besteuerten Droschke seinen Geschäften nachgehe, auf be-
steuertem Papier seine Korrespondenz führe, aus besteuerten
Zeitungen seine Weisheit schöpfe, in einen besteuerten, durch
besteuerte Nägel geschlossenen Sarg eingesargt werde, um
schließlich vermittelst eines besteuerten Todtenwagens in sein
besteuertes Grab gesenkt zu werden!

Wir haben schließlich noch Rußlands Erwähnung zu
thun, denn dieser nach so manchen Seiten hin eigenthümliche
Staat ist es auch darin, daß er eine Steuer auf Orden
kennt. Czar Paul I. hat sie für die höheren Orden,
für den St. Annen-, den Wladimir-, den Georgs- und

Alexander = Newsky = Orden eingeführt, natürlich nur für russische Staatsbürger. Sie ist nicht unbedeutend, stuft sich nach den Ordensclassen ab und steigt bis zu 600 Rubel jährlich. Ihr Ertrag kommt den Militair = Waisen und Wittwen zu Gute. In Schweden machte vor einigen Jahren der Reichstag den Versuch, diese keineswegs ungerechtfertigte, der Ordensjägerei steuernde Steuer auch dort einzuführen, es lehnte aber der Adelsstand den von den übrigen Ständen genehmigten Beschluß ab.

Was ist ihrem eigentlichen Wesen und Zwecke nach die Steuer? Hobbes meint, die Steuer sei emtae pacis pretium, der Kaufpreis für den Frieden. Er folgt in dieser Auffassung dem Tacitus: »Neque quies gentium sine armis, neque arma sine stipendiis, neque stipendia sine tributis haberi queunt.« Auch Montesquieu definirt die Steuer als »une portion, que chaque citoyen donne de son bien, pour avoir la sureté de l'autre, ou pour en jouir agréablement.« Ob nun Leistung und Gegenleistung überall im richtigen Verhältniß stehen und der Frieden und die Sicherheit des Eigenthums und die Annehmlichkeiten des Genusses nicht hin und wieder doch etwas allzu theuer bezahlt werden? Indessen:

Es ist bestimmt im hohen Rath,
Daß man von Allem, was man hat,
Gibt Steuern.

Du zahlst von jedem Gegenstand
Ein Pflichttheil deinem Vaterland,
Dem theuern.

Du ißt und trinkst ein Gläschen Wein,
Du rauchst in deinem Kämmerlein
So einsam.

Es steht der Staat an deiner Thür
Und ißt und trinkt und raucht mit dir
      Gemeinsam.

Er kommt gefälligst in dein Haus,
Zählt freundlich die Familie aus
      Nach Köpfen,

Um zu dem Heil für Seel' und Leib,
Kind, Kutscher, Köchin, Mann und Weib
      Zu schröpfen.

Theilnehmend prüft er den Besitz,
Ob Schulden dich und Defizits
      Belasten —

Darum verschweig' ihm keine Last,
Und sag' ihm deutlich, was du hast
      Im Kasten.

Vom Geld und Gold, von Schaf und Schwein,
Von Spiritus, von Bier und Wein,
      Vom Brode,

Von Seid' und Zwirn, von Knopf und Band,
Gib dem geliebten Vaterland
      'ne Quote.

Der Staat, er braucht es nicht zum Staat,
Wenn er den Steuerapparat
      Läßt rollen!

Drum sollst du, wenn er, was ihm taugt,
Mit Gier in alle Poren saugt,
      Nicht grollen.

Drum klage nicht und zage nicht,
Und drückt der Steuern Vollgewicht
      Auch bleiern,

Als Deutscher denke früh und spat,
Daß wir auf einen großen Staat
      Los — steuern!

VI.

Aus dem Leben und der Regierungskunst deutscher Fürsten.

Unser bekannter Dichter Wieland meint, es sei wider-
sinnig, den Völkern ein Recht des Urtheilens über die Regierung ihrer Obrigkeiten zuzusprechen und er erblickt ein
krankhaftes Symptom des herrschenden Mode = Cynismus
darin, „daß wir so stolze Blicke aus unseren Tonnen auf
die Fürsten werfen." Wenn wir es dem ungeachtet unternehmen, von unserer Tonne aus mit der Diogenes=Laterne
die höchsten Spitzen der menschlichen Gesellschaft in etwas
zu beleuchten, so glauben wir damit im Recht zu sein; denn
vorzugsweise gehören gerade die Fürsten der Geschichte an
und verfallen ihrem Richterschwerte um so unerbittlicher,
je höher sie standen oder stehen.

Es sind zwar nur vereinzelte Züge, die wir unseren
Lesern vorführen, flüchtige Silhouetten = Zeichnungen, anek-
dotenartige Charakterbilder, indessen auch sie können ihren
Werth beanspruchen. „Anekdoten", sagt Börne, „sind die
Henkel großer Seelen, durch welche diese faßlich werden für
den Haus=Verstand."

Im Allgemeinen läßt sich den deutschen Fürsten des Zeitalters, mit dem wir ausholen, nämlich des Reformations-Zeitalters, ein günstiges Urtheil nicht vorenthalten. Viele von ihnen zeichneten sich durch wahrhafte Frömmigkeit aus. Dahin gehört vor allen der Stifter der jetzt noch regierenden Linie des Hauses Gotha, Ernst I., in der Geschichte mit dem Beinamen des „Frommen" geehrt, von seinen Zeit-genossen gewöhnlich der „Beternst" genannt. Er war in der That so fromm, daß er sogar auf die Dreier, die er münzte, Bibelsprüche prägen ließ, um seine Unterthanen zur Gottesfurcht anzuleiten. Seine Haupt- und Lieblingsarbeit war das große „Weimarsche Bibelwerk", gedruckt zu Nürn-berg, 1640, woran er mit 29 Theologen jahrelang gear-beitet hatte. Auch für das Unterrichtswesen that er viel und schrieb sogar einen kurzen Unterricht für Kinder, der die Grundbegriffe der Naturlehre, Mathematik u. s. w. um-faßte. Sein Wahlspruch lautete: „Ein guter Fürst wird nicht das für Recht halten, was das Sicherste ist, sondern das für das Sicherste, was Recht ist."

Diese Frömmigkeit theilte Herzog Ernst mit vielen seiner Zeit- und Standesgenossen. So mit dem Stifter der Darmstädter Linie, dem Landgrafen Georg von Hessen (1567—1596). Auch dieser hieß „der Fromme", weil er keinen Gottesdienst versäumte und neun Mal die ganze Bibel durchlesen hatte. Sein Wahlspruch war: „Was man mit Bast binden kann, dazu soll man kein Eisen brauchen." Er vererbte seine Frömmigkeit auf seinen Sohn Ludwig V. und seinen Enkel Georg II. Ersterer war außerdem in den Sprachen sehr bewandert und ebenso im römischen Rechte. Justinians Institutionen wußte er auswendig. Georg II. aber genoß noch größeren Ruhmes wegen seiner Bibelfestigkeit.

Er hatte seit seinem 19. Jahre die Bibel nicht weniger als 28 Mal und zwar in verschiedenen Sprachen durchgelesen. Dadurch rückte er aber auch dem Himmel um vieles näher, wie andere noch unter den Sterblichen Wandelnde, — denn er sah Geister. Nach seiner ernstlichen Versicherung war ihm sein Vetter Wilhelm V. von Hessen-Kassel nach seinem Tode erschienen. Die Bibelfestigkeit verlor sich zwar mit ihm im hessischen Hause, aber die Geisterseherei erbte fort. So sah auch Landgraf Ludwig IX., der große Gamaschen-Soldat in Pirmasens, „der beste Trommelschläger im heiligen Römischen Reiche," wie ihn seine Zeitgenossen nannten, beständig Geister und Gespenster. Er ging deßhalb nie vor Tagesanbruch zu Bette und brachte die Nächte mit seinen Hofleuten bei Kerzenlicht zu. Sein geistliches Orakel war der düster-orthodoxe Feldpropst Venator. Diesen ließ er ein Mal nach Mitternacht eiligst zu sich bescheiden. Der erschrockene Prälat, der nicht anders glaubte, als daß es sich um Leben oder Sterben handele, war nicht wenig betroffen, als sein Herr ihm die Frage vorlegte, ob der Hohepriester im Alten Testamente bedeckten oder unbedeckten Hauptes ins Allerheiligste eingegangen sei und ihn bat, die ihm darüber aufgestoßenen Zweifel zu lösen. Seine Tochter, die mit Friedrich V. von Hessen-Homburg vermählte Landgräfin Caroline, machte es nicht besser. Auch sie ging Nachts nie zu Bette aus Furcht vor den sie überall verfolgenden Gespenstern. Ganz besonders muß die in so vielen Fürstenhäusern auftretende „weiße Frau" diese Dame in Affection genommen haben; im Schlosse zu Homburg befindet sich noch heute ein Gemälde, die weiße Frau darstellend, wie sie der Landgräfin nach deren Beschreibung wiederholt erschienen ist.

8*

Die hessischen Fürsten von der Kasseler=Linie offen=
barten dagegen ein großes Talent für Mechanik. So Land=
graf Karl, der von 1677—1730 regierte. Die Erfindung
des perpetuum mobile beschäftigte ihn viele Jahre lang.
Seine originellste Erfindung war aber das sog. Katzen=
Clavier. Eine Reihe Katzen von verschiedener Größe,
Stimme und Tonart wurde in einem Kasten untergebracht,
der auch äußerlich das Ansehen eines Fortepiano's hatte,
und mit einem Tastbrette versehen war. Jede Taste, die
angeschlagen wurde, brachte einer der Katzen einen Nadelstich
in den Schwanz bei, so daß sie sofort aufschrie und miaute
und auf diese Weise ein förmlicher, veritabeler Katzenjammer
entstand, — so ein Lied, das Stein erweichen, Menschen
rasend machen kann!

Vom Landgrafen Karl erbte diese Vorliebe für die
Mechanik sich weiter fort, zuletzt auf Wilhelm I., den welt=
bekannten Zopf=Kurfürsten. Er bildete die Kriegs=Maschinen
der Alten mit größter Genauigkeit nach, war außerdem
Kupferstecher, Drechsler, selbst Geschichtschreiber, insbesondere
Genealoge.

Als die französischen Emigranten in sein Land kamen,
erließ er ein Verbot gegen „die revolutionären runden Hüte,
ungeheuren Halskrausen und Rockkeulen," in diesen Trachten
gefährliche Neuerungen erkennend. „In einer Categorie mit
diesen runden Hüten standen ihm," wie der französische
Gesandte, Graf Meinart 1809 aus Cassel an Göthe
schrieb, „auch Bücher", — eine Aversion, die mehrfach
vorkommt im hessischen Fürstenhause, denn noch Landgraf
Ludwig von Homburg (1829—1839) wollte nicht einmal
zugeben, daß in seinem Ländchen eine Buchdruckerei angelegt
würde.

Kein deutsches Fürstenhaus hat aber wohl mehrere und wunderlichere Originale aufzuweisen gehabt, als das braunschweigische, dem Friedrich der Große das ehrenvolle Zeugniß ausstellte, es sei „tapfer aus Naturinstinkt." Einer der größten war Ferdinand Albrecht, der Stifter der Linie Braunschweig=Bevern, wegen seiner Furcht vor dem Tode der „Herzog von Zittern und Bevern"[1]) benamset. Er hatte eine absonderliche Liebhaberei für Reisen und beschrieb auch seine vielen und abenteuerlichen Fahrten in zwei Quar= tanten unter dem Titel: „Ferdinand's Albrecht des Wunder= lichen wunderliche Erlebnisse und wunderlicher Zustand in dieser wunderlichen verkehrten Welt." Das Wunderlichste im ganzen Werke aber war jedenfalls der Verfasser selbst.

Sein Vater August, der von 1634—1666 regierte, hatte sich gleichfalls auf dem Gebiete der Schriftstellerei versucht und zwei Bücher geschrieben, eines über die Schach= spielkunst, und unter dem Namen „Gustav Selenus", eines über die Geheimschreibekunst. Herzog Julius von der Haupt= linie (1568—1589) war dagegen ein berühmter Münzen= Sammler, Liebhaber und Verfertiger. Er ließ die sog. „Juliuslöser" prägen, Stücke von 2—10 Speziesthalern, deren alle seine Unterthanen ohne Rang und Stand min= destens einen einlösen mußten und nicht ausgeben durften, ihn vielmehr jährlich vorzuzeigen hatten; er sollte ein Spar= und Nothpfennig sein. Seine Regierung fällt noch in die letzte Zeit des Faustrechts, dessen Ausübung er in höchst eigenthümlicher Weise regelte. „In der neuen Heinrichs= stadt," so erzählt ein braunschweigischer Geschichtschreiber,

---

[1]) Bevern im niedersächsischen Plattdeutsch bedeutet eben Beben, Zittern.

wurden, was ein merkwürdiges Zeugniß von dem noch stark vorschlagenden mittelalterlichen Unabhängigkeitsgeiste ist, der sich den Rechtssprüchen der Juristen, die man für Macht= sprüche ansah, lange widersetzte, eigene mit Schranken ein= gefaßte Plätze ausgezeichnet, wo sich die beleidigten Leute mit gleichmäßigen landsknechtischen Degen oder schneidigen Wehren unter öffentlicher Aufsicht schlagen durften, um ihre Streitigkeiten zu erledigen. Als Gesetzgeber ist dieser Herzog durch seine Bartordnung bekannt, die er 1605 erließ: „Demnach der Kurfürst von Sachsen und er selbst sich die Unterbärte haben abschneiden lassen, sollen auch alle Beamten sich den Unterbart mit dem Scheermesser bei Verlust des Knebelbarts rein wegnehmen lassen." Erst unter seinem Nachfolger Heinrich Julius (1589—1613) drang das rö= mische Recht durch. Auf diesen vererbte sich die Münz= liebhaberei seines Vaters und steigerte sich bis zur Manie. Er führte mit seinem aufständischen Adel das berühmte Münzgefecht, welches wir anderen Orts mittheilen werden.

Der Stammvater des Hauses Braunschweig=Hannover, Herzog Wilhelm, der 1592 starb, zeichnete sich durch keine Absonderlichkeiten aus, wohl aber seine sieben Söhne, welche die merkwürdige Uebereinkunft trafen, daß allemal nur der älteste unter ihnen die Regierung führen und das Loos ent= scheiden möge, wer heirathen und den Namen fortpflanzen sollte. So ist es in der That auch gehalten worden.

Wie Herzog Julius durch seine Bartordnung, so zeich= nete sich Herzog Christian († 1641) durch seine Alles um= fassende, insbesondere was das Essen und Trinken anlangt, höchst detaillirte Hof=Ordnung aus. Näheres darüber im folgenden Aufsatze. Christian Ludwig, der von 1641—1665 regierte, war wieder ein gutmüthiger, frommer Herr, der keine Predigt versäumte, was ihn aber doch nicht abhielt, auch fleißig im Weinberge des Herrn zu arbeiten, gelegentlich dem Becher all' zu viel zuzusprechen und dann im Rausche seinen Bürgern die Fenster einzuwerfen.

Die Brüder Rudolf August und Anton Ulrich, welche in seltener Eintracht wie einst Ludwig der Bayer und Friedrich der Schöne von Oesterreich, von 1666—1704 Braunschweig = Wolfenbüttel regierten, theilten wieder die Münzliebhaberei ihrer Vettern und Vorfahren. Am be=kanntesten ist der von ihnen geprägte „Eintrachtsthaler" mit der Legende aus den Psalmen: Dulce est, fratres, habitare in unum. Herzog August Wilhelm, der von 1744—1751 regierte, wählte statt der Münzen Kupfer=stiche. In seinem Hause zu Vechelde war, wie der englische Tourist Moore erzählt, jedes Zimmer bis zwei Fuß vom Fußboden hinunter mit eingerahmten Kupferstichen behangen, er habe nirgendwo eine solch' vollständige Sammlung ge=sehen. Das allergrößte Original dieses älteren Zweiges des Welfenhauses war aber wohl Herzog Ferdinand, der 1735 starb. Dieser lebte in der beständigen Befürchtung, lebendig begraben zu werden und reiste sein ganzes Leben lang mit einem Sarge herum, in welchem ein Fenster und eine Luftröhre angebracht war; in den Sarg mußte ein Schlüssel gelegt werden, um inwendig aufschließen zu können!

Die äußere Frömmigkeit wie das eifrige Studium der Theologie lagen damals im Geiste des Zeitalters — es war eben das Reformations=Zeitalter — und hatten gleich wie diese im Großen und Ganzen, auch im Einzelnen überraschende Erscheinungen im Gefolge. Ein sonderbarer Kirchenvater war z. B. auch Kurfürst August von Sachsen (1558—1586), in der Geschichte seines Landes „der große Staatswirth"

genannt. Er las alle Jahre zum mindesten ein Mal die
Bibel durch und lernte noch im hohen Alter hebräisch. Die
Autorität Luther's und dessen monarchisch=conservative Tendenz ging ihm über alles. Darüber gerieth er in heftigen
Streit mit den Anhängern des Professor Flacius in Jena
und diesem selbst. Eva's Apfelbiß, die Erbsünde, wurde
wiederum zum bittern Zankapfel zwischen dem Kurfürsten
und seinen Gegnern. Der Kurfürst gerieth auf den wunderlichen Gedanken, diese mit Kanonen bekämpfen zu wollen,
und ließ zu ihrer Widerlegung und Beschimpfung die sog.
Flacianer Kanonen gießen. Professor Flacius stand darauf
abgebildet mit einer eckigen Mütze und einem Buche in der
Hand, hinter ihm der Teufel, der eine Kette um des Doctors
Leib wand und ihm das linke Bein fesselte. Auf Flacius'
Schultern saß dann ein zweiter Teufel mit einem Blase-
balge, auf dem das Wort „Primat" zu lesen war; vor
dem Doctor stand die „Fama" mit Trompeten und einem
Bischofshute. Unter dem Bilde aber war zu lesen: „Flacianer und Zeloten sind des Satanas Vorboten, und Ehr-
geiz — der Flacianer Wirbelgeist." Ob diese Kanonen
des Kurfürsten oder die Canones der Flacianer schließlich
den Sieg davon getragen haben — das meldet die Geschichte
leider nicht.

Eine der Töchter dieses Kurfürsten, Anna, ist durch ihr
tragisches Schicksal berühmt geworden. Sie heirathete 1586
den Herzog Johann Casimir von Sachsen=Coburg, verliebte
sich aber, von diesem vernachlässigt, erst in einen der berühmtesten Löwen des 16. Jahrhunderts, und dann in den
Hofjunker Ulrich von Lichtenstein. Der Herzog ließ sich
von ihr scheiden und sie dann auf die Veste Coburg lebens-
länglich einsperren. Dann vermählte er sich wieder mit

einer braunschweigischen Prinzessin und verspottete die arme Anna durch Münzen, die er zur Hochzeitsfeier schlagen ließ. Auf der ersten Seite stand er selbst mit seiner neuen Gemahlin und der Umschrift: „Wie küssen die zwei sich so fein;" auf dem Revers war die Gefangene als Nonne zu erblicken, mit der schadenfrohen Legende: „Wer löst mich armes Nönnelein." Diese Mode, durch Münzen seinen Spott wie seine Freude und Anerkennung auszudrücken, war eine in alter Zeit sehr gewöhnliche, erklärlich durch den Umstand, daß in Ermangelung von Broschüren und Zeitungen die beständig circulirende Münze das beste Mittel war, die Gedanken in Cours zu setzen.

Von den übrigen sächsischen Fürsten der damaligen Zeit hatte vorzugsweise Herzog Georg II. 1656—1680 eine vorwaltende Anstelligkeit zu Anordnungen im Haus- und Hofwesen. Er besorgte alle Reparaturen in seinem Haus- und Hofwesen, das Ausputzen der Thurmuhr, Verbesserung des Weingebäudes im Zwinger u. s. w. Es gab in Dresden ein eigenes „Inventionshaus", wo die Utensilien zu den Lustbarkeiten, die er veranstaltete, aufbewahrt wurden. Was sein religiöses Bekenntniß anlangt, so war er ein eifriger Lutheraner. Sein schlimmstes Schimpfwort war „Calvinist." Seinen Eifer für das Sakrament bewies er dadurch, daß er sich am Morgen des Tages, wo er das Abendmahl empfangen hatte, nicht betrank; am Abend aber holte er das Versäumte reichlich nach, trank bis daß er unzurechnungsfähig unter den Tisch fiel. Der wunderlichste von allen Fürsten der sächsischen Dynastieen war aber jedenfalls der vorletzte Herzog von Sachsen-Merseburg, Moritz Wilhelm, wegen seiner Liebhaberei für Geigen, der „Baßgeigen-Herzog" genannt. Er hatte für dieses Instrument eine an's Tolle grenzende Vorliebe, strich es sogar während des Gottesdienstes, wo er durch besondere Akkorde seinen Beifall oder sein Mißfallen über die Sentenzen der Prediger zu erkennen gab. Bekanntlich hat Anastasius Grün (Graf Anton Alexander von Auersperg), ihn in seinen „Niebelungen im Frack" auf eine höchst ergötzliche Weise illustrirt. Unter seiner Baßgeigen = Kapelle befand sich ein Zwerg, der die gewöhnliche Violine als Baß, und ein Riese, der den Baß wieder als Violine handhabte. Seine größte Geige, zu der man auf einer Treppe hinaufsteigen mußte, war das Geschenk eines Supplikanten, der sich damit den Geheimen=Raths=Titel erschwindelt hatte. Die kleinste hatte ihm seine Gemahlin, eine geborene Prinzessin von Nassau = Idstein geschenkt bei der Geburt ihrer letzten Tochter, um deren Legitimation, welche der Herzog mit gutem Grunde anzweifelte, nachzu- weisen. Am meisten leuchtete in der Reihe der sächsischen Fürsten August II. der Starke hervor. Seine hauptsäch- lichsten Untugenden und Leidenschaften waren die Liebe und der Wein. Die Gräfin Cosel, die berüchtigtste seiner vielen Maitressen, die er später, als sie ihm wegen Eifersucht nach dem Leben trachtete, einsperren ließ, kostete ihm, wie der Tourist Loen sagt, so viel wie eine Armee zu unterhalten. Ein Geistlicher machte in der Predigt einst eine Anspielung auf sie, als die Bethsabe Sachsens. Sie drang auf Be- strafung. Der König und Kurfürst aber meinte, daß die Prediger alle Woche einmal eine Stunde und einen Ort hätten, wo sie sagen könnten, was sie wollten. Sollte sich ein Prediger außer dieser Stunde und diesem Orte es be- gehen lassen, etwas Unziemliches zu sagen, so werde er ihn sofort festnehmen lassen, allein, so fügte er scherzend hinzu, „die lutherische Kanzel ist schon zu hoch für den Papst, um

wie viel mehr für mich, ein bloßes Weltkind." Mit diesem
Ausdruck zeichnete er sich ganz richtig. Bigotterie war sein
Fehler nicht. Hatte er doch, als er sich zum Besuche seines
Busenfreundes, des römischen Königs in Wien aufhielt,
einen mit Ketten rasselnden Geist, der letzteren unter dem
Vorgeben, er komme aus dem Fegfeuer und warne ihn vor
seinem Erzieher, dem Baron von Rummel, beunruhigt hatte,
mit den Worten zum Fenster heraus in den Burggraben
geworfen: „Gehe in's Fegfeuer, woher du gekommen." Die
Zechkunst wurde an seinem Hofe systematisch betrieben, nach
bestimmten Regeln, Comment, wie es in der Studenten=
sprache heißt. Noch heut' zu Tage sieht man im grünen
Gewölbe zu Dresden die großartigen, kunstvoll gearbeiteten
Zechapparate. Die Hauptperson bei diesen Zechgelagen war
regelmäßig der berühmteste aller Hofnarren, Knau. Von
den zahllosen Schwänken, welche dieser unerschöpfliche Witz=
bold auslaufen ließ, nur zwei, aber sehr charakteristische.
August forderte einst Knau auf, den Mundschenk zu machen.
Dieser stellte nun den Pokal des Königs in die Mitte der
Tafel, rings um ihn herum die Gläser der Minister und
Geheimen Räthe nach ihrer Rangordnung, dann um diese
wieder eine größere Anzahl kleinerer Gläser. Er begann
nun letztere voll zu schenken, füllte darauf die größeren, so
daß für den Pokal des Königs nur wenige Tropfen übrig
blieben. Als August fragte, was das bedeuten sollte, er=
widerte Knau: „Ew. Majestät Verwaltung der Landesein=
künfte." Ein andermal bat Knau den König nur auf zwei
Minuten mit ihm die Rollen tauschen zu dürfen. Der
König genehmigte es; Knau stellte nun einen Lehnsessel als
Thron auf die Tafel, bedeckte sich mit dem Hute des Königs
und hielt diesem, den er als General Knau betitelte, eine

großmächtige Lobrede, die damit schloß, daß er ihn zum Commandanten des Königsteins ernannte. Der verdutzte König bestätigte wirklich die Ernennung und Khau ist in dieser Ehrenstellung 1733, achtzig Jahre alt, gestorben.

Einer der aller barocksten Fürsten aus dem Hause Sachsen war aber Emil August von Gotha, der von 1804—1822 regierte. Jean Paul nennt ihn den „personifizirten Nebel.“ Er theilte zunächst mit vielen anderen Fürsten seiner Zeit die Schriftstellerleidenschaft und schmierte ein dickes Buch über die Liebe zusammen, betitelt: „Kyllemon, oder ein Jahr in Arkadien.“ „Die Liebe in Arkadien ist ein Arkadien in der Liebe und ein Liebes = Zaubertrank in einem Zauberschloß,“ so lautet das Motto dieses, in mehr als einer Beziehung an's Wunderbare streifenden Werkes.

Dann beherrschte ihn eine gewaltige Sammelwuth für — chinesische Sachen aller und jeder Art. Er hatte eine solch' unsinnige Vorliebe für China, daß er seinem Staatsrathe sogar in Mandarinentracht präsidirte! Napoleon I., mit dem er nach der Jenaer Schlacht zusammentraf, fand Gefallen an dem Sonderling und erlaubte ihm, sich eine Begünstigung auszubitten. Der Herzog begehrte — einen Kuß. Der Kaiser wandte sich ab mit einem Ausdruck, der zu ungalant ist, um mitgetheilt zu werden.

Die Schriftstellerei war überhaupt damals in fast allen Dynastieen ein sehr beliebtes Mittel, die Landplage der Höfe, die Langeweile, zu vertreiben, noch mehr aber die Wuth, Raritäten zu sammeln. Von Ernst dem Frommen zu Gotha haben wir schon gehört, daß er Schriften für die Jugend verfaßte, sowie von Herzog Ferdinand Albrecht von Braunschweig, daß er seine Reisen beschrieb, ebenso von dessen Vater Herzog August. Auch der uns bekannte Heinrich

Julius von Braunschweig war ein großer Schriftsteller. Er quälte sich mit „Tragikomedien" der seltsamsten Art ab, die er auch in Wolfenbüttel aufführen ließ. So die Tragikomedie von der Susanna, die „Comedia von Vincentio Ladislao, Satrapa von Mantua, Kämpfer zu Roß und zu Fuß in sechs Aufzügen, gespielt von 12 Personen;" ferner die Tragikomedie „von einem Wirth und Gastgeber, von 11 Personen gespielt, wahrscheinlich zahlungsunlustigen Studenten." Außerdem publicirte er, und zwar aus seiner eigenen Druckerei, in drei stattlichen Folianten ein Werk über Staats- und Regierungskunst, eines über die Reitkunst, „della Cavaglieria," und einen Bericht über Bergwerke. Vor seiner Feder scheint überhaupt nichts sicher gewesen zu sein.

Noch mehr als die Schriftstellerei grassirte aber, wie gesagt, die Sammelwuth unter den Dynasten der letzten Jahrhunderte. Nur bei wenigen warf sie sich, wie beim Großen Kurfürsten von Brandenburg, der Vorliebe für Kunst und Naturseltenheiten hatte, und alle wichtigen Handschriften über chemische und andere geheime Wissenschaften zu erwerben suchte, auf reelle Dinge; bei den Meisten fiel sie auf untergeordnete Gegenstände. So sammelte Graf Christian Günther von Oldenburg, der, nebenbei bemerkt, ein berühmter Dendritenschleifer war, Uhren; Kaiser Leopold I. von Oesterreich Uhren und Automaten; Graf Eytel von Hohenzollern, der Stifter der Hechinger Linie, Heiligen-Reliquien der wunderlichsten Art.

Markgraf Carl Wilhelm von Baden, der Stifter der Carlsruher Linie, schwärmte für Blumen. Er besaß in Harlem ein eigenes Haus, um besser mit den ersten Blumenliebhabern Hollands verkehren zu können. In seinen Gärten grünten und blühten mehr als 6000 ausländische Bäume und Gesträuche und an Blumen 5000 Sorten von Tulpen, 800 von Hyacinthen, 600 von Nelken, 500 von Aurikeln, 200 Anemonen, 100 Narzissen. Alle diese Blumensorten wurden in Kupfer gestochen und füllen noch jetzt eine Reihe von Bänden in der herzoglichen Bibliothek.

Wie dieser badische Markgraf für die Blumenzucht, so erwärmte sich Graf Anton Günther von Oldenburg (1603 bis 1667) für die Pferdezucht, die er in einen solchen Flor brachte, daß jährlich fünf bis sechs Tausend Stück ausgeführt wurden, was ihm eine Jahresrente von 360,000 Thalern einbrachte. Der Verfasser der „Oldenburgischen Chronik," Winkelmann berichtet, der Graf habe die Naturgeheimnisse der Pferde so ergründet, daß er ihnen, wie der Patriarch Jacob einst Labans Lämmern, im Mutterleibe allerhand Farben habe geben können. Die Pferde selbst kannten seine Person und Stimme so gut, daß, wenn er auf eine seiner Stutereien kam, sie ihm zuliefen, schäumten, schnauften und ihm nachwieherten.

Christian Ernst, regierender Graf von Stolberg-Wernigerode (1710—1771), hatte nächst einer großen Bau-Passion noch die, Bibel-Ausgaben und — Leichenpredigten zu sammeln. Von ihm rührt der große Bibliotheksaal im Wernigeroder Schlosse her, der eine Bibelsammlung von mehr als 2000 Stück und noch weit mehr Leichenpredigten aufzuweisen hat. Sein gleichzeitiger Collega, der regierende Graf Friedrich Ludwig von Solms-Wildenfels († 1789), sammelte dagegen eine „Bibliotheca Horatiana" in 100 Bänden, die seltensten Ausgaben, Commentare und Uebersetzungen enthaltend, aus denen er dann selbst eine, längst der verdienten Vergessenheit anheim gefallene Uebersetzung

conſtruirte. Es war dieſes aber eine keineswegs ſeltene
Liebhaberei, die ſogar bis heute noch nicht ausgeſtorben iſt.
Am weiteſten hat ſie wohl getrieben der Engländer Unter=
wood († 1790), der eine noch größere Sammlung zu Stande
brachte und anordnete, daß auf ſeinen Grabſtein die Worte:
„Non omnis moriar“ geſetzt, dann bei ſeinem Leichen=
begängniß die Ode 20 des II. Buches: An C. Cilnius
Mäcenas, welche des Dichters Tod und ſeine Verklärung
ſchildert und ſeinen Gönner ſchließlich bittet:

„— — — fern nun laſſe
Allen entbehrlichen Prunk des Grabmals,“

und beim Leichenſchmauſe die Ode 30 des I. Buches: An
Venus, welche dieſe mit Amor zum Kommen einladet, ab=
geſungen und ihm vier Ausgaben des Horaz mit in den
Sarg gelegt werden ſollten, eine zu Häupten, eine zu Füßen,
eine in der Hand, eine unter dem Rücken!

Alle dieſe Liebhabereien waren noch unſchuldiger und
harmloſer Art. Es gab viel koſtſpieligere, gefährlichere.
Dahin gehört in erſter Linie die Manie, den Stein der
Weiſen und die Kunſt des Goldmachens zu erfinden. Die
Mehrzahl der Fürſten des 16. und 17. Säculums huldigte
ihr, ſo der uns ſchon bekannte Heinrich Julius von Braun=
ſchweig, Herzog Wilhelm V. von Bayern (1579 – 1598),
Herzog Friedrich von Würtemberg (1593—1608); ſelbſt
der große Kurfürſt von Brandenburg, und in neuerer Zeit
ſogar noch Franz I. von Oeſterreich. Alle bezahlten ihre
Verſuche mit ſchwerem Gelde, und endeten damit, ihre Lehr=
meiſter oder Adepten aus dem Lande zu jagen, oder vier=
theilen oder hängen zu laſſen. So geſchah es dem ſeiner
Zeit berühmten Venetianer Mario Bragadino, den der ent=
täuſchte Wilhelm V. von Bayern in einem mit Flittergold

beklebten Kleide an einem vergolbeten Galgen mit vergol=
detem Strick aufhängen ließ; so geschah es den drei Abepten
Friedrich's von Würtemberg, Montan, Honauer und Müh=
lenfels: sie wurden an einem Galgen aufgeknüpft, der aus
demselben Eisen verfertigt war, das Honauer sich gerühmt
hatte, zu Golde zu machen.   Derselbe Galgen that noch ein
Mal gute Dienste in der würtembergischen Geschichte, als
1738 der bekannte Jude Süß in rothseidenem Kleide und
weißseidenen Strümpfen in einem roth angestrichenen Käsig
daran gehenkt wurde.   Nur der Alchemist des großen Kur=
fürsten von Brandenburg, Johann Kunkel aus Holstein, der
sein Laboratorium auf der heutigen Pfaueninsel hatte, kam
gut davon ab.   Als der Kurfürst mißtrauisch wurde und
ihm den Prozeß machen lassen wollte, entfloh er nach Stock=
holm; dort nahm der König Carl IX. ihn gut auf, stellte
ihn als Bergrath an und erhob ihn später unter dem
Namen von Löwenstern in den Adelstand.

Bei der Geschichte Würtembergs angelangt, müssen
wir schon weiter darin zurückgehen, denn das Heimathsland
unseres edelsten, gemüthsreichsten Dichters gebar:

> Auch manchen Mann, auch manchen Held
> Im Frieden gut und stark im Feld; —

aber auch in seinen Regenten manches, keineswegs nach=
ahmungswerthe Original.   Unter diese zählt in erster Linie
der ungeberdige, tapfere, aber tyrannische und gegen Kaiser
und Reich ungehorsame, deßhalb auch geächtete Herzog Ulrich
(1503—1550).   Er war ein unerhörter Verschwender, über=
häufte sein Land mit Schulden, so daß schon kurze Zeit
nach seinem Regierungsantritt ein Bauern=Aufstand aus=
brach.   Seine Hochzeit mit der bayrischen Prinzessin Sa=
bina dauerte 14 volle Tage, 7000 Gäste waren zugegen, in

17 Küchen wurde gekocht, 800 gleich gekleidete Bediente war=
teten auf, im Schloßhofe sprang fortwährend ein Brunnen
mit Wein, acht Röhren! Als er 1515 mit eigener Hand
den Ritter Johann von Hutten ermordete, trennte seine
Gattin sich von ihm und der schwäbische Bund vertrieb ihn.
Erst 1534 gelang es ihm mit Hülfe Frankreichs sein Land
wieder zu erobern. Da verfaßte er eine freche Parodie des
Vater Unser, die lautete:

<blockquote>

„Vater Unser,
Reutling ist unser; -
Der Du bist in den Himmeln,
Tübing und Eßling wollen wir auch bald gewinnen;
Geheiligt werde Dein Name,
Heilbronn und Weil wollen wir auch han;
Zu uns komme Dein Reich,
Der Ulmer Bund ist uns Keinem gleich;
Dein Wille geschehe,
Die Münze hat gereit (bereits) ein ander Gepräge;
Gib uns unser täglich Brod,
Wir haben Geschütze für alle Noth;
Vergib uns unsere Schuld,
Wir haben des Königs von Frankreich Huld;
Wie wir vergeben unseren Schuldnern,
Wir wollen dem Bunde das Maul zusperrn;
Laß uns nicht verführt werden,
Wir wollen bald Kaiser werden;
Sondern erlös uns von allem Uebel. Amen.
So behalten wir des Kaisers Namen."

</blockquote>

Dem Zuge der Zeit folgend, bekümmerten sich auch die
Würtembergischen Landesherrn recht angelegentlich um das
Seelenheil ihrer Unterthanen. So war Herzog Eberhard III.,
der von 1628—1674 regierte, ein Mann von großem Gott=
vertrauen, der ein Rescript erließ, welches Bußpredigten
verordnete, in denen des damals, 1665 erschienenen Kometen

gedacht werden sollte, „um Fromme zu trösten und Verstockte
zu schrecken." Eberhard Ludwig der folgte (1677 — 1733),
sah sich veranlaßt durch landesherrliche Verordnungen die
Betstunden seines Volkes zu regulieren, und die zeitherigen
täglichen auf eine in der Woche herabzusetzen. Die alte
Kirchenzucht war freilich damals sehr übertrieben, Würtem=
berg hieß, auch wegen des eifrigen Studiums der Theologie
auf der Universität Tübingen „der theologische Augapfel
Gottes."

Eine andere merkwürdige Ausgabe der menschlichen
Natur war Carl Alexander (1733—1737), derselbe Prinz,
welchen Schiller in seinem „Geisterseher", freilich sehr idea=
lisirt, gezeichnet hat und unter welchem der Jude Süß
wirthschaftete. Er spielte den Venetianern einen höchst sar=
kastischen Streich. Die stolzen Nobili rühmten sich ihrer
Abkunft und Bildung und ergingen sich beständig in Schimpf=
worten über die Roheit der Deutschen in Gegenwart des
Prinzen. Dieser lud sie am Abende vor seiner Abreise ein
zu einem Abschiedsfeste. Zum Beschluß wurde ein kleines
Schauspiel aufgeführt. Als der Vorhang aufging, war es
auf der Bühne Nacht, eine spärliche Lampe schimmerte,
man sah den umwandelnden Geist Cicero's, der durch eine
Straße von Rom zog. Darauf kam ein Fremder, der fand
alle Thüren verschlossen. Er zog darauf seine Uhr, um
zu erfahren, wie spät es an der Zeit sei. Darauf zog er,
um sich zu unterhalten, ein gedrucktes Buch aus der
Tasche. Und endlich, um sich bemerkbar zu machen und
die schläfrigen Bewohner Roms aus ihrer Ruhe aufzuwecken,
feuerte er ein Pistol los. Darauf trat Cicero auf ihn zu.
Er frug, wer diese neuen Dinge, die Uhr, das gedruckte
Buch, das Schießpulver aufgebracht habe? Er staunte, als

er vernahm, daß diese großen Erfindungen von den Bar=
baren des germanischen Nordens herrührten. Er frug
hierauf weiter, was seitdem die Italiener für merkwürdige
Dinge erfunden hätten. Darauf erschien ein Savoyarde
auf der Bühne und schrie: „Kauft Hecheln, kauft Hecheln."
Der Vorhang fiel; die stolzen Gäste sahen sich verblüfft
an — der Prinz war verschwunden.

Der Sohn Carl Alexanders, Carl Eugen (1737—1793)
ist als Stifter der Carlsschule unseren Lesern zu sehr be=
kannt, als daß wir lange bei ihm zu verweilen hätten.
Sein Charakter war durch und durch absolutistisch. Er
befahl à la Geßler vor jeder Schildwach solle, gleich wie
vor ihm selbst, der Hut abgezogen werden; noch 1783 er=
hielt ein Kammerrath, welcher diese Reverenz unterlassen
hatte, dafür von einem Lieutenant von Böhnen in der Wacht=
stube 25 Stockprügel als Correktiv aufgezählt. Ein großer
Liebhaber der Oper und anderer Theaterlustbarkeiten, hielt
er strenge darauf, daß seine Noblesse sich gleichfalls dabei
betheilige und sich zahlreich sehen ließ; den Beamten war
bei Strafe der Einziehung einer vierteljährigen Besoldung
anbefohlen, bei den Redouten mit ihren Frauen und er=
wachsenen Töchtern zu erscheinen. Höchst originell war die
Art und Weise, wie er den Kaiser Joseph II. empfing, als
dieser 1777 Stuttgart besuchte. Er hatte den Kaiser ein=
geladen und ihm sein Schloß zur Verfügung gestellt, dieser
aber wollte incognito reisen und lieber in einem Gasthofe
absteigen. Da gerieth der Herzog auf den glücklichen Ge=
danken über dem Portal der Residenz ein allmächtiges Schild
anbringen zu lassen mit dem kaiserlichen Wappen und der
Inschrift: „Hotel zum Römischen Kaiser." Gleichzeitig
mußten alle Gastwirthe ihre Schilder einziehen. Joseph

9*

ging nun auf die schmeichelhafte Offerte ein und stieg in dem Schlosse ab, als wär's ein Gasthof. Carl empfing ihn denn auch als Gastwirth verkleidet und spielte diesen vortrefflich, zum großen Ergötzen des Kaisers. — Aus seiner Ehe mit Elisabeth Friederike Sophie von Bayreuth, die er unter diesem Vorwande auflöste, um sich mit Francisca von Bernardin, die er später zur Gräfin Hohenheim erhob, zu vermählen. hatte der Herzog keine Kinder. Dafür aber, wie eine Baronin Oberkirch in ihren Mittheilungen über den Würtemberger Hof schreibt, eine sehr große Anzahl unehelicher Sprößlinge, die er alle auf den Namen Franquemont taufen ließ und die er sämmtlich als Offiziere in ein eigens dazu errichtetes Regiment einstellen wollte! Unter seinem Nachfolger Ludwig Eugen (1793—1795) ging die Carlsschule ein und das Gebäude wurde zum Marstalle degradirt. Olim musis, nunc mulis — witzelten die Würtemberger. Ludwig Eugen's Nachfolger, der erste König von Würtemberg zeichnete sich vor allen Fürsten seiner Zeit durch zwei Eigenschaften höchst unvortheilhaft aus, körperlich durch seine Dickheit, — „die Natur wollte zeigen, welcher Ausdehnung die menschliche Haut fähig," meinte Napoleon I., — und geistig durch seine maßlose Tyrannei und gründliche Verachtung aller Wissenschaft. Wie Friedrich Wilhelm I. von Preußen Leibnitz für einen ganz untauglichen, nicht einmal zum Schildwachenstehen brauchbaren Menschen erklärt hatte, so sagte er: „Leute, die studiert haben, sind nichts als Schreiber, Schulmeister und Barbiere." Wie jede höhere sittliche, so fehlte ihm auch jedwede praktische Lebensanschauung und Regierungsweisheit. Er verbot den Bauern bei Tage Mist auf ihre Felder zu fahren! Auf der Straße von Stuttgart nach Ludwigsburg mußte jede Dungstätte mit

einem Bretterzaun eingefaßt und jeder Wagen, der mit Mist
beladen war, sorgfältig bedeckt werden, „damit Se. Majestät
im Vorbeifahren keinen Ekel fasse." Dieses sein willkür=
liches, ungerechtes, unpraktisches und hartes Regiment fand,
als er am 24. Juni 1816 zum Glück und zur Freude des
ganzen Landes endlich starb, in der Leichenrede, welche ihm
die Edinburgh=Review hielt, eine ganz zutreffende Würdigung:

„Ein kleiner Staat gibt seinem Monarchen nicht die
Eignung den Tyrannen zu spielen, ihm geziemt es nicht,
die Menschen gleich dem Wilde niederzujagen. Dies schlechte
Vorrecht können sich nur jene mächtigen Jäger anmaßen,
die über ausgedehnte Länder regieren. Die Sklaven des
harten Eroberers vergessen in seinem Ruhme ihre Knecht=
schaft. Wohl haben sie sich in den Steinbrüchen überarbeitet
und stöhnend unter der Last ihren Schweiß vergossen; erhebt
sich aber endlich das Gebäude, so wandeln sie stolz unter
den Säulen des Triumphbogens einher, der seinen Glanz
ihrer Arbeit verdankt. Nicht so können die Handlungen der
Duodez=Despoten ihre Grausamkeit verlarven. Der Tyrann
einer großen Nation gebietet eine gewisse Ehrfurcht wegen
der ihn umgebenden Gefahren, — er ist ein starker Reiter
auf einem edlen Renner, der in den Zügel beißt und sich
bäumt. Der Duodez=Despot ist verächtlich in den Augen
der ganzen Welt, er ist ein Feiger, der seine Grausamkeit
ausläßt, weil er weiß, daß er seine Bosheit ungestraft sättigen
kann. Er gleicht einem Schornsteinfeger, der seinen Besen
ausprügelt."

In der bayrischen Dynastie war seit den Zeiten Al=
brechts V. († 1579) der Kunstsinn und die Lust am Bauen
beinahe erblich. Was darin Maximilian Joseph, der letzte
Kurfürst, der nach dem Muster von Versailles das Schloß

Nymphenburg erbaute und seine sämmtlichen Nachfolger
geleistet, wie sie insbesondere München zu einer der kunst-
reichsten Städte Europas emporgehoben haben, das ist weltbekannt. Die Prachtschlösser des unglücklichen Königs Ludwig II., der, wie der Volksmund mittheilte, auf jedem Berge
eine Burg auf Borg baute, werden noch auf lange Zeit hin
unübertroffen an Glanz dastehen und das Staunen des Erd-
kreises erregen. Von ihren sonstigen Regierungskünsten an
einem anderen Orte.

Das Original des preußischen Königshauses war, wie
weltbekannt, König Friedrich Wilhelm I. Dessen größte,
alle anderen in den Hintergrund drängende Liebhaberei bestand in der Vorliebe für — Parade-Soldaten. Einzig in
seiner Art steht jenes Riesen = Regiment da, welches dem
Könige so vielen Aerger und so enorme Kosten verursachte.
Aber er war ein sehr ökonomischer Herr und nahm stets
Bedacht, die Kosten für seine „langen Kerls" anderweitig
wieder auszugleichen. Er trieb einen Handel mit selbst ver-
fertigten Gemälden, Orden und — Schweinen. Seine Gemälde bestanden meist in Portraits, vorzugsweise liebte er
Bauern abzukonterfeien. Unter dem Bilde stand gewöhnlich
das Datum und: Friedericus Wilhelmus in tormentis
pinxit. (Dieses Bild hat König F. W. gemalt, wie er
sich in Verlegenheit befand.) Es ist leicht begreiflich, wie
diese Verlegenheit sich auf diejenigen übertragen mußte, denen
der König eine Ankaufsofferte machte. Praktischer einge-
richtet und deßhalb auch einträglicher war der Schweine-
handel. Bei den großen Treibjagden in den königlichen
Forsten fielen die Wildschweine zu Hunderten, und der Verlegenheit, sie unterzubringen und das Fleisch zu verwerthen,
mußte der König sinnreich dadurch vorzubeugen, daß er nach

Maßgabe ihres Vermögens eine bestimmte Stück- oder Pfundezahl den Berliner Juden aufoctroyirte, in der ganz richtigen Voraussetzung, daß diese schon Mittel und Wege finden würden, das Schweinefleisch anderweitig wieder unterzubringen. Das Geschäft mit den Orden war dagegen, im Gegensatz zu diesen beiden, ein rein freiwilliges. Der Orden pour le mérite hieß früher, ehe der große König ihm bei seiner Thronbesteigung diese Benennung gab, „Ordre de la generosité," und war für Verdienste im Kampfe schon 1685 vom Prinzen Karl Emil von Brandenburg gestiftet. Ihn konnte man gegen eine bestimmte Summe vom Könige gern bekommen, der dann selbstzufrieden in seinem Kalender zu vermerken pflegte: „Heute wieder einen Hasen gefangen."

In religiöser Hinsicht war er sehr intolerant, gegen die Calvinisten, wie gegen die Katholiken. Wie der Geschichtschreiber Stengel berichtet, verbot er bei Begräbnissen der Lutheraner ein Cruzifix der Leiche vorzutragen, „es sei das eine aus dem Papstthume übrig gebliebene ärgerliche Gewohnheit." Auch die Baulust beherrschte diesen König; trefflich hat sie Charlotte Birch-Pfeifer illustrirt in dem Lustspiel: „Wie man Häuser baut." Wer nur ein großartiges, wenn auch nicht einmal geschmackvolles Haus herstellte, konnte der königlichen Gunst sicher sein. Seinen Geheimen Rath Pieper erhob er in den Adelstand, „dieweil er ein schön magnifique Haus gebaut."

Wie schon gesagt, waren einzelne Liebhabereien in manchen Fürstenhäusern förmlich erblich geworden. So im österreichischen Kaiserhause die Drechslerkunst. Schon Rudolf II. trieb sie neben zahlreichen anderen Handwerken und Künsten, insonderheit auch der, Wachskerzen zu verfertigen und — Chronodistichen zu machen. Dann vererbte sie sich auf Ferdinand III. und dessen Sohn Leopold I., und in neuerer Zeit auf Franz II. Dieser war dann nebenbei noch ein bedeutender Siegellackfabrikant und geübter Kästchen= schnitzer, in welchen Handwerken er ungleich geschickter sich bewies, als sein Vorgänger Leopold II. in seinen Experi= menten auf dem Gebiete der Arzneikunde und der Chemie. Die sog. diavolini, Reizpillen, die er sich selbst in seinem Laboratorium zurecht quacksalberte, gelten mit als eine der Ursachen seines Todes. Mehr als durch diese positiven Liebhabereien thaten sich übrigens die Habsburger durch eine negative hervor: das Rauchen war bei ihnen verpönt. Bis auf den jetzigen Kaiser Franz Joseph ist es nicht vorge= kommen, daß ein österreichischer Erzherzog geraucht hätte.

Und so ließen sich noch manche wunderliche Liebhabereien und Handwerke anführen, mit denen unsere deutschen Groß= wie Klein=Fürsten die Mußestunden ausfüllten, welche ihnen die Regierungskunst übrig ließ. Warum sollten sie auch nicht, das Regieren war ja damals so leicht, wie das Kühe= melken! Dafür hatte der Wiener Congreß, in Deutschland wenigstens, Sorge getragen. Herzog Carl von Braun= schweig versicherte alles Ernstes, die Kunst zu regieren in einer halben Stunde gelernt zu haben. Dafür ward es ihm aber auch beschieden, vierzig volle Jahre „fern von Madrid darüber nachzudenken," ob er seine Studien nicht etwas gründlicher hätte anlegen müssen. Am allerleichtesten machte sich die Landesvatersorge Friedrich August, der letzte Fürst von Anhalt=Zerbst (1747—1793). Der ließ Alles liegen. Ein besonderer, im ganzen Lande publizirter Befehl schrieb vor: „daß ihm Niemand nachlaufe und behellige, bei Vermeidung unnachbleiblicher Ahndung und besonders der Dienerschaft bei Strafe der Cassation."

„Solche Fürsten," sagte der sarkastische H. Heine, — „der Shakespeare kann sie nicht besser machen, selbst nicht einmal der Raupach!" Fahren wir noch weiter fort. Der fünfte Fürst von Schwarzburg = Sondershausen, Günther, gefiel sich darin, ähnlich wie einst Kaiser Nero, ein großer Atleth zu sein, beständig raufte und boxte er sich mit seinen Hausbeamten und Domainenpächtern, wurde aber dabei mitunter gehörig durchgebläuet. Wie er den Faustkämpfer, so liebte Graf Friedrich Christian von Lippe=Bückeburg den — Wilhelm Tell zu spielen und wiederholte oft den Apfelschuß an den Kindern seiner geliebten Unterthanen im Beisein der bis zum Tode erschrockenen Eltern. Aber sie kamen mit dem Schrecken davon, der Schuß glückte regelmäßig und die Kinder erhielten für ihren Muth eine, wenn auch nicht gerade sehr große Belohnung. Die allergrausamste Passion aber wird berichtet von einem Grafen von Bach, dem Vor= gänger der jetzt regierenden Linie des fürstlichen Hauses Liechtenstein. Er soll sich darauf capricirt haben, den Ver= dauungs=Proceß im menschlichen Körper zu studiren, und ließ einem Unterthanen lebendig den Bauch aufschneiden, um seine Beobachtungen anzustellen!! Also schon im 16. Jahr= hundert ein Vivisektor von Menschen!

Je nobeler überhaupt eine Passion, um so zahlreichere und begeistertere Anhänger zählte sie selbstredend auch auf den Thronen. Wir lassen das edele Waidwerk bei Seite und die gewaltigen Jäger vor dem Herrn, weil sie uns zu weit in die Irre führen würden, ruhig ihrer Wege ziehen. Nur bezüglich der nicht minder edeln Kunst, das wild sich bäumende Roß zu zähmen, darf die Geschichte unsern Be= herrschern das Zeugniß nicht vorenthalten, daß sehr viele von ihnen darin in einer Vollkommenheit excellirten, die

selbst heute noch dem Renz'schen Circus alle Ehre machen
würde. Als unerreichtes Ideal steht da der Graf Wilhelm
von der Lippe, der berühmte portugiesische Feldmarschall,
dessen Reiterkünste geradezu an das Wunderbare grenzten,
nicht minder sein Nachfolger, der schon erwähnte Tell-
Schütze. Sehr bedeutende Pferdeliebhaber und Kenner und
zwar gleichfalls vom wissenschaftlich - künstlerischen Standpunkte aus, waren ferner der Fürst Ludwig Günther von
Schwarzburg - Rudolstadt († 1790) und der wohlbekannte
„alte Dessauer." Ersterer malte alle seine ausgezeichneten
Renner selbst ab; im Schlosse zu Schwarzburg kann man
noch jetzt 246 höchsteigenhändige Pferde-Portraits Sr. Durchlaucht sehen. Der alte Dessauer, überhaupt ein Original,
aber auch ein Despot erster Größe, indem er sich für den
Allein-Eigenthümer seines Landes und alle Einwohner für
seine Knechte und Mägde hielt, sie auch darnach behandelte,
verfiel auf den Gedanken, eine vollständige Geschichte der
Reitkunst in Reliefbildern darzustellen. Diese ging, sehr
poetisch, bis in die Mythe zurück und schloß mit der neuesten
prosaischen Wirklichkeit. Zuerst erschafft Neptun das Pferd;
dann kommt Bellerophon, der den Pegasus zähmt und sich
damit zum Olymp emporschwingt; dann Chiron der Cen-
taure, der Lehrmeister des Achilles; dann der Bucephalus
Alexanders des Großen; dann in die neuere Zeit übergehend,
die berühmteren englischen Jokeys und ganz zuletzt der Erb-
prinz als preußischer Cavallerie - Offizier! Solchergestalt
ward diese Geschichte der Reitkunst in 22 Hautreliefs in
der 1791 erbauten Schloß = Reitbahn plastisch dargestellt.
Was seinen Dienst der goldenen Venus anbetrifft, so theilt
sein natürlicher Sohn Behrenhorst, als militairischer Schriftsteller und Tourist bekannt, darüber manche Pikanterien mit.

Er meint, der Fürst habe sich in seinem kleinen Lande nicht
anders betragen, als der Hirsch auf der Weide. Es ver=
steht sich von selbst, daß eine solch' urwüchsige, von dem
Stachel der Cultur nicht berührte und geleckte Natur, wie
der alte Dessauer, mit diesen beiden Liebhabereien sich nicht
begnügte. Die Geschichte berichtet noch manche andere und
zahlreiche bezügliche Anekdoten. Nur die Bibelfestigkeit, welche
auch damals noch so viele seiner zeitgenössischen Collegen
auszeichnete, besaß er nicht. Einst nahm ein Candidat zum
Text seiner Predigt die Worte aus dem Gesangbuch:

> „Kein Hunger und kein Dürsten,
> Kein Noth und keine Pein,
> Kein Zorn des großen Fürsten
> Soll mir ein' Hind'rung sein."

Er wollte den Prediger in gewohnter Weise mit dem Stocke
bedienen; mit Mühe nur konnte man ihn belehren, daß nicht
er der Landesfürst, sondern der Satan gemeint sei! Die
Juden und ihren Wucher verabscheute er im höchsten Grade.
Ein überführter jüdischer Wucherer ward in ein Faß gesteckt,
welches mit nur nächtlich auszuführendem Material gefüllt
war und ihm bedeutet, daß seine letzte Stunde gekommen
sei, er erschossen werden würde. Dann ließ ihm der Alte
eine mit Pulver geladene Pistole vorhalten und commandirte
„Feuer". Der geschreckte Inculpat tauchte schnell unter
und kam dann, nachdem das Experiment noch mehreremale
wiederholt war, mit diesem heilsamen Schrecken davon.

Zum Hause der Hohenzollern zurückkehrend, können
wir nicht umhin, bei Friedrich dem Großen noch näher zu
verweilen, weil er einer der genialsten, vielseitigst gebildetsten
Fürsten war, die je auf einem Throne gesessen. Bei dem
überreichen Stoffe beschränken wir uns aber auf nur wenige

Seiten seines Charakters, auf seine religiösen Anschauungen und Maßnahmen und seine musikalischen Liebhabereien.

„Die Religionen," sagte er in dem berühmten Marginal-Rescripte vom 22. Juni 1740 an seinen Minister des geistlichen Departements von Brand, „müssen alle tolerirt werden und muß der Fiskal nur das Auge darauf haben, daß keiner dem Anderen Abbruch thue, denn hier muß jeder nach seiner Façon selich werden." Seinem Neffen, dem Herzoge Wilhelm von Braunschweig sprach er seine Ansicht über Religion dahin aus: „Mir genügen Ordnung und Gesetze. Blinder Gehorsam ist nur für Tyrannen, wahre Fürsten brauchen nur einen vernünftigen und motivirten Gehorsam." Gar ergötzlich ist es, wie er diesen seinen Ideen über Religion oft durch Parodie der Bibel Ausdruck gab, worin er in der That sehr belesen war. Das bezeichnendste Beispiel ist wohl folgendes:

Der zu lebenslangem Festungs-Arrest in Magdeburg verurtheilte General Wallrawe schrieb eine Supplik an den König, die der dortige Commandant, ihrer Seltenheit wegen, wirklich an den König abgehen ließ. Sie bestand bloß aus dem 88. Psalm. Um den Leser der Mühe des Nachschlagens zu überheben, rücken wir ihn, so wie die Antwort des Monarchen, hier ein.

Herr Gott, mein Heiland, ich schreie Tag und Nacht vor Dir.

Laß mein Gebet vor Dich kommen; neige Deine Ohren zu meinem Geschrei.

Denn meine Seele ist voll Jammers, und mein Leben ist nahe bei der Hölle.

Ich bin geachtet gleich denen, die zur Hölle fahren; ich bin wie ein Mann, der keine Hülfe hat.

Ich liege unter den Todten verlassen, wie die Erschlagenen, die im Grabe liegen, deren Du nicht mehr gedenkst, und die von Deiner Hand abgesondert sind.

Du hast mich in die Grube hinuntergelegt, in Finsterniß und in die Tiefe u. s. w.

Der König ließ ihm gleich auf der Stelle den 101. Psalm zur abschlägigen Antwort schreiben, dessen Inhalt folgender ist:

Von Gnade und Recht will ich singen, und dem Herrn Lob sagen.

Ich handle vorsichtig und redlich bei denen, die mir zugehören: und wandle treulich in meinem Hause.

Ich nehme mir keine böse Sache vor; ich hasse den Uebertreter, und lasse ihn nicht bei mir bleiben.

Ein verkehrtes Herz muß von mir weichen; den Bösen leide ich nicht.

Der seinen Nächsten heimlich verläumdet, den vertilge ich. Ich mag des nicht, der stolze Geberden und hohen Muth hat.

Meine Augen sehen nach den Treuen im Lande, daß sie bei mir wohnen; und habe gern fromme Diener.

Falsche Leute halte ich nicht in meinem Hause; die Lügner gedeihen nicht bei mir.

Frühe vertilge ich alle Gottlosen im Lande; daß ich alle Uebelthäter ausrotte aus der Stadt des Herrn.

Dem Pfarrer und Kirchenvorstande zu Potsdam, welche darüber vorstellig wurden, daß die Veränderung der Kirchen-Façade ihnen das Licht entziehe, rescribirte er: „Selig sind diejenigen, welche nicht sehen und dennoch glauben."

Das v. Natzmer'sche Dragoner-Regiment bezeichneten die Oesterreicher wegen der weißen Uniformröcke mit den Spitznamen „die Schafe." Das erbitterte so, daß die

Dragoner beschlossen kein Pardon zu geben und auch jeden österreichischen Soldaten, der in ihre Gefangenschaft gerieth, niederzusäbeln. Auf die Beschwerde des Generals Puttkamer antwortete der König mit dem Bibelverse: „Hütet Euch vor denen, die in Schafskleidern zu Euch kommen, inwendig aber reißende Wölfe sind." Nach dem Siege bei Leuthen rückte Friedrich vor Breslau, welches sich auch am 19. December 1757 ergab. Der österreichische General von Sprecher schickte einen Bevollmächtigten, der eine Menge Bedingungen unter vielen Weitläufigkeiten zum Vortrag brachte. Das war dem Könige zu umständlich und er beauftragte den Chef seiner Artillerie, General von Dieskou, die Verhandlungen fortzusetzen, ihm bemerkend: „Er kann alles mit diesem Herrn abmachen, doch ohne viele Umstände. Alles ist kriegsgefangen, auf etwas weiteres lasse Er sich nicht ein. Hier heißt es wie in der Bibel: „Eure Rede sei Ja, Ja, — Nein, Nein! Was darüber ist, ist vom Uebel."

Der Prediger Petit-Pierre zu Neuschatel predigte gegen die Ewigkeit der Höllenstrafen. Darüber beschwerten sich die Pfarreingesessenen und sagten in einer Eingabe an den König, daß es ihnen ihr Gewissen nicht erlaube, den ketzerischen Pfarrer unter sich zu dulden. Friedrich antwortete: „Weil es den Einwohnern von Neuschatel denn so sehr am Herzen liegt, ewig verdammt zu sein, so biete Ich sehr gern die Hände dazu und finde es sehr gut, daß dem Teufel nichts entgehe." Ein Geistlicher kam beim Könige mit dem Gesuche ein, ihm ein Stück Land anzuweisen, wo er Colonisten ansetzen könne, die unter seiner Aufsicht ständen; Friedrich schickte die Bittschrift wieder zurück mit dem Bescheide: „Paulus machte Christen, aber keine Colonisten." Ein ganz junger Candidat, der eben erst von der Universität zurückkam, überreichte dem Könige eine Bittschrift, worin er um eine gerade vakant gewordene, sehr wichtige Inspektorstelle bat. Diese Zudringlichkeit und Selbstüberhebung des jungen Menschen mißfiel dem Könige und er schrieb statt aller Resolution unter seine Supplik den Spruch, 2. Buch Samuel, Cap. 10, Vers 5: „Bleibet zu Jericho, bis Euer Bart gewachsen." Dergleichen biblisch gehaltener Abfertigungen hatten sich alle solche unbilligen Gesuche zu versehen. Dem Hofprediger Cochius schlug Friedrich eine nachgesuchte Stelle am Dome zu Berlin mit den Worten ab: „Jesus Saget, mein Reich ist nicht von dieser Welt. So müssen die prediger auch denken; denn predigen sie nach Ihren Doht im Duhm vom Neuem Jerusalem." Das Gesuch eines Predigers Pels zu Bernau nm Pensions = Zulage wies er mit den Worten ab: „Die aposteln Seindt nicht gewinn Süchtig gewesen. Sie haben umb Sonst gepredigt. Der Herr Pels hat keine apostolische Sehle und denket nicht, daß er alle Güter in der Welt vohr nichts ansehen muß." Friedrich Wilhelm I., des Königs gestrenger und höchst sparsamer Vater hatte das Deputat = Getreide der Prediger in Geld verwandelt; sie suchten darum nach es wieder in natura zu beziehen. Friedrich rescribirte: „Nein, es muß bei des Seligen Königs Vervügungen bleiben und wenn auch 100 priesters heute den geistlichen Abscheit nehmen, so kan Man Morgen 1000 wieder Kriegen. Soldaten Kriegen Brodt, aber Prister leben von das Himmlische Manna, was von da oben Kömt und ist ihr Reich nicht von dißer Welt, sondern von jener; Weder petrus noch paulus haben Brodt-Korn krigt und ist im Neuen testament kein Apostel-Magazin zu finden." — Ein Berliner Weinhändler, der wegen des bei der russischen Invasion von Berlin erlittenen

Schadens Ersatz vom Könige verlangte, kam noch schlimmer
weg. „Warum nicht auch, was er bei der Sündfluth ge=
litten, da seine Keller auch unter Wasser gestanden?"

Bei den berühmten Abendunterhaltungen in Sanssouci
war, insbesondere zu der Zeit, als Voltaire dort prädomi=
nirte, die Religion, und vorzugsweise die katholische, sehr oft
Gegenstand des Humors und Spottes. Der Einzige, der
sich nicht unterkriegen ließ und der jeden Hieb parirte, war
der Breslauer Domherr Bastiani. Als dieser einst beim
Könige speiste, war unter anderen Seltenheiten auch ein
künstlicher Springbrunnen mit wohlriechendem Wasser auf
die Tafel gesetzt, aber so vorsichtig der Hof Conditor auch
gearbeitet hatte und so viele Mühe er sich gab, die Con=
struktion zurecht zu richten, der Brunnen wollte nicht springen.
Gegen Ende der Tafel aber sprang er plötzlich. Der König
sagte lächelnd zu Bastiani: „Nicht wahr, wenn das in einem
katholischen Lande geschehen wäre, würde man es für ein
Mirakel erklärt haben?" Bastiani zuckte die Achseln und
erwiderte: „In Ew. Majestät Gegenwart schwerlich." Bei
einer anderen Gelegenheit stellte Friedrich spottend die Tiara
Bastiani in Aussicht und fragte, wie er dann ihn, den König,
als Se. Heiligkeit empfangen werde. Bastiani entgegnete:
„Qu'on fasse entrer l'aigle noir, je dirai: Sire l'aigle
tout puissant! Couvre moi de tes ailes, mais epargne
moi des coups de bec". Friedrich verfolgte ihn mit
seinen Spottreden nicht wieder. Gegen die Juden hegte
der große König dieselbe Abneigung wie sein Vater. Wie
dieser sie zwang, ihm die bei den großen Hofjagden erlegten
Wildschweine abzukaufen, so nöthigte sie Friedrich die Fa=
brikate der königlichen Porzellan = Manufaktur zu kaufen.
Jeder Jude, der sich verheirathete, mußte für 300 Thaler

Porzellan nehmen. Der König rechnete darauf, daß die Juden es wieder verkauften und die Manufaktur in Aufnahme brächten. Er erschwerte den Juden das Heirathen überhaupt und wollte sie nicht vermehrt haben; nur wer 10 000 Thaler besaß, hatte Hoffnung in Preußen seines Aufenthaltes versichert zu sein.

Neben seinen kleinlichen Liebhabereien für Windhunde und Tabacksdosen huldigte er noch einer größeren, edleren, für die Musik. Aber nur für die ausländische. Wie gegen die deutsche Literatur so war er auch gegen die deutsche Tonkunst ungerecht, geradezu blind. Wie Kolb in seiner Culturgeschichte mittheilt (II. p. 515), äußerte er einst, daß er sich lieber von einem Pferde eine Arie vorwiehern lassen möchte, als eine Deutsche in seiner Oper zur Primadonna haben. Er versuchte sich als Virtuose wie auch, obschon mit keinem Glücke, als Componist. Er hatte diese Liebhaberei von seinen Ahnherren ererbt, deren mehrere ihr ergeben waren, vorzugsweise Kurfürst Joachim II., der sehr oft in eigener Person die musikalischen Aufführungen in der Domkirche dirigirte. Auch sein Vater theilte die Liebhaberei für die Musik, gefiel sich aber meist nur in der Parodie derselben. Sein Kapellmeister Pepusch hatte für ihn ein besonderes Ferkel-Concert componirt, ein Stück für sechs Fagotts, deren Rollen überschrieben waren: porco primo, porco secondo rc. Der König hielt sich allemal den Bauch vor Lachen, wenn diese Sphären-Harmonie losging. Begreiflicher Weise machte das Stück am Hofe gewaltiges Aufsehen. Der Kronprinz äußerte den Wunsch, einer Aufführung beizuwohnen. Pepusch, der diesen wegen seines feinen Geschmackes ebenso sehr wie wegen seiner scharfen Zunge fürchtete und recht gut begriff, wo die ganze Sache hinaus sollte, konnte schließlich nicht mehr ausweichen. So kam er denn zur verabredeten Zeit mit sieben Hautboisten in die Versammlung zum Kronprinzen, legte seine Musik ganz ernsthaft auf die dort stehenden sechs Pulte und sah dann mit einem Noten=Papier in der Hand sich verlegen im Saale um. Der Kronprinz fragte: „Herr Capellmeister, sucht er etwas?" „Es fehlt noch e in Pult, königliche Hoheit." „Ich denke," versetzte der Kronprinz lachend, „es sind nur sechs Schweine in seiner Musik?" „Ganz recht, königliche Hoheit, aber es ist noch ein Ferkel hinzugekommen: Flauto solo." Friedrich erzählte selbst lachend die Geschichte seinem Lehrmeister Quanz und fügte hinzu: Der alte Kerl hatte mich doch angeführt und ich mußte ihm noch gute Worte obendrein geben, daß er das Ferkelchen nicht noch dazu vor meinem Vater producirte.

Derartige Musikschrullen waren übrigens in damaliger Zeit an der Tages=Ordnung, gerade wie in unseren Tagen die sog. Offenbachiaden. Am meisten that sich darin hervor, wie wir schon einige Beispiele davon erwähnt haben, das sächsische Haus.

Und so mag denn das höchst originelle Monstre=Concert, welches der Kurfürst Johann Georg am 13. Juli 1650 in seiner Residenz Dresden veranstaltete, den Schluß unserer Abhandlung bilden.

Es stellte ein Oratorium vor, „die Geschichte des von der schönen Judith um einen Kopf kürzer gemachten Holofernes" behandelnd. Den Text hatte der Hof=Poet Mathesius Pflaumenkern verfertigt, die Musik der Hof = Cantor Hilarius Grundmaus. Alle notabeln Musiker in Deutsch= land, Welschland, Helvetien, Polen waren eingeladen, sich an diesem Fest zu betheiligen. Am 9. Juli fanden sich denn auch schon 570 Instrumentalisten und, ohne die anwesenden Chorschüler, 919 Sänger am Orte ihrer Bestimmung ein. Die Erstern brachten nicht nur die gewöhnlichen, sondern viele seltsame, noch nie gesehene Instrumente mit. Insonderheit führte ein gewisser Rapotzky aus Krakau eine ungeheure Baßgeige vor, welche sieben Ellen in der Höhe maß und auf einen Wagen gepackt war, den acht Maulesel zogen. Ein an derselben angebrachtes Leiterchen ermöglichte es dem Rapotzky, mit dem Fidelbogen auf und nieder zu springen um, nach Gelegenheit, die hohen und niedern Töne dem Ungeheuer abzugewinnen. Die Rolle des Holofernes zu singen hatte ein gewisser Studiosus Rümpler aus Wittenberg übernommen. Er war mit einer gewaltigen Baßstimme begabt, und der Kurfürst erwies ihm die Gunst, diese durch beliebiges, freies Biertrinken noch mehr zu stärken.

Das Concert wurde denn auch an dem bestimmten Tage in Scene gesetzt, und zwar hinter dem sog. Finkenbüschlein, um einen Hügel herum. Aus Besorgniß, daß die ungeheure Baßstimme des ꝛc. Rümpler doch vielleicht gegen die Menge der andern Instrumente nicht genug durchdringen möchte, ließ der Cantor Grundmaus um eine auf dem Hügel stehende Windmühle, von einem Flügel zum andern, ein starkes Schiffstau spannen, welches gleichsam den Contrabaß abgeben sollte, und mit einer Schrotsäge gerissen wurde. An der Seite des Halbkreises stand dann eine große Orgel, welche der Pater Serapion mit Fäusten schlug. Anstatt der Pauken wurden kupferne Braubottiche zu den Chören des Stückes zurecht gemacht, und weil diese dem Componisten noch zu schwach zu sein schienen, so befahl der Kurfürst, zur Verstärkung des Paukenschalles etliche Karthaunen herbeizuschaffen, die gehörig gestimmt und bei der Aufführung

selbst vom Ober = Hoftanonier gespielt, d. h. losgebrannt
wurden. Die Aufführung selbst gelang bis auf den Schluß
über alle Maßen wohl und erregte die höchste Bewunderung
aller Anwesenden. Unter den Sängerinnen excellirte vorzugsweise die berühmte Donna Bigazzi aus Mailand, welche
mit solcher Anstrengung und Stärke einen Triller schlug,
daß sie leider den dritten Tag darauf starb. Der zur
damaligen Zeit berühmteste aller Violinspieler, Giovanni
Scioppio aus Cremona, trug einige schwere Stücke in
größter Vollkommenheit vor, indem er die Violine hinter
sich auf seinem Rücken spielte. Der genannte Student
Rümpler aber sang unter Begleitung des großen Krakauer
Violons eine Baß=Arie mit solcher Stärke, daß alles zitterte.
Das Ganze schloß mit einer großen Doppelfuge. Hierbei
hörte aber leider der Spaß auf, indem die singenden Chöre
in vollem Ernst gegen einander in Thätlichkeiten geriethen.
Diejenigen, welche die fliehenden Assyrier vorstellten, wurden
von den losen Chorschülern, den siegenden Israeliten, zu
ernstlich mit unreifem Obst und Erdklösen verfolgt und geworfen, und säumten nun nicht, ihren Feinden Gleiches mit
Gleichem zu vergelten. Es stand auf dem Punkte, daß das
Finale des Concertes in eine grandiose Prügelei ausartete,
als der Kurfürst, der vor Lachen erst gar nicht zu sich
kommen konnte, dazwischen trat, und nur mit Mühe die
Harmonie wieder herstellte. Hilarius Grundmaus aber erhielt für seine Verdienste einen Orden und fünfzig Meißner
Gulden!

VII.

Zur Geschichte der Hofetiquette und Präcedenz.

Ceremoniell und Rangverhältnisse nehmen ihren Ursprung, sobald Menschen mit einander zu leben und zu
verkehren beginnen, werden hervorgerufen zunächst durch
Ehrfurcht vor der Gottheit und vor dem höhern Alter.
Die Opfer, der Gottheit dargebracht, werden mit feierlichen
Gebräuchen ausgestattet, um die Würde der Handlung dadurch zu erhöhen, und sobald in der Familie die erste
Vereinigung Mehrerer hervortritt, erscheint der Familien-
vater als Oberhaupt dieser Vereinigung, ihm wird der
Vorrang nicht streitig gemacht und der Respect, welcher
dem entspricht, äußert sich in bestimmten Formen; das
Nämliche wiederholt sich dann bei den Stammesältesten, bei
den Fürsten.

Schon die Götterlehren des Alterthums zeigen abge-
stufte Rangverhältnisse unter den Mitgliedern des Götter-
staats und daneben die Beispiele mannigfaltiger Hofkabalen.
Jahrtausende vor Christi Geburt besaß Aegypten einen vollständig eingerichteten Hofstaat und die strengste Sonderung
der Stände, dominirend über alle — die Priester. Alexander,
der Macedonier, berauscht vom Glücke, gebot, ihn als Gott

zu verehren, und Rom's Imperatoren nahmen wenigstens
das Beiwort „Divus" „Göttlich" für ihre Person in Anspruch. Sie folgten darin dem Beispiele der altägyptischen
Pharaonen, deren Würde eine hochheilige war, deren Tempel
ebensowohl eine der Anbetung ihrer Majestät, als der der
vielen Gottheiten gewidmete Huldigung darstellten. Beim
Anblicke des Königs sank man ebensogut zur Erde, als wie
man sich vor der Gottheit auf die Kniee warf. Die mancherlei Würden, welche den Hof der mittelalterlichen Despoten
bildeten und sich zum Theil bis in die Gegenwart erhalten
haben, finden ihren ersten Ursprung in Aegypten. Die
Söhne des höchsten Adels aus dem Priester= und Militär=
stande dienten der Person des Königs als Leiblakaien: die
Hofämter waren äußerst zahlreich und reich dotirt, die Hof=
etiquette bis in die kleinsten Einzelheiten durch gesetzliche
Normen geregelt; für die Staatsgeschäfte, wie für die Er-
holungen und Vergnügungen des Königs waren bestimmte
Stunden festgesetzt. (Vgl. den folgenden Aufsatz: Titel und
Titulaturen.)

Es war und ist das eine ebenso natürliche, als zweck=
mäßige, ja nothwendige Erscheinung. Der Verkehr mit den
Oberhäuptern des Staates, wie der Kirche, wichtige und
bedeutsame Handlungen und Verhandlungen bedürfen fester
und feierlicher Formen. Gleichartige Gemüthsrichtung oder
auch Nachahmungstrieb und endlich Autorität, verwandeln
die ursprünglich freien und willkürlich angewandten Förmlich=
keiten allmählich in regelmäßiges Herkommen und bindendes
Gesetz. Den Inbegriff nun der solcher Gestalt Geltung
gewinnenden Formen und Feierlichkeiten bezeichnet man mit
dem Ausdruck Ceremoniell, und unterscheidet solches nach
den Hauptsphären seiner Herrschaft in das privatgesell=

schaftliche, das kirchliche und politische Ceremoniell. Wir haben es hier bloß mit dem letztern zu thun, und zwar auch nur in seiner engern Bedeutung; denn auch das politische Ceremoniell zerfällt wiederum in vier streng ge- schiedene Arten, das Hof-Ceremoniell, das diplomatische, das Kanzlei-Ceremoniell und das See-Ceremoniell. Das den gesellschaftlichen wie den staatsrechtlichen Verkehr bei den Höfen regelnde Ceremoniell bezeichnet man seit der Zeit Ludwig's XIV. insgemein mit dem Worte Etiquette, d. h. Aufschreibezettel. Am französischen Hofe wurde das Wort zur Bezeichnung der Reihenfolge gebraucht, nach welcher diejenigen Personen, welche daselbst Zutritt hatten, ihrem Range gemäß Platz nahmen; allmählich dehnte man es aus auf die Bezeichnung des ganzen an jenem Hofe geltenden Ceremonials und gab ihm dann eine noch weiter- gehende Bedeutung zur Bezeichnung der in der vornehmen Welt überhaupt gebräuchlichen oder als verbindliche Vor- schriften geachteten Formen.

Wie das politische Ceremoniell überhaupt berechnet ist auf Hervorbringung eines geeigneten Eindruckes wichtiger Staats- und Regierungs-Handlungen, so die Etiquette be- sonders auf Darstellung der Würde und Erhabenheit der Regierung selbst und vorzugsweise der Person und Familie des Regenten gegenüber dem Volke. Sie ist, von diesem Gesichtspunkte betrachtet, kein so unwesentlicher Theil der Culturgeschichte eines Volkes, als es beim ersten Anblick scheint und einer unserer geachtetsten Staatsrechtslehrer, Professor Bluntschli, bemerkt mit Recht, daß es sich weder mit philosophischer Tiefe noch mit einem wahrhaft geschicht- lichen Sinne vereinigen lasse, wenn man in Formen, die durch Jahrhunderte einen wichtigen Theil des Staatsverkehrs beherrscht haben, gar keinen wesentlichen Inhalt finden wolle. Das Hofleben ist und bleibt immerhin ein Spiegelbild des Volkslebens, so weit von einem Volksleben, dessen Grund= züge allen Ständen gemeinsam sind, überhaupt gesprochen werden kann. Denn das gesammte Culturleben eines Volkes erhält nicht erst seinen Charakter und sein Wachsthum durch Hof und Staat, es empfangen vielmehr umgekehrt diese letztern durch jene nationale Gesammtbildung wesentlich ihren besondern Typus. Ein gesundes Hofleben muß sich daher an die eigenthümlichen Lebenssitten und Lebens=Anschauungen des Volkes naturgemäß anschließen, in ihnen seine Be= gründung und Erklärung finden, will es sich nicht selbst zum Tode verurtheilen. So bestätigt es die Geschichte. Wo das Hofleben noch einfach war oder gar nicht bestand, gab es auch keine Etiquette. Die Prinzessinnen Homer's, wie wir aus der Iliade und Odyssee wissen, holen Wasser, waschen und spinnen ganz ungenirt; selbst der Völkerfürst Agamemnon kleidet sich ohne Kammerdiener allein an; Achilles bereitet in höchst eigener Person das Essen für die Gesandten des Oberkönigs! Auch unsere alten deutschen Vorfahren hatten dieselbe Anschauung, daß ein Fürst essen, trinken, schlafen, scherzen, lieben, reden und gehen müsse wie andere Menschen. Tacitus betonte das einfach = würdevolle Auftreten der deutschen Fürsten im Hinblick auf den er= künstelten Glanz, mit dem sich die Kaiser seiner Zeit um= gaben, wo Nero bereits anfing, sich bei lebendigem Leibe unter die Götter zu versetzen.

So übertrieben aber auch die Huldigungen waren, mit denen das römische Volk seinen Herrschern gegenüber sich erniedrigen mußte, so blieben sie doch immer nur erzwungene Acte einer persönlichen Herrscherlaune, welche besser gesinnte

Kaiser ihren Unterthanen nicht mehr zumutheten, und die sich deßhalb, der großen Mehrzahl nach, zu einem festen Herkommen oder einem positiven Gesetze nicht ausbildeten. Erst Diocletian machte den Anfang dazu. Er schuf einen glanzvollen, mit zahlreichen Aemtern und Würden ausgestatteten Hofstaat. Er führte anstatt des von seinen Vorgängern getragenen Stirnbandes die goldene, vom Perserkönig entlehnte Krone ein, welche nach Gregorovius die Vorläuferin der deutschen Kaiserkrone geworden ist. Ein vollkommenes systematisch ausgebildetes Hof=Ceremoniell aber findet sich erst an dem Hofe von Byzanz. Hier kam der Idee der absoluten Herrschergewalt, die sich allerdings von Rom aus dorthin vererbte, noch die Vorstellung von der Versinnbildlichung einer überirdischen Gewalt der Häupter des Volkes zu Hülfe, die sich im Orient, namentlich in Persien, schon zum Extrem ausgebildet hatte, bis zu dem Wachsbilde auf dem Paradebette, nach dessen Befinden sich selbst die Aerzte erkundigten, bis zu dem Adler, der, aus dem Scheiterhaufen emporsteigend, die Himmelfahrt des neuen Gottes vorstellte! Der Geschichtschreiber kann in der That nicht ohne Betrübniß bei der Erscheinung verweilen, daß es begabte und auch durch ihre sonstige Regierung bedeutende Männer waren, Constantin der Große und Justinian, welche als die Begründer und selbst gesetzlichen Ordner eines Ceremoniells auftreten, welches die fast göttliche Majestät des Kaisers verkündete, und jeden Gedanken von Selbstgefühl in dem Gemüthe der sich dem Throne nähernden Bürger vollständig tilgte. Kaiser Constantin Porphyrogeneta faßte dann die geltenden Regeln und Anordnungen in ein besonderes Werk zusammen, und dieses kann, so weit man vom geschriebenen Rechte redet, als das

eigentliche Fundamental = Gesetz der Etiquette gelten. Es
enthält in zwei starken Bänden zunächst Anrede = Formeln
für die Gesandten fremder Mächte, wenn der Kaiser ihnen
Audienz gab. Jede dieser Formeln ist mehrere Seiten lang,
und besteht in den widerwärtigsten Beräucherungen des
Kaisers und seiner angeblichen Ruhmesthaten. Auf diese
Formeln folgt dann die Beschreibung des Ceremoniells bis
in's geringste Detail hinein, und wiederum für jeden Ge=
sandten besonders. Eine lange Reihe von Gemächern und
Wachen, von höhern und niedern Hofbeamten lag zwischen
dem Kaiser und jedem Gehörsuchenden. Gelangte der Letztere
endlich in's Innerste, so mußte er durch Niederwerfung auf
die Erde erst die dem Hocherhabenen schuldige Verehrung
verrichten. Gesandte aller vom Reiche noch abhängigen
Völker durften nur mit Ketten an den Händen und Füßen
vor dem Kaiser erscheinen. Der Glanz solcher Majestät
theilte sich selbst selbstredend auch den die kaiserliche Person
umgebenden Dienern mit, und zwar nach Maßgabe der
Nähe oder Unmittelbarkeit ihrer persönlichen Dienstleistung,
und so erklärt es sich, daß der Präfect der kaiserlichen Schlaf=
kammer, ja selbst der zweite Diener derselben einen höhern
und glänzendern Rang hatte, als — der Premier=Minister.

Auch der geringste Verstoß gegen dieses Ceremoniell
wurde als ein Crimen laesae majestatis behandelt und ge=
ahndet. Wer die Person des Kaisers, selbst zufällig nur,
berührte, hatte unbedingt sein Leben verwirkt. Kaiser Ma=
cedo, der Gründer der nach ihm benannten, 886 zum Throne
gelangten macedonischen Dynastie, wurde auf einer Hofjagd
von einem Hirsche mit dem Geweihe in seinem Wehrgehänge
erfaßt und fortgeschleift. Einem Hofbedienten gelang es,
mit seinem Schwerte das Wehrgehänge zu durchhauen und

so den Kaiser zu befreien. Dieser hatte aber doch zu viel abbekommen und unterlag den Folgen seines Unfalles. Aber auch der entschlossene Beamte mußte seine That mit dem Tode büßen, weil er das Schwert gegen den Kaiser gezogen! Unter seinem Nachfolger faßte einst bei einer feierlichen Hoftafel ein fremder Gesandte eine ihm dargereichte Schüssel mit Fisch mit der unrechten Hand an. Auf solchen Verstoß gegen die Hofetiquette stand — die Todesstrafe! Der Kaiser, welcher dem Gesandten, weil er die Rechte seines Souverains ihm gegenüber energisch vertreten hatte, nicht wohlwollte, erklärte mit gleißnerischem Bedauern: er selbst stehe unter dem Gesetze und könne deßhalb die von dem Gesandten verwirkte Strafe nicht abwenden. Sämmtliche Höflinge erhoben sich in affectirter sittlicher Entrüstung und jeder bekräftigte sofort eidlich, daß er den gewaltigen Verstoß mit angesehen habe, auch der Kaiser betheuerte es durch einen Eid. Den Gesandten aber verließ seine Geistesgegenwart nicht. Er erklärte, daß er um sein Leben, wenn es wirklich verwirkt sein sollte, nicht bitten wolle, und nur um eine letzte Gnade nachsuche, deren Gewährung ihm der Kaiser eidlich zusichern möge. Der Kaiser ging darauf ein und der Gesandte bat sich nun aus, daß denjenigen Anwesenden, welche seinen unverzeihlichen Verstoß wirklich mit angesehen hätten, vor seiner Hinrichtung die Augen ausgestochen werden möchten. Der Kaiser war überlistet, gab sich aber den Anschein, daß er seinen Schwur nicht brechen wollte. Deßhalb stellte er wiederum jedem Anwesenden die Frage, ob er den Verstoß des Gesandten wirklich mit angesehen habe. Jeder Einzelne stellte nun wieder eidlich in Abrede, was er unmittelbar vorher beschworen hatte; auch der Kaiser leistete diesen Eid und der Gesandte war gerettet!

Das interessanteste Bild dieses abgöttischen Ceremoniells am byzantinischen Hofe entrollt uns Liudprand, später Bischof von Cremona, den 968 Kaiser Otto I. dorthin sandte, zur Bewerbung um die Hand der Theophano, Tochter des Kaisers Nicephorus für seinen Sohn Otto II. Er ergeht sich eben in Ironie und Sarkasmus über die alles Maß überschreitenden servilen Formen, welche dem Kaiser äußerlich von seinem Volke und seinen Großen gezollt wurden, von denen, wie die Geschichte lehrt, kaum einer Bedenken trug, ihn mit Gift und Dolch bei Seite zu schaffen, sobald er dies seinem Interesse gemäß fand. Der Form fehlte eben gänzlich der Inhalt, der Glaube des Volkes. Dennoch war es der Sprößling seiner Ehe, der junge thatendurstige Kaiser Otto III., welcher das byzantinische Ceremoniell auch für die deutschen Kaiser als Norm aufstellen wollte. Er verfaßte oder ließ zu seinem eigenen Gebrauch — in lateinischer Sprache — ein Formelbuch verfassen, gegründet auf das Ceremonienbuch des Constantin Porphyrogeneta. Die byzantinischen Würden sind darin antiquarisch erklärt und auf Rom angewendet; die Kleidung des Kaisers, und seine Kronen, deren er nicht weniger wie zehn aufführte, genau beschrieben und erklärt. So hielt er in seinem Palaste auf dem Aventin einen Hof, prachtvoller wie nie ein deutscher Kaiser vor noch nach ihm. Er saß allein an einem halbkreisförmigen Tische, auf einem die anderen überragenden Throne. In wundersamer Tracht trat er auf. Sein Krönungsmantel war mit apokalyptischen Figuren geziert, an den Franzen hingen 355 goldene Glöckchen, wie am Mantel des jüdischen Hohenpriesters, er zeigte einen goldenen von Edelsteinen und Perlen strahlenden Zodiakus. Bis auf die Handschuh hin war Alles fest bestimmt und geregelt.

Die zehn Kronen, je nach dem Grade der öffentlichen Feier=
lichkeiten getragen, waren von Epheu, Olivenlaub, Pappel=
zweigen, von Eichenlaub, von Lorbeeren; dann die Mitra
des Janus und der trojanischen Könige, das trojanische
Phrygium des Paris, dann die eiserne (bekanntlich noch
vorhandene) lombardische Krone, als Zeichen, daß Pompejus,
Julius Cäsar, Octavian und Trajan die Welt mit dem
Schwert besiegt hatten; dann die silberne Krone von Pfauen=
federn, — vielfach in Aachen gebraucht, aber verloren ge=
gangen, — endlich die mit Edelsteinen besetzte goldene Krone
Diokletian's, die spätere Kaiserkrone, mit der stolzen Um=
schrift: Roma, caput mundi, regit orbis frena rotundi,
„Rom, das Haupt der Welt, führt die Zügel des Erkreises."
In dem Kapitel der „Graphia aureae urbis Romae de
coronis imperatorum," das ist der Titel seines Formel=
buches, heißt es: Prima corona est de herba appii de
qua Hercules coronatus est. Sicut enim appium resistit
venenis, ita Imperator de urbe venena malicie et ne-
quitie debet expellere, — Secunda de oleastro Oleon-
grece, latino misericordia interpretatur

Pferde, Waffen, musikalische Instrumente u. s. w.
wurden genau beschrieben, selbst die verschiedensten Arten
des Triumphes auseinandergesetzt. „Keine Würde, keine
Gewalt, keine in der römischen Welt lebende Seele, auch
nicht der erhabene Monokrator," so heißt es beispielsweise,
„darf das Capitolium des Saturn, das Haupt der Welt
anders ersteigen, als im weißen Gewande. Wenn aber der
Alleinherrscher das Capitol ersteigen will, soll er zuvor im
Mutatorium des Julius Cäsar den weißen Purpur nehmen
und von allen Musikanten umgeben, während ihm hebräisch,
griechisch und lateinisch acclamirt wird, zum goldenen Capitol

hinangehen. Dort sollen sich Alle drei Mal bis zur Erde
vor ihm neigen, und für das Heil des Monokrator Gott
anflehen, der ihn der römischen Welt vorgesetzt hat."

Der Eintritt zum Kaiser erfolgte in feierlichster Weise,
drei Mal mußte man sich bis zur Erde vor ihm neigen.
Die Anrede war „Kaiser aller Kaiser." Er speiste stets
abgesondert von Hofleuten an einer erhöhten Tafel. Charakteristisch ist die Audienz, die sein Brautwerber, der Bischof
Liudprand einst bei ihm hatte. Als er in den Audienzsaal
trat, fingen die goldenen Vögel auf dem goldenen Baume
am Throne an zu pfeifen und die goldenen Löwen zu beiden
Seiten an zu brüllen; der Bischof mußte drei Mal mit
seinem Kopfe den Boden berühren; inzwischen erhob sich
der Thron bis zur Decke des Saales, der Kaiser blickte
majestätisch herab und — alles war vorbei in hoher Stille
und Andacht.

Selbstredend erreichte dieser theatralische Pomp seine
höchste Höhe bei der römischen Kaiserkrönung. Die deutsche
ist oft, in classischer Form bekanntlich von Goethe beschrieben; wir lassen deßhalb die weniger bekannte Beschreibung der römischen folgen, wie sie zur Zeit der Heinriche
und Ottonen in Scene ging.

Wenn der erwählte Kaiser mit seiner Gemahlin zur
Krönung zog, wurde er an der Kirche St. Maria Tras-
pontina, nahe an einem, Terebinthus des Nero genannten
Monument vom Clerus und den Körperschaften der Stadt
empfangen. Dort nahe bei der Engelsburg lag die Porta
Castelli, wo der römische König den Römern zu schwören
pflegte, daß er die Gesetze und Gewohnheiten der Stadt
aufrecht erhalten wolle; diesen Schwur leistete er schon
bei seinem Ankommen an einer kleinen Brücke auf dem

Neronischen Felde. Vom Thor bewegte sich der Zug nach
der Treppe des Doms; Senatoren gingen dem König zur
Seite, der Stadtpräfekt trug ihm das bloße Schwert vor
und seine Kämmerer streuten Geld aus. An der Treppe
vom Pferd gestiegen, ging er mit seinem Gefolge zur Platt=
form empor, wo der Papst vom hohen Clerus umgeben,
harrend saß; er ließ sich zum Fußkuß herab, leistete den
Schwur, ein rechter Beschützer der Kirche sein zu wollen,
empfing vom Papst den Friedenskuß und wurde von ihm
zum Sohn der Kirche adoptirt. Unter feierlichem Gesang
schritten beide in die Kirche S. Maria in Turri an der
St. Peterstreppe, denn dort wurde der König förmlich zum
Domherrn der Basilika gemacht. Sodann ging er, geführt
vom lateranischen Pfalzgrafen und vom Primicerius der
Richter, zur silbernen Thür des Doms; dort betete er, und
der Bischof von Albano sprach über ihn die erste Oration.
Zahllose mystische Ceremonien mit ewigem Wechsel der
Fungierenden erwarteten den König in St. Peter selbst.
Hier befand sich unweit des Einganges die berühmte Rota
Porphyretika, ein kreisrunder, dem Boden eingefügter Por=
phyrstein, woneben König und Papst sich niederließen. Der
kaiserliche Candidat legte hier sein Glaubensbekenntniß ab,
worauf der Cardinalbischof von Portus sich mitten auf die
Rota stellte und die zweite Oration sprach. Er wurde so=
dann in neue Gewänder gehüllt, in der Sakristei vom Papst
zum Cleriker gemacht, mit der Tunika, Dalmatica, dem
Pluviale, der Mitra und den Sandalen bekleidet, und weiter
an den Altar des St. Mauritius geführt, wo ihn seine
Gemahlin, nach ähnlichen, aber weniger ermüdenden Cere=
monien begleitete. Der Bischof von Ostia salbte hier dem
König den rechten Arm und den Nacken, und sprach die

dritte feierliche Oration. Wenn der zu Krönende von der
Größe seines Berufs erfüllt war, mußten ihn die Feier=
lichkeiten des Actes, der schwerfällige uns mystische Pomp,
die großartige Monotonie der Gebete und Gesänge in dem
uralten Dom, den so viele erhabene Erinnerungen heiligten,
in tiefster Seele erschüttern. Der Gipfel alles menschlichen
Ehrgeizes, die Krone Carls des Großen, lag funkelnd vor
seinem sehnsüchtigen Blick auf dem Altar des Apostelfürsten.
Aber der Papst steckte erst den goldenen Ring an den Finger
des Gesalbten, als Symbol des Glaubens, der Beständigkeit
und Kraft seines katholischen Regiments; er umgürtete ihn
unter ähnlichen Sprüchen mit dem Schwert und setzte ihm
endlich die Krone auf's Haupt. „Nimm," so sprach er,
„das Zeichen des Ruhms, das Diadem des Königthums,
die Krone des Reichs im Namen des Vaters, des Sohnes
und des heiligen Geistes; sage dich los von dem Erzfeind
und aller Sünde, sei gerecht und erbarmend, lebe in so
frommer Liebe, daß du einst von unserm Herrn Jesus Christus
im Verein der Seligen die ewige Krone empfangen magst."
Die Kirche erscholl von dem Gloria und den Laudes:
„Leben und Sieg dem Kaiser, dem Römischen und dem
deutschen Heer!" und von dem endlosen Jubel=Geschrei der
wilden Krieger, die ihren König als Imperator in deut=
schen, slavischen und romanischen Barbarenzungen donnernd
grüßten. Der glückliche Kaiser entkleidete sich wiederum der
Zeichen des Reichs, er ministrirte dem Papst nun als Sub=
biaconus bei der Messe, dann zog ihm der Pfalzgraf die
Sandalen aus und die rothen Kaiserstiefeln mit den Sporen
des S. Mauritius an, worauf der ganze Zug mit dem
Papst die Kirche verließ und auf der sogenannten Triumphal=
straße unter dem Geläute aller Glocken durch das bekränzte

Rom nach dem Lateran sich bewegte. An einzelnen Stationen
waren lobsingende Kleriker, und die Scholen oder Zünfte
zur Begrüßung des vorüberziehenden Kaisers aufgestellt.
Vor und hinter dem Zuge streuten Kämmerer Geld aus,
wie auch alle Scholen und alle Beamten des Palastes das
Presbyterium oder übliche Geldgeschenk erhielten. Ein Mahl
beschloß die Feierlichkeit im päpstlichen Palast. Wenn es
die Umstände erlaubten, hielt der Kaiser am zweiten Tage
eine Prozession zur Messe nach dem Lateran, am dritten
Tage zog er gekrönt nach St. Paul, am vierten Tage nach
Santa Croce in Jerusalem. Dies sind nur die dürftigsten
Züge einer Kaiserkrönung jener Epoche; die Ceremonien,
wie ersichtlich, dem byzantinischen Pomp entlehnt, hatten sich
seit Carl dem Großen festgestellt und sie blieben sich im
Wesentlichen gleich, obwohl man mit der Zeit manches ver-
änderte und neu hinzufügte. (Nach Gregorovius, Bd. IV.
p. 57 sqq.)

Als es sich um Feststellung des Ceremoniells bei der
Krönung Carls IV., des Erlassers der goldenen Bulle handelte, schrieb Papst Innocenz VI. darüber an den Patriarchen
von Grado wie folgt. Nach der Tradition sei der Kaiser
mit drei Kronen zu krönen, mit der silbernen in Aachen
durch den Erzbischof von Cöln, mit der eisernen in Monza
durch den von Mayland, mit der goldenen zu Rom durch
den Pabst. Die erste bedeute die eloquentia et sapiencia;
die zweite die Strafgewalt gegen die Ketzer; die goldene:
„conterat cornua elata rebellium ac presidio potencie
quam fulvor metalli aurei prefigurat, libertatem eccle-
siasticam tueatur." (Gregorovius, Bd. VI. p. 375.)

Dieser Kaiserkrönung stellen wir die nicht minder
merkwürdige und originelle Papstkrönung zur Seite. Sobald

der Papst durch die Bischöfe von Ostia, Albano und Portus geweiht war, ließ er sich über der Plattform der S. Peterstreppe auf einem Sessel nieder. Der Archidiakonus nahm ihm die bischöfliche Mitra vom Haupte und setzte ihm unter dem Zurufe des Volkes das fürstliche Regnum auf. Dies war die runde, zugespitzte Tiara, jene Krone, welche Constantin dem Papste Sylvester geschenkt haben soll; ursprünglich bestand sie aus weißen Pfauenfedern und war schmucklos, dann wurde sie mit funkelnden Edelsteinen besät, erst von einem Goldreif, später sogar von drei Diademen umschlossen und auf der Spitze mit einem Karfunkelstein geschmückt. Der Archidiakonus sprach, indem er den Papst krönte, die stolze Formel: „Nimm die Tiara, und wisse, daß du der Vater der Fürsten und Könige, der Regierer der Welt, auf Erden der Vicar unseres Heilandes Jesus Christus Christus bist, dessen Ehre und Ruhm währet in alle Ewigkeit!" Er erhob sich nun vom Throne, das Regnum auf dem Haupte, und als Papstkönig bestieg er ein herrliches mit Scharlach gedecktes Roß. Kaiser oder Könige hielten ihm den Steigbügel und gingen eine Strecke lang am Zügel einher, wenn sie anwesend waren; wenn nicht, so verrichteten diesen Dienst die ersten Edeln und die Senatoren Roms. Alle geistlichen und weltlichen Theilnehmer des Zuges bestiegen ihre Pferde, denn dies war eine Prozession zu Roß. Sie zog in folgender Reihenfolge: zuerst ein leeres reich geziertes Pferd des Papstes; dann der Kreuzträger (crucifer) zu Pferd; zwölf reitende Bannerträger, rothe Fahnen in der Hand; zwei andere Reiter, goldene Cherubim auf Lanzen tragend; die zwei Seepräfekten, die Scriniarien, die Advokaten, die Richter in langen schwarzen Amtstalaren; die Sängerschule, die Diakonen und

Subdiakonen; die auswärtigen Aebte; die Bischöfe; die Erzbischöfe; die Aebte der zwanzig Abteien Roms; die Patriarchen und Cardinalbischöfe, die Cardinalpresbyter, die Cardinaldiakonen; alle zu Roß, auf dem sich mancher zitternde Greis nur mit Mühe aufrecht halten mochte. Hierauf folgte der Papst selbst auf einem weißen Zelter, welchen Senatoren oder Edle links und rechts am Zügel führten. In der Nähe ritten Subdiakonen, und der Stadtpräfekt, begleitet von Richterkollegien. Es folgten die städtischen Körperschaften, die Milizen, die Ritter und die Großen Roms, in strahlenden Harnischen mit den Wappenzeichen und Farben ihrer Geschlechter. Der stundenlange Zug dieser geistlichen und weltlichen Herren, die feierlichen Gesänge, das Geläute aller Glocken, der Zuruf, die Ordnungen, Würden und Aemter, die Mannigfaltigkeit der Trachten, das Gemisch des Kirchlichen mit dem Weltlichen, boten ein seltsames Schauspiel, welches das Wesen des Papstthums in einem einzigen Gemälde entfaltete. Aber dieser Zug von Greisen, Priestern und singenden Mönchen bewegte sich schattenhaft zwischen Ruinen fort und stellte den Fall wie die Verwandlung Roms in einem düstern Bilde dar. —

Die Stadt war bekränzt: Ehrenpforten erhoben sich auf dem Papstwege, von römischen Laien errichtet, unter welche dafür eine Geldentschädigung vertheilt wurde. Durch den grauen Triumphbogen Gratians, Theodosius und Valentinians bewegte sich die Prozession nach dem Viertel Parione, wo der Papst am Thurm des Stephan Petric anhielt, um den Zuruf der Judenschole zu empfangen, den Rabi der Synagoge an ihrer Spitze, welcher die geheimnißvoll verschleierte Rolle des Pentateuch auf der Schulter trug. Die

11*

römischen Juden mußten in jedem neuen Papste ihren
Landesherrn begrüßen, der ihnen huldvoll ein Asyl in Rom
gab gleich den alten Kaisern, bei deren Thronbesteigung
ihre Vorfahren bereits huldigend erschienen waren. Der
Rabi bot dem Stellvertreter Christi das Gesetzbuch Mosis
zur Bestätigung dar. Der Papst warf nur einen flüchtigen
Blick auf den Pentateuch, reichte die Schriftrolle hinter-
wärts dem Rabi wieder und sagte mit herablassendem
Ernste: „Wir anerkennen das Gesetz, aber wir verdammen
die Ansicht des Judenthums; denn das Gesetz ist durch
Christus bereits erfüllt, welchen das blinde Volk Juda noch
immer als Messias erwartet.“ Die Kinder Israels ver-
schwanden unter dem Hohngeschrei des römischen Pöbels,
und die Prozession zog durch das Marsfeld weiter, während
hie und da der römische Clerus Weihrauch opfernd und
Hymnen singend den Papst begrüßte und das Volk Freu-
denlieder erschallen ließ. Um den zu großen Andrang des
Pöbels zu zerstreuen, vielleicht auch noch in Erinnerung
uralter consularischer Traditionen warfen Kämmerer an
fünf bestimmten Orten Geld aus.

Ueber die Fora, durch die Triumphbogen des Septimius Severus und Titus, am Colosseum vorüber, an
S. Clemente vorbei, erreichte der Zug den lateranischen
Platz. Hier empfing den Papst der Clerus des Lateran in
feierlichem Gesang. Man geleitete ihn bis zum Portikus,
wo er sich auf einen antiken Marmorsessel niederließ, der
sella stercoraria. Diese symbolische Ceremonie tiefster Erniedrigung des Oberhauptes der Christenheit auf einen
Stuhl solchen Namens ist vielleicht der bizarrteste Gebrauch
des Mittelalters. Aber herzueilende Cardinäle erhoben den
heiligen Vater vom Sessel der Ungebühr mit den tröstlichen

Worten der Schrift: „Er richtet den Dürftigen aus dem Staube auf, und vom Kote den Armen!" Der Papst blieb stehen, nahm aus dem Schooß eines Kämmerers drei Hand= voll Gold, Silber und Kupfer und warf sie unter das Volk mit dem Spruch: „Gold und Silber ist nicht für mich; was ich aber habe, gebe ich dir." Er betete im Lateran, empfing auf einem Throne hinter dem Altar die Huldigung des Capitels der Basilika, durchschritt den Palast, von dem er wandelnd oder sich setzend Besitz nahm, und ließ sich in der Stellung eines Liegenden vor der Kapelle S. Silvesters auf einen antiken durchbrochenen Porphyr= sessel nieder, worauf ihm der Prior des Lateran den Hir= tenstab und die Schlüssel der Kirche wie des Palastes übergab, jenen als Symbol seiner regierenden, diese als Symbol seiner lösenden und bindenden Gewalt. Er setzte sich auf einen zweiten Porphyrsessel, gab dem Prior jene Symbole wieder, und wurde mit einem rothseidenen Gürtel umgürtet, woran eine purpurne Börse hing, enthaltend Moschus und zwölf Siegel aus kostbarem Stein, Sinn= bilder der Apostelgewalt und der christlichen Tugend. Alle Offizianten des Palastes wurden jetzt von ihm zum Fuß= kusse zugelassen. Er warf dreimal Silberdenare unter das Volk und sprach: „Er zerstreute und gab's den Armen; seine Gerechtigkeit dauert in Ewigkeit." Er betete sodann in der päpstlichen Hauskapelle Sancta Sanctorum vor den Reliquien; er ruhte wieder auf einem Thron in S. Sil= vester, während der Reihe nach Cardinäle und Prälaten vor ihm niederknieten, mit aufgehaltener Mitra, in welche er das herkömmliche Geldgeschenk des Presbyteriums legte. Denn jeder Dienst, auch bei den Advent= und Osterpro= zessionen, wurde bezahlt. Alle Scholen des Papstes, Beamte,

Kirchen, Klöster, Richter, Schreiber, der Präfekt, die Sena=
toren, erhielten ein Geschenk. Die Summen waren gering,
doch die Empfänger zahlreich. 35 Pfund kosteten alle
Ehrenbogen. Die Juden erhielten 20 Solidi, mehr als
die anderen Scholen; die Senatoren zu Advent und Ostern,
wo die Hälfte von ihnen beim Papst speiste, jeder 1 Me=
lechin (eben soviel etwa jeder Richter und Advokat); an
jedem Feste, wo der Papst gekrönt erschien, 1 Faß Wein,
1 Faß Claret und Speise für 40 Gedecke (Ordo XII);
der Stadtpräfekt 15 Gedecke, 1 Barile (noch heute ge=
brauchtes Maß) Wein, 1 Barile Claret. — —

Es folgte der Huldigungseid des römischen Senates
im Lateran, und endlich das Bankett im Speisesaal. Der
Papst saß allein an einer mit kostbaren Gefäßen besetzten
Tafel, während an anderen Tischen die Prälaten, die Großen,
die Senatoren und der Präfekt mit den Richtern Platz
nahmen. Die edelsten Herren bedienten ihn; beim Festmahl
anwesende Könige trugen die ersten Schüsseln auf und
nahmen dann bescheiden ihre Plätze am Tische der Car=
dinäle ein. —

Dies sind die Grundzüge jener großen päpstlichen
Krönungsprozession. Sie dauerte in ihrer mittelalterlichen
Gestalt bis auf Leo X; dann kamen die alten symbolischen
Gebräuche ab, und die Ceremonie verwandelte sich in die
zeitgemäßere Form des Possessus, oder prunkvollen Besitz=
nahme vom Lateran.

Höchst interessant und charakteristisch für die damalige
Weltanschauung ist es, wie Cola di Rienzi, „der letzte Tribun"
am 15. August 1347 die Kaiser=Krönung nachahmen und
seinem Amte als höchstes Oberhaupt des Volkes und der
Stadt Rom die höhere Weihe geben ließ. Der Prior vom

Lateran reichte ihm die erste Krone von Eichenlaub und sprach: „Nimm diesen Eichenkranz, weil Du die Bürger vom Tod befreiet hast." Der Prior von St. Peter gab ihm die Epheukrone und sprach: „Nimm den Epheu, weil Du die Religion liebest." Die Myrthenkrone gab der Dekan von St. Paul mit dem Spruch: „Nimm die Myrthe, weil Du das Amt und die Wissenschaft geachtet und den Geiz verabscheuet hast." Der Abt von St. Lorenzo, absichtlich wegen des laurus dazu gewählt, setzte ihm die Lorbeerkrone auf mit einem ähnlichen Spruch. Die fünfte Krone mit Olivenzweigen gab der Prior von St. Maria Maggiore und sprach: „Mann der Demuth, nimm den Olivenkranz, weil Du durch Demuth den Stolz überwunden hast." Die sechste Krone war silbern; sie und ein Scepter reichte der Prior von St. Spirito mit den Worten: „Erlauchter Tribun, nimm die Gaben des heiligen Geistes mit der Krone und dem Scepter und empfange auch die geistliche Krone." Endlich gab ihm Goffredo Scotti, der Syndicus des Volks den Weltapfel in die Hand und sprach: „Erlauchter Tribun, empfange und übe die Gerechtigkeit, gib Frieden und Freiheit," worauf er ihn küßte.

Man bezog diese Kronen und den Reichsapfel auf die sieben Gaben des heiligen Geistes. Die drei letzten Kronen, als die spezifischen Symbole des in Rom verläugneten Kaiserthums, kamen nicht zur Anwendung. Für Deutschland und seine Kaiser ist Otto's III. „Graphia" — so nannte er sein Formelbuch — allerdings kein Präjudiz geworden, wohl aber für Rom und die Päpste. Am päpstlichen Hofe herrschte schon seit langer Zeit eine strenge Etikette, die, wie Walter in seinem Kirchenrechte nachweist, durch die Adoption des byzantinischen Ceremonials noch) vervollständigt, wenngleich in vieler Hinsicht entsprechend umgestaltet wurde. Das politische Ceremoniell versetzte sich hier mit dem religiösen. Was aber im Dom von St. Peter und im Vatican nach den Begriffen der damaligen Zeit seine volle Rechtfertigung finden mochte, gestaltete sich im Escurial bei Madrid und im Louvre zu Paris zur Ueber= treibung, zur Carricatur. Beide Höfe, der spanische wie der französische, entlehnten, ja erhielten ihr Ceremoniale vom päpstlichen. Verfeinert durch den glänzenden Hof von Burgund, vorzugsweise unter Carl dem Kühnen, verpflanzte sich das spanische dann und zwar durch Carl V. an den Kaiserhof zu Wien. Hier war allerdings der Boden dafür schon geebnet durch die goldene Bulle Carl's IV., welche außer vielen andern wichtigen Verfassungsgesetzen insbe= sondere die Normen für die Kaiserwahl und Kaiserkrönung aufstellte und in sehr detaillirter Weise die Vorrechte der Kurfürsten, der Erzherzoge und Reichsfürsten, sowie die Präcedenz ihrer Gesandten bestimmte. Wie sehr das Noth that, wegen der vielen Streitigkeiten, welche die Unsicherheit in den Rangverhältnissen hervorrief, das möge man aus der Eingangsformel dieses ersten deutschen Staatsgrund= gesetzes erkennen, welche in treuer Uebersetzung aus dem in lateinischer Sprache abgefaßten Dokumente, wie folgt, lautet:

„Ein jeglich Reich, das in ihm selbst zwiespältig ist, „wird verlassen sein, denn seine Fürsten sind der Diebe „Gesellen. Darum hat der Herr mitten unter sie gemischet „den Geist des Schwindels, daß sie straucheln am Mittag, „gleich als in der Finsterniß, und er hat ihre Leuchten „ihnen entrückt, auf daß sie Blinde seien und der Blinden „Führer. Und die da in Finsterniß wandeln, stoßen an; „und die blindes Gemüthes sind, begehen Missethat und

„machen sich ihrer theilhaft in Zwiespalt. Sag an, Hoff=
„fart, wie wärest du in Luzifer mächtig gewesen, so du
„den Zwiespalt nicht zum Mitgehülfen gehabt hättest? Sag
„an, du Satan voll Neides, wie wolltest du den Adam
„aus dem Paradiese vertrieben haben, so du ihn nicht mit
„dem Gehorsam in Zwiespalt gebracht hättest? Sag an,
„du Ueppigkeit, wie wolltest du Troja zerstört haben, so
„du nicht die Helena mit ihrem Ehegemahl in Zwiespalt
„gebracht hättest? Sag an, du Zorn, wie wolltest du
„das römische Gemeinwesen zerstört haben, so du nicht den
„Pompejus und den Julius in Zwiespalt mit grimmigen
„Schwertern Bürgerblut zu vergießen getrieben hättest?
„Du aber, Neid, du hast das christliche Kaiserthum, so
„von Gott, gleich der heiligen und nimmer zwiespältigen
„Dreifaltigkeit durch die göttlichen Tugenden, Glauben, Liebe
„und Hoffnung stark gemacht worden, dessen Grundvesten
„in einer christlichen Herrschaft ihre heilsame Stütze haben,
„mit dem alten Gifte verunreiniget, welches du der Schlange
„gleich, in die Zweige des Reiches und in seine nächsten
„Gliedmaßen boshaft ausströmtest, auf daß, wenn die Säulen
„erschüttert wären, das ganze Gebäude im Sturze zu=
„sammenbräche; du hast oftmals Zwiespalt erwecket
„zwischen des heiligen Reiches sieben Kurfürsten,
„durch welche, als sieben strahlende Leuchter, das
„heilige Reich in Einigkeit des siebenförmigen
„Geistes soll erleuchtet werden.“

Eine auch nur annähernd übersichtliche Darstellung
dieser verschiedenen Hof = Etiquetten und ihrer Ausbildung
an den einzelnen Höfen läßt sich in den engen Rahmen des
hier gebotenen Raumes nicht zusammenfassen, und ich muß
es den Lesern überlassen, sich aus den nachfolgenden geschicht=

lichen Daten ein vergleichendes Bild davon zu entwerfen.
Nur das sei vorab noch bemerkt, daß, während am franzö=
sischen Hofe der auch im Ceremoniell deutlich hervortretende
Grundsatz Ludwig's XIV., l'état c'est moi, durch den
französischen Frohsinn und die französische Leichtlebigkeit ge=
mildert wurde, und sich neben dem ängstlichen Residenz=
Ceremoniell ein leichteres Campagne=Ceremoniell ausbildete,
daß in Spanien die Etiquette zu einer wahrhaft drückenden
Fessel für die Unterthanen wie für die Hofleute und selbst
für den König ausartete. Die Gründe dafür lagen in den
Verhältnissen; denn in Spanien, wo der König als Streiter
der christlichen Kirche vom höchsten Glanze umgeben war,
wo der Gegensatz zwischen Alt= und Neuchristen, zwischen
Mauren und Juden, die Unterschiede des Ranges und
Standes um so schärfer hervortreten ließ, da mochte aller=
dings die von starken Leidenschaften bewegte Bevölkerung in
allen ihren Schichten der bezähmenden Formen bedürftig
sein. Außerdem spornte die alte orientalische Pracht des
Hofes der Alhambra dazu an, und die Reichthümer America's
gestatteten ihre volle Nachahmung. Es wird uns aber wieder
dieselbe Erscheinung entgegentreten, daß Eines sich nicht für
Alle paßt, und daß, was für Spanien vielleicht Rechtens,
für Deutschland ein Mißgriff war, der, wie wir sehen
werden, mehr als ein großes Mißgeschick in seinem Gefolge
getragen hat.

Carl V. also, der sich mit dem von Ferdinand und
Isabella ererbten, diesen 1491 vom Papste verliehenen Ma=
jestäts = Titel in Deutschland einführte, wo seine Vorgänger
auf dem Throne bisher mit der Anrede „kaiserliche Gnaden"
sich begnügt hatten, verband damit jenes spanische Hof=
ceremoniell voll steifer Würde und hochtrabender Grandezza,

welches nach seinem byzantinischen Urbilde den Unterschied zwischen Göttern und Menschen bei den Herrschern nahezu aufhob. Nur unter wiederholten Kniebeugungen in genau vorgeschriebenen Entfernungen, nachdem sie eine Reihe von 23 Zimmern durchschritten, durften dem Kaiser diejenigen nahen, welche überhaupt einer Audienz gewürdigt wurden, die fremden Gesandten nicht ausgenommen. Selbst der Name des allerhöchsten Oberhauptes durfte bei öffentlichen Solennitäten nicht ausgesprochen werden ohne diese Kniebeugung nebst tiefer dreimaliger Verbeugung. Das war die sogenannte spanische Reverenz. Bei der Gesandtschaft, welche der Czar Iwan, der Bruder und Vorgänger Peter's I., im Jahre 1687 an den Kaiserhof schickte, weigerten die Russen diese Reverenz hartnäckig, weil man drei Kniebeugungen nur der heiligen Dreifaltigkeit schulde. Man mußte sie schließlich gewähren lassen. Der spanischen Reverenz gegenüber stand die französische mit nur halber Verbeugung. Ihrer bediente sich der Kaiser als Erwiderung, aber nur gegen die fremden Gesandten und die Kurfürsten; alle übrigen Standespersonen in und außer dem Reiche mußten sich mit Kopfnicken begnügen. Knieend bedienten den Kaiser bei Tisch die höchsten Würdenträger des Hofes; Niemand außer der kaiserlichen Gemahlin und den kaiserlichen Kindern — und bei absonderlich feierlichen Gelegenheiten auch diese nicht ein Mal — durfte an einer und derselben Tafel mit dem gesalbten Haupte der Christenheit Theil nehmen. Er speiste mit bedecktem Haupte; nur beim Tischgebet und wenn er die Gesundheit der Kaiserin trank, nahm er den Hut ab. Bedeckten Hauptes warteten ihm auch die Gesandten, selbst der päpstliche Nuntius auf, und zwar stehenden Fußes, zogen sich aber zurück, sobald er den ersten Trunk gethan.

Ehe aber dieser, ehe überhaupt ein Teller in die Hände
der kaiserlichen Majestät gelangte, wanderte er erst durch
24 Hände. Wie gesagt, konnten nicht ein Mal fremde
Fürsten, und wären sie von königlichem Range gewesen,
der Ehre, mit dem Kaiser zu speisen, theilhaftig werden, in
solchen Fällen wählte man dann den Ausweg, den hohen
Gast „auf der Seite der Kaiserin" einzuladen; nicht zu
Mittag, nur zum Souper! Hier war das Ceremoniell
weniger streng, hier konnte der Kaiser, ohne sich etwas zu
vergeben, mit andern Personen von erlauchter Geburt zusammen speisen und sprechen; Minister aber, wenn sie zugelassen wurden, mußten mindestens Cardinals-Rang haben.

Unter den Nachfolgern Carls V., ganz insbesondere
unter Matthias, wurde es mit der Etiquette streng genommen
und waren ärgerliche Rangstreitigkeiten nichts ungewöhnliches.
Einen ganz interessanten Fall berichten die Frankfurter Relationen von 1617: „Unterdessen, als Ihr Kays. Maj. zu
Dresden verharret, so hat zwischen einem Italienischen
Conte di Justi, so des Groß Hertzogen von Florenz Legaten adjunctus gewesen und zwischen des Spanischen Am-
bassadoren Conde d'Ognate Sohn in der Hof-Capellen zu
Prag wegen der Obernstell ein Zwyspalt sich erhoben, daß
sie endlich mit den Waffen an einander gekommen, darüber
erstgedachter Graff einen Stich bekommen, daran er kurz
nachher gestorben; der Capuziner, so geprediget, ist selbst
mit einer Bank dazwischen gelauffen und den Lermen stillen
helffen; der Thäter, welcher auch verwundet, ist in Arrest
genommen worden." Graf de Ognate, — der volle Name
lautete: Don Juigo Belez de Guevara Conde de Ognate,
— derselbe, welcher später den Rathschlag zur Ermordung
Wallensteins gab, behauptete unmittelbar nach dem päpst-

lichen Nuntius vor allen anderen Gesandten den Vortritt und veranlaßte dadurch, daß sowohl Frankreich als auch Venedig keine Botschafter, sondern nur einfache Residenten an den Kaiserhof schickten. Nach Khevenhüller ereignete sich der Präcedenzstreit mit dem Botschafter der Republik Venedig Pietro Gritti im Jahre 1622 auf dem Regensburger Reichstage und zwar gleichfalls an geheiligter Stelle, der kaiserlichen Kapelle. Beide Diplomaten wurden förmlich handgemein mit einander, nur mit Mühe trennte die erbosten Herren der Nuntius und der Gesandte von Florenz. Der Kaiser (Ferdinand II.) gab d'Ognate Recht und Gritti fuhr sofort nach Hause und ließ sich von der Signoria abberufen. Ganz aus demselben Grunde, wegen eines Präcedenzstreits mit dem Gesandten von Florenz rief auch der Herzog von Savoyen seinen Gesandten von Wien ab. Und wie Frankreich, Venedig und Florenz mit Spanien, Savoyen mit Florenz, so hatte die Republik Genua ihren Präcedenzstreit wieder mit Mantua. „Als," so schreiben die Frankfurter Relationen vom Jahre 1655, „unter Kaiser Ferdinand III. am grünen Donnerstage die Herren Capuziner auf dem neuen Markt zu Wien das Venerabile zum heil. Grab getragen, ist zwischen den Mantua= und Genuasischen Residenten ein Streit entstanden, daß sie die großen Wachslichter einander um die Köpfe geschlagen und Haare und Bart verbrannt haben."

Am französischen Hofe wurde das Ceremoniell, namentlich unter Ludwig XIV., dem „roi-soleil", noch feiner und systematischer ausgebildet, als an dem Wiener. Es gab eine besondere Etiquette für die Appartements des Königs, der Königin und des Dauphins. Beim Könige kannte man sechserlei Entrees, darunter die entrées familières, wenn der König im Bette lag, die entrées de la chambre, wenn er seine Waschungen vornahm, und die entrées générales, in dem Moment, wo ihm sein Hemd gereicht wurde. Nur ein Prinz von Geblüt durfte das Hemd aus den Händen des grand chambellan nehmen und es dem Könige anlegen. Ebenso hatten nur Prinzen von Geblüt das Recht, das Handtuch aus der Hand des prémier maitre d'hôtel zu nehmen und Sr. Majestät zu reichen. Welche Freude setzte es nicht ab im Hause des Herzogs von Maine, als die königliche Ordonnanz von 1723 ihm sowie dem Grafen von Toulouse „das Recht des Hembes und des Handtuches" gewährte! Gewiß lag nach der Darstellung von Jules Janin, der wir diese Mittheilung entlehnen, eine große Komik darin, wenn ein Herzog dem Könige mit ausführlich vorgeschriebenen Hand= und Körperbewegungen die Tasse Bouillon präsentirte, und ebenso, wenn selbst derjenige, bei dem der König sich zu Gaste geladen hatte, den Kammer= herrn spielen und, hinter dem Stuhle des Monarchen stehend, ihm die Speisen reichen mußte; anderseits aber auch ein sehr ernsthaftes Moment. Der Verfall des hohen franzö= sischen Adels, der 50 Jahre später auf dem Schlachtfelde bei Roßbach sich so eclatant manifestiren sollte, er hebt genau an mit jener Epoche, wo der Adel es vorzog, seine Auszeichnungen in der Antichambre des Königs zu suchen, anstatt auf dem Felde der Pflicht und der Ehre!

Versuchen wir es, nach der Darstellung von J. Berg in Nr. 76 der Gerichtszeitung pro 1886, nach den Vor= schriften dieser Etikette, welche in kurzer Zeit Muster und Norm für die übrigen, insbesondere auch die deutschen, den sächsisch=polnischen Hof zumal, wurde und blieb, einen Tag aus dem Leben des roi-soleil darzustellen.

In dem Salon des Oil de Boef (Ochsenauge), so be=
nannt von dem großen Rundfenster, welches ihm das Licht
gibt, ist eine große Schaar von Höflingen aller Art ver=
sammelt. Plötzlich entsteht eine lebhafte Bewegung; denn
der erste Kammerdiener bringt die Nachricht, daß Se. Ma=
jestät das große Bett, welches man heut zu Tage noch in
der ersten Etage des mittleren Schloßbaues sieht, verlassen
habe.

Der Hofbarbier, dessen Kunst der König nur einen
um den andern Tag in Anspruch nimmt, braucht heute nicht
zu erscheinen: der Monarch sitzt, mit Schlafrock und Pan=
toffeln angethan, in einem Sessel, und man reicht ihm zum
Frühstück eine Tasse Bouillon. Dann wird eine kurze
Perrücke aus dem Perrücken = Cabinet herbeigebracht: dort
befinden sich nämlich in einem großen Schranke sämmtliche
Perrücken Sr. Majestät, die einem besonderen Beamten an=
vertraut sind und mehrmals im Tage, vor dem Gange zur
Messe, nach dem Diner wie bei der Rückkehr von der Jagd
oder Promenade, gewechselt werden.

Nunmehr beginnt die eigentliche Toilette. Ein Kammer=
diener stellt sich an die Thür des Schlafzimmers und ruft
mit lauter Stimme: „Die Garderobe, meine Herren!"
worauf alle diejenigen eintreten dürfen, denen der große
Zutritt (les grandes entrées) gebührt, wie die Prinzen
von Geblüt, die Kavaliere der Garderobe und andere Hof=
chargen. In ihrer Gegenwart werden dem Könige die
Strümpfe angelegt, dann zieht er den Schlafrock aus und
wird seiner Nachtjacke entledigt, wobei der Garderobenmeister
den rechten Aermel, und der erste Kammerdiener den linken
ergreift. Ehe der Monarch das Nachthemd ablegt, nimmt
er die Reliquien, welche er Tag und Nacht auf dem Körper

trägt, ab und gibt sie dem ersten Kammerdiener, der sie in einem kleinen Beutel auf den Tisch im Arbeitszimmer Sr. Majestät neben dessen Uhr legt und beides bewacht, bis sein Gebieter in dies Gemach tritt. Inzwischen hat ein Garderobendiener das während der kälteren Jahreszeit vorher durchwärmte Traghemd in einer Umhüllung von weißem Taffet herbeigebracht, welches nun der im höchsten Range stehende unter den Anwesenden dem König überreichen darf. Es bestehen für diese Ceremonie die genauesten Vor=schriften: ist beim Lever Monseigneur der Dauphin anwesend, so nimmt der Groß=Kämmerer, der erste Kammerherr oder der Ober=Garderobenmeister das Hemd dem Diener ab und überreicht es dem Kronprinzen, damit dieser es dem Könige gebe. Ebenso wird verfahren gegenüber den Herzögen von Bourgogne und Berry (den Enkeln des Königs), sowie dem Herzog von Orleans (Bruder Ludwigs). Die übrigen Prinzen von Geblüt oder die legitimirten Söhne der Montespan, der Herzog von Maine und der Graf von Toulouse aber empfangen das Hemd direkt aus den Händen des Dieners, dem sie Hut, Handschuhe und Stock zu halten geben.

Ist der Hemdenwechsel glücklich vollzogen, so nimmt der Garderobendiener das Nachthemd in Empfang, indem er es bei dem linken Aermel hält, während der erste Kammer=diener den rechten ergreift. Bei der ganzen vorstehend ge=schilderten Operation halten zwei zu beiden Seiten des Fauteuils stehende Diener den Schlafrock des Königs aus=gebreitet ihm vor, so daß er von den übrigen Anwesenden hinter demselben verborgen ist. Nun erhebt er sich von seinem Sitze, und der Garderobenmeister hilft ihm beim Anziehen der Beinkleider.

Ist die Toilette des Monarchen soweit vorgeschritten, so wird die Thür des Schlafgemachs wieder geöffnet, und der Diener ruft auf Befehl des Oberstkammerherrn: „Der erste Zutritt!" worauf die Leibärzte und die nicht im Dienst befindlichen ersten Kammerdiener erscheinen. Sobald der König nur noch den Rock anzulegen hat, heißt es dann: „Die Kammer!" und hierauf treten die Kammerpagen mit ihrem Gouverneur, die Stallmeister, die Almoseniers und sämmtliche Höflinge ein, denen der Zutritt zum Oeil de Boeuf offen steht. Wenn der Herrscher vollständig angekleidet ist, so werden beide Thürflügel geöffnet und die übrigen Offiziere und Beamten, auch Fremde von Rang, Bittsteller u. s. w. eingelassen. Diese alle dürfen dann mit ansehen, wie der König hinter der sein Bett rings umgebenden Balustrade aus vergoldetem Holz auf einem Kissen niederkniet und, von seinem Almosenier und anderen hohen Geistlichen umgeben, ein Gebet spricht. Nachdem er sich die noch nicht bei Hofe präsentierten Anwesenden hat vorstellen lassen, begibt er sich in sein Arbeitscabinet, das gewissermaßen das Centrum der ganzen Monarchie darstellte, in dem mit den Ministern die Regierungsgeschäfte erledigt wurden.

Nicht weniger genau war das Ceremoniell für die Mahlzeiten geregelt. Ludwig XIV. speiste für gewöhnlich in seinem Schlafzimmer, was man „au petit couvert" nannte, und wiederum war durch die Etiquette bestimmt, welche Personen des Hofes dabei zugegen sein dürften. Wohnten der Dauphin und seine Söhne dem Mahle bei, so geschah dies stehend, ohne daß ihnen der König auch nur einen Sitz anbot. Der Herzog von Orleans, sein Bruder, hatte die Serviette zu überreichen und blieb dann ebenfalls stehen, bis der Monarch ihn nach einer Weile fragte, ob er nicht Platz nehmen wolle. Hierauf verneigte sich der Herzog, der König befahl, daß man ihm einen Sitz bringe, und man stellte nun ein Tabouret (Sessel ohne Lehne) hinter ihn. Wiederum einige Augenblicke später sagte dann der König: „Mein Bruder, setzen Sie sich doch!" worauf der Herzog sich verneigte und setzte, bis er bei der Beendigung des Diners die Serviette wieder empfing.

So war jede Handlung des Monarchen in seinen Ge= mächern wie bei der Promenade, auf der Jagd und selbst in der Kirche von der tyrannischen Etikette auf das genaueste vorgeschrieben. Alles war vorher berechnet und angeordnet, so daß ein Tag genau dem anderen glich, und der ganze Hof zwar das Gepräge der höchsten Vornehmtheit, aber auch der tödlichsten Langeweile an sich trug.

Selbst über die kleinsten Details der Etikette am Hofe zu Versailles sind wir durch verschiedene Schriftsteller unterrichtet, welche alle Feinheiten derselben gewissenhaft auf= gezeichnet haben. So der Herzog von Saint=Simon und der Marquis Dangeau für die Zeit Ludwig's XIV., der Herzog von Luynes unter Ludwig XV. und der Graf von Hézecques und Madame de Campan aus der Epoche Ludwig's XVI. und Marie Antoinettens. An der Hand dieser ersten Kammerfrau der unglücklichen Fürstin dürfen wir sogar der Toilette der Königin beiwohnen, welche ein Seitenstück zu dem vorhin geschilderten Lever Ludwig's XIV. bildet.

Die Königin ließ sich gewöhnlich um acht Uhr wecken und nahm um neun das Frühstück ein. Hierbei hatte wiederum eine ganze Menge Leute zu thun, die dazu förmlich eingeschult war. Die „maison civile" der Königin zählte

ja auch nicht weniger als 450 Personen, die sämmtlich aus
Gnade verliehene oder zu hohen Preisen erkaufte Chargen
innehatten, die des Königs aber sogar 1400, selbst nach der
bei dem immer fühlbarer werdenden Geldmangel vorge=
nommenen Vereinfachung des Hofhaltes.

Den Hauptdienst bei der Toilette der Königin hatten
die Ehren= und die Kammerdame unter der Assistenz der
ersten Kammerfrau und zweier Dienerinnen. Die Kammer=
dame warf der Königin den Unterrock über und präsentirte
ihr das Kleid; die Ehrendame goß das Wasser zum Hände=
waschen ein und zog der Fürstin das Hemd an. Diese
letztere Manipulation gab wiederum Veranlassung zu den
feinsten Unterscheidungen. War nämlich eine Prinzessin des
königlichen Hauses bei dem Ankleiden zugegen, so mußte die
Ehrendame dieser die Ehre jener Funktion abtreten, durfte
aber einer Prinzessin von Geblüt das Hemd nicht direkt
überreichen, sondern dies mußte wieder die erste Kammer=
frau besorgen.

Man kann es wohl verstehen, wie verhaßt der jungen,
lebensfrohen Königin der Bann einer solchen Etiquette sein
mußte, und daß sie für ihre pedantische, steife Oberhof=
meisterin, die Gräfin Noailles, keinen schärferen Spitznamen
als den der „Madame Etiquette" zu erfinden wußte.

Unter allen Umständen mußte am Hofe der auf nie=
drigerer Rangstufe Stehende dem Vertreter einer höheren
Charge, der gerade hinzukam, die Ehre der Dienstleistung
abtreten, „rendre les honneurs du service," wie der höfische
Kunstausdruck dafür lautete. Verlangte beispielsweise die
Königin ein Glas Wasser, so überreichte der Kammerdiener
der ersten Kammerfrau ein Präsentierbrett von vergoldetem
Silber, auf dem ein zugedeckter Becher und eine kleine

12*

Karaffe mit Waffer standen. Sobald aber die Ehrendame
hinzukam, war die Kammerfrau verpflichtet, ihr das Präsentierbrett zu übergeben, und wenn dann durch Zufall noch
eine königliche Prinzessin erschien, so ging das Brett aus
den Händen jener erst noch an diese über, ehe die Königin
ihr Glas Waffer bekam.

Daß auch am Abend das Auskleiden wieder unter einem
bestimmten Ceremoniell vor sich ging, ist nach dem Gesagten
selbstverständlich. Im Bette trug die Königin, was unsere
Leserinnen interessieren dürfte, ein Korsett, Spitzen an den
Aermeln und ein großes Fichu.

Selbst aber wenn der König sich zu seiner Gemahlin
begab, so geleitete ihn die Etiquette bis an das Bett derselben. Ehemals mußte er zu diesem Besuche entweder das
Oeil de Boeuf, das bis in die Nacht hinein voll von Menschen
war, oder allerlei Winkel im Innern des Schlosses passieren.
Erst der österreichische Gesandte, Graf Mercy d'Argentau,
dem Maria Theresia das Wohl ihrer Tochter besonders
an's Herz gelegt, bestand darauf, daß man „le passage du
rol," einen die beiden Schlafgemächer direkt verbindenden
Korridor, anlegte.

Die Königin begab sich, wenn sie ihren Gemahl er-
wartete, zuerst zu Bett, worauf die erste Kammerfrau zu
Füßen des Bettes sitzen blieb, bis der Souverän eintraf.
Hierauf geleitete sie die Personen, welche den König bis zur
Schwelle des Schlafzimmers seiner Gemahlin begleitet hatten,
zurück und entfernte sich dann, nachdem sie den Riegel vor-
geschoben hatte, um erst am folgenden Morgen zu der vom
Könige bestimmten Stunde wieder zu erscheinen.

Unter dem Kopfkissen des Königs befand sich stets ein
kleines Bündel Wäsche, welches, der Vorschrift entsprechend,

an einen zwei Fuß langen Degen geknüpft war. Auch wurde jeden Abend ein „En Cas" (im Falle) zurechtgestellt, bestehend aus einem Brote, zwei Flaschen Wein und einer Karaffe mit in Eis gekühltem Wasser.

Doch kehren wir zurück an den Kaiserhof von Wien. An und für sich war die kaiserliche Gemahlin von einem nicht weniger strengen Ceremoniell umgeben als der Kaiser selbst. Auch sie erhielt beim Anfang wie beim Schluß der Audienzen die spanische Reverenz. Der Besuch des Kaisers wurde ihr jedes Mal durch den Oberhofmeister angekündigt. Sie empfing dann ihren Gemahl mit großer Förmlichkeit, umgeben von ihren Ehrendamen, an welche aber der Kaiser kein Wort richten durfte. Auch sie wurde knieend bedient. Noch unter Maria Theresia mußte die Vorleserin ihr Amt knieend verrichten. Einer der letzten Könige Spaniens aus dem vorigen Jahrhundert spielte täglich L'Hombre mit seinem Beichtvater und der Oberhofmeisterin: er saß im Lehnstuhl, letztere auf einem Tabouret, der geistliche Herr aber mußte knieen! Und so ängstlich war dies Ceremoniell auf die künstliche Vergötterung der Person des Souverains gerichtet, daß es jede Berührung desselben mit gemeinen Sterblichen ausschloß, und wo sie durch Zufall dennoch stattfand, streng ahndete. So sollen einem Fuhrmanne, der auf dem Feldzuge gegen den Schmalkaldener Bund mit Kaiser Carl V., den er nicht kannte, aus Versehen handgemein geworden war, Nase und Ohren abgeschnitten worden sein. Der aber wußte sein Unglück zu verwerthen: er zog durch Deutschland und ließ sich für Geld sehen, und die Welt staunte den wunderbaren Sterblichen an, dem es vergönnt gewesen, den unüberwindlichsten, großmächtigsten Kaiser durchzuprügeln. Als Carl VI. einst auf der Schweinsjagd bei Preßburg in

Lebensgefahr gerieth, indem ein angeschossener Eber auf ihn anstürmte, und zwei Jagdjunker zum Schutze des kaiserlichen Lebens ihm zu Hülfe eilten, erhielten sie nichtsdestoweniger wegen Verstoßes gegen die Etiquette eine tüchtige Reprimande und vierzehn Tage Arrest! Die Gemahlin Philipp's III. von Spanien lief ebenso Gefahr, von ihrem wild gewordenen Pferde zu Tode geschleift zu werden, weil bei Todesstrafe Niemand den Fuß der Königin berühren und aus dem Steigbügel befreien durfte! Kaiser Leopold I. wollte selbst nicht ein Mal auf dem Krankenlager von den Vorschriften der Etiquette ablassen. Man sieht, Fortschritte hatte die Wissenschaft der Etiquette allerdings seit den Tagen des Kaisers Nicephorus gemacht, aber welche!

Auch umgekehrt sollte die Majestät sich Niemandem öffentlich nahen, Niemanden berühren, als wo und wie es das Gesetz genau vorschrieb. Alles und jedes, was darauf hinwies, daß auch die Majestät sterblich und vom Staube geboren sei, mußte ihren Blicken entzogen werden. Indeß was half's? Die Fürsten waren Menschen und blieben Menschen, mochte auch die Etiquette ihre ganze Lebensweise regeln und bestrebt sein, sie gottähnlich zu gestalten, ja, alle ihre Verrichtungen nach Tageszeit und Stunde bemessen, so daß der König nur an gewissen Tagen seine Lusthäuser besuchen, nur an bestimmten Tagen beichten und communiciren, zur bestimmten Stunde zu Bett gehen durfte. Unter Philipp II. regelte sie sogar den Anzug, in welchem er seine Besuche bei der Königin abzustatten hatte.

Als des Gedankens Blässe, um mit Hamlet zu reden, einst Philipp's V. Haupthaar ankränkelte, mit andern Worten, als er kahl wurde und einer Perrücke bedürftig, gerieth der spanische Hof in nicht geringe Verlegenheit. Der Fall war

im Hof-Ceremoniell nicht vorgesehen. Es wurde eine Con-
ferenz berufen und beschlossen, zur Verhütung möglicher
Zauberei die Perrückenmacher zu vereidigen und sie zu ver-
pflichten, nur Haare zu nehmen von spanischen Granden.
Anders im Hause Oesterreich: hier machte die Perrücke gewaltig Furore und wurde sogar kaiserliches Reservatrecht.
Außer der Majestät durfte — unter Leopold I. — Niemand in der Hofburg mit Perrücke und Haarbeutel erscheinen, für Hofleute war sie nur auf dem Lande, ausnahmsweise auch in der Laxenburg und der Favorite erlaubt.
War es feine Ironie, oder war es tiefsinniger Ernst, den
kein Verstand der Verständigen sieht, als bei der Geburts-
feier Joseph's II. ein ehrsamer Wiener Bürger eine gewaltige Allonge-Perrücke illuminirte, aus deren Beutel ein
Kind hervorsah, mit der Umschrift „An dieser Perrücke hängt
Oesterreichs Glück"?! Weltbekannt ist die empörende Art
und Weise, mit welcher Leopold I., die Rettung seines
Thrones den starren Formen des Hof-Ceremoniells nach-
setzend, dem tapfern Sobiesky nach der Befreiung Wiens
begegnete. „Wie soll ich ihn empfangen?" fragte er den
Herzog von Lothringen. „Wie anders als mit offenen
Armen," antwortete dieser; „denn er hat ja das Reich gerettet!" Es wurde beschlossen, sich zu Pferde zu treffen.
Leopold grüßte aber nur mit Kopfnicken; denn die Etiquette
verbot, den Hut zu lüften. „Es ist so weit gekommen,"
schrieb der ergrimmte Polenkönig an seine Gemahlin, „daß
man uns wie Verpesteten aus dem Wege geht." Leopold I.
und nach ihm Joseph I. waren überhaupt die förmlichsten
unter den österreichischen Kaisern. Als, so erzählt der
französische Gesandte, Graf Gramont, der Kurfürst von
Mainz, Leopold I., wie dieser noch König von Ungarn war,

einen Besuch machte, bemerkte er, daß Leopold nur zwei
Stufen anstatt drei die Treppe vom Thronhimmel herab=
gestiegen sei. Er blieb also an den Stufen des Thrones
stehen und rührte sich nicht, so daß man den König be=
stimmen mußte, noch eine Stufe hinabzusteigen. „So genau
ist diese Nation darin, nichts nachzulassen und keine Neue=
rungen in den ein Mal üblichen Ceremonien durchgehen zu
lassen." Indessen irrt der ehrenwerthe Herr Graf gewaltig,
wenn er diesen Pedantismus auf Deutschland beschränkt:
denn gerade der glänzende, stolze Hof seines Monarchen,
Ludwig's XIV., hatte am meisten dazu beigetragen, daß es
überall nicht anders war, selbst nicht in der Türkei. Dorthin
schickte einst Leopold eine große Gesandtschaft von 354 Per=
sonen, mit dem Grafen Oettingen an der Spitze. Zu
Salankemen erwarteten ihn die Türken. Beide Botschafter
stiegen mit einem Tempo vom Pferde. Graf Oettingen
aber blieb — seine Altersschwäche war wohl Schuld daran —
im Steigbügel hängen. Und nun hielten die Türken auch
ihren Gesandten so lange aus dem Sattel in freier Luft,
als der Deutsche im Steigriemen zappelte. Das ging noch
glimpflich und auf Kosten der Türken ab. Anders bei der
Gesandtschaft des Grafen Leslie, ein Jahr nach dem Siege
bei St. Gotthard 1665 in Constantinopel. Als er seine
Abschieds=Audienz beim Sultan hatte, und der kaiserliche
Resident, der alte Hofkriegsrath Reninger, vermuthlich wegen
Alters und Podagra's, nicht tief genug sich bücken konnte,
wurde er von den Kagitschi=Baschis, den Serailwächtern,
dergestalt mit dem Kopfe wiederholt auf die Erde gestoßen,
daß er mehrere Löcher in die Stirne bekam! Ein Beweis,
wie wenig jener Sieg den Hochmuth der Türken nieder=
gebeugt hatte. Echt britisch war — um ein anderes Beispiel

zu erwähnen, daß der Vorwurf Gramont's nicht bloß uns Deutsche trifft — die Rang-Etiquette, welche Marlborough als Gesandter der Kaiserin Anna im Hauptquartier Car'ls XII. zu Leipzig beobachtete. Er fuhr beim Grafen Piper vor, um eine Audienz beim Könige zu erbitten. Es hieß, der Graf habe eilige Geschäfte, und so saß der Brite wohl eine halbe Stunde im Wagen. Endlich kam Piper: Marlborough stieg ohne zu grüßen aus dem Wagen und stellte sich gegen eine Mauer, blieb genau eine halbe Stunde stehen und empfing dann den Grafen Piper mit der größten Artigkeit. Auf Gegenseitigkeit kam eben, um Rang und Stand zu wahren, alles an. Als, so berichtet der bekannte Pufendorf, der oben schon erwähnte Czar Iwan im Jahre 1687 auch einen Gesandten nach Berlin schickte, war der große Kurfürst gerade krank und wollte, als ein wahrhaft großer Mann über allen Formenkram hinwegsehend, den Russen im Bette empfangen. Darauf aber begehrte der Moskowite beim Empfange „auch in einem Bette zu liegen" und zwar mit Kopfbedeckung und gestiefelt. Zum Glück wurde der Kurfürst wieder gesund und konnte den wunder- lichen Gesellen auf dem Stuhle empfangen. So ging es überall bis in's Minutiöse. Der kaiserliche Gesandte von Thüringen, der nur e i n Auge hatte, wurde von einem General bewillkommnet, der gleichfalls einäugig war; und als König Friedrich II. den Obersten Cremus, der nur einen Arm hatte, nach Paris sandte, schickte man ihm einen Gesandten wieder mit nur einem Fuß, welcher Gliedermangel übrigens, wie unser Gewährsmann, Carl Jul. Weber hin- zusetzt, nichts zu sagen hat, sobald nur der Kopf nicht fehlt!

Wenn es nur bei dieser heitern Seite, welche diese Zopfwissenschaft naturgemäß in ihrem Gefolge hat, geblieben

wäre! Aber zu welchen Aergernissen, Feindseligkeiten und
selbst Streitigkeiten haben sie nicht Anlaß gegeben, die übertriebenen Formen des Ceremoniells und vor allem der
Präcedenz! Der dreißigjährige Krieg hätte gewiß diesen
Namen nicht und ein viel früheres Ende gefunden, wenn
die vielfachen Etikette- und Präcedenz-Streitigkeiten die
Verhandlungen in Münster und Osnabrück nicht so ungebührlich verzögert hätten. Von den vielen ärgerlichen Vor-
fällen nur einen. Der venetianische Gesandte Contarini
hielt sich und seine Regierung durch den französischen Gesandten, den Grafen d'Avaux, dadurch für höchlichst beleidigt,
daß dieser bei einer officiellen Zusammenkunft ihn nicht
weiter, als bis an die Treppe begleitet hatte und nicht eine
einzige Stufe hinunter getreten war. Er nahm sofort
Postpferde, um dem Dogen und der Signoria diese grobe
Beleidigung persönlich vorzutragen. Venedig, so viel es
auch damals schon von seiner Höhe gesunken war, hatte
gleichwohl den alten Stolz bewahrt und erklärte, es würde
nur dann seinen Gesandten wieder nach Münster schicken,
wenn diesem ungeschmälert alle Ehrenrechte eines Ambassa-
deurs zu Theil würden. Frankreich unterhandelte lange
hin und her, viele Menschen und Ortschaften fielen inzwischen der Kriegsfurie zum Opfer, bis Graf d'Avaux endlich
den Befehl erhielt, der Eitelkeit Contarini's einige Genüge
zu thun. Da eilte dieser nach Münster zurück und fuhr
bei d'Avaux vor. Der Franzose war die Höflichkeit selbst,
er begleitete Contarini nicht nur bis an den Kutschenschlag
zurück, sondern blieb auch so lange stehen, bis dieser sich
zurück gesetzt hatte und machte darauf noch einige tiefe
Verbeugungen genau nach der erhaltenen Instruction. Dem
Buchstaben nach hatte Contarini allerdings Recht; denn als

Gesandter erften Ranges, als Ambaffadeur, konnte er die-
felben Ehrenbezeugungen beanfpruchen, wie fie feinem Man-
danten, dem Dogen, felbft zukamen.

Auf diefen Triumph der venetianifchen Diplomatie
Frankreich gegenüber in Münfter follte aber gar bald eine
um fo größere Niederlage Brandenburg gegenüber in London
folgen. Es gibt in der That kaum ein intereffanteres
Beifpiel eiferfüchtigen Rangablaufens und der Mittel und
Liften, welche dabei in Anwendung gebracht wurden, als
dasjenige, welches der Gefandte des großen Kurfürften, der
bekannte Hofpoet Johann Beffer, am Hofe zu Windfor
bei der Thronbefteigung Jacob's II. in Scene fetzte. Es
handelte fich darum, dem venetianifchen Gefandten die Präcedenz abzugewinnen, weil der Kurfürft der Republik den
Vorrang nicht einräumen wollte. Es kam zum Streit, der
dahin vermittelt wurde, daß derjenige Gefandte zuerft das
Wort erhalte, der am Empfangstage zuerft im königlichen
Vorfaal anlangen würde. Der venetianifche Refident Vignola, ein alter, fchlauer Mann, fuhr darauf weg; Beffer
aber blieb die ganze Nacht bei Hofe und empfing den große
Augen machenden Venetianer, als kaum der Tag graute,
im Vorzimmer. Deffen ungeachtet erklärte Vignola, er
werde den Vortritt behaupten. Beffer warnte ihn. „Der
Ceremonienmeifter," fo berichtet Beffer's Biograph, Johann
Ulrich König, „kam herbei; der Audienzfaal wurde eröffnet,
Beide traten zugleich herein. Vignola war fo klug, fchon
von weitem und weit eher mit der Rede anzufangen, als
es Brauch war. Da brachte Beffer, als fein letztes Ab-
mahnen vergeblich war, einen kühnen Griff aus feiner
Fecht- und Reitkunft an: er packte, ohne das Geficht von
dem auf dem Throne fitzenden König abzuwenden, den

Italiener mit solcher Behendigkeit und Stärke hinten bei seinen Beinkleidern, daß er ihn einige Schritte hinter sich wegschleuderte und zugleich mit dem besten Anstande seine Rede ganz nahe vor dem Throne schon vollendet hatte, ehe Vignola sich zusammenraffen und von der unangenehmen Ueberraschung erholen konnte. Der nicht weniger erstaunte König und sein Hof vermochten nicht, Besser ihren Beifall für seine geschickte Entschlossenheit vorzuenthalten. Auch dem Kurfürsten gefiel der gelungene Streich sehr wohl, und unter seinem Nachfolger, dem ersten Könige, wurde Besser sogar Ober=Ceremonienmeister.

So drastisch dieser Coup Besser's auch war: Originalität konnte er doch nicht beanspruchen. Die Geschichte kennt schon frühere Beispiele, wo an die Stelle des diplomatischen Wortes die diplomatische Faust trat. Auf dem Concil zu Constanz (1414) hatte der englische Gesandte, ein Mann von kleiner, wenig ansehnlicher Statur, im General=Convent, der sich im Dom versammelte, den obersten Platz eingenommen. Der erste spanische Ambassadeur, Don Diego de Anaga, Erzbischof von Sevilla, ein stattlicher Prälat, trat ein. Sein Auge gewahrte den Engländer: er schritt auf denselben zu, hob ihn mit Gewalt vom Sitze, und ob der sich auch sträubte und dem Gegner nach dem Barte griff, der Spanier trug ihn in die leere Todtengruft einer Kapelle und wendete sich dann an den zweiten spanischen Gesandten, den Oberhofmeister der Pagen, Don Diego Fernandes de Cordova, mit den Worten: „Ich habe gethan, was ein Priester und Prälat thun kann; nun thut auch Ihr, Herr College, was ein spanischer Caballero thun soll." Indeß, das Concil erhob sich und beugte ferneren Scenen vor. Dennoch wiederholten sich die Thätlichkeiten des spanischen Gesandten, Don Juan de Silva gegen den englischen 20 Jahre später auf dem Concil zu Basel, zum großen Aergerniß der Versammlung, welche dem Angreifer einen ernstlichen Verweis ertheilte. 60 Jahre nachher, bei der Anwesenheit Kaiser Maximilian's I. zu Tortona (1497), stritten sich die Gesandten von Florenz und Venedig um die Präcedenz, und als einer der Florentiner dem venetianischen Botschafter Marco Morosini auf der Straße begegnete, verweigerte er letzterm auszuweichen. Da zog Morosini den Florentiner mit dem Kopfe aus dem Wagen, wälzte ihn einige Mal in dem Schmutze auf der Straße umher und ertheilte ihm während dieser praktischen Lection zugleich die moralische Lehre: „So lerne ein anderes Mal denen Platz machen, die über dir stehen." Der Erfolg war vollständig; denn Venedig behauptete von da ab den Vortritt vor allen übrigen italienischen Republiken.

Es liegt in der Natur der menschlichen Verhältnisse, daß das künstliche Gewicht der Formen von oben nach unten sich senkt, und daß das, was in höhern Sphären noch Sinn und Bedeutung hat, in den niedern zur wesenlosen Carricatur herabsinkt. So waren es vorzugsweise die deutschen Fürsten, welche mit vollem Recht der Vorwurf trifft, daß sie solch' unsinnigen Werth auf Formen legten, deren Wesen zu zerstören sie so eifrig bemüht waren. Vorzugsweise waren es die Reichs-, Hof- und Erb-Aemter, welche unerschöpfliche Anlässe zu Streitigkeiten gaben. Bei einer Kaiserkrönung wiederholte sich der uralte Streit zwischen den Erzbischöfen von Mainz und Köln über das Vorrecht, die bei der Krönung üblichen geistlichen Handlungen zu verrichten. Als der Kaiser zu Gunsten des Erstern entschied, reiste der Erzbischof von Köln im Zorn ab, mit

Zurücklassung einer Protestation, welche er dem Mainzer Erzbischof bei Verrichtung der feierlichen Handlung am Altar einhändigen ließ! Bei derselben Gelegenheit wurde der Kurfürst Karl Ludwig von der Pfalz mit dem brandenburgischen Gesandten v. Blumenthal über das Abnehmen und Aufsetzen der kaiserlichen Krone — handgemein, und der zuschauende Kaiser mußte zwei aus seinem Gefolge abschicken, um die Streitenden auseinander zu bringen, was denn auch dahin gelang, daß sie auf ihre Sitze zurückkehrten. Beide suchten sich nun durch die Usurpation anderer Krönungs = Ceremonien zu entschädigen, jedoch zu ihrem Unglücke. Der brandenburgische Gesandte machte dem Grafen v. Hohenzollern das von diesem in Abwesenheit des Kurfürsten beanspruchte Recht des Sceptertragens streitig, mußte aber zu seinem nicht geringen Schmerze der dem Grafen günstigen Entscheidung des Kaisers weichen. Der pfälzer Kurfürst suchte sich durch Verrichtung des ihm als Erzschatzmeister zugefallenen Geschäftes, die Krönungsmünzen auszuwerfen, zu revanchiren, stürzte aber mit dem Pferde, und wurde nur mit Mühe der Gefahr entrissen, im Volksgetümmel zertreten zu werden. Aehnliche Streitigkeiten meldet unser Gewährsmann C. A. Menzel noch mehrere; sie wiederholten sich fast bei jeder Krönung. „Der Ceremonien=Streitteufel," so drückt sich ein deutscher Geschichtschreiber aus, „kirrte den plumpen deutschen Hochmuth, wie ihn einst der Glaubens = Streitteufel gekirrt hatte." Litten doch selbst die Operationen im Felde, wenn das Wohl und Wehe des Reiches auf dem Spiele stand, darunter. 1734, als Prinz Eugen zum letzten Male am Rhein commandirte, wollten die kaiserlichen Offiziere den reichsfürstlichen von gleichem Range ohne Unterschied des Dienstalters

. vorgehen, und standen von dieser Forderung nicht eher ab, als bis Preußen Miene machte, seine Truppen von der Reichsarmee ganz zurückzuziehen. Noch bei dem französischen Revolutionskriege in den neunziger Jahren entspann sich der heftigste Streit zwischen dem Landgrafen von Hessen und dem Markgrafen von Bayreuth, weil Keiner den linken, Jeder den rechten Flügel commandiren wollte. Man einigte sich endlich dahin, von allem links und rechts abzusehen und die Abtheilungen hessisches und bayreuthisches Corps zu tituliren. Der Herzog von Würtemberg beglückwünschte beide Fürsten über diese scharfsinnige Auskunft und fragte: „Sie haben zwei Corps gemacht, können Sie nicht auch einen Kopf finden?“ Das Scheitern des Rastatter Con=greſſes (1799), auf welchem die französischen Gesandten ein so mysteriöses, klägliches Ende fanden, schreibt der sarka=stische Ritter von Lang weniger den exorbitanten Forde=rungen der französischen Republik zu, als der Unfähigkeit der deutschen Geschäftsträger, welche auch damals noch nicht gelernt hatten, die Formen über das Wesen zu setzen. „Es waren,“ sagt er, „nach der Mehrheit, in der sie mir zur Anschauung gekommen sind, meist kleinliche, eitele, herz= und kopflose Visitenfahrer und Silberstecher, Paradirer, Tafel=halter und Fenster=Illuminirer.“ So war es in Deutsch=land von jeher gewesen.

Ganz insbesondere aber war es der deutsche Reichstag mit seinem altfränkischen Ceremoniell, „diesem Potpourri des deutschen Pedantismus,“ wie der an und für sich selbst übrigens sehr ceremoniöse Herzog von Marlborough es nannte, welcher unsere „Uneinigkeitskrankheit“ auch auf diesem Gebiete offenbarte. In je engern Kreisen seine un=fruchtbare Thätigkeit sich bewegte, mit um so größerer

Wichtigkeit wurden Ceremoniell und Formalien behandelt.
Die hauptsächlichsten Streithähne waren wieder die Kurfürsten, deren Streben, zumal seit dem Westfälischen Frieden,
dahin ging, sich in königlichen Ehren und Würden zu behaupten. Sie nahmen nicht nur den Rang der Gesandten
ersten Ranges mit dem Excellenztitel und allen andern bei
den Botschaftern anderer Großmächte üblichen Ehrenbezeugungen in Anspruch, sondern glaubten auch ihre Stellung
noch dadurch besonders erhöhen zu müssen, daß sie diese
Ehrenbezeugungen von den andern Reichsfürsten forderten,
ohne sie zu erwidern. Sie verlangten bei Gastmählern auf
roth ausgeschlagenen Stühlen zu sitzen und von Pagen mit
goldenen Messern und Gabeln bedient zu werden, während
die fürstlichen Gesandten nur auf grünen Stühlen sitzen
und von Lakaien mit Silbergeschirr von kleinerm Format
bedient werden sollten. Bei der Ankunft kurfürstlicher Gesandten sollte die Stadt Regensburg mehr an Wein, Fischen
und Früchten verabreichen als bei Ankunft fürstlicher; und
wenn der Reichsprofos am 1. Mai Maibäume steckte, so
sollen die kurfürstlichen sechs, die fürstlichen deren nur vier
erhalten! So lächerlich diese Prätentionen auch erscheinen,
so waren sie doch weiter nichts als Ausflüsse jenes Pedantismus, der den deutschen Reichstag überhaupt auszeichnete,
der sich in jeder seiner Handlungen offenbarte und so weit
ging, daß zu den Ansage-Zetteln der Sitzungen für den
kaiserlichen Principal-Commissar ein halber Bogen, für die
kurfürstlichen Comitial-Gesandten ein Blatt in groß Quart,
für die fürstlichen eines in klein Quart, für die reichs-
städtischen endlich ein Octavblatt verwendet werden mußte.

Nicht gering war der Triumph der Fürsten, als sie
die Abschaffung der rothen Stühle endlich durchgesetzt hatten;

Da aber erschien ein kurfürstlicher Gesandter und warf seinen privilegirten rothen Mantel über den Sessel, so daß dieser nun das Aussehen eines roth ausgeschlagenen hatte: nach der Auffassung der damaligen Diplomatenwelt ein Meisterstück ersten Ranges, wie denn der betreffende Gesandte es also auch mit großer Selbstweidung an seinen Herrn berichtete. Noch einen zweiten Sieg feierten die Fürsten. Die kurfürstlichen Gesandten genossen des Vorrechtes, daß ihre Stühle auf den Teppich gestellt wurden, auf welchem der kaiserliche Prinzipal-Commissar unter einem Baldachin saß. Den beharrlichen Anstrengungen der Fürsten gelang es aber durchzusetzen, daß wenigstens die vordern Füße ihrer Stühle auf den Franzen des Teppichs stehen durften.! Der Reichsfriede war wieder hergestellt! Unmöglich aber konnten solch' welterschütternde Erfolge ohne weitergreifende Wirkungen bleiben! Diese äußerten sich zunächst bei den Reichsgrafen, die nun anfingen, sich dessen anzumaßen, was nur den Fürsten gebührte, nämlich mit sechs Pferden zu fahren. Schon 1683 zerschlug sich über diese hochwichtige Sache ein ganzer sächsischer Landtag. 1711 setzte es in Wetzlar Keile ab, als man dem zur Visitation des Reichs-Kammergerichtes eintreffenden kaiserlichen Delegaten, der nur ein wetterauischer Reichsgraf war, von der sechsspännigen Staatskarosse zwei unberechtigte Gäule ausspannen wollte. Darob klagten die Reichsgrafen bei kaiserlicher Majestät: „Wegen des den Reichsgrafen vom Reichsfürstenstande beeinträchtigten Fahrens mit sechs Pferden befinden Jhro kaiserliche Majestät die Sache also gestaltet, daß Sie darüber Dero gnädigsten Entschluß noch nicht zu fassen vermögen, sondern deren Wichtigkeit und vieler dabei waltenden Umstände halber ein und anderes

vorher untersuchen zu lassen, erwägen und Ihro den pflicht=
mäßigen, gehorsamsten Bericht und Gutachten darüber
erstatten zu lassen, ohnumgänglich für nöthig erachteten."
Also rescribirte — am 15. September 1715 — Carolus VI.,
Allerüberwindlichster, Großmächtigster Deutscher Kaiser, all=
zeit Mehrer des Reiches!

Im Jahre 1790, bei der Krönung Kaiser Leopold's II.,
kam es wiederum zu einem förmlichen Reichsgrafen=Kriege
über die Frage, wie die Schüsseln auf die Krönungstafel
getragen werden sollten. Nach reichsgesetzmäßigem Her=
kommen mußte die erste von einem Schwaben, die zweite
von einem Wetterauer, die dritte von einem Franken und
die vierte von einem Westfalen aufgetragen werden. Nach
diesem Turnus hätte sich's getroffen, daß die 37. Schüssel,
als die letzte, wieder auf einen schwäbischen Grafen gefallen
wäre. Aber die Schwaben hielten es ihrer Würde zuwider,
die letzten zu sein, und auch keiner der anderen Stände des
Reiches wollte sich der 37. Schüssel erbarmen. Das Ein=
fachste wäre gewesen, sie wegzulassen. Das aber schlug die
kaiserliche Hofküche ab, welches ihr auch gar nicht zu ver=
denken war, weil sie sich darüber mit allen Küchenzetteln
seit Kaiser Rudolfus' Zeiten auszuweisen vermochte. Da
kam gleichwie vom Himmel her der geistreiche Einfall, aus
dieser großen Schüssel vier kleinere zu machen, worauf dann
die letzte wieder auf den Westfalen fiel. Und so ließen sich
noch manche pikante Beispiele lächerlicher Rang= und Prä=
cedenz=Streitigkeiten aufzählen. Sie mußten in der That
um so heftiger entbrennen, seitdem nach dem weltberühmten
Ausspruche: „L'etat c'est moi" jeder Fürst sich ein Lud=
wig XIV. dünkte und seine Würde nicht blos diesem von
ganz Europa als Schiedsrichter der Etikette anerkannten

Monarchen und seinen Mißständen, sondern auch seinen
eigenen Unterthanen gegenüber aufrecht zu erhalten und
möglichst fühlbar zu machen suchte. Höchst ergötzliche That=
sachen erzählt darüber Carl Jul. Weber in seinen „Briefen
eines in Deutschland reisenden Deutschen." So von einem
Marquis, welcher eine große Hoftrauer in der Art anord=
nete, daß alle Bäume seines Gutes mit Flor überzogen
und in alle Brunnen und Bäche Dinte gegossen wurde.
Das überbot selbst Lichtenberg mit seinen Vorschlägen: bei
hoher Hoftrauer schwarz gebeizte Citronen, schwarze Brühen,
Trauer=Würfel, Trauer=Karten u. s. w. einzuführen!

In solcher Uebertreibung des Uebels lag jedoch die
Hülfe. Noch vor jenem denkwürdigen Tage, als der dritte
Stand, der vordem seinem Könige nur knieend nahen durfte,
sich bedeckte, als der Minister Roland mit rundem Hute
und Bandschuhen zu Hofe ging, der Hofmarschall erblaßte
und in Verzweiflung ausrief: sans boucles, sans boucles!
und Minister Dumouriez komisch hinzu seufzte: tout est
perdu —, längst vor dieser Katastrophe war über den
lächerlichen Formenkram der Stab gebrochen. Gescheidte
Regenten fanden es von jeher langweilig, immer in den
Schnürstiefeln der Etikette einherzugehen, den Galarock
immer mitzuschleppen; ihre Popularität gewann ihnen mehr
Herzen als die Majestät. So Peter I., Friedrich Wilhelm I.,
Friedrich II., Joseph II. Ersterer verbot das Nieder=
fallen vor ihm — in echt russischer Weise — bei Knuten=
strafe. Bekannt ist, wie er am französischen Hofe in die
Zimmer der kranken Maintenon drang, die Bett=Vorhänge
auseinander riß, sie anstarrte, und mit so wenig Umständen
wieder verließ, als er es in der Danziger Kirche machte,
allwo er dem regierenden Bürgermeister die Perrücke vom

Kopfe nahm und sich selbst aufsetzte wegen der großen Kälte. Noch dramatischer aber war seine Aufwartung bei Lud= wig XV., als er die elfjährige, mit großem Galakleide aus= gestattete und mit Perrücke, Degen, Chapeaubas und allen Orden gezierte Marionetten=Majestät sans façon auf den Arm nahm und mit ihr in's Audienzzimmer eilte.

> Mit Erstaunen und Grau'n
> Sahn's die Ritter und Edelfrau'n!

Vielleicht der größte Verstoß gegen die Etiquette, den die Geschichte aufzuweisen hat! Friedrich Wilhelm I., dessen Tabak=Collegium wahrlich nicht zu Studien über das Hof= Ceremoniell geeignet war, liebte zwar feierliche Aufzüge und Gepränge, aber alle Präcedenz= und Rangstreitigkeiten waren ihm zuwider. Ein Hr. v. Strünckede in Cleve be= schwerte sich bei ihm, daß ein Hr. v. Pabst, von jüngerm Adel, sich über ihn gesetzt hatte — in der Kirche! Der König rescribirte: „Dieses seindt Dummheiten, in Berlin ist kein Rang, in Cleve muß auch keiner sein. Wenn Pabst über mir sitzet in der Kirche, so bleibe ich doch, was ich bin. Mein Extraction bleibet allezeit." Höchst charakteri= stisch sowohl für ihn als die Sache selbst, ist sein Auftreten in dem berühmten Etiquettenstreit zwischen Sachsen=Mei= ningen und Sachsen=Gotha 1737. Der Herzog von Sachsen= Meiningen, Anton Ulrich, hatte eine Bürgerliche geheirathet, Philippine Ceser, und wurde, weil Kaiser und Reich die Ebenbürtigkeit seiner Kinder nicht anerkennen wollten, auf den Adel so erbittert, daß er dieselben bei jeder Gelegenheit maltraitirte. So erkannte er bei einer Hoftour — es war im Jahre 1740 — der Frau eines neu geadelten Bürger= lichen die Präcedenz zu, vor der Ersten Dame des Hofes und dem alten berühmten Geschlechte derer von Gleichen,

und ließ, als diese sowie ihr Gemahl sich solcher Demü=
thigung nicht fügen wollten, letztern ohne weiteres in's
Gefängniß werfen. Die Familie von Gleichen wandte sich
an's Reichskammergericht. Dieses verfügte sofortige Frei=
lassung und beauftragte, als Anton Ullrich diesem Mandate
nicht nachkam, den Herzog v. Sachsen=Gotha, Friedrich III.,
mit der Execution. Der Krieg brach aus, der richtige
Sturm im Glase Wasser. Leider floß Blut dabei: denn
bei der Einnahme des Städtchens Wasungen blieb wirklich
ein Mann! Hierauf setzte man in Meiningen Herrn und
Frau von Gleichen in Freiheit und führte sie dem sieg=
reichen Gotha'schen Heere zu. Aber die Erbitterung zwi=
schen dem Hause Gotha und dem Hause Meiningen blieb
und stieg, bis endlich Friedrich III. den König von Preußen
zum Schiedsrichter aufrief, der auch die Versöhnung zu
Wege brachte — aber gegen Abtretung von 200 weima=
rischen Garde=Soldaten, über welche der Herzog von Gotha
als Vormund des minderjährigen Herzogs von Weimar
verfügte!

Am österreichischen Hofe warf Kaiser Joseph II.
das Hof=Ceremoniell mit einem Ruck über den Haufen.
Gleich in der ersten Staatsrath=Sitzung erschien er — bis
dahin unerhört — in einfacher Militair=Uniform. Mein
Ober=Hofmeister, meinte er, wird darüber in Ohnmacht
fallen. Er besuchte seinen Minister Kaunitz zu Fuße zu
ungewohnter Stunde und als dieser ihm sagen ließ, er liege
noch zu Bette, trat Joseph lächelnd in's Schlafzimmer und
conferirte mit ihm am Bette.

Jedes Ding hat sein Gesetz, — so lautet das Motto,
mit welchem der hannover'sche Hofmarschall v. Malortie
sein zweibändiges, ziemlich langweiliges Werk über das

Hofceremoniell einleitet. Der Satz sagt alles und nichts. Gesetze müssen Producte des Bedürfnisses sein, diesen gerecht, diesen angepaßt werden. Der Hof in seinem Auftreten, der Staat in seinem Verkehr, sie vor allen bedürfen der schützenden Formen. Der Hof, um mit dem spanischen Dichter Saavedra zu reden, ist die Hauptuhr des Volkes, das Schloß ist der höchste Punkt im Lande, wo man von Allen gesehen wird und so leben muß, daß man von Allen gesehen werden kann. Und so liegt es in der Natur der Sache, daß im Hof- und Staatsleben die Formen auch nicht leicht und schwankend sein dürfen; im Gegentheil, sie müssen „hart sein wie ein Schild und schneidig wie ein Schwert." „Die Etiquette," sagt Berthold Auerbach in dem bekannten Roman: „Auf der Höhe", „ist der unsicht- bare, aber nicht minder bedeutsame Kronschatz; man schmilzt die kunstreichen und hochgeschichteten Schätze nicht so ohne weiteres um zu neuen Münzen; sie müssen sorgfältig be- wahrt werden von Jahrhundert zu Jahrhundert." Das „Nichts" der Etiquette ist im Grunde das „Etwas" des Königthums. Das hatte Marie Antoniette nur zu sehr übersehen. Mit Formen also wird die Welt regiert werden müssen, so lange sie menschlich bleibt und Ranges- und Standes-Unterschiede bestehen; aber sie müssen stets darauf berechnet werden, die sittlichen Verhältnisse und den leben- digen Geist in ihnen wirksam zu schützen; sie dürfen nicht zum Prokrustes-Bette ausarten, das den Gedanken ver- stümmelt, ja tödtet, anstatt ihm Leben und Veredelung zu geben. Für den Gesetzgeber wird also die Hauptaufgabe auf diesem Gebiete darin bestehen, das Ungleiche richtig zu behandeln, und für den denkenden Menschen anderseits darin, seine Individualität nicht einer todten Form zum

Opfer zu bringen. Und selbst dann, wenn wir begeistert
aufschauen zu jenen Heroen und Idealen, welche die Geschichte
auf jedwedem Gebiete des menschlichen Schaffens und Wir-
kens aufweist, sollen wir nicht uneingedenk bleiben der
Worte, die der Dichter gesprochen hat:

Keiner sei gleich dem Anderen; doch gleich sei jeder dem Höchsten!
Wie das zu machen? Es sei jeder vollendet in sich.

VIII.

Zur Geschichte der Titel und Titulaturen.

„Mundus titulis titillatur." „die Welt wird mit Titeln gekitzelt," das ist ein Satz, so bewährt und alt wie die Welt selbst, den jedes Volk und jedes Zeitalter bestätigt. Titelsucht steht obenan unter den Schwächen der Menschheit, sie muß also ihren tiefen Grund haben und hat ihn auch. Titel sind ursprünglich Beweise von Achtung und Ehrfurcht vor der Gottheit und dem höheren Alter; aus letzterem Grunde sind auch die ältesten Titel vom Alter hergenommen. Die Vorgesetzten der Hebräer hießen Aelteste, wie noch heute die der Araber Scheiks, d. h. Alte; die Griechen hatten ihre Gerontes; unsere deutschen Altvordern ihre Grafen, Graue, die Römer hatten ihre Senatoren. die Franzosen haben ihre Seigneurs, unsere Musensöhne ihre Senioren, zwar keine altehrwürdige, aber doch immerhin „bemooste" Häupter. Daß aber, wie gesagt, die Titel ursprünglich auch Zeichen der Achtung vor der Gottheit waren, geht besonders daraus hervor, daß, je näher nach der religiösen Auffassung der Völker ihre Herrscher der Gottheit stehen, um so erhabener oder, wie man will, hochtrabender deren Titel klingen.

So wissen wir über die Stellung der ägyptischen Könige, daß sie ihren Unterthanen im Lichte wahrhaft göttlicher Personen erschienen. Ihr Titel war: hou-t', der ganz unserer heutigen „Majestät" entspricht. Ebenso entsprechend waren die zahlreichen, reich dotirten und nur von den Söhnen des höchsten Adels, aus dem Priester= und Militärstande bekleideten Hofämter. Da gab es Träger des Wedels zur Rechten des Königs und Träger des Wedels zur Linken: Träger des Sonnenschirms, der bekanntlich noch heute im Oriente, besonders in Hinterindien das Symbol der königlichen Macht ist; Fürsten des Bogens, Hüter des königlichen Bogens, Anführer der Bogenschützen, Commandanten der Leibgarde, Aufseher der Bauten, Palastcommandanten, Aufseher der königlichen Vorrathshäuser, Aufseher der königlichen Heerden, Schreiber des Palastes, Aufseher des Schatzhauses u. s. w. u. s. w. Sogar eine geheime Polizei hatten die Pharaonen erfunden; sie führte den bezeichnenden Titel: „die Augen und Ohren des Königs."

Im fernen „Reiche der Mitte," kehren ganz dieselben Anschauungen wieder. Der Kaiser der Chinesen ist der Sohn der Himmels, der Beherrscher des himmlischen Reiches. Seine Vasallen dürfen sich diesen und ähnliche Titel nicht anmaßen, sich überhaupt nur sonnen in dem Abglanze der ihnen von jenem verliehenen Würden. So nennt sich der König von Ava: König der vierundzwanzig weißen Sonnenschirme — diese waren eben ein Geschenk aus China — und keiner seiner Unterthanen darf einen weißen Sonnenschirm tragen. Der Haupttitel des Königs der Birmanen ist: Herr der weißen Elephanten und aller Elephanten der Erde; denn die Gottheit war auf einem solchen zur Erde herabgekommen, und der Besitz eines solchen sichert die

Oberherrschaft. Der Sultan der Siamesen nennt sich Großherr des Reises, nicht ohne Sinn, denn der Reis ist das Hauptnahrungsmittel des Landes. Dieselben Anschauungen wie in China kehren im Koran wieder. Die Könige des Orients sind alle Söhne oder Oheime der Sonne und Vettern des Mondes, sie sind Könige der Könige, Herren alles Goldes und des Schwertes mit 190 Scharten aus dem Kampfe mit dem Erzteufel, Herren des Dolches, der murrt, wenn man ihn in der Scheide läßt, Herren des Waldes, der Holz zum Fliegen enthält, Herren der Dattel, die so alt als die Schöpfung, Herren des Büffels, dessen Hörner zehn Fuß von einander stehen, des unbesiegten Hahns und des Pferdes, das alle übertrifft, der Trommel, die bis zum Himmel trommelt, des Cocosbaumes, den Niemand ersteigt. Ja, der Padischah, der Wortbedeutung nach „der das Uebel vertreibende Kaiser," ist Herr des süßen Wassers, der Luft und der Wolken, sein eines Auge gleicht der Sonne, das andere dem Monde, sein Athem ist wie der sanfte Wind des Himmels und wohlriechender, als Myrrhen, seine Nasenlöcher duften Ambra und Moschus, seine Haut strahlt im Glanze des Diamants! Alles, was dem Sultan angehört, ist von Gold: was er hört, gelangt zu goldenen Ohren; wer ihn sieht, fällt zu seinen goldenen Füßen: die Wohlgerüche des Rosenöls gefallen seiner goldenen Nase; seine Steuern und Schatzungen nimmt er nach dem Scheffel in Golde ein. Letzteres hat sich freilich inzwischen gewaltig geändert.

Die Hyperbeln des Orients begegnen uns auch am Hofe von Byzanz. Schon in den Erlassen der Kaiser Gratian, Valentinian II., Theodosius I. heißt es: „Der Vater unserer Gottheit, himmlischen Andenkens hat verordnet" u. s. w., und wer diese „göttlichen" Verordnungen verletzte, war ein Verbrecher gegen die göttliche Majestät. Justin II. nannte sich gar: Unsere Ewigkeit. War bei den Sultanen Alles von Golde, so bei den byzantinischen Kaisern Alles von Purpur. Sie gingen einher in Purpurmantel und Purpur= schuhen, bedienten sich purpurner Dinte u. s. w. u. s. w.

Alles und Jedes was vom Kaiser ausging, ward mit einer höheren Weihe versehen: sein Palast hieß der heilige Palast, sein Befehl war der heilige Befehl, auf alle Hand= lungen und Gegenstände dehnte man das aus und schuf so den stolzen Titel und Begriff der Majestät, der so viel Unheil anstiften sollte, sowohl in den Köpfen derer die ihn führten, als auch bei denen so ihn begehrten. Und doch — Take the externals from majesty what is it? — a jest, sagte der witzige Britte.*) Auch die verwandten, sich in absteigender Linie bewegenden Titulaturen: Hoheit, Durch= laucht, Erlaucht haben sämmtlich ihren Ursprung in der constantinischen Zeit, an welche sich überhaupt der ganze moderne Hofstaat mit seinen zahlreichen Chargen und Hof= prädikaten anlehnt.

Der mehr nüchterne und verständige Charakter des Abendlandes verwarf die Ueberschwänglichkeiten und Ueber= treibungen des byzantinischen Hofes. Carl der Große be= gnügte sich einfach mit dem Kaisertitel. Der Ausdruck Kaiser stammt bekanntlich von Cäsar. Aber nicht lange erhielt sich diese Einfachheit: der römische Begriff Caesar Augustus verwandelte sich in den Zusatz semper Augustus, „allezeit Mehrer des Reichs," und als semper Augustus

---

*) Nimm die Aeußerlichkeiten (die Buchstaben M und y) weg, was ist's? ein Scherz, a jest.

war der Kaiser zugleich „caput temporale fidelium," das zeitliche Oberhaupt der Christenheit, dessen geistliches der Papst war, „servus servorum dei."

Ueber die Titel der Päpste ließe sich eine förmliche Abhandlung schreiben. Der früher allen Bischöfen, dann den Patriarchen zustehende Name Papa kam ausschließlich für den Papst erst mit Anastasius I. auf, im Jahre 402. 642 nahm Theodor I. den eigenthümlichen Titel „Pontifex maximus" an, den früher, bis 383, die römischen Kaiser geführt hatten. Diese hatten ihn überkommen von dem Priester-Collegium des Numa Pompilius, deßhalb Pontifices, Brückenbauer, genannt, weil sie, die Priester, die Brücke nach dem Janikulus gebauet und zu unterhalten hatten.

Das enge Verwachsen der weltlichen mit der geistlichen Gewalt, die Macht, welche letztere auf die Gemüther übte, war wohl der Grund, weßhalb auch die neben dem Kaiser stehenden katholischen Herrscher ähnliche Prädicate als Bezeichnung ihrer Stellung zur Kirche anstrebten. So hieß der König von Frankreich „rex christianissimus," der allerchristlichste König, weil zur Zeit des Kaisers Friedrich Barbarossa der König von Frankreich der Hort der Kirche wurde, als ihr geborner Schirmherr sich feindselig ihr gegenüberstellte. Der spanische König nannte sich aber „katholische Majestät." Im Jahre 1491 verlieh der Papst den beiden „Königen" Ferdinand und Isabella diesen Titel, als sie das letzte maurische Königreich Granada zurückerobert hatten. Mit Carl V. übertrug sich dieser Majestätstitel auf die deutschen Kaiser, deren Anrede bis dahin „kaiserliche Gnaden" war Der portugiesische König hieß der allergetreueste oder allergläubigste, „rex fidelissimus," ein Titel, welchen Papst Benedict XIV. dem Könige Johann V. im Jahre 1748 verlieh, vielleicht um dem Könige Portugal's, gegenüber dem von Spanien, auch in der Titulatur volle Gleichheit zu gewähren; denn damals versuchte Spanien wiederholt, Portugal zu unterjochen. Der König von England, Heinrich VIII., erhielt vom Papste für seine Vertheidigung der sieben Sacramente gegen Luther den Titel: „Defensor fidei", Vertheidiger des Glaubens, und weder er, noch seine Nachfolger haben diesen Titel abgelegt. Das D. f. prangt noch jetzt auf den englischen Münzen. Der König von Ungarn erhielt den Beinamen „rex apostolicus," weshalb auch der Kaiser von Oesterreich jetzt den Titel „apostolische Majestät" führt. Stephan, der Sohn des Magyarenfürsten Geysa, wurde der Apostel seines Landes und zudem trug er sein Reich. dem Papste zu Lehen auf, daher jene Auszeichnung. Endlich der König von Polen wurde mit besonderem Nachdruck „rex orthodoxus," der rechtgläubige König genannt.

Die russischen Kaiser führten bis zur Krönung Zwans II. (16. August 1547) den Titel Magnus Dux, Großer Beherrscher von ganz Rußland und begnügten sich mit der heut' so wohlfeil gewordenen Anrede: Eure Durchlauchtigkeit. Zwan II. nahm dann den Titel Czar, oder richtiger Tsar an; die gebräuchlichste Bezeichnung ist Ak-tsar der weiße = edle Kaiser. Eine Corruption des Titels Dux ist auch der venetianische und genuesische Titel Doge.

Mit Einführung der spanischen Etiquette am Hofe zu Wien nahm die Titelsucht in allen Classen und Ständen immer mehr zu, namentlich zu Anfang des 18. Jahrhunderts. Je mehr die Formen anfingen, das Wesen der Sache auszumachen, um so eifriger bestand man auf ihnen. Je mehr das semper Augustus seine Wahrheit verlor, und die Mehrer des Reiches letzteres verminderten, um so länger wuchsen ihre Titel. Gleich wie die Dogen von Genua und Venedig Nichts lieber hörten, als wenn man sie Könige von Corsica und Cypern oder Dalmatien nannte, wo sie doch Nichts mehr zu sagen hatten, so hielten der Kaiser von Deutschland, wie auch die Könige von Sardinien und Spanien ängstlich fest an dem Titel König von Jerusalem, wie die Könige von England an dem Titel König von Frankreich, und der deutsche Ordensmeister zu Mergentheim an dem eines Hochmeisters in Preußen. Ja, als ob umgekehrt die göttliche Allmacht ein Abglanz der weltlichen Gewalt sei, gab man dem Heiland irdischen Rang und Titel. In einer Kirche des Cilliarkreises fand man noch im Jahre 1787 eine Wappentafel, worauf das Leiden Christi dargestellt war, und die in großen Fracturbuchstaben folgende Dedikation enthielt:

Dem allermächtigst=allerheiligst= und unüberwindlichsten Herrn, Herrn Jesu Christo, von Ewigkeit gekröntem Kaiser der himmlischen Heerschaaren, erwähltem unsterblichen König des Erdbodens, des heiligen römischen Reiches einzigen Hohen=Priester, Erzbischofe der Seelen, Kurfürsten der Wahrheit, Erzherzog der Tugend, Herzog von Bethlehem und Landesfürsten von Galiläa, gefürstetem Graf zu Jerusalem und Freiherrn von und zu Nazareth, Ritter der höllischen Pforten, Herrn der Heiligkeit, Seligkeit und Gerechtigkeit, Pfleger der Wittwen und Waisen, Richter der Lebendigen und Todten, unserm allerheiligsten Herrn und allergnädigst herablassenden Erlöser rc.

Es war ganz der Geist des damaligen Zeitalters, der sich in dergleichen Ueberschwänglichkeiten aussprach. So widmete 1610 ein Arzt in Ingolstadt sein Buch: Der allerheiligsten, großmächtigsten und unüberwindlichsten Fürstin

und Frauen, Frau Jungfrau Maria, gekrönten Kaiserin,
des heiligen Reichs Großherrscherin, gebornen Königin in
Israel, Fürstin von Juda u. s. w., und unterzeichnete:
Ew. Jungfräulichen, Kaiserlich, Königlichen Majestät aller=
unterthänigstes, allerdemüthigstes und allerverworfenstes
Knechtle!

Der Mensch wächst mit seinem Zweck, sagte Dante,
und warum nicht auch mit seinem Titel? Plutarch erzählt,
daß die Generale Alexander's ganz andere Leute geworden
seien, als sie den Königstitel angenommen, und so erklärt
es sich einfach, warum die Fürsten Europa's nach Titeln
strebten und auf Titel hielten. Wie wir bei Thümmel lesen,
verwies der König von Polen einen armen Copisten, der,
um Zeit zu gewinnen, die eine oder andere Provinz aus
dem pleno titulo des Königs wegließ, des Landes. Aber
warum vergriff sich der Arme auch gerade an dem König
von Polen? Mußte er doch wissen, daß dem vollen Titel
dieses, sowie des Königs von Schweden stets noch drei et
cetera angehängt wurden, und daß eine deutsche Reichsstadt
von letzterem eine Vorstellung deßhalb uneröffnet zurück=
bekam, weil die Adresse nur zwei et cetera enthielt!

Diesen Erdengöttern am nächsten und der Würde nach
am höchsten, also hochwürdig stehen da die Priester; sie
salbten und krönten die Großen der Erde, nannten sie Ge=
salbte des Herrn, durch und durch Erleuchtete, woraus
die Durchlauchten und Erlauchten entsprangen.

Das Prädikat „Durchlaucht" kam zu Anfang des sieb=
zehnten Jahrhunderts in Aufnahme, 1627 verlieh es Kaiser
Ferdinand II. dem kur=sächsischen Hofe; früher hieß es, wie
bei den Kaisern auch: Ihre kurfürstlichen Gnaden. Um
dieselbe Zeit kamen auch die „Prinzen" und „Prinzessinnen"

in Brauch, bis dahin hieß es: „Junge Herren" und „Fräulein." Die Benennung „Fräulein" vindizirte sich dann der
Adel. Die zahlreichen Adelstitel selbst sind zu bekannt, als
daß wir ihrer besonders zu gedenken brauchten. Der vornehmste, der Graf, ist nur das Ueberbleibsel eines früheren
königlichen Amtes aus der karolingischen Zeit, des Vorstehers
und obersten Richters in einem Gau.

Zur Zeit, als es noch Sklaven und Leibeigene gab,
als noch der Unterschied zwischen diesen und Freigeborenen
bestand, konnte die Bezeichnung und Classification in Edel-,
Hoch- und Wohlgeboren allenfalls ihre Berechtigung bean-
spruchen, heutzutage ist sie völlig sinnlos. Und dennoch!
Nach dem Glauben der Ureinwohner Sibiriens fängt der
See Baikal an zu stürmen, wenn man ihn nur See und
nicht Meer nennt, und wie mancher sonst ganz verständige
Mann nimmt es auch jetzt noch übel, wenn er auf der an
ihn gerichteten Adresse eine derartige Bezeichnung vermißt!
Waren doch selbst große und witzige Männer von dieser
Schwäche nicht frei! Der Satiriker Rabener, dem ein
Landedelmann nur das Prädikat Ew. Wohledel gegeben
hatte, adressirte ihm zurück: Geborener Herr.

Während einer modernen Feder ein geringeres Prädikat,
als „Wohlgeboren" kaum mehr entfließen mag, hatte im
Mittelalter dieses einen sehr bedeutenden Werth. Es wurde
von niemand Geringerem verliehen, als vom Kaiser selbst!
Beispielsweise erhielt es im Jahre 1624 Graf Anton
Günther von Oldenburg „zur mehreren Zier seines uralten
ansehnlichen und gräflichen Geschlechts." Das fürstliche Haus
Reuß, welches in seinen Ahnen bis in die ältesten Zeiten
hinaufsteigt, hatte es ebenso als eine Auszeichnung zu betrachten, als ihm 1625 dieses Ehrenwort vom Kaiser

verliehen oder erneuert ward. Das uralte Haus der Herren von Schönburg erlangte es erst 1640.

„Wohlgeboren" war im Mittelalter ein Prädikat des Adels. Gleichbedeutend mit Freigeboren war es mehr als eine Höflichkeitsphrase, es hatte einen sozialen und staatsrecht= lichen Sinn. Als man später „Hochwohlgeboren" daraus machte, weil inzwischen der sozial=emancipirte Bürgerstand sich mit gutem Grund nun gleichfalls „Wohlgeboren" nannte, war es ein in seiner sprachlichen Zusammensetzung sinnloser Rangtitel aus dem alten Standesprädikat geworden. Im achtzehnten Jahrhundert trieb man nun gar mit Hülfe der „Titelwissenschaft" die logische Confusion so weit, daß man das ursprünglich dem „Wohlgeboren" gleichlautende „Edel= geboren" den ganz geringen Bürgern und Proletariern zu= wies, die nicht vornehm genug erschienen, als daß man sie noch wohlgeboren hätte nennen mögen! Noch im vierzehnten Jahrhunderte hatten Grafen und Fürsten die Worte „Ehr= sam" oder „Ehrbar" als vornehme Standestitel geführt. Schon nach zweihundert Jahren war derselbe zum untersten Rangtitel, zum Titel der Bauern herabgesunken, der sich z. B. in Altbayern bis auf diesen Tag erhalten hat, indem die Bauern Verstorbenen auf den Grabkreuzen das Prädikat: „Ehrsam" oder „Ehrengeachtet" beizulegen pflegen. Unter diesem „Ehrsam" war aber ursprünglich keineswegs die sittliche Achtbarkeit gemeint, sondern es galt dem adlichen, zu ritterlichen Ehren geborenen Manne.

Nach dem Beispiele des Adels eignete sich die Gelehrten= Aristokratie auch ihre besonderen Prädikate an. Die Rec= toren und Professoren der hohen Schulen Deutschlands hielten auf die Titel: Magnificenz, Spectabilität und Celebrität, sowie auf das damit verbundene Scepter, die

golbenen Treffen und den rothen Sammet mit einer Aengst=
lichkeit, die einem spanischen Granden Ehre gemacht haben
würde. Der ausgezeichnetste Gelehrtentitel war anfänglich
der des „Grammaticus.“ Papst Leo VIII., zu dessen Zeit
(965) die Wissenschaft der Grammatik in's Extrem getrieben
wurde, führte ihn, und so kostbar, sagt Gregorovius (Geschichte
der Stadt Rom im Mittelalter, III. p. 513) war dieser
Titel, daß selbst ein byzantinischer Kaiser ihn sich zur Ehre
rechnete. Dann lief ihm der Doktor=Titel den Rang ab.
Lange Zeit galt der Doktor=Titel als die höchste Zierde
der Sterblichkeit, wie überhaupt der Alma mater ein Jeder
praenobilis, nobilis, perillustris, illustris oder doch wenig=
stens celeberrimus doctissimusque war. Nur die Univer=
sitäten konnten ihn verleihen, wie auch heute noch. Bei den
ältesten Universitäten wurden auch nur Doktoren der Me=
dizin, Jurisprudenz und Theologie verliehen; die Beflissenen
der sieben freien Künste, für die man später die philoso=
phische Fakultät erschuf, konnten nur zu Magistern empor=
steigen. Und — der akademische Doktor hatte selbst wieder
seinen besonderen Aristokratismus. Im siebzehnten Jahr=
hundert z. B. hütete man sich sehr, einem Doktor der Philo=
sophie oder Medizin denselben Titel zu geben, wie einem
Doktor der Rechte. Dieser war Wohledelgeboren, die an=
deren nur Edelgeboren. Es deutet das zurück auf den alten
höheren Rang der Juristen, die schon im siebzehnten Jahr=
hundert das Vorrecht erhielten, Wappen und Siegel zu
führen, welches sonst nur dem erblichen Adel zugestanden
hatte. Selbst bei den Studenten war der Unterschied zwischen
angehenden und älteren in den Titel gesetzt. Ein Fuchs
wurde bloß „Ehrenfester und Gelehrter“ angeredet, ein altes
Haus dagegen „Ehrenfester, Vorachtbarer und Wohlgelehrter.“

Am Himmel der Philosophie und Theologie glänzten
ebenso wieder Sterne verschiedener Größe. So bezeichnete
der Ausdruck Doctor gravis eine besonders achtungswerthe
Autorität. Die Wissenschaft ihrerseits zeichnete dann noch
durch besondere epitheta ornantia ihre Herren aus. So
hieß der heilige Thomas von Aquino: Doctor angelicus;
Gerson, der mit unter die Candidaten der Autorschaft der
„Nachfolge Christi“ zählt: Doctor christianissimus; Dionys
von Lewis, der die Bibel in 7 Folianten commentirte und
ein Ascet ohne Gleichen war, oft drei und mehr Stunden
lang stehend und ohne ein Glied zu rühren, in Gebet und
Betrachtung zubrachte und häufig in Verzückungen verfiel:
Doctor ecstaticus; desgleichen Johann Rusbroch, der Reformator des Augustiner = Ordens, als mystischer Theolog
bekannt († 1381). Alexander von Hales, der erste Scholastiker, indem er die Denklehre des Aristoteles für die Theologie anwendete und nach einer neuen Methode die Gründe
pro et contra in syllogistischer Form vortrug, erwarb sich
den Namen: Doctor irrefragabilis (der unwidersprechliche
Lehrer) († 1245). Der hl. Bernhard von Clairvaux hieß
wegen seiner anmuthigen Schreibart: Doctor melifluus, der
honigfließende; der hl. Bonaventura: Doctor seraphicus;
Roger Bacon von Verulam: Doctor mirabilis. Der My-
stiker Johann Tauler, der Verfasser von den „10 Blindheiten
und 14 Wurzeln der Liebe Gottes“ erwarb den Namen:
Doctor sublimis et illuminatus; Duns Scotus endlich, der
Gegner des Thomas von Aquino, dem er die nach ihm
benannte Schule der Scotisten gegenüber stellte, den des
Doctor subtilis, scharfsinniger Meister.

Der Doktor = Titel stand zur Zeit seiner Blüthe dem
Adel gleich. Unter Kaiser Rudolf II. gab er, wie Vehse

14*

(Oesterr. Hof B. III. pag. 75) versichert, sogar den Rang eines Reichsbarons. Kein Wunder, wenn man von Gelehrten-, von Doktoren=Stolz las und hörte. Stolzer auf seinen Doktor=Titel war wohl Niemand, als der Dr. M. Seeger zu Wittenberg, der sich knieend vor einem Crucifixe abmalen ließ; aus seinem Munde gehen die Worte: Domine Jesu Christe, amas me? und Christus antwortet: Clarissime, praenobilissime doctissimeque domine Doctor Seeger, rector huius scholae dignissime meritissimeque, omnino amo te!

Aber der akademische Adel sank und sank rasch, als die Doctores bullati (so genannt, weil ihr Titel bloß auf dem Diplom, der Bulle beruhte) aufkam, als mit den Diplomen Handel getrieben wurde.

Die größte Prägestätte in der ganzen Welt für Titel wie auch für Orden und Münzen ist, wie das unsere Klein=staaterei genugsam erklärt, von jeher Deutschland gewesen. Kant nannte Italien das Prachtland, Spanien das Ahnen=land, England das Launenland, Frankreich das Modeland, Deutschland aber das Titelland. Nicht bloß die Beamten, alle Stände, die Gelehrten, Dichter, Künstler, die Kaufleute, die Handwerker geizen und geizten von jeher nach höfischen Titeln.

Der Hof ist nun einmal der Brennpunkt in der Ellipse des Staatslebens, der Alles an sich zieht, zu dem Alles hin=drängt, mit dem Alles verwachsen sein will. Daher die Unmasse Titel, die vom Hofe kamen. War doch auch die erste Auszeichnung, die dem Hause Rothschild, „dem sicht=baren Oberhaupte der großen unsichtbaren papiernen Kirche," wie Wilhelm Hauff sich ausdrückt, zu Theil wurde, ein Hof=Prädikat. Ein kaiserliches Schreiben vom 6. März 1800

theilt dem Kurfürsten von Sachsen mit, daß der „Schutz=
jude Meier Amschel Rothschild zu Frankfurth am Mayn
und seine beiden Söhne, Amschel Meyer und Salomon
Meyer Rothschild, zu kayserlichen Hoffaktoren ernannt
worden seien, und beauftragt, daß selbige in allen Vorfallen=
heiten als kayserliche Hoffaktoren erkannt, ihnen aller Schutz
angediehen, und das Erforderliche bei den hiesigen Kanzleien
vorgemerkt werden möge.“ Der Geheime Cabinetsrath, dem
dieses Schreiben zu Händen kam, bemerkte hierzu: „ein der=
gleichen Antrag ist ganz ungewöhnlich; es dürfte auch darauf
eine Verfügung ergehen zu lassen nicht nöthig, vielmehr
dieses Schreiben nur, in etwa vorkommenden Fällen darauf
Rücksicht zu nehmen, beizulegen oder allenfalls zu dessen
Beilegung an das Geh. Consilium abzugeben sein.“ Das
letztere geschah denn auch.

Schon im Jahre 1722 hatte die Titelsucht mit ihrer
natürlichen Folge der Anmaßung und Ueberhebung einen
solchen Grad erreicht, daß der Magistrat von Nürnberg
sich in einer Vorstellung an den Kaiser darüber beschwerte,
daß verschiedene Kaufleute und Bürger bei allerhand Poten=
taten sich die Titel „Rath, Agent, Anwalt“ ausgewirkt hätten
und daraufhin allerlei Freiheiten und Vorrechte prätendirten.
Der Kaiser gebot darauf, diese sollten binnen drei Monaten
entweder ihre derartigen Charaktere niederlegen oder mit
Aufgabe ihrer Profession von ihren Titeln leben.
Daraufhin wurde 1724 ein Nürnberger, welcher fürst=
bischöflich Bambergischer Resident geworden, zur Be=
folgung des kaiserlichen Befehls angehalten; er aber flüchtete
sich in das Bambergische Haus zu Nürnberg und klagte
beim Reichshofrath, der schließlich zu seinen Gunsten ent=
schied! Das Ideal, der höchste Paradetitel, war bekanntlich

der eines Hofraths. Aber wie unzählige Brüder und Nachfolger hat nicht dieser Ur-Rath, so könnte man füglich sagen, gefunden!

Gegenwärtig ist man im Stande ein ganzes deutsches Raths-ABC aufzustellen: Amts- und Appellationsgerichtsrath, Bergrath, Commissionsrath, Domänenrath, Expeditionsrath, Finanzrath, Gemeinderath, Hofrath, Justizrath, Kriegs- und Kanzleirath, Legationsrath, Medizinalrath, Nationalrath, Ober-Regierungs- (Finanz-, Bau-, Berg-, Justiz-,) Rath, Pupillenrath, Quästurrath, Regierungsrath, Staatsrath, Tribunalsrath, Universitätsrath, Verwaltungsrath, Wirklicher Geheimer Rath, Xylographie- (oder Xundheits) rath, Zollrath! Und wie viele Doubletten gibt's noch in diesem ABC? Die Jenenser Zeitschrift „Die Wissenschaften," rechnete ihrer Zeit heraus, daß in Deutschland nicht weniger als 146 Rathstitel im Kurse seien, resp. gewesen seien. Darunter der von Friedrich II., wie sie behauptet, einem Thierarzt in allem Ernste verliehene Titel „Viehrath". Der große König, so sehr er auf würdige Repräsentation von Rang und Stand hielt und auch auf Etiquette und Präcedenz, wo diese wesentlich und am Platze waren, verspottete die leere Titel- und Ordenssucht in sarkastischer Weise, wie eben dieses Beispiel zu erkennen gibt. Noch andere Beispiele: Einem Herrn von Krosigk zu Poplitz bei Halle, welcher eine Fräulein von Crone aus dem Braunschweigischen zu heirathen im Begriff stand und „ihr konsiderables Vermögen in's Land zu ziehen gedenkt," bat, ihm den Kammerherrn-Schlüssel „allergnädigst zu akkordiren." Die Marginal-Resolution lautete: „Er hat keinen Schlüssel nöthig, um eine Heirath zu thun." Ein Graf von Sandraski bat um Erlaubniß, „seinen ältesten Sohn zu Füßen legen zu dürfen, auch daß

Se. Majestät geruhen möchten, ihn zum Kammerherrn der=
gestalt, daß er ihn bei sich behalten könnte, allergnädigst zu
ernennen." Marginalie: „Beim Kammerherrn kömmt nichts
heraus, denn das heißt nur auf gut deutsch ein Hofschlingel."
Der Buchhändler Kantor aus Königsberg bat um den Titel
als Kommerzienrath. Marginalie: „Buchhändler, das ist ein
honneter Titul." Auf einen Bericht des General=Direktorii
vom 28. November 1776, daß dem Kriegs= und Domänen=
rath Beyer der Charakter als Geheimer Kriegsrath gegeben
werden möchte, rescribirt der König: „Er hat sich durch
nichts bekannt gemacht — nichts." Ein Herr von Bredow
auf Görne bei Fehrbellin, welcher mit seinen Geschwistern
von seinem verstorbenen Onkel, dem gewesenen Königl.
dähnschen Geh.=Rath von Perkenthin, ein Kapital von 40
Mark ererbet hatte, so im Mecklenburgschen stand, bat,
„ihm, damit die Schwierigkeiten wegen Erhebung der Gelder
verschwinden mögen, den Kammerherrn=Charakter beizulegen."
Marginalie: „Vohr Schreiben (d. h. Empfehlungs=Schreiben)
wil ich ihm geben aber Keinen Schlüssel — Kammer=Herrn
Seindt Tag diebe die habe ich nicht nöthig." Der Ober=
Auditeur Goldbeck zu Berlin zeigt bei Gelegenheit der Er=
nennung des Ober=Auditeurs Reinicke zum General=Auditeur
an, daß er als ältester Ober=Auditeur bereits 20 Jahre bei
dem General=Auditoriat Dienste gethan habe. Marginalie:
„Ich habe einen haufen alte Maulesel im Stall. Die Länge
der Dienste machen aber nicht, daß sie Stallmeister werden."
Ein Bereiter Wolny bat allerunterthänigst, ihm nunmehr
den Stallmeister=Charakter allergnädigst „zu akkordiren."
Marginalie: „Er hat brav bei Seinen Einkauf gestohlen,
er Sol zufrieden seindt, das ich dazu Stille schweige aber
ihm davor zum Stallmeister machen — So närrisch bin

ich nicht." Ein Oberst von Forcade suchte ebenso aller-
unterthänigst darum nach, „da der Itzenblitz seine jüngste
Tochter zu heirathen im Begriff sei, den W... r, der des
Itzenblitz Schwester geheirathet, indem er auf obige Heirath
mit ihm alliirt werde, zu nobilitiren und demselben seines
Onkels mütterlicherseits, des verstorbenen Staatsministers
von Ratsch, Wappen zu führen erlauben." Marginalie:
„Das gehet nicht an, ich nobilire, wenn einer sich durch den
Degen Meriten erwirbt, aber der W... r ist ein betrie-
gerischer, und intriganter Pfaffe, weiter nichts." Einem
Supplikanten um den Geheim=Raths=Titel antwortete der
König auf dessen wiederholtes Gesuch: „Nun ja, er soll ihn
haben, aber es bleibt auch geheim, zwischen ihn und mir."
Titelsüchtigen Tabacks= und Waisenhaus=Verwaltern gab er
wie jenem Viehrath die Titel: „Tabacksrath," „Waisenrath."
Einen, dem der einfache Titel Rath zu kurz war, benannte er Titularrath und als dieser damit unzufrieden,
wieder einen höheren Titel nachsuchte: „Wirklicher Titularrath." So versichert wenigstens Carl Julius Weber. (De-
mokrit B. 4. p. 135.) Im übrigen hielt der König auf
Titel, die mit dem Amte verknüpft waren, wie gesagt, strenge.
Sein sparsamer Vater trieb einen förmlichen Handel mit
Titeln, gleichwie auch mit den von ihm angefertigten Gemälden. Der ebengenannte Gewährsmann erzählt uns, daß
dieser König einen Hofapotheker für den Titel Geheimrath
1000 Thlr. zahlen ließ. Warum sollte er auch nicht? Die Einführung einer Titelsteuer die nach Weber (IX. pag. 258) in
Dänemark wirklich bestand, wäre noch vernünftiger gewesen.

Es liegt, wie wir das schon im vorigen Aufsatze: „Zur
Geschichte der Hof=Etiquette" bemerkten, in der Natur der
Verhältnisse, daß sich das künstliche Gewicht der Formen

von Oben nach Unten senkt und daß, was in höheren Sphären noch Sinn und Bedeutung hat, in den niederen zur vollen Carrikatur wird. So ist's und wird's der Fall mit den Hofprädikaten der Handwerker, die eigentlich schon mit den Ober-Fisch-, Fuchs-, Vogel- und Jägermeister anfangen, durch alle Zünfte und Innungen hindurch gehen und dann richtig beim privilegirten Wanzenvertilger Sr. Majestät, beim Hofbeindrechsler, Hofsporer, Hofkartenmacher, Hoffederbuschmacher, Hofbürstenmacher u. s. w. u. s. w. anlangen. Der Hof-Rattenfänger eines Grafen von Leiningen führte, wie C. J. Weber erzählt, sogar ein Wappen, welches eine (schwarze) Ratte im weißen Felde nebst zwei Rattenschwänzen über dem Helme enthielt. Er hatte die Erlaubniß, jährlich einen Monat in Frankfurt a/M. zuzubringen, um den sog. Rattenpfennig des Raths zu verdienen und führte den Titel: Kammerjägermeister und hatte fünfzig Gulden Besoldung. Ein witziger Frankfurter Bürger meinte, das sei zu wenig, ein Mann, der einen ganzen Hof vom Ungeziefer frei zu machen vermöge, verdiene eine Besoldung von mindestens 1000 Gulden! Einverstanden.

Am meisten blühete der Titel-Unsinn beim weiland Reichskammergerichte, dem „Olymp der Prozesse," und zwar vorzugsweise in der Sphäre des Subaltern-Dienstes. Ganz natürlich: Die Räder, die am wenigsten taugen, machen das meiste Gepolter. Ellenlange, in den subtilsten Unterscheidungen sich verlierende Bezeichnungen kamen auf und übertrugen sich auf die Gerichtshöfe und Verwaltungsbehörden anderer Staaten. Der längste und bekannte Titel lautet: Kaiserlicher Reichskammergerichts-Visitations-Supernumerar-Accessist; dann: Vice-Supernumerar-Ober-Schultheißerei-Amtsboten-Gehülfe u. s. w. Jedes, auch das geringfügigste

Amt, die niedrigste Beschäftigung wurde mit einem lateinischen Titel angestrichen: Calcant für den Blasebalgtreter, Präparator für den Vogelausstopfer, Castrator für den Schweinschneider, Pestilenziarius für den Chirurgen; oder, wie in neueren Zeiten nach dem Ausbruche der großen Revolution französisch: Costümier für den Schneider, Restaurateur für den Koch, Zierateur für den Zierathenmaler, bis auf den Lemirer für den Ziegelstreicher. Am meisten gerechtfertigt, meint C. J. Weber, wäre diese Französirung bei den Malern, deren mancher ein wirkliches Malheur.

Wir haben den Franzosen auch auf dem Titel=Gebiete viel Lächerliches nachgemacht, aber eine ihrer vernünftigsten Sitten gerade nicht, nämlich die, daß die Frau nicht nach dem Amtstitel des Mannes genannt wird. Frau Generalin Frau Kriegs= oder Hofräthin, Frau Postmeisterin, das mag allenfalls noch angehen; Frau Kammerherrin, Frau Oberförsterin, das klingt schon bedenklicher; aber Frau Kammerhusarin, Frau Bereiterin oder Frau Einfahrerin (bei Bergwerken), das ist doch zu arg!

Die Franzosen haben auch, freilich ohne es zu wollen, jene unsere Nationalthorheit um Vieles verbessert, indem ihre Sprache den Doppelsinn mancher Titulaturen erfolgreich enthüllte. Welcher Criminalrath läßt sich heutzutage noch conseiller des crimes de son Altesse impériale adressiren, welcher Appellationsrath conseiller du dernier jugement, welcher Zuchthausverwalter directeur des filous de sa Majesté! General Bruce, den die Kaiserin Katharina II. mit Anordnungen gegen die Ausbreitung der Pest nach Moskau schickte, erhielt einen Brief mit der Adresse: à son Excellence le général B., directeur de la peste impériale!

Aber trotz alledem ist die Titelsucht immer noch eine charakteristische Schwäche unseres Volkes, bleibt Deutschland das kantische Titelland nach wie vor. Herder hat nach wie vor Recht. „Im geselligen Umgange,“ schrieb er vor achtzig Jahren schon, „ist Jemanden bei seinem Namen zu nennen, ein Schimpf; Titel und Würden bei Männern und Weibern dürfen allein genannt werden; dem Ohr und dem Auge wollen wir nur in der Livree erscheinen. Wie leicht haben sich andere Nationen dieses Joch gemacht, oder es gar abgeworfen. Der Deutsche trägt's geduldig.“ „Nicht nur von anderen bei unserem bloßen Namen tadellos angeredet zu werden,“ so sagt der treffliche Culturhistoriker W. H. Riehl in seinen Culturstudien aus drei Jahrhunderten (pag. 31), „dünkt uns eine halbe Beleidigung: wir schämen uns sogar unsere eigenen Namen ohne Titel selbst auszusprechen; es wird uns dabei zu Muthe, als ob wir uns nackt sähen und wenn wir uns bei dem besten Freunde melden lassen, so halten wir Angesichts des meldenden Hausknechts verschämt das Feigenblatt des Titels vor.“ Wer trägt die Schuld davon? Wir behaupten, vorzugsweise die kleinen Höfe, die eben in aller und jeder Weise durch die Form ersetzen wollten, was ihnen im Wesen abging, beständig bestrebt waren sich aufzublähen, wie der Frosch in der Fabel, und nun sorgfältig darauf hielten, daß die von ihnen gespendeten hohen Würden auch als solche Anerkennung fänden. Man erinnere sich nur des mehr als naiven Erlasses von Heinrich LXXII. von Reuß, d. d. Ebersdorf, 12. October 1844:

„Ich befehle hiermit Folgendes in's Ordrebuch und in die Spezial-Ordrebücher zu bringen. Seit 20 Jahren reite Ich auf einem Principe herum, d. h. Ich verlange, daß ein jeglicher bei seinem Titel genannt wird. Das geschieht stets nicht. Ich will also hiermit ausnahmsweise eine Strafe von 1 Thaler festsetzen, der in Meinem Dienste ist, und einen Andern, der in Meinem Dienste ist, nicht bei seinem Titel oder Charge nennt."

Die Titel, wie auch die Orden, waren eine zu ergiebige Finanzquelle für unsere so vielfach verschuldeten Duodez= fürsten, eine zu bequeme Besoldungszulage für ihre Diener, als daß sie sich dieser Verleihungsrechte so leichthin begeben und etwa abgelassen hätten, sie zur Würdigung zu bringen.

Was ist überhaupt ein Titel? Die Beantwortung dieser Frage dürfen wir unseren Lesern doch auch nicht schuldig bleiben. Nach dem römischen Rechte ist titulus ein Rechtsgrund zur Erreichung irgend eines Eigenthums oder Rechtes. Professor Lichtenberg aber will wissen, daß unsere Titel von einem Apotheker herkommen, dessen Büchsen meist leer, aber alle mit den schönsten Inschriften versehen waren. Er mag Recht haben. Dann aber würden solche Duodez= fürsten, die so freigebig Titel verliehen, nach dem römischen Rechtsbegriffe gar als Falschmünzer erscheinen.

IX.

Humoristische Gesellschaften und Orden.

———

Die Neigung des Menschen zum Humor, zum Witz, zur Komik und komischen Carrikatur ist eine natürliche, ursprüngliche, entspringt aus dem Kontraste zu den harten und bitteren Wechselfällen des Lebens. Die Art und Weise, die Form in welcher sie ihren Ausdruck findet, hält genauen Schritt inne, mit dem Standpunkt der allgemeinen Bildung eines Volkes. Bei den Wilden neigt die Liebhaberei zum Grotesk=Komischen, zu Fratzen und Possen vor; der fein gebildete Europäer verwirft sie, hat selbst den Hanswurst und Eulenspiegel des Mittelalters überwunden und findet nur noch sein Ergötzen an dem Witz und der Satyre eines Cervantes, Voltaire, Swift, Heine u. s. w. Es würde ein interessanter Beitrag zur Geschichte des menschlichen Geistes sein, von den ersten Ursprüngen des Grotesk=Komischen bei den Natur=Völkern an, den Uebergang zu der feinen und hohen Komik unserer Tage zu verfolgen, aber die Quellen gehen auf diesem Gebiete nicht über das griechische Alterthum hinaus und sind auch hier trübe und seicht. Das alte Griechenland, namentlich die Zeit des Perikles, seine Glanzperiode, kannte zahlreiche Vereine zu öffentlichen und privaten, geselligen und anderen Zwecken, die unter den Namen der Eranen begriffen werden. Unter diesen Eranengenossen gab es eine Gesellschaft, Thiasoi genannt, deren Zweck es war, sich durch allerhand Possen, witzige und launige Einfälle zu belustigen. Ein Theil der Mitglieder kennzeichnete sich äußerlich durch häufig wechseln= den Schnitt der Kleidung; sie ließen ihre sorgfältig ge= pflegten Zähne sehen, rieben sich mit wohlduftenden Sub= stanzen à la Alcibiades. Andere suchten eine Ehre darin Spartaner=Affen genannt zu werden (wie in unserer Zeit die falschen Steyrer und Tyroler), ließen die Haare wild um die Schultern herumflattern, trugen lange Bärte, grobe Kleider, schlechte Schuhe und dicke Knüppel. Athenaeus erzählt, daß es in Athen eine große Menge solcher Narren gegeben. Die meiste Aufmerksamkeit lenkten jene Eranen= brüder auf sich, die ihren Versammlungsplatz im Tempel des Herkules hatten. Diese setzten ihre Possen und Narre= theien öffentlich fort, selbst unter den ernstesten und gefahr= vollsten Lagen des Vaterlandes. Zur Zeit des Demosthenes bestand diese Narrengesellschaft aus 60 Mitgliedern. Ihr Ruf ging weit über Athen hinaus. Philipp von Macedonien, gelockt durch ihre funkelnden witzigen Schwänke, unterhielt mit mehreren Mitgliedern dieses humoristischen Vereins einen Briefwechsel und bat sich gegen ein Talent eine Samm= lung ihrer witzigsten Einfälle aus, die er auch erhielt. Bis zu welchen Excentrizitäten sich im griechischen Alterthum schon das Vereinswesen verstieg, möge man daraus ent= nehmen, daß in Alexandrien die Epikuräer eine „Gesellschaft zur Unterdrückung des Lebens" gründeten, deren Mit= glieder nach dem Vollgenuß aller himmlischen Freuden zum Schmaus sich versammelten, den Becher fleißig umgehen

ließen, um dann mitten in diesen Orgien ruhig ihrem
Dasein ein Ende zu machen, — eine gewiß einzig in ihrer
Art da stehende Soirée, wo die Gäste anstatt zu Thee und
Musik, von einander zu Souper und Selbstmord einge=
laden wurden. Wie alle Vereine der Griechen, so hörten
auch diese Eranen zur Zeit der Römerherrschaft gänzlich auf.
Von den Römern selbst sind uns keine bestimmten Nach=
richten über das Vorhandensein solcher Gesellschaften unter
ihnen bekannt. Dennoch unterliegt es keinem Zweifel, daß
sie unter ihnen zur Zeit des Niederganges der Republik
bestanden, daß die Römer das Horazische: Dulce est,
desipere in loco gründlich verstanden haben. Als sich
Sodalidäten, Verbindungen zum gemeinschaftlichen Genuß
der Tafelfreuden bei Gelegenheit der Götterfeste bildeten,
lag es nahe, daß der „Summus in convivio" wie auch die
Theilnehmer die Unterhaltung auch auf die Bahn des Komischen
und Possenhaften brachten, lag es um so näher, als ja
auch, wie die meisten, viele dieser gottesdienstlichen Feste
selbst von possenhaften Scenen untermischt und begleitet
waren. Namentlich gilt das von den Hilarien, die (am
25. März nach unserer Zeitrechnung) zu Ehren der Gottes=
mutter Cybele, und den Florealien, die (am 28. April) zu
Ehren der Göttin Flora gefeiert wurden, mit allen Arten
von Fröhlichkeit. Man schmückte die Häuser mit Blumen
und Laubgewinden, warf die Vorübergehenden mit Rosen,
sang auf den Straßen fröhliche Lieder und bewirthete sich
gastfreundlich. Bei den Luperkalien, die zu Ehren des Pan
Lupercus, des Beschützers der Heerden gegen die Wölfe (am
15. Februar), gefeiert wurden, ging es grade zu toll her.
Die Priester des Pan, Luperci genannt, versammelten sich
auf dem palatinischen Berge, zogen ihre Kleider aus und

schlachteten jeder eine Ziege, deren blutige Felle sie sich als
Schürzen umhängten; dann zogen sie durch die Stadt und
schlugen die ihnen Begegnenden mit Riemen von blutigen
Häuten, was besonders die Frauen Roms gerne geschehen
ließen, um eine glückliche Niederkunft, wie sie glaubten, zu
erlangen. Zuletzt wurde dem Pan ein Hund geschlachtet
und — das war die Hauptsache — das Fest mit einem
Schmause beschlossen. Kaiser Anastasius schaffte im Jahre
516 das seines religiösen Charakters völlig entkleidete Fest ab.
Die Bedeutung der Saturnalien (19. Dezember), wo die die-
nende Classe, auch die Sklaven, volle Freiheit genossen und
von den Herrschaften bewirthet wurden, ist bekannt. Aus
ihnen hat sich der Karneval entwickelt.

Angeregt durch die nach dem Vorbilde der religiösen
Orden sich bildenden Ritterorden, entstanden überall, vor-
nehmlich aber in Deutschland und Frankreich, Vereine der
mannigfaltigsten Art zur Förderung der Wissenschaften und
Künste, wie der körperlichen Fertigkeiten und geselligen
Lebensfreuden, oft zu den allerheterogensten Zwecken. So
stifteten österreichische Edelleute mit Graf Dietrichstein einen
„Christophs-Orden" zur Förderung der Mäßigkeit; Herzog
Johann von Burgund dagegen den „Hopfenorden" zur
Cultur des Bieres und der provençalische Edelmann Demas
und ein Herr von Vibray dann zwei Trinkorden „strikter
Observanz," den Weintrauben- und den Medusen-
Orden, 1701 und beziehentlich 1703. Sie hatten großen
Zuspruch und ein äußerst witziges Journal: „Novelles
de l'ordre de la Boiseau." Der heitere Geist des Ordens
und seine Schriften fanden in und außer Frankreich den
freudigsten Anklang. Man theilte den umfänglichen Orden
in acht Zungen, welche dem Großminister jährlich eine

Quantität des besten Weines ihres Gewächses liefern mußten. Mit dem Stifter und Großmeister starb 1716 der lebens= lustige Orden, dessen Mitglieder aus dem Gebiete der Küche und des Kellers eigne scherzhafte Namen erhielten, aus. Die Aufnahmeurkunde war ein lustiges Couplet mit der Ueber= schrift: „Vive Bacchus et ses enfants." —

Wie der Wein seine Priester, so fand die Liebe ihre Priesterinnen. Anna von Frankreich gründete 1498 den Orden „vom Strick" zum Andenken an ihre Befreiung von der Ehefessel. Ludwig IX. dagegen den von „der Genferblume" zum Andenken an seine Vermählung mit Margarethe von Navarra, eben so Herzog Ernst von Hild= burghausen 1749 den „Orden des glücklichen Bundes" zum Andenken an seine Hochzeit mit der dänischen Prin= zessin Louise. Don Agostino Gobrino in Brescia stiftete, um den Papst zu ärgern, den „Orden der Apokalypse" gegen die Strenge der Ehebande, und Christine von Schweden, noch weiter gehend, den „Amaranthen=Orden" für 15 Ritter und 15 Damen zur Beförderung der Ehelosigkeit. Aber wie isolirt blieben alle diese Versuche gegen diejenigen, die zu den entgegengesetzten Tendenzen unternommen wurden: gegen die zahlreichen „Orden der Treue", „des Kranzes der Liebe", der „Sclavinnen der Tugend" wie sie die Höfe von Dänemark, Sachsen, Schottland und der Kaiserhof in Wien aufzuweisen hatten! Der berühmteste, weil originellste unter ihnen, war jedenfalls der „Orden der verliebten Leidenschaft", der schon im 14. Jahrhundert entstand, und den uns der Ritter de la Tour beschrieben hat. Die Ritter und Knappen, Frauen und Jungfrauen, die sich zu diesem Orden bekannten, erhoben die Liebe förmlich zu ihrer Gottheit und die Pflichten und den Dienst der Liebe zu

einem wirklichen Cultus. Dabei suchten sie einander in allen
möglichen Proben der Standhaftigkeit zu übertreffen. Männer
und Weiber wetteiferten z. B. in den Mitteln, womit sie
die Beschwerden der Jahreszeiten und der Witterung er=
trugen, sie machten aus Sommer Winter und umgekehrt:
trugen im Sommer die wärmsten Kleider, die dicksten Pelze
und heizten ihre Zimmer und gingen im Winter in den
dünnsten Gewändern umher, schliefen unter leichten Decken
und bekränzten ihre Kamine, anstatt sie zu heizen, mit
Blumen und Laubwerk.

Von größerer Ausdehnung und längerem Bestande
waren der „Orden der Freundschaft", oder die „Com=
pagnie der Inkas", den Maria Antonia von Baiern,
Gemahlin des Kurfürsten Friedrich von Sachsen, und der
„Orden der Eremiten von der guten Laune", den Herzog
Friedrich III. zu Gotha gleichzeitig stifteten. Die Devise
des letzteren war „Vive la joie"; das Ordenskleid eine
Pilgertracht von braunem Taffet, ein weißer, mit Blumen
bekränzter Hut und ein rosenroth bebänderter Stab. Alle
Brüder und Schwestern erhielten — wie das längst bei
derartigen Vereinen Sitte geworden war — Namen mit
Hindeutung auf ihren Charakter; so hieß Herzog Ernst selbst:
l'espiègle, der Muthwillige, Gotter: le tourbillon, der
Wirbelwind, außerdem: le discret, l'affable, l'eveillé, la
singulière u. s. w.

Aber auch diese Orden blieben wieder weit zurück hinter
ihrem Urbilde: das war der von dem Grafen Adolf zu
Cleve mit dem Grafen von Meurs schon im Jahre 1381
gestiftete große „Narren=Orden in Cleve", wovon der
Stiftungsbrief mit 36 Siegeln in Kapseln noch heute im
Archive zu Cleve liegt. Zweck des Ordens war Humor

und Freundschaft. Das Zeichen, welches die Mitglieder,
unter denen jede Ranges- und Standesungleichheit wegfiel,
auf ihren Kleidern gestickt trugen, stellte einen Narren vor,
der eine halb rothe und halb von Silber gestickte Kappe
mit goldenen Schellen, gelbe Beinkleider und schwarze Schuhe
hatte und eine vergoldete Schale mit Früchten in der Hand
hielt. Diese sollte die besondere Liebe, die einer für den
anderen hegte, bedeuten. Alle Jahre versammelte sich die
Gesellschaft am ersten Sonntag nach Michaelis, in einem
besonders dazu bestimmten Hause und blieb acht Tage versammelt; wer das Abzeichen nicht trug, mußte eine Geldstrafe erlegen, eben so wer fehlte. Dabei war am Dinstag
ein Gottesdienst in der Kathedralkirche für die Verstorbenen
und am Freitage ein Versöhnungsfest; denn Mitglieder,
welche in Feindschaft gerathen waren, mußten sich vor
Sonnenaufgang dem Hofe, der aus dem Könige und sechs
Rathsherren bestand, präsentiren und vor Sonnenuntergang
wieder aussöhnen.

Höchst wahrscheinlich aus einer Nachahmung dieser Verbrüderung entstand diejenige, welche um 1454 zu Dijon
unter dem Namen „die Infanterie von Dijon" sich einen
Namen machte. Sie war eine förmliche Carnevals-Gesellschaft ganz ähnlich denen unserer Tage. Die Mitglieder
trugen Kleider von dreierlei Farben, grün, roth und gelb,
Mützen von denselben Farben mit Schellen, dann in der
Hand Narrenstöcke (sogenannte Marotte) mit einem Narrenkopf statt des Knopfes. Das erwählte Oberhaupt, welches
sich statutengemäß durch gute Gestalt, gefällige Manieren
und — durch Rechtschaffenheit auszeichnen mußte, hieß die
Narren-Mutter, la mère folle, und hatte einen zahlreichen,
ganz vollständigen Hofstaat, mit dem alljährlich Hoffeste

gefeiert und solenne Aufzüge veranstaltet wurden. Diese Gesellschaft ist die erste, welche ein besonderes Narren=Examen einführte; der Fiscal examinirte unter dem Präsidium der Narrenmutter in Versen; der Candidat mußte in Versen antworten. Nach bestandener Prüfung setzte man ihm die dreifarbige Kappe auf und dotirte ihn mit allerlei einge= bildeten Renten. Bei Vergehen dictirte die Narrenmutter beliebige Strafen, meist eine Geldbuße oder das Austrinken einer Menge von Gläsern voll Wasser. Erschien der An= geklagte nicht, so schickte man sechs Mann auf Execution, die sich im nächsten Gasthause kostbar bewirthen ließen, bis er der Strafe Genüge gethan. Man nahm seine Tapeten ab, verkaufte seinen Hausrath, ohne daß eine Appellation stattgefunden hätte. Die Gesellschaft muß argen Ausschreit= ungen verfallen sein, denn 1630 löste ein strenges königliches Edict sie auf. Dasselbe ist noch vorhanden.

Frankreich war überhaupt groß in Erfindung und Organisation derartiger komisch = geistreicher Gesellschaften. Außer den genannten erwarben sich „das Königreich Bajoche" und unter Ludwig XIV. das „Regiment der Calotte" großen Ruf; wir erwähnen ihrer nur obenhin, weil sie wieder weit überholt wurden von der bekannten babinischen Republik in Polen. Sie wurde lediglich zur Förderung einer humoristischen und witzigen Unter= haltung errichtet unter König Sigismund August II. im Jahr 1568 von Lubliner Edelleuten auf dem, dem Starosten Psonka gehörenden Landgute Babin. Baba bedeutet im Polnischen ein altes Weib und Babine, was ihm zugehört oder anhängt, und so gab denn der Name schon Anlaß zu allerlei Spöttereien und komischen Einfällen. Ebenso die Organisation: eine vollständige Staats=Verfassung mit allen

nur erdenkbaren Aemtern, bei deren Besetzung die Sonder=
barkeiten, Blößen und Verstöße, wodurch Jemand hervortrat,
maßgebend waren nach dem Principe: Lucus a non lucendo.

Solche förmlich mit großen Siegeln versehene Auf=
nahme=Patente wurden mit feierlichen Ceremonien übergeben.
Diese lächerliche Republik erhielt bald einen so bedeutenden
Umfang, daß unter den höheren Reichsständen man selten
Jemand fand, der nicht ein Amt darin bekleidete. So kam
die Sache endlich vor den König, der wohlgefällig den
Starosten der Republik fragte, ob sie auch einen König
hätten. Dieser, eine wunderliche Persönlichkeit, mit beständig
jovialer Laune, antwortete geistesgegenwärtig: „Fern sei es
von uns, Allergnädigster Herr, daß wir, so lange Sie leben,
einen anderen König wählen sollten; Sie sind auch unser
Oberhaupt." Die Majestät nahm die Antwort gnädig auf.
Weil jedes Laster, jede Schwachheit der Lächerlichkeit preis=
gegeben wurde, so ward die babinische Republik in kurzer
Zeit der Schrecken, wie die Bewunderung und selbst der
Zuchtmeister der polnischen Nation und gewann eine wirk=
liche politische Bedeutung.

Ganz im Gegensatze zu diesen Vereinen in Frankreich
und Polen, wozu Staat und Kirche die Formen liehen,
entfaltete sich in Italien das Ordenswesen. Hier war es
das Künstlerleben, welches auf diesem Felde die üppigsten
Blüthen trieb. Von vielen Beispielen nur zwei, die höchst
originellen gastrosophischen Gesellschaften „vom Kessel" und
„zur Kelle", welche der Florentiner Bildhauer Giovanni
Francesco Rustici, im Verein mit dem berühmten Andrea
del Sarto, Domenico Pulgio und anderen Künstlern von
Ruf stiftete. Der erstgenannte Club bestand aus zwölf
Mitgliedern, von denen jeder aber vier Gäste zu den

Abendunterhaltungen mitbringen durfte. Jeder Erscheinende mußte ein gut erdachtes und gutbereitetes Gericht dem Vorsteher abliefern, der es nach Gutdünken einem darreichte und dafür dessen Schüssel eintauschte und rund gehen ließ. Alle genossen von Allem. Wer aber das Unglück hatte, sich in der Erfindung eines Gerichtes mit einem anderen zu begegnen und dasselbe rund gehen ließ, verfiel in Strafe.

Begreiflicher Weise blieb das lustige Old-England auf diesem Gebiete nicht hinter den übrigen Culturvölkern zurück. Hier sei nur der berühmte Traveller-Club erwähnt, den Sir Francis Dașwood, später zum Lord Le Despenser und unter Bute zum Kanzler der Schatzkammer ernannt, stiftete. Der Club bezweckte zunächst Unterhaltung und Humor, vorzugsweise aber die Austauschung wirklich erlebter Reise-Abenteuer. Außerdem fröhnte er allen Lebensgenüssen, und nur eine Satire auf die mönchische Ascese war es, daß die Mitglieder in Mönchstracht erscheinen mußten.

Um nach Deutschland zurückzukehren, so war es wirklich charakteristisch, daß fast alle seine großen und gelehrten Männer eine solche Vorliebe für ein derartiges Vereins- und Ordenswesen hegten. Von Friedrich dem Großen wissen wir, daß er als Kronprinz in Rheinsberg einen geheimen Ritterbund stiftete, der zwölf der Edelsten im Lande umfaßte und dessen Patron der unvergleichliche Bayard war, der Ritter ohne Furcht und Tadel. Friedrich selbst führte den Bundesnamen le constant, der Beständige, das Abzeichen war ein silbernes Kreuz mit grünseidenem Bande an der Brust getragen, mit der Umschrift: F. C. P. Friedericus Constans, Princeps. Es wird eins davon noch jetzt auf der Berliner Kunstkammer aufbewahrt. Goethe

gehörte fast sein ganzes Leben hindurch mehreren derartigen
Orden an. Schon in Wetzlar fand er einen lustigen Kreis
vor, der sich „die Tafelrunde" nannte und dessen Genossen
sich Ritternamen beilegten, wie St. Amand der Eigensinnige,
Lubomirsky der Streitbare, Eustach der Vorsichtige. Gegründet war dieser Orden vom braunschweigischen Gesandt-
schafts-Secretär von Goué, einem wilden Gesellen voller
närrischer Einfälle, nicht ohne einen Anflug von Genie, der
sich aber später zu Tode trank. Er selbst führte den Namen
Ritter Coucy und taufte Goethe als Götz von Berlichingen.

In einer Parodie auf den „Werther", welche Goué
schrieb: „Masuren oder der junge Werther; ein Trauerspiel
aus dem Jllyrischen", führt er die Tafelrunde schmausend
und zechend vor. Einer der Ritter singt ein französisches
Lied; Götz sagt zu ihm: Bist ein deutscher Ritter und
singst französische Lieder?! Ein anderer Ritter fragt Götz:
Wie weit seid ihr mit dem Denkmal, das Jhr Euren Ahn-
herrn stiften wollt? Dieser erwidert: Man rückt so all-
gemach fort; denk, es soll ein Stück werden, das Meister
und Gesellen aufs Haupt schlägt.

Ungleich origineller und wohl einzig in seiner Art war
der Freundeskreis in Frankfurt, wohin Goethe im Sommer
1774 zurückkehrte. Dieser muntere Kreis versammelte sich
allwöchentlich einmal zu lustigem Thun. Eines Abends beschlossen sie, es solle alle acht Tage geloost werden, „nicht
um wie früher liebende Paare, sondern wahrhafte Ehegatten
zu bestimmen." Wie man sich gegen Geliebte betrage, das
sei ihnen bekannt genug, aber wie sich Gatte und Gattin
in Gesellschaften zu benehmen hätten, das sei ihnen unbe-
wußt und müsse noch gerade gelernt werden. Als Regel
wurde angenommen, daß man sich so geriren müsse, als

wenn man einander nicht angehöre, man dürfe nicht neben
einander sitzen, nicht viel mit einander sprechen, viel weniger
sich Liebkosungen erlauben; dabei aber habe man nicht allein
Alles zu vermeiden, was wechselseitig Verdacht und Unan=
nehmlichkeiten erregen könne; ja man würde im Gegentheile
das größte Lob verdienen, wenn man seine Gattin auf eine
ungezwungene Weise zu verbinden wisse. Und so geschah's.
Wunderbar genug fiel Goethe dreimal nach einander dasselbe
Mädchen als Frau zu. Beim drittenmale erklärte die Ge=
sellschaft, der Himmel habe gesprochen und sie könnten nun
nicht mehr geschieden werden und Goethe sowohl wie seine
„Frau" ließen sich das bestens gefallen. Letztere war, wie
Lewes das in seiner Biographie Goethes erzählt, die nächste
Veranlassung zu dem Trauerspiel „Clavigo". Es war das
Memoire von Beaumarchais vorgelesen worden und da
meinte sein „lieber Partner" wenn sie seine Gebieterin und
nicht seine Frau wäre, so würde sie ihn ersuchen, dieses
Memoire in ein Schauspiel zu verwandeln. „Damit du
siehst, meine Liebe, daß Gebieterin und Frau auch in einer
Person vereinigt sein können, so verspreche ich, heute über
acht Tage den Gegenstand dieses Heftes als Theaterstück
vorzulesen." Man verwunderte sich über ein so kühnes Ver=
sprechen, aber er war entschlossen es zu erfüllen und er=
füllte es wirklich.

Bei weitem der geistreichste und deshalb auch der be=
rühmteste aller derartigen Vereine war aber die sogenannte
„Ludlams=Gesellschaft" in Wien. Sie leitet ihren Namen
von dem Oehlenschläger'schen Drama: „Die Ludlams=Höhle"
ab, welches im Theater an der Wien aufgeführt, Anfangs
der 1820er Jahre einer schon bestehenden lustigen Gesell=
schaft zunächst Anlaß zu einem lebhaften Kunststreit gab,

der, unter Oehlenschläger's Theilnahme fortgesetzt, eine strictere statutenmäßige Organisation zur Folge hatte. Man wählte sich vor Allem ein Oberhaupt unter dem stolzen Titel eines Kalifen, bildete eine Kasse, den sogenannten rothen Fonds, ernannte Professoren verschiedener Facultäten und gründete zur Belebung der Unterhaltung nicht weniger als fünf humoristische Zeitungen! Denn die Blüthen der Wissenschaft und Künste und der Theaterwelt in der Kaiserstadt gehörten gar bald der Gesellschaft an.

Die Professoren hatten unter anderem das wichtige Amt, die Neuaufzunehmenden zu examiniren, denn nur kraft eines besonderen Examens konnten die Schatten, so nannte man die Aspiranten, Körper werden, d. h. wirkliche Mitglieder. Hatte der Aspirant das Examen bestanden — das Gegentheil ereignete sich nie — so mußten alle Ludlamiten ihre Köpfe in die Hände stützen und fünf Minuten darüber nachdenken, welcher Gesellschaftsnamen dem neuen Körper beizulegen. Es kamen regelmäßig sehr bezeichnende Namen heraus, obschon sie den nicht näher Eingeweiheten meist unverständlich blieben. So hieß Töpfer, der bekannte Lustspieldichter, Geist vom Hafnerberg; Grillparzer: Sophokles der Istrianer; der Dichter Zedlitz: Columbus Terturella; Friedrich Rückert: Voran der Geharnischte; Karl Maria von Weber: Agathus der Zieltreffer, Edler von Samiel; Saphir: Witzbold der Rebeller; Louis Rellstab, der auch Mitglied war: Spreesprung der Kühne; Holtey: Hudltei, Schirmherr der Abruzzen. Für die Unterhaltung sorgten, wie gesagt, zunächst fünf Zeitungen: die „Trattnerhof-Zeitung", so genannt, weil der Kalif im Trattnerhof wohnte; sie war, versteht sich in närrischer Weise officielles Organ; die „Fliegenden Blätter für

Magen und Herz", redigirt von Lambert; „der Kellersitzer"
und der „Wächter"; beide redigirt von Seiteles und Saphir
u. j. w. Außerdem schrieben die Dichter der Gesellschaft
bald Lustspiele, bald Lieder, die Musiker verfaßten Com=
positionen dazu und Eugen von Stubenrauch machte
sich einen Namen durch seine gelungenen Caricaturen. Nach=
mals wurde ein Preis auf eine Tragikomödie in drei Akten
ausgesetzt, wovon jeder einen anderen Verfasser haben mußte:
das Thema lautete: „Wahnsinn und Stockfischfang, oder die
Titel in Lebensgefahr." Der Gallimathias war bald fertig
und die darin vorkommenden Chöre, als Chor der Sardellen,
Chor der Ritter, Chor der Stockfische und der Schluß=
brunnenchor wurden von Moscheles und Carl Blum compo=
nirt. Man kann sich denken, welcher Unsinn zu Tage trat.
Auf diesen Zweck war eigentlich Alles zugeschnitten. So
besaßen die Ludlamiten auch ihre eigene Jahreseintheilung,
ihren absonderlichen Kalender.

Jahre lang hatte der Verein sein harmloses Treiben
fortgesetzt, als es dem Chef der Wiener Polizei, Hofrath
Persa, einfiel, in ihm eine geheime staatsgefährliche Ver=
bindung zu entdecken. In der denkwürdigen Nacht vom
26. auf den 27. April 1826 ward das ganze Nest aus=
genommen und gegen die Mitglieder eine Untersuchung ein=
geleitet. Ganz Wien, ja ganz Oesterreich lachte. Die
Regierung sah auch gar bald den Mißgriff Persa's ein und
befahl die Rückgabe der confiscirten Scripturen, Utensilien und
Kassenbestände, beharrte aber gleichwohl, um der wichtigsten
Behörde Metternich's doch kein allzu arges Dementi zu
geben, auf der Auflösung der Gesellschaft.

Unmöglich läßt sich diese Abhandlung schließen ohne
der Cölnischen „Faschingsnarren", des Cölner Carneval, näher

zu gedenken. Diese Gesellschaft besteht, so geht die Sage, seit die Gebeine der heiligen drei Könige in Cöln ruhen. Ihre jetzige Verfassung aber erhielt sie erst im Jahre 1823, wo sie noch in dem Geburtshause von P. P. Rubens in der Sternengasse tagte. Damals wurde die bezeichnende Sternenkappe eingeführt, welche die Cölnischen Stadtfarben „Weiß" und „Roth" neben den Narrenfarben „Gelb" und „Grün" trug, so thatsächlich dem Spruch: „Gleiche Brüder, gleiche Kappen" huldigend. Ohne diese Kopfzierde darf Niemand in einer Versammlung erscheinen. Die General-Versammlungen, welche den Namen „Großer Rath" führen und in einem reich und charakteristisch dekorirten großen Saale stattfinden, beginnen am Neujahrstage, von wo ab an jedem Sonntage bis Fastnacht eine Sitzung stattfindet. Die Einladungen dazu erfolgen durch witzige, geistreiche, meist im Cölnischen Dialekte abgefaßte Zeitungs-Annoncen. Der in der ersten Sitzung gewählte Präsident führt, um-geben von seinem närrischen Rathscollegium den Vorsitz. In dicht gedrängten Reihen, an langen mit Weinflaschen bedeckten Tischen nehmen die bekappten Vereinsgenossen Platz; Musik und Gesang eröffnen die Sitzung, worauf dann der Präsident (Prinz Carneval) seine Thronrede hält und einen Schlachtruf verkündet. Ein für jede Sitzung besonders er-nannter Protokollführer hat die Obliegenheit, das Ver-handelte in humoristischer Weise aufzuzeichnen; das Protokoll wird dann in nächster Sitzung vorgelesen, nach parlamenta-rischen Formen behandelt und nach erfolgter Genehmigung dem Carnevals-Archive einverleibt: Nun folgen Berichte über die Vorbereitungen zum Haupt-Feste, zum großen Zuge; alle Reden wechseln mit heiteren, vom Orchester begleiteten Gesängen ab, neue Civilisations-Ideen werden entwickelt,

die auswärtigen Angelegenheiten in hochernste Berathungen
gezogen, untersucht, ob die Stellung zu den Weltmächten
eine befriedigende ist, die fremden Gesandten werden empfangen. Orden, Würden und Ehrendiplome ausgetheilt.
u. s. w. So ruhig es im Saale ist während dieser Vor-
träge, so lebendig geht die Unterhaltung, so laut klingen die
Gläser, wenn die Musik spielt, oder eine Pause eintritt.
Da gibt es ein Winken, ein Gläserklingen, ein allgemeines
Zutrinken, keiner ist und bleibt dem anderen fremd, alle sind
unter der Kappe gleich; die Excellenz wie der mit dem ver-
traulichen „Er" und „Du" behandelte Urwähler dritter Klasse
ist nur Narr N. N. Wie wohlthuend, Geist, Witz und Humor
erweckend diese altberühmte Gesellschaft wirkt, davon gibt
insbesondere ihr mehr denn 600 Piecen enthaltendes Lieder-
buch den sprechendsten Beweis. Keine der vielen anderen
im übrigen Deutschland, wie in den Rheinlanden selbst, in
Mainz, Aachen, Trier, Frankfurt a. M., Wiesbaden u. s. w.
der Cölnischen nachgebildeten Carnevals-Gesellschaft, steht
an Zahl wie an Leistungsfähigkeit der letzteren gleich; sie
hat eine lange, in ihrer Art einzige, ja ruhmvolle Geschichte
hinter sich, hat von jeher die Goethe'sche Wahrheit begriffen:

> Ich liebe nur den heitern Mann
> Am meisten unter meinen Gästen;
> Wer sich nicht selbst zum Besten haben kann,
> Der ist gewiß nicht von den Besten.

X.

Die humoristische Spruchpoesie.

ei allen Völkern, in allen Zeiten treten uns Sprich=
wörter und Sinnreden entgegen, die als Resultate der
eigentlichen Volksvernunft und Volksmoral mit der jedes=
maligen Entwickelungsstufe eines Volkes in innigstem Zu=
sammenhange stehen, seine praktische Lebensweisheit in gleicher
Weise offenbaren, wie seine sittliche und religiöse Erkenntniß.
An ihrer Entstehung hat die Volkspoesie ebenso großen An=
theil als die Reflexion: gleich dem echten Volksliede ist das
Sprichwort, „Die Weisheit auf der Gasse," auf keinen
Urheber, auf kein festbestimmtes Datum zurückzuführen, es
entsprießt aus unsichtbarem Keime, wächst und geht unmerk=
lich in jedermanns Gebrauch über. Neben dem eigentlichen
Sprichwort her geht dann noch eine andere Form der
Spruchposie, die der Devisen und Motto. Diese allerdings
läßt sich auf bestimmte Zeitepochen zurückführen. Um vorab
bei diesen Benennungen, dem Sprachgebrauche, etwas näher
zu verweilen, so wird der Ausdruck „Devise" — von dem
altfranzösischen deviser, unterreden, abgeleitet — nur da
angewendet, wo die Worte in Verbindung mit einem Bilde
vorkommen, wogegen man den Spruch ohne Bild als

„Motto" — vom mittellateinischen muttire, laut werden — bezeichnet, dem Bilde ohne Wort oder Text dann die Bezeichnung: „Emblem" vorbehält. Dem wirklichen Sprichworte vielfach verwandt, bildet das Motto doch wieder eine nach Gegenstand, Art und Zweck verschiedene Gattung der Sinnsprüche. Bereits in der alten Welt treten uns einzelne Fälle des Gebrauchs der Devisen entgegen. Die Schilde der sieben Helden vor Theben, wie sie uns Aeschylus beschreibt, enthalten Bilder und Schrift; Kapaneus z. B. hatte auf seinem Schilde einen nakten, Feuer tragenden Mann mit goldener Inschrift, die besagte: „Ich werde die Stadt verbrennen." Der Völkerfürst Agamemnon führte, wie wir aus der Iliade wissen, einen Löwenkopf im Schilde mit der Inschrift: „Das ist der Schrecken des Menschen." Des großen Redners Demosthenes Schild trug die Inschrift: „Mit glücklichem Erfolge." Von fast sämmtlichen römischen und griechischen Klassikern sind uns Sentenzen überliefert, die sie mit Vorliebe in ihren Dichtungen, Reden, Briefen u. s. w. verwandten. So war Ovid und Catull der Spruch gemeinschaftlich: „Perfer et obdura" (Trage und dulde), den sich auch Horaz aneignete mit der Version: „Persta atque obdura." Properz sagt: „In magnis voluisse sat est" (In großen Dingen genügt schon der vorhandene Wille); Seneca: „Docendo discimus;" Juvenal das ihm so vielfach nachgesprochene: „Vitam impendere vero"; (Sein Leben der Wahrheit opfern). Von den römischen Kaisern sind vielfache Wahlsprüche überliefert; der des Augustinus war: „Festina lente" (Eile mit Weile). Auch Vespasian führte diesen Spruch und als Sinnbild dazu einen Anker, mit einem Delphin umwunden. Außerdem wird ihm der schöne Spruch zugeschrieben: „Von dem Fürsten

soll niemand trauernd hinweggehen." Bei den weströmischen
Kaisern war die Annahme eines Wahlspruches, wenn sie
zur Regierung gelangten, schon stehende Regel geworden
und die weströmisch=deutschen Kaiser folgten ihnen in dieser
Sitte streng nach. Die Kirche und die christliche Symbolik
kam ihnen dabei zu Hilfe. War die Kirche es doch ge=
wesen, welche dieselbe förmlich geheiligt hatte. Nach der
Legende der Kirchenväter Origines und Athanasius führte
schon der Erzengel Michael, als er mit Satanas um den
Leichnam Moses stritt, auf dem Schilde seinen eigenen
Namen mit dem Worte: „Quis ut Deus" (Wer ist wie
Gott) und setzte Satanas den hochmüthigen Spruch ent=
gegen: „Ascendam" (Ich werde höher steigen). Der Fisch
mit seiner bekannten Erläuterung durch den Namen Christi,
das Alpha und Omega neben dem Kreuzeszeichen oder dem
Monogramm Christi, der Hase in seiner griechischen Be=
nennung als Anspielung auf den Logos, der Hahn als
Sinnbild der Wachsamkeit, sind als wirkliche Devisen, Symbola heroica, zu betrachten. Das Christusbild selbst wurde
vielfach als Emblem verwandt, noch mehr das der heiligen
Jungfrau, letzteres insbesondere auf Ordenszeichen. Die
geistlichen Orden, sich durch äußere Abzeichen, durch Klei=
dung und besondere Symbole der geistlichen Würde unter=
scheidend, brachten eben die Devisen weiter in Aufnahme.
Aus ihnen entwickelten sich zu den Zeiten der Kreuzzüge
die weltlichen Ritterorden: des heiligen Grabes, des heiligen
Lazarus, der Johanniter, der Tempelherrn, die dann eben=
falls in ihren einzelnen Zweigen oder Zungen besondere
Wahlsprüche und Devisen annahmen. Mit diesen Orden
entstanden die Wappen, anfangs ganz willkührlich und harm=
los, dann aber im dreizehnten Jahrhundert nach bestimmten,

allgemein anerkannten Regeln gebildet. Mit ihnen kamen die Wappensprüche auf. Ursprünglich waren sie etwas rein Nebensächliches, das Turnierwesen aber bildete sie als etwas Wesentliches aus. Denn auf keinem Turnier durfte die Schilddevise fehlen, welche der italienische Graf Thesoro darum „die Philosophie des Edelmannes, die Sprache der Helden" nennt, im Gegensatz zu „der Weisheit auf der Gasse," dem von der Volkspoesie geschaffenen Sprichworte. Mit und neben den Turnieren und durch dieselben entstanden die Schlacht= und Feldrufe: „Cry de guerre, cry d'armes." Sie bezweckten eben die Ermunterung der zu einem Wappen, zu einer Mazzonnei gehörigen Streiter im Massenturniere, melée, und dann im engsten Kampfe selbst. Das „Dieux el volt" der Kreuzfahrer, das „Nostre dame Bourgogne" der Herzoge von Burgund, „Nostre dame Biern" der Grafen von Foy, das „San Jago" der Könige von Spanien, das „Ha Saint George" der englischen Könige, waren solche Schlachtrufe, wie im deutschen Mittelalter das bekannte „Hie Welf. Hie Waiblingen" in der Schlacht bei Weinsberg, und in neuester Zeit: „Hell auf, Tirol."

Zu Anfang des sechzehnten Jahrhunderts bildete sich die Konstruktion und Erfindung der Devisen zu einer förmlichen Wissenschaft der Symbolographie aus. Die erste Anregung dazu gaben die Italiener. A. Alciati schrieb 1522 zu Mailand ein bezügliches Werk „Emblemata," welches als der Hauptcodex dieser Theorie sogar noch heute in Ehren steht, und hundert Jahre nach seinem Erscheinen in Thuilius und Avrellus zu Pavia eifrige Kommentatoren fand. Dann folgte der sehr kompetente Paul Jovius mit seinen: „Ragionamenti sopra i motti e disegni d'arme o d'amore," dann, 1603, die „Iconologia" von C. Ripa, die mit dem 60 Jahre später dazu erschienenen Kommentar von Orlandi in die meisten europäischen Sprachen über= setzt wurde, deutsch 1669 zu Frankfurt a. M. Zu Aus= gang des sechzehnten und Anfang des siebzehnten Jahrhun= derts mehrte sich die Literatur in allen romanisch=germanischen Ländern, am meisten in Italien, wo Bargagli, Faeggio, Torgunto und Hektor Tassi, Chiocco, P. Aresius und vor vielen anderen noch Scipio Ammirati und der schon ge= nannte Thesauro die Hauptautoritäten sind; in Frankreich: Le Vasseur, Fr. d'Amboise, Menestrier und Waroquier de Combles (Traité des devises heraldiques, Paris 1783); in Deutschland: A. Junius (Emblemata, 1561), Typotius (Symbola divina et humana), Mannich (Sacra emble= mata, Nürnberg 1624), Jacob Masenius, Kurfürst Carl von der Pfalz unter dem Namen Philoteus (Symbola christiana, Frankfurt a. M. 1677), Zinkgreff, Jhering, J. Boschius und viele andere; in England: Goffry, Whit= ney, R. Farlan, Ayré (Emblemata armatoriä, London 1683); selbst Holland: F. Schoonhovius (Emblemata, Leiden 1626), Boxhornius (Emblemata poetica, Amster= dam 1651), Cats (Sinn= en Minne Beelden, Antwerpen 1626), Spinneker: Leersame Sinnebeelden. Das neueste, vollständigste, sein Thema geschichtlich und wissenschaftlich behandelnde Werk ist: Die Poesie der Sinnsprüche und Devisen von W. Wichmann, Düsseldorf bei J. Voß 1882.

Die Ehre der Erfindung der eigentlichen Devise machen sich Italien, Frankreich und Deutschland streitig.

Für Italien spricht der Umstand, daß im klassischen Rom das Motto, die Sentenz, bereits in frühester Zeit in der Gelehrtenwelt, wie bei den Kaisern Gebrauch und Sitte

gewesen; für Frankreich die Thatsache, daß die eigentliche
Devise dort zuerst öffentlich auf Wappen, Fahnen und
Standarten und den Ordensdecorationen in Schwung ge=
kommen; für Deutschland findet man den Grund darin,
daß es die älteste aller in gesetzliche Geltung gekommenen
Turnierordnungen besitzt, nämlich die, welche Kaiser Heinrich I.
im Jahre 933, unmittelbar nach seinem Siege über die
Ungarn, in zwölf Artikeln, wovon der Kaiser den ersten,
der Pfalzgraf Konrad „beim Rhein" den zweiten, der
Herzog Hermann von Schwaben den dritten, der Herzog
Berthold von Baiern den vierten, der Herzog Konrad von
Franken den fünften, vier von dem Kaiser und diesen
Fürsten ernannte „Turnier=Vögte" den sechsten bis zehnten
und des Kaisers Sekretair Philip die beiden letzten „gaben,
satzten und stellten." — als „Reichsordnung" einführte.
Wenn nun auch nicht in Zweifel zu ziehen, daß gerade die
Turniere, die hernach an dem glänzenden Hofe der Minne
und der Troubadoure König René's d'Anjou ihre höchste,
vollendetste Ausbildung fanden, am allermeisten dazu bei=
getragen haben, die Devisen in Geltung und Schwung zu
bringen, so ist ihnen doch der eigentliche Entstehungsgrund
nicht beizumessen; die Thatsache, der Usukapionsbesitz dürfte
hier entscheiden, und dieser spricht für Frankreich. Vor
dem Erscheinen der Könige aus dem Hause Valois in
Italien, Carl VIII. und Ludwig XII. 1494 und 1523
sind öffentliche Devisen dort nicht gesehen worden, wie Paul
Jovius, die größte Autorität auf diesem ziemlich weiten
Gebiete der Literatur, erklärt. Nur die Bervollkommnung
mißt er in seinem berühmten Werke: Ragionamento sopra
i motti e i designi d'arme e d'amore, welches 1590 zu
Venedig erschien, seinen Landsleuten bei. Um in wenigen

Zügen die dieserhalb aufgestellten Satzungen unsern Lesern näher vorzuführen, so soll der Sinn einer Devise im Allgemeinen sich auf die Gegenwart und Zukunft beziehen, niemals auf die Vergangenheit. Ein Unternehmen ist es, welches sie wie auch das Motto verkünden muß, eine vorgesetzte rühmliche That, ein großes Gefühl, eine edle Leidenschaft, nicht einen faktischen Hergang. Den König darf kein unanständiges, burleskes Sinnbild darstellen; bösartige Thiere, häßliche Gegenstände, Drachen, Kröten, Fledermäuse u. s. w. sollten ausgeschlossen bleiben, selbst Handwerksgegenstände, Hausgeräthe, Nadel und Scheere, Besen u. s. w. ließ man nur ungern zu. So mißbilligte man, daß die zur Reinigung der italienischen Sprache 1584 in Florenz gestiftete Academia della Crusca als Anspielung auf das Wort crusca, welches Kleie bedeutet, ein Mehlsieb zur Devise nahm, mit dem Motto: Il piu bel fior ne coglie!: So bleibt das Feinste!

Das Sinnbild soll ferner einen wirklichen Gegenstand, nicht bloß einen verkörperten Begriff darstellen. Man verwarf gänzlich die Erfindung Did. Saavedra's, die Vereinigung der Gerechtigkeit und der Gnade durch eine Zusammensetzung aus einem halben Adler und einem halben Strauß mit dem Lemma „Praesidia majestatis," die Stützen der Majestät, auszudrücken. Phantastische Figuren, Sirenen, Phönixe, Greife u. s. w. werden dadurch nicht ausgeschlossen, weil die Tradition ihnen ebensowohl eine bestimmte Gestalt als bestimmte Eigenschaften beilegt, ebenso mythologische Gestalten und Figuren nicht; die bloße Menschengestalt selbst aber war verbannt, weil eben die Devise ihren Gegenstand nicht unmittelbar, sondern stets sinnbildlich und durch Steigerung seiner Eigenschaften ausdrücken soll. Je

16*

mehr Bewegung im Bilde herrschte, desto mehr pries man dessen Erfindung, es mußte aber vollkommen verständlich sein. Die schöne Devise, in welcher Maria Stuart den Tod ihres Gemahls, Franz II., beklagte: Dulce meum terra tegit, Meine Süßigkeit deckt die Erde, fand deshalb Tadel, weil das dazu gehörige Bild, die Süßholzstaude, zu schwer erkennbar; ebenso auch die sonst sinnreiche Devise des Grafen Essek: ein roher Diamant mit dem Lemma: Dum formas, minuis, Abschleifen verkleinert. Deshalb sind auch Bilder ausgeschlossen, die nur erst durch die Farbe erkennbar sind. Vereinigten sich mehrere Objekte in einem Bilde, dann sollten diese in einer ganz bestimmten, leicht erkennbaren Beziehung zu einander stehen. Die Devise Almeida's, des Gründers der portugiesischen Herrschaft in Indien: der Mond mit Sternen umgeben und der Inschrift: Praestat tot milibus una, Er allein mehr, als Tausende, erschien daher völlig annehmbar; der Medizäer hingegen, welcher die Erdkugel und ein Steuer in demselben Bilde verewigt hatte, fand weniger Beifall. Noch unzutreffender war die Devise eines Hofmanns Tavora aus der engeren Umgebung Königs Johann IV. von Portugal, die den Polarstern zwischen einer aufgehenden und einer untergehenden Sonne zeigte, begleitet von den Worten: Cum surgit et occidit, adsum, beim Auf= und Niedergang gegenwärtig. Beim Aufstehen sowohl als bei dem Niederlegen des Königs konnte Tavora füglich zugegen sein, den Auf= und Untergang der Sonne dagegen nicht gleichzeitig schauen.

Für das Wort, Lemma oder die Seele der Devise, gab es nicht minder bestimmte Regeln. Erstes Erforderniß war, daß das Lemma sich ebenso bestimmt auf das Sinnbild, als auf den Inhaber der Devise beziehe, auf ersteres

in unmittelbarer, natürlicher, auf die Person in metapho=
rischer Weise. Das Wort durfte nur zu der bestimmten
Figur, nicht auch zu beliebigen anderen passen. So hätte
z. B. das Motto König Eduard's von Portugal: Loco et
tempore, Nach Zeit und Ort, freilich nicht blos zu der
gewählten Figur einer Schlange, sondern auch zu jeder
anderen angewendet werden können. Der Name der Figur
selbst soll im Lemma nicht wörtlich vorkommen. In der
Devise, welche das Haus Colonna nach seiner Verbannung
aus Rom durch die Orsini's und die Welfenpartei annahm:
Schilfrohr in bewegtem Wasser mit dem Lemma: Flectimur,
non fragimur undis, durch Fluth gebeugt aber nicht ge=
brochen; hätte daher das Wort undis fortfallen müssen.
Eben so wenig soll der Sinnspruch dasselbe aussagen, was
schon das Bild selbst zu erkennen giebt, oder umgekehrt den
ganzen Sinn der Devise allein in sich schließen. Daher
tadelte man die Devise Odet Lautrec's, des französischen
Feldherrn, der sich einen Ofen erwählte, aus welchem Rauch
aufsteigt mit dem Lemma: Dove e gran fuoco e gran
fumo, Wo großes Feuer, da großer Rauch, weil Kör=
per und Seele hier genau dasselbe aussprachen; rühmte
aber die Wahl des Grafen von Soissons: eine ge=
spannte Pistole mit dem Lemma: Si tangar, Wenn ich
berührt werde, wegen der innigen Verbindung des Wortes
und Bildes.

Vollständig verworfen wurde jene Art der Verbindung
zwischen Wort und Bild, die man jetzt Rebus nennt, und
die den alten Turnieren ihre erste Entstehung verdankt.
Ein solch' vollständiger Rebus z. B. war die Devise der
bretagnischen Adelsfamilie de Kergos: M. qui T. M., wel=
ches aime qui t'aime, Liebe den, der Dich liebt, gelesen

werden sollte. Verzeihlicher, weil interessant, war schon
die Verbindung des Grafen Villa Mediana, mit der er
auf einem Hofturnier in Madrid erschien: einige Gold=
münzen auf dem Schilde mit der Umschrift: „mis amores
son." Da nun diese Münzen reales hießen, so konnte die
Anspielung auf seine Leidenschaft für die Königin, mis amores
son reales, Meine Neigungen sind königlich, nicht zweifel=
haft bleiben. Auch Annibale Carracci's bekanntes Bild,
wo durch den Sieg Amor's über Pan die alte Wahrheit
ausgedrückt wird: Die Liebe überwindet Alles, (παν) be=
stand die Probe nicht.

Die Kürze galt und gilt als Hauptverdienst eines
Lemma, doch sollte der Spruch jedenfalls aus mehr wie
einem Worte bestehen. Drei waren Regel; sechs wurden
schon getadelt. Wir werden zahlreiche, und nicht unglück=
liche Ausnahmen kennen lernen.

Eine vielversprechende Dunkelheit war daher nicht nur
unvermeidlich, sondern zumeist ein Reiz mehr. Am liebsten
ließ man das Zeitwort weg: der Gedanke mochte es ersetzen.
Rigoristen verlangten, daß das Lemma nur in der ersten
oder dritten Person spreche, nie in der zweiten. Daher tadelte
man die Devise N. Orsini's: ein Stachelhalsband mit den
Worten: saucias et defendis, Du verwundest und schützest.

Ob man die Landessprache oder die lateinische vor=
ziehen sollte, darüber waren die Meinungen sehr getheilt.
Am lebendigsten vertrat der französische Musikschriftsteller
Marei Antoine Charpentier 1683 die erstere Ansicht; seine
guten Gründe konnten jedoch nicht gegen den großen Vor=
theil aufkommen, daß keine neuere Sprache es gestattet, in
wenigen Worten so viel zu sagen, als die darin so unge=
mein glückliche des alten Roms. Als ein vollkommenes

Muster aller dieser Eigenschaften gilt die schöne Devise, in der man den frühen Tod eines viel versprechenden königlichen Kindes beklagte: ein Blitz in der Wolke mit den Worten: Morior dum orior, Vergehen im Entstehen. Hier ist die Antithese vollständig und beide Theile des Gedankens stehen in seltenem Gleichklange und Ebenmaße einander gegenüber.

In dieser Weise war die Erfindung der Devisen eine bestimmten Gesetzen unterliegende Kunst geworden. Wie sehr darauf gehalten wurde, geht aus dem Tagebuche des Lautenschlägers Wolf Wolfrath hervor, wo mitgetheilt wird, daß auf dem Turnier, das 1650 in Wien stattfand, nicht bloß für die Siege in den Kampfspielen, sondern auch für die sinnigsten Sprüche der Ritter Lorberkränze als Dank verabreicht wurden. So erklärt sich's denn auch leicht, weshalb die Ehre der Erfindung dieser Poesie gleichmäßig von drei Völkern in Anspruch genommen wurde. Unbedingt muß man Italien den Ruhm zuerkennen, die schöne Sitte zuerst zu einer förmlichen Poesie ausgebildet zu haben.

Wie jedwedes edle Gefühl und in höchster Potenz das der Weltverachtung und Trauer in dem Motto und der Devise seinen Ausdruck gefunden hat, so auch das Extrem, die Satyre, der Witz und der Humor. Kaiser Carl's V. stolzes, zu den Säulen des Herkules gewähltes Motto: „Plus ultra" (Mehr, weiter), erfuhr, als er 1552 die Belagerung von Metz aufheben mußte, eine Verspottung durch die Devise eines an diese Säulen festgebundenen Adlers mit dem Lemma: „Non ultra metas" (Nicht über die Grenzen hinaus), das zugleich das Wortspiel enthielt: „Nicht über Metz hinaus." Ludwig XIV. führte als Symbol bekanntlich den Adler mit dem gleichfalls sehr stolzen Motto

„Nec pluribus impar." Nach der Einnahme von Casale durch die Oesterreicher und ihre Aliirten verspotteten die Holländer ihn durch eine Medaille, die einen von vier Hunden gehaltenen Eber zeigte mit der Unterschrift: „Pluribus impar" (Mehreren nicht gewachsen). Das Lieblings=Emblem des Roi-Soleil, die Sonne, verspotteten sie in der Weise, daß sie den König als Sonne über einen holländischen Käse abbildeten, mit der Unterschrift Stabat, Er (oder sie) stand. Ludwig antwortete mit einer Gegenmünze, die eine abgezogene Löwenhaut und sieben Pfeile darstellte.

Die Holländer zeigten sich überhaupt groß in dieser Art von Kriegsführung. Auch den Untergang der Armada Philipp II. verspotteten sie durch eine Medaille, welche die untergehende Flotte an einem Felsenschloß zeigte, mit der Deutung: „Allidor, non lædor;" (Ich stoße an, aber verletze nicht.) Eine andere Spottmünze stellte den Papst mit Bischöfen und Cardinälen, den Kaiser und den König von Spanien dar, wie sie mit Binden über den Augen und Ohren im Rathe versammelt sitzen. Die Ueberschrift citirt den Vers von Lucrez: „O cæcas hominum mentes, o pectora cæca", O ihr blinden Geister und Herzen der Menschen, und die Umschrift dann den Spruch aus der Apostel=geschichte: „Durum est, contra stimulos calcitrare," Es kommt hart an, wider den Stachel zu lecken. Der Revers zeigt wieder eine im Untergang befindliche Flotte mit der Ueberschrift: „Veni, Vidi, Vici" und die Umschrift: „Tu Deus magnus magna facis, Tu solus Deus." Fast ein jedes erhebliche Ereigniß in der Geschichte Hollands ist durch eine Denkmünze mit bezeichnendem Motto ausgezeichnet. Nach der Befreiung der Niederlande, 1609, er=schien eine Gedächtnißmünze, welche im Avers einen auf einer durchlöcherten Trommel schlafenden, seiner Rüstung entkleideten Soldaten darstellt, mit der Rundschrift: „Quiesco" Ich ruhe; auf dem Revers dann einen vor seinem Pulte eingeschlafenen Kaufmann, dem Merkur, ihn bei den Ohren zupfend, zuflüstert: „Plus vigila," Sei mehr wachsam. Als 1617 der Streit zwischen den religiösen Sekten der Gomaristen und Remonstranten so heftig entbrannte, daß der Federkrieg zu einem Waffenkampf auszuarten drohte, mahnte man zur Eintracht mit einer Medaille, die, einen mit zwei Ochsen pflügenden Landmann darstellte, dem der gute Rath ertheilt wird: „Aequo trahite jugo"; dann zwei auf dem Meere schwimmende Töpfe mit der ebenso gut angebrachten Wahrheit: „Frangimur, si collidimur," Wir zerbrechen, gerathen wir aneinander.

Im Jahre 1650 machte der Prinz von Oranien einen verfehlten Versuch, sich der Stadt Amsterdam zu bemächtigen; als er bald darauf starb, verewigte man beide Ereignisse durch eine Medaille, die gleichwohl von Satyre nicht frei. Der Avers stellt die aus dem Meere aufsteigende Sonne dar, im Hintergrunde die Stadt Amsterdam. Auf dieselbe springt ein Roß zu, dessen Decke auf der Mitte die Worte enthält:

Unio, religio,

und darunter im Arabeskenrande:

Simulant,
Sie heucheln.

Als Umschrift ist der Vers aus der Aeneide gewählt:

Crimine ab uno disce omnia,
Lerne aus einem Vergehen alle.

Auf der Rückseite sieht man die Stadt Haag, auf

welche der Leichenzug des Prinzen sich hinbewegt, darüber
den Sturz des Phaeton mit dem ovidischen Halbverse:

Magnis excidit ausis,

Er fiel aus großen Wagnissen heraus,

als Umschrift. Der durch die Siege der vereinigten Flotten
Hollands und Dänemarks unter Admiral Ruyter 1659
vereitelte Anschlag des Königs von Schweden Carl X. Gustav
auf Kopenhagen wurde symbolisirt und karrikirt durch eine
Münze, die auch in Dänemark Cours erhielt als dänische
Mark und auf der Hauptseite deshalb den verschlungenen
Namenszug König Friedrich III. mit einer Krone darüber
zeigte; auf dem Revers dieselbe Krone, auf welche eine
Hand (Schweden) zugreift, die aber von einem Schwerte
(Holland) durchhauen wird. Die Umschrift lautet:

Soli Deo Gloria,

Gott allein die Ehre.

Schweden war überhaupt mehrfach der Gegenstand der
Verspottung auf holländischen Münzen. Als man versuchte
Dukaten aus schwedischem Golde geprägt, in Umlauf zu
setzen, gaben die Holländer eine kupferne Spottmünze aus,
welche auf einer Seite vergoldet war. Sie hatte die
Aufschrift:

Aus Nord kommt Gold;

die andere unvergoldete Seite besagte:

War wenig.

Die Flucht König Jakob's II. von England wurde
gleichfalls Gegenstand einer satyrischen Medaille, welche den
König mit geflügelten Hirschfüßen verhöhnte und das Datum
12. Juli 1690 trägt.

In Deutschland gaben die vielen Parteikämpfe und
Kriege unsern Fürsten und Reichsstädten beständig Anlaß

und Gelegenheit, ihrem Humor in geprägter Form freien Lauf zu lassen. Magdeburg ließ z. B. die sehr selten gewordenen Interims = Thaler als Spottmünze ausprägen, worauf Johannes Jesum tauft, mit den Worten:

Dit is man leve Son, den söll man hoire,

und auf der Kehrseite den Teufel:

Pate dir Satan, du Interim.

Die Stadt Ulm schlug auf ihre Befreiung von den französisch=bayerischen Truppen eine Münze mit der Inschrift:

Ulma ab Oui Oui, suibusque liberata.

Die interessanteste und die damalige Zeit am besten charakterisirende Erscheinung auf diesem Gebiete ist aber wohl das berühmte Münzgefecht, welches der Herzog Heinreich Julius von Braunschweig mit seinen widersetzlichen Lehnsvasallen 1599 führte, worüber im folgenden Aufsatze das Nähere.

Und so ließen sich noch manche interessante geschichtliche Beispiele liefern. Ein Kameel, das mit dem Fuße eine Quelle trübt, mit dem Motto: Le trouble me plait, Ich liebe das Trübe — auf einen intriguirenden Staatsmann Propior non major, Näher nicht größer — auf einen kleinen Fürsten ein Ballon — Todo es viento, Alles Wind, — auf einen Hofmann; ein Seidenwurm, der aus dem Cocon kriecht: Et feci, et fregi, Ich schuf und zerstörte ihn — auf einen gestürzten Günstling; ein Blutegel: Et dum satiatur adhæret, Anhänglich, bis er satt ist, — auf einen ungetreuen Freund eine Thür: Son porta a chi porta, Offen für den, der bringt — auf einen ungerechten Richter; — das waren seiner Zeit mehrfach angewandte Spottdevisen. Eine solche hat wohl nie einen schärferen Ausdruck gefunden, als in dem Motto des brandenburgischen

Kanzlers von Breitenbach (1558): Judex injustus perni-
ciosissima bestia, Ein ungerechter Richter ist das gefähr-
lichste Raubthier! Ein Schulmeister, der zu hohen Ehren
gelangt war, wurde illustrirt durch einen Baum mit dem
Lemma: Virgo fuit, Aus einer Ruthe; den Heuchler deutete
man an durch ein Krokodil: Devorat et plorat, Er ver-
schlingt und weint; den beschwerlichen Liebhaber durch ein
— Schwein, das an eine Blume riecht: Non huelo para ti,
Ich rieche nicht für Dich. Die Jetztzeit hat diese Aus-
drucksweise des Humors vollständig überwunden oder verlassen, wie überhaupt die ganze Romantik des Mittelalters.
Daß damit ein guter Theil ächter wahrer Poesie und auch
Humors dahin geschwunden, ist gewiß. Retten wir den
Rest, indem wir unter den Epigonen den Sinn für die
alten Familientraditionen neu beleben.

XI.

Die Spott=Münzen des Reformations=Zeitalters.

———

Der Gebrauch, die wichtigsten Staats= und Weltbegeben=
heiten durch besondere Gedächtnißmünzen zu feiern und zu
verewigen, ist ebenso alt, als der Gebrauch der Münze selbst;
weniger aber die Sitte, die Münze zur Satyre und Ver=
spottung und Carrikatur anzuwenden, obschon das späte
Alterthum, wie uns Flögel in seiner Geschichte des Grotesk=
Komischen versichert, Münzen mit grotesken Figuren vielfach
kannte. Er erwähnt einer Medaille aus dem Cabinet Lud=
wig's XV., welche die entschieden grotesk=komische Abbildung
einer Chimäre enthält, ferner einer solchen, die einen Oedipus
vor der Sphinx in parodischer Weise darstellt. Bekannt ist
die Spinthria, eine altrömische Münze von Silber, Erz
und Blei, welche im Avers ein Paar in zärtlicher Um=
armung darstellt, im Revers einen Kranz mit einer römischen
Zahl aus der Reihe I—XII. Sie wurde zu Geschenken
bei der Feier der Saturnalien, auch zu obscönen Ver=
zierungen verwendet, wie uns Suetonius beim Tiberius
Cap. 43 erzählt. Die meisten sind auf der Insel Capri
gefunden worden, wo eben Tiberius sein sanssouci oder
sanshonte hatte. Doch waren derartige Münzen sehr selten;

erst im Mittelalter fangen sie an, häufig und gebräuchlich zu werden. Damals waren es das Hofleben der Fürsten, das Gebahren der Städtetyrannen, die Ausartungen des hohen und niederen Clerus, die Kämpfe auf religiösem und politischem Gebiete, selbst auch besondere kirchliche und Volks= feste, welche vorzugsweise zur Prägung humoristischer und satyrischer Münzen Anlaß gaben. Doch gab es auch viele, welche die Schwächen des Volkes oder der Menschheit im Allgemeinen lächerlich zu machen suchten. Dahin gehört z. B. der braunschweigische Glücksthaler, von Herzog Friedrich Ulrich 1623 geschlagen. Er stellt auf dem Avers in vier Feldern die Jagd, die Fischerei, den Bergbau und die Alchemie vor, letztere durch ein Laboratorium, worin der Adept nicht fehlt. Zwischen diesen Feldern stand die ins Kreuz gesetzte Aufschrift: Die Menschen in der Welt trachten also nach Geld. Der Revers enthält die For= tuna mit fliegendem Segel in der Hand auf einer Kugel stehend; im Hintergrund ein Schiff und Felsen in der See mit der Umschrift: „O ihr Narren alle Vier, was ihr sucht, das findt ihr hier." Einen ähnlichen „Glückstopff= thaler" hatte der Rath von Regensburg 1586 prägen lassen: auf der einen Seite einen possirlich gekleideten Har= lekin mit aufgehobenen Händen zwischen zwei Glückstöpfen, mit der Umschrift: Fortuna parit gaudium; auf der anderen die Aufschrift: Ein ehrbar Rath nach'n Stahlschiessen in Glückshafn mich müntzen liessen. Der Zweck dieser Münzen war unverkennbar eine Aufmunterung, dem Glücke die Hand zu bieten bei den damals allgemein aufkommenden Lotterien, Glückshäfen, auch Glückstöpfe genannt. Mehr satyrischer Art waren die sogenannten Schmiergulden, welche auf die Bestechlichkeit (vulgo Schmieren) anspielten.

Es gibt zweierlei Sorten. Die eine zeigt auf dem Avers eine Hand, die ein Stück Geld darbietet, mit der Inschrift: Komstu mir so, auf dem Revers ein Gesicht, welches durch die Finger sieht: So komm ich dir so; die andere stellt ganz dasselbe mit dem getheilten lateinischen Pentameter dar, Avers: „Nummus ubi loquitur“, Revers: „Tullius ipse favet.“ Man trifft ganze, halbe und viertel Gulden an, selbst Doppeldukaten. Allgemein humoristisch=satyrischen Inhalts waren auch die „Stockfischthaler“, so Herzog Heinrich Julius von Braunschweig 1612 prägen ließ. Der Avers zeigt einen Block, worauf ein Stockfisch von zwei Händen mit Hämmern geklopft wird, und die Umschrift: Non nisi contusus. Der Revers enthält die Inschrift: Wan man Stockfisch geniessen sol, muss man ihn zuvor klopfen wol, So findet man viel fauler Leut, die nichts thun, wenn man sie nicht blewt. Ein Hamburger Gulden von 1620 scheint dem nachgeahmt zu sein. Auf dem Avers wird ein Stockfisch auf dem Blocke von fünf Händen mit Schlägeln geklopft mit derselben Umschrift: Non nisi contusus, der Revers zeigt einen Tisch, auf welchem in einer Schüssel fünf Stockfische zugerichtet liegen, mit der Umschrift: alius et idem. Im Jahre 1694 gab die durch den Kornwucher in Schlesien entstandene Theuerung Anlaß zur Ausprägung eines Gulden, der eben den Wucher verspottete. Der Avers stellt einen Juden mit einem Kornsacke auf dem Rücken dar, obenauf sitzt ein Teufelchen, das mit der einen Kralle ein Loch in den Sack reißt, so daß die Körner herauslaufen, mit der anderen nach dem Juden schlägt. Die Umschrift lautet: Du Korn Jude, unten im Abschnitte stehen die Worte: Theure Zeit. Der Revers enthält einen Scheffel, auf dessen Rändern steht: Wer Korn inhelt, dem

fluchen die Leuthe, Aber Segen über den, so es ver-
kauft. Unten „Spr. Sal. XI. 26."

Vorzugsweise waren es tief eingreifende religiöse und
politische Bewegungen, welche das Erscheinen der Spottmünzen
veranlaßten. Deshalb ist auch das Zeitalter der Refor=
mation am reichsten daran, denn beißender Spott und bittere
Satyre gehören in einer Zeit „wo die Geister aufeinander
platzen," zu den wirksamsten Waffen.

Zu derselben Zeit, da Lucas Kranach unter dem Titel
„das Passionat Christi und Antichrist" ein geistreich
ausgearbeitetes, von unerhörtem Erfolge gekröntes Kupfer=
werk herausgab, welches auf der einen Seite den Glanz
und die Pracht des Papstes, auf der anderen die Demüthi=
gung und die Leiden Christi darstellte, und zu welchem
Luther selbst die Unterschriften lieferte, gingen auch plötzlich
seltsam dreinschauende Geldstücke von Hand zu Hand, bei
deren Betrachtung der Jesuit Joubert sich veranlaßt fühlte:
„daran zu erinnern, daß man mit den echten Münzen
der römischen Päpste diejenigen nicht vermengen möge,
welche die Feinde des römischen Stuhls, damit sie dem=
selben Schimpf erweisen oder wehe thun möchten, erdichtet
haben."

Von diesen „Spottmünzen," wie sie genannt wurden,
schrieb auch der Jesuit Grether in seinem Buche „De Cruce"
folgendermaßen: „Wiewohl man gar viele Wege und Ge=
legenheit hat, etwas unter die Leute zu bringen, so ist doch
die Manier, solches durch Münzen zu thun, die bequemste,
darum vornehmlich, weil das Geld bei Jedermann ange=
nehm ist und also auch die innersten Winkel durchkreucht.
Das haben die Ketzer unserer Zeiten sich wohl zu Nutze
gemacht, und nicht allein mit Büchern, Gemälden und

Statuen die Päpste, Cardinäle, Bischöfe, Priester, Mönche,
Nonnen und insgemein alle unsere geistliche Orden auf's
Schmählichste durchgezogen und aller Welt zum Spotte
gesetzet, sondern auch dieses ihr unverschämtes Wesen
durch Münzen allenthalben um so viel leichter ausgebreitet,
je weiter das Geld zu gehen pfleget. Ich erschrecke, wenn
ich der Bilder gedenke, die ich gesehen habe, und schäme
mich, daß unsere Zeiten mit dergleichen schandbaren Erfin=
dungen verunehret werden."

Er beschreibt nunmehr eine solche Münze, deren Um=
schrift gelautet habe: „Falsche Lehr gilt nit mehr," und
äußert sich dann weiter: „Mit dieser Schrift hat es seine
gute Richtigkeit, wenn man nur einen einzigen Buchstaben
verändert, nämlich auf die Art: ‚Falsche Lehr gilt nie
mehr.‘ Inmassen die falsche Lehre niemals in größerem
Werthe und Hochachtung gewesen, als nachdem die Abtrün=
nigen eine neue Lehre und neue Münze ausgeheckt haben.
Eine andere Münze zeigt einen Cardinal, welcher umgekehret
einen Narren (das ist: einen Lutheraner oder Calvinisten!)
präsentiret, mit dem Spruche des Königs David: ‚Et stulti
aliquando sapite,‘ das ist: ‚Wann wollt ihr Narren doch
klug werden.‘ Der Revers aber stellt vor den Römischen
Papst in seiner dreifachen Krone; umgekehrt kriechet der
Teufel aus einem Ey: das ist derjenige, so diese Münze
verfertigt hat; und hat sich selbiger einen ihm bequemen
Lobspruch beigesetzet: ‚Mali corvi malum ovum,‘ das ist:
Ein böser Rabe legt ein böses Ey. Das ist wahr. Aber
du eben bist ein so böses Raben=Ey, und werth, daß dich
die Raben fressen, ist auch Zweifel, wenn du nicht Buße
gethan hast, du werdest nun den höllischen Raben zur
Speise dienen."

Von Seiten der Katholiken gab vorwiegend Luthers Heirath Anlaß zu derartigen Verspottungen; wir heben unter mehreren darauf bezüglichen nur die eine hervor, wo der Avers den Reformator im aufgeschürzten Mönchsgewand und Katharina von Bora zeigt, beide einander fratzenhaft küssend, der Revers stellt die ihrem Gelübde untreu gewordene Nonne mit zwei Dämonen auf Haupte und Nacken dar. Auf Calvin erschien eine Spottmünze mit der Umschrift: Joan. Calvinus. Haeresiarch. Pessimus. Sie enthielt ein höchst fratzenhaftes Doppelgesicht, einmal die Stirne mit einem Predigerhut, das andere Mal mit Bockhörnern und Narrenschleifen geschmückt. Die Protestanten blieben die Antwort nicht schuldig: 1549 erschien eine Kehrmünze, deren Avers einen Kopf mit der Papstkrone zeigt; kehrt man ihn um, ist's ein Teufelskopf mit Hörnern; die Umschrift lautet: Du bists. Der Revers zeigt die große Babylonierin, sitzend mit einem Kelche in der Hand, und die Umschrift: „Offenbarung Johannis 17." Sie ist von Dreiergröße.

Wie sehr die Urheber dieser Münzen ihren Zweck erreicht, und welches Aufsehen und Aergerniß dieselben im anderen Lager gaben, beweist ferner der Umstand, daß der Herzog von Braunschweig dem Kurfürsten Friedrich von Sachsen neben der Einnahme des Bisthums Naumburg in bittersten Worten auch die Verwegenheit des Nicolaus von Amsdorf vorhielt, welcher eine Münze habe prägen lassen, deren Avers einen Cardinalskopf und an demselben umgekehrt einen Narrenkopf gezeigt habe, mit den Umschriften: „Effigies cardinum mundi" („Bildniß der Thürangeln der Welt oder der Cardinäle") und „Effoeminati dominabuntur eis" („Weibische Männer werden über sie herrschen").

Die berühmteste der damaligen Spottmünzen, deren Original in Luthers Geburtshause zu Eisleben aufbewahrt wird, enthielt auf dem Avers einen Papstkopf, der umgekehrt ein Teufelskopf wurde mit der Umschrift: Ecclesia perversa tenet faciem diaboli, Die verkehrte Kirche trägt das Antlitz des Teufels. Auf dem Revers verkehrte sich ein Kopf mit dem Cardinalshute beim Umdrehen in einen Narrenkopf mit Schellenkappe und die Umschrift lautet: Stulti aliquando sapientes, Weise sind zuweilen Narren ähnlich, was man aber auch umgekehrt lesen konnte: Narren sind zuweilen Weise. Diese Münze war auch mit dem Kopfe des Herzogs Alba (statt dem des Cardinals) im Umlaufe und ferner mit den Sprüchen: „DES . PAPST GEBOT . IST . WIDER . GOT . MDXLIII. — DER . DVCK . D. . ALBA . DURCH . SEIN . NARHEIT . HAT . NICHTS . AVSGEBRICHT . DAN . BOSHEIT.“

Dieselbe Erfindung mit den umgekehrten Gesichtern ist später noch oft angewendet worden, auf Cromwell und Fairfax, 1866 auf Gablenz und Benedek, 1870 auf Napoleon III.

Bekannt durch seine vielen derartigen Frivolitäten ist der „tolle“ Herzog Christian von Braunschweig. Aus der silbernen Statue des h. Liborius im Dome zu Paderborn ließ er die berühmten Thaler schlagen mit der Umschrift· „Gottes Freund, der Pfaffen Feind“. Dabei dankte er dem Heiligen, daß er so lange auf ihn gewartet habe! Aus den silbernen Statuen der zwölf Apostel prägte er Geldstücke mit dem Bibelspruche: „Gehet in alle Welt.“ Selbst als er in der Schlacht von Fleury einen Arm verlor, den er sich vor dem ganzen Heere unter Pauken- und

Trompetenschall abnehmen ließ, gab ihm das Anlaß zu einer neuen Spottmünze mit der Umschrift:

Verlier' ich gleich Arm und Bein,
Will ich doch Feind der Pfaffen sein!

Kriegerische Ereignisse riefen am häufigsten derartige Gedächtnißmünzen hervor. Die bekannteste ist die von Elisabeth von England auf den Untergang der Armada Philipps II. von Spanien ausgemünzte Medaille mit der Umschrift: „Afflavit deus et dissipati sunt." Als die Spanier 1569 von den Holländern unter dem Prinzen von Oranien einige Nachtheile zur See erlitten, ließen letztere gleichfalls eine Medaille schlagen, welche auf der einen Seite das Brustbild des Königs mit der Umschrift: Philippus II. Dei gratia Hispaniarum Rex Catholicus trägt, auf der andern eine große verwickelte Schlange mit einem Stachel in der Zunge und im Schweif, um welche die Buchstaben: G. E. V. X. (Geux=Geusen).

Am allermeisten von allen deutschen Fürstenhäusern cultivirte aber das braunschweiger derartige Münzliebha=bereien nach dem Beispiele des schon genannten tollen Christian. Bekannt sind die braunschweiger Glücksthaler, die von mehreren Herzogen in Umlauf gesetzt wurden und sich lange darin erhielten. Sie zeigten auf der einen Seite Jäger, Fischer, Alchemisten und Bauern mit der Um=schrift: „Die Menschen trachten so nach Geld;" auf dem Revers war die Glücksgöttin Fortuna abgebildet mit den Worten: „Ihr Narren alle vier, was ihr sucht, das findet ihr hier."

Die Herzoge Rudolph August und Anton Ulrich, die mit allerdings seltener Eintracht Braunschweig von 1666 bis 1704 gemeinschaftlich regierten, ließen auf diese ihre

brüderliche Eintracht Münzen schlagen mit der Legende aus
den Psalmen: Dulce est fratres habitare in unum. Ihr
Vorgänger Herzog Julius suchte, wie Herzog Ernst I. von
Gotha durch Münzen seine Unterthanen fromm zu machen
sich bestrebte, so die seinigen solchergestalt zur Sparsamkeit
anzuleiten. Er ließ Stücke von zwei bis zehn Species
Thaler ausprägen und von allen Einwohnern des Landes
ohne Unterschied des Ranges und Standes einen einlösen:
dieser durfte nicht ausgegeben und mußte alljährlich vorge=
zeigt werden. Es sollte eben ein Nothpfennig sein. Diese
Münzen trugen die Devise des Herzogs: Aliis inserviendo
consumor. Sie sind in Braunschweig bekannt unter dem
Namen Juliuslöser. Sein Sohn Heinrich Julius
(1589—1613) trieb diese Münzliebhaberei am allerweitesten.
Fast jedes wichtige Ereigniß seiner Regierung verewigte er
durch Gedächtnißmünzen.

Am berühmtesten ist das Münzgefecht, welches er mit
seinem Adel führte, der ihn wegen Beeinträchtigung der
landständischen Rechte beim Reichshofrathe in Wien verklagt
hatte. Zuerst ließ er 1595 den „Rebellenthaler" aus=
münzen, auf dessen Avers der wilde Harzmann steht, eine
brennende Fackel in der rechten, einen doppelspitzigen Pfeil
mit Widerhaken in der linken Hand. Unter ihm ein in den
Pfeil beißender Hund, aus dessen Unflath ein Rosenstengel
emporwächst. Neben dem Manne steht die Jahreszahl,
zwischen den Rosenblättern N. M. T. (noli me tangere),
neben dem Pfeile D. C. S. C. (durum contra stimulum
calcitrare). Die Umschrift enthält Namen und Titel des
Herzogs mit seiner Devise P. P. C. (pro patria consumor).
Auf dem Revers ist innerhalb eines Kranzes von Wappen=
schildern die Rotte Korah, Dathan und Abiran zu sehen,

die sich gegen Moses und Aaron empören und darum von
der Erde verschlungen werden. Oben die strahlende Herr=
lichkeit Gottes, dabei die Buchstaben: N. R. M. A. D. J.
E. S. (non recedet malum a domo ingrati et seditiosi).
Der Hund sollte das Wappen der Herren von Asseburg,
der Rosenstock das derer von Stockheim, die Rose das der
Familie von Saldern bezeichnen. Diese verklagten deshalb
den Herzog noch besonders beim Kammergerichte, aus dessen
Acten auch diese, sonst gewiß schwer zu enträthselnde Er=
klärung genommen ist. Der Herzog kümmerte sich nicht
darum und ließ gleich im folgenden Jahre den „Lügen=
thaler" schlagen, dessen Hauptseite bloß Namen und Wap=
pen enthält, wogegen auf der Rückseite ein liegender Löwe
(Braunschweig), der einen Steinbock in den Vordertatzen
hält, von einem Engel gekrönt wird. Hinter ihm wächst
eine Rose auf einem dürren Stocke. Die innere Umschrift
lautet: Tandem bona causa triumphat, die äußere: Hüte
dich der Thadt, der Lügen wird wol Radt. Der Stein=
bock zielt auf das Wappen der Familie von Steinberg, die
übrigen Anspielungen sind verständlich. Auf den Lügen=
thaler folgte der „Wahrheitsthaler," der andeuten sollte,
daß die Wahrheit des Herzogs über die Lügen seiner Va=
sallen gesiegt habe. Avers: Recte Faciendo Neminem Timeas
mit der Namens=Umschrift des Herzogs. Revers: Die nackte
Wahrheit (Christus ähnlich dargestellt) tritt die Lüge und Ver=
leumdung mit Füßen, daneben der Spruch: Veritas Vincit
Omnia, calumniam, mendacium. Das Ganze umschließt
ein Kranz von zwölf Wappenschildern, die Zahl der rebel=
lischen Vasallen. 1599 folgte dann der „Wespen= oder
Muckenthaler" mit dem von der Sonne bestrahlten und
von einem Adler gekrönten Löwen Braunschweigs, welcher ein

Wespenneſt zerſtört, aus dem zwölf Wespen herausfliegen. Als dann in dieſem Jahre ein Vergleich zu Stande kam, ward der „Eintrachtsthaler" gemünzt, auf dem der Löwe Braunſchweigs mit einem Bären ein Bündel Pfeile hält, mit der Legende: Unita durant, Eintracht dauert, und zum Schluß der „Patriotenthaler" oder „Pelikans= Thaler," ein Pelikan, der ſich die Bruſt aufreißt mit der Leibdeviſe des Herzogs: P. P. C. = Pro patria consumor, Ich reibe mich auf fürs Vaterland.

Eine ganze Menge ähnlicher Münzen erſchien zur Erinnerung an Waſſersnöthe, Kometen, Friedensſchlüſſe, gute und böſe Jahre, auf naturgeſchichtliche Ereigniſſe ꝛc.; ſelbſt die Vorführung außereuropäiſcher Thiere im vorigen Jahrhundert war wichtig genug, die Grabſtichel der Stem= pelſchneider in Bewegung zu ſetzen, wie die Inſchrift einer zu Nürnberg gefertigten, ein von der Sonne beſchienenes Nashorn zeigenden Münze beweiſt: „Dieses Rhinoceros ist 1741 durch den Capitain David Hout von der Meer aus Bengalen in Europa gebracht und ist im Jahr 1747 als es 8½ Jahr alt war 12 Schuh lang und 12 Schuh dick und 5 Schuh 7 Z. hoch gewest. Es frist täglich 60 Pf. Heu 20 Pf. Brod und sauft 14 Eimer Wasser 1748."

Ein kleines Stück in Zinn iſt ein „Denk an das schreckliche Heuschreck-Heer," auf deſſen Vorderſeite zwei Heuſchrecken auf der Erde ſitzen, während in der Ferne eine ganze Wolke heranzieht. Das ſind, wie der Revers beſagt: „Morgenländs Heuschrecken, welche aus Türkey kom= mende, im Augusto v. Septembr. 1693 durch Ungarn, Oſtreich, Schleſien, Böhmen, Voigtland und Oſterland in

Thüringen gezogen, allda sie erfroren und dem Vieh zur Speise worden."

Selbstredend entgingen, namentlich im Reformations-Zeitalter, die Juden ihrer Verspottung nicht.

„Selten wird ein Jud ein Christ, er hab denn was begangen, auch thut ers meist umb Geldt, dass er nicht hängen darff, denn wenn er anders stiehl, so strafft man ihn zu scharff;" so erzählt eine Medaille, die einen Geistlichen zeigt, der am Meere einen Juden tauft. Der dabei stehende Küster will den Juden, dem ein Mühlstein am Halse hängt, in's Meer stoßen, denn „So bleibt er am beständigsten," wie die Unterschrift lautet. Die Randschrift lautet: „Wenn die Maus die Katze frisst, dann wird ein Jud ein wahrer Christ."

XII.

Genealogische Fernflüge.

Henry Thomas Buckle, der bekannte Verfasser des
interessanten Werkes: „Geschichte der Civilisation in Eng=
land," ergeht sich im 2. Bande derselben in bittere Klagen
über das Verderbniß unserer europäischen Geschichte im
Mittelalter. Er führt dieses Verderbniß auf drei Gründe
zurück. Erstlich, sagt er, liegt der Grund in der plötz=
lichen Einführung der (gedruckten) Schrift und der daraus
entstandenen Vermischung verschiedener örtlicher Ueberliefe=
rungen, die zwar an sich richtig, aber in ihrer Verbindung
falsch waren. Zweitens in der Religions=Veränderung, die
nach zwei Seiten hin wirkte, einmal auf die Unterbrechung
der alten Ueberlieferung, und auf die Einschiebung falscher
Stücke. Drittens, und wohl hauptsächlich, in der Beherr=
schung des geschichtlichen Stoffes durch eine Menschenklasse,
deren Beruf sie zur Leichtgläubigkeit führte, und die über=
dies an der Vermehrung der allgemeinen Gläubigkeit ein
unmittelbares Interesse hatte, da diese den Grund zu ihrem
eigenen Ansehen bildete. Diese Ursachen, sagt er, waren es,
welche die Geschichte Europas bis zu einem Grade verdorben,

für welchen wir in keiner anderen Periode eine Parallele
finden. Daß es keine eigentliche Geschichte gab, war der
kleinste Theil des Uebelstandes; aber unglücklicher Weise
war man mit dem Wegfall der Wahrheit nicht zufrieden
und ersetzte sie durch Dichtungen. Dazu gehört unter
unzähligen Beispielen eine Art, die deßhalb bemerkenswerth
ist, weil sie einen Beweis für jene Liebe zum Alterthum
abgibt, welche ein bestimmter Zug der Classen ist, von denen
damals Geschichte geschrieben wurde. Wir meinen die Dich=
tungen vom Ursprunge der verschiedenen Völker, worin
überall der Geist des Mittelalters sich abspiegelt. Viele
Jahrhunderte hindurch glaubte jedes Volk unmittelbar von
Vorfahren abzustammen, welche die Belagerung von Troja
unternommen hatten oder selbst Trojaner gewesen waren.
Das war eine Annahme, gegen die kein Zweifel aufkam.
Die einzige Frage, um die man stritt, bezog sich nur auf
die Einzelheiten einer so erlauchten Abstammung. In der
von Buckle zitirten Bibliothèque historique de France von
Le Long heißt es: daß die Abkunft der Könige Frank=
reichs von den Trojanern vor dem 16. Jahrhundert
allgemein geglaubt wurde. Diese Abkunft hielt man fast
800 Jahre für wahr und sie ward von allen unsern Ge=
schichtsschreibern aufrecht erhalten, erst im Anfang des 16.
Jahrhunderts erkannte man ihre Unrichtigkeit. Im Jahre
1128 befragte Heinrich I. von England einen Gelehrten
über die älteste Geschichte Frankreichs. Mächtigster Herr=
scher, sagte dieser, wie die meisten europäischen Völker, stam=
men auch die Franzosen von den Trojanern ab. (So
Matthaei Paris Hist. major 8. 59.) Ja, man kannte sogar
den eigentlichen Stammvater ganz genau. Es war Frankus,
der Sohn des „reisigen Hektor." Ebenso stand es baumfest,

daß Paris, die Hauptstadt Frankreichs, nach dem gleich=
namigen Sohne des Priamus, dem Schönheitsrichter, be=
nannt worden, weil er nach der Zerstörung von Troja
dorthin geflohen. Fonteil, wie Buckle an einer anderen
Stelle wieder mittheilt, erwähnt in seinem merkwürdigen
Buche: Histoire des diverses Etats, den alten Glauben:
que les Parisiens sont du Sang de rois des anciens
Troyens, par Paris, fils de Priam. Selbst im 17. Jahr=
hundert lebte diese Vorstellung noch fort und Coryat, der
1608 durch Frankreich reiste, gibt uns dieselbe in einer
anderen Wendung. Er sagt: Was ihren (der Stadt) Na=
men „Paris" betrifft, so hat sie ihn, wie einige schreiben,
von Paris, dem 18. Könige des celtischen Galliens, den
einige Schriftsteller von Japhet, einem der drei Söhne
Noahs, herleiten und der diese Stadt gegründet haben soll.
(Coryats. Crudities 1611 und 1776. I. 27.) Wie die
Franzosen von Frankus, so wollten die Britten von
Brutus abstammen, dessen Vater dann Niemand anders
war, als Aeneas selbst. Die nächste Quelle für diese Be=
hauptung ist wieder der schon genannte Matthäi in seinem
zweiten Werke: Flores historiarum I. 66. Und wirklich
galt, wie Warton in seiner History of englisch Poetry
und Campbell in seinem Lives of the chancellors mit=
theilen, im Anfang des 14. Jahrhunderts der trojanische
Ursprung der Engländer als eine unzweifelhafte Thatsache,
wie aus einer Schrift Eduards I. an den Papst Boni=
facius (?) welche auch der englische Adel mit unterzeichnete,
hervorgeht. Nur darüber stritt man, ob Brute, Brutus
der Sohn oder der Urenkel von Aeneas gewesen. (Vergl.
Turner, History of England I. 63; VI. 220.) In Wil-
liam of Malmsbury's Chronikle wird der Stammbaum der

angelsächsischen Könige bis auf Adam zurückgeführt; ausdrücklich behauptet es von Alfred dem Großen wieder Matthew Paris in der erwähnten Historia major: „Hujus genealogia in Anglorum historiis perducitur usque ad Adam, primum parentem." In den Notes zu Chronikle of London from 1089 to 1483 wird ein Stammbaum mitgetheilt, worin die Geschichte der Bischöfe von London zurückgeführt wird nicht nur bis zur Auswanderung des Brutus von Troja und von da — der Weg war ja jetzt leicht zu finden — bis Adam. Die Schotten wollten auch nicht zurück stehen. Diese waren, darüber herrschte kein Zweifel, aus Egypten gekommen; sie stammen, sagt Lingard in seiner Geschichte Englands wörtlich, von Scota ab, einer Tochter Pharaos, welche in Irland landete und deren Nachkommen durch Waffengewalt den nördlichen Theil Brittanniens den Abkömmlingen des Brutus entrissen. Die belgischen Gallier gehen wieder auf die Arche Noah zurück. Nach Einigen stammen sie von Galathia, einer Frau von Japhet ab; nach Anderen von Gomer, dem Sohne Japhets. Diese beiden Ansichten, über welche in der gelehrten Welt ein langer Streit war, werden angeführt von dem schon erwähnten Le Long. (Biblioth. hist. II., 5, 49.) Dasselbe thun, wie leicht erklärlich, die Holländer. So sagt Goropius in seiner Geschichte von Antwerpen, die im 16. Jahrhundert geschrieben worden ist: Vond goowell de Nederlandsche taal, als de wisbegeerde van Orpheus in de ark van Noach. Eben so Van Kampen: Geschiedenis der Letteren, 1821, I. 91. Die Spanier blieben erst recht nicht zurück. Wie Ticknor in seiner Geschichte der spanischen Literatur bemerkt (I. 509), geben die spanischen Chronikenschreiber eine ununterbrochene

Folge spanischer Könige seit Tubal, einem Enkel Noah's. Etwas bescheidener waren die nordischen Volksstämme. Die alten Preußen gaben sich schon zufrieden, wenn man ihre Abstammung von Prussus, dem Bruder des Augustus zugestand. (Vergl. De Thou, Histor. univ. 160.) Die Schlesier aber leiteten allen Ernstes wieder Namen und Abstammung des Landes vom Propheten Elisa her. (Adams, Letters of Silesia, London 1804.) Die vornehmste und reinste Abstammung vindizirt sich bekanntlich das Nomadenvolk der Zigeuner; sie wollen in gerader Linie von Abraham und Sarah abstammen. Nach Monteil: Divers. états (V. 19), waren sie in der That seuls enfants legitimes de Abraham et Sarah.

Weniger rein war das Blut der Sarazenen. Ihre Stammmutter war zwar auch Sarah, aber sie gebar sie in einer anderen Ehe oder möglicher Weise als die Frucht einer egyptischen Verführungsgeschichte. Matthew Paris, der um den Ruf Sarah's besorgt ist, sagt: „Die Sarazenen glaubten fälschlich, daß sie nach Sarah benannt seien, mit größerem Rechte heißen die Aparaner nach Apar und die Israeliten nach Israel, Abrahams Sohne." Aehnlich heißt es bei Mezeray: Histoire de France (I. 127): „Die Sarazenen heißen entweder nach der Stadt Sarai, oder nach der Frau Abrahams, deren Erben sie fälschlich zu sein glauben. Nachmals verlor sich diese Vorstellung oder die Furcht vor ihr rasch. Beausobre in seiner: Hitoire critique de Manichee (I. 24) sagt: On derive vulgairement le nom de Sarrasins du mot arabe Sarah ou Sarak, qui signifie effectivement voleur. Ein gutes Beispiel vom Uebergang einer theologischen Etymologie in eine weltliche!

Die Tartaren konnten natürlich nur von Tartarus abgeleitet werden, der nach einigen Theologen eine mindere Art Hölle, nach anderen die Hölle selbst war. Man schreibt diese Etymologie der Frömmigkeit des hl. Ludwig zu. (Prichard: Phisic. hist. IV., 278.) Seit dem 13. Jahrhundert, bemerkt Buckle, hat dieser Gegenstand die Aufmerksamkeit der englischen Theologen auf sich gezogen und der berühmte Whiston erwähnt, als seine letzte großartige Entdeckung, daß die Tartaren nichts anders als die so lange vergeblich gesuchten 10 Stämme Israels seien. Jedenfalls stand es unbestreitbar fest, daß die Unterwelt ihr Geburtsort war, denn es wurde durch viele Umstände bewiesen, daß sie einen geheimen und verhängnißvollen Einfluß zu üben fähig waren. So war es allgemein anerkannt, daß, seitdem die Türken, die mit den Tartaren identisch waren, sich des Kreuzes bemächtigt hatten, alle christlichen Kinder um 10 Zähne weniger bekamen als früher, ja, das Unglück war so durchschlagend, daß gar kein Mittel der Heilung dagegen aufzukommen schien. So versichert es Rigord in seiner Geschichte Philipp August's von Frankreich. Noch im 15. Jahrhundert glaubte man, die Zahl der Zähne habe von 32 bis auf 22, höchstens 24 abgenommen: Sprengel, Histoire de la medicine II, 481; Hecker in seinem gelehrten Werk: Epidemies of the middle age, herausgegeben von der Sydenham Society.

Wie die Völker und Länder, so prahlen auch deren Städte mit ihren alten, in die graue Vorzeit hinaufreichenden Gründungen. Der von Paris haben wir schon Erwähnung gethan. Tours wollte nicht minder von Trojanern gegründet und speciell der Begräbnißplatz des Turonus, eines Trojaners, gewesen sein. Erat ibi quidam

Tros, nomine Turonus, Bruti nepos. . . . De nomine ipsius prodicta civitas Turonis vocabulum nacta est, quia ibidem sepultus fuit. So heißt es in den Monumenta historica Britonum von Galfredus I. c. XV. 19. Und Matthäi in den Flores historiarum (I. 17) führt sogar Homer als Quelle an für diese Behauptung, daß nämlich Turonus dort begraben. Troyes nahm dieselbe Ehre für sich in Anspruch; es berief sich einfach auf die Etymologie. On convient bien, que les Troyens de notre Troyes sont du sang des anciens Troyens, so versichert uns Monteyl, Diverses Etats V. 69. Jerusalem leitete seinen Namen ab vom König Jebus, der im Mittelalter sehr berühmt war, dessen Existenz jedoch spätere Geschichtsschreiber nicht zu beglaubigen vermochten. „Deinceps regnante in ea Jabuseo, dicta Jebus, et sic ex Jebus et Salem dicta est Jerussalem. Unde post, dempta littera b et addita r, dicta est: Hierusalem." So Matthew Paris in der Historia major. Zürich, um nach Europa zurück zu kehren, will absolut schon zu Abrahams Zeit erbaut sein. Als der vorhin erwähnte Coryat 1608 dort war, bewies ihm das der Gelehrte Hospinian. Daß Nürnberg nach dem Kaiser Nero benannt worden, galt als gewiß. Ein anderer französischer Gelehrter, Moncony's, der 1663 in Nürnberg weilte, fand, daß man diese Meinung dort noch festhielt und schien es selbst zu glauben. Voyayes de Morionys IV. 141. Und derartige Beispiele ließen sich noch Dutzende anführen. Auch die Namen der Flüsse gaben vielseitig Veranlassung, sie durch ein in die graue Vorzeit hinaufreichendes Beispiel zu erklären. So soll der Fluß Humber, eigentlich ein Meeresarm von der Ostküste Englands, seinen Namen erhalten haben von einem in ihm ertrunkenen gleichnamigen Hunnenkönige. Unsere Belegstelle ist wieder Matthäi in den Flores historiarum (I. 19).

Trieb man mit den Völkern, Ländern und Oertlichkeiten solches Spiel, so war es nicht zu verwundern, daß dasselbe geschah mit Persönlichkeiten. Oben an stehen bei diesen genealogischen Fernflügen die römischen Adelsfamilien. Unter ihnen ist, wie man aus Gregorovius' verschiedenen geschichtlichen Werken über Italien entnehmen kann, kaum eine einzige, welche ihren Ursprung nicht von irgend einem berühmten römischen Patriziergeschlechte herleitet. So wollen die Santa-Croce von Valerius Publicola abstammen; die Massimi von den Fabiern. Gleichen Anspruch machten die Mattincos; es ist aber, wie Kölle in seinem „Rom im Jahre 1833" versichert, nur von einer einzigen noch dazu in Friaul blühenden Familie wahrscheinlich, daß sie von altrömischem Adel sei und diese ist nach ihm das Haus der Frangipani oder Franjapane, welches vielleicht von der gens Anicia herkömmt.

In Deutschland ist es bekanntlich nicht anders. Die Hohenlohe behaupten noch bis zur Stunde, von den römischen Flaminiern abzustammen, die sich mit der alta fiamma, mit „hoher Lohe," Feuersignale gaben; die Oettingen führen ihren Ursprung zurück auf Gideon, einen Centurio Cäsars. Auch die Familie von Barfuß, welcher der bekannte Premierminister Friedrich Wilhelm's I. von Preußen angehörte, wollte römischen Ursprungs sein. Sie gründete ihre Abkunft auf die Tradition, daß sie bei den Römern schon klein = parvus geheißen habe. Die Ableitung von barfüßig nudipes bestritten sie lebhaft. Einen höheren Flug nahmen wieder die Fürsten von Thurn

und Taxis. Ihr Ur=Ur=Urahn ist — Torquato Tasso.
Stellt man den Geist, der das „befreite Jerusalem"
inspirirte, in Parallele mit dem, der die praktischen Reichs=
posten erfand, so läßt sich eine gewisse Wahlverwandtschaft
nicht bestreiten. Die P ü ck l e r schreiben sich von den im
Nibelungenliede vorkommenden Pechlern her; der Name
soll erst in Peckler, dann in Pockler, endlich in Pückler
sich umgewandelt haben. Die S c h w a r z e n b e r g be=
nennen als ihren Stammvater Erkinger, einen Herzog von
Allemannien, der wegen eines Attentats auf den Bischof
von Conrad I. den Kopf verlor; die Croy benennen als
ihren Urahn einen Enkel des 1141 gestorbenen Königs
Bela II., des Blinden, vom Stamme Arpad. Die schwä=
bischen F ü r s t e n b e r g e leiten ihren Ursprung von nichts
Geringerem ab, als den Agilolfingern, von einem Major
Domus beim Frankenkönig Dagobert. Nach Schöpflin
(Alsatia illustrata) stammen sie von dem alten Grafen
Urach auf der schwäbischen Alp ab. Die sächsischen Car=
lowitze wollen abstammen von einer Dynastie Anjou in
Neapel, welche der Bruder des hl. Ludwig gestiftet habe.
Einer davon, der Ban von Croatien geworden, Johann,
soll der eigentliche Stammvater sein; sein Sohn Carl,
Prinz von Durazzo, soll Carlowitz. Caroli vicus, gebaut
haben. Eine andere Tradition leitet den Namen von Carls
Witz — Witz in alter Zeit so viel, wie Verstand — ab.
(Vehse, Geschichte der deutschen Höfe seit der Reformation,
Band XXIX. p. 343.) Die sächsischen Pfluge leiten ihren
Ursprung gar auf die Königin Libussa zurück; die Einsiedel
sind bescheidener und begnügen sich mit der Behauptung,
daß sie von Kloster Einsiedel hergekommen. (Vehse, Band
XXX. p. 173.) Das fürstliche Haus Lichtenstein führt

seinen Ursprung bis ins Jahr 942 und auf die italienischen
d'Este zurück, die schwäbischen Hohenzollern auf — Carl
den Großen. Die Oettingen vindiziren sich als Urahn
Gideon, aber nicht den biblischen, sondern den Centurio
Caesars, die Veres, am Namen festhaltend, Lucius Verus.
(Vehse, Band XXX. p. 42, 54, 118, 161 2c.) Die
Grafen Erbach lassen bis zur Stunde sich ihre Herkunft von Eginhard und Emma nicht bestreiten, denen
der ganze Odenwald von ihrem großen Vater zu Lehn
gegeben sein soll! Gewiß ist nach einer Urkunde Ludwigs des Frommen aber nur, daß Eginhard und Emma
zu Ehren des h. Erzengel Michael die Stiftskirche in der
ihnen von eben diesem Kaiser geschenkten Michaelsstadt
erbauet haben und daß diese Kirche, worin sich das Erb-
begräbniß der Erbach befindet, die älteste des Landes ist.
Den allerweitesten Fernflug haben die Estherhazys unternommen. Sie wollen gar vom Patriarchen Henoch die
Abkömmlinge sein, eine Behauptung, der nach Vehse sogar
in kaiserlichen Urkunden Erwägung geschieht. Andere Ge-
nealogen führen den Stammbaum der Estherhazys nicht so
weit, aber doch mindestens auf Attila zurück. (Vehse.
Band XXXII. p. 118.)

Der Rahmen dieses Aufsatzes läßt es nicht zu, diese
schmeichelhaften Verherrlichungen der erst weit später wirklich groß und mächtig gewordenen Häuser durch andere
Länder und Völker noch weiter zu verfolgen. Es lohnt
sich auch nicht der Mühe. Wie jede Uebertreibung eine
Reaktion erzeugt, die schließlich auf die richtige Mitte zurückführt, so ist es auch auf diesem Gebiete geschehen; die
Fackel der Kritik hat alle die Phantasmagorien nicht nur
ins richtige Licht gestellt, sondern ihren Grundstoff auch

grünblich verbrannt. Wir schließen mit einem bezeichneten Beispiele, welches Philipp Stanhope, Lord Chesterfield seinen Standesgenossen in England gab, um ihren übermächtigen Adelsstolz zu dämpfen. Eingedenk dessen, was sein großer Landsmann Shakespeare seinen König Lear hatte fragen lassen: „Sagt mir, ist ein Verrückter ein Bürgerlicher oder Adlicher?" setzte er der Reihe überkommener Ahnenbilder zwei uralte Köpfe vor mit den paradiesischen Ueberschriften:

Adam of Stanhope
Eva of Stanhope;

er erinnerte damit an Kaiser Maximilians I. bekannten Ausspruch:

Als Adam grub und Eva spann,
Wer war denn da der Edelmann?

XIII.

Muth, Ruhm und Humor im Sterben.

Seneca wunderte sich über das große Gesetz der Natur, welches allen Menschen nur einen und den nämlichen Eingang in diese Welt gegeben habe, der Ausgänge aber so viele. Denselben Gedanken spricht Milton aus:

> — — — Many are, the ways, that lead
> To deaths grim cave; all dismal, yet to sense
> More terrible at the entrance, than within;

> Mannigfach sind jene Pfade, die zur düstern Höhle
> Des Todes leiten, furchtbar sämmtlich, doch
> Noch schrecklicher der Eingang, als das Innere.

So zeigt es uns das Buch der Geschichte auf jedem seiner Blätter. Wer nur wenige der so mannigfaltigen tragischen Ausgänge aus der Welt, welche die Großen der Erde genommen haben, zusammenfaßt, der muß sich mit Erstaunen sagen, wie wenig die Glückseligkeit solcher Größen und Berühmtheiten zu beneiden ist, wie widersprechend der Anfang und das Ende, wie täuschend die Hoffnungen und Erwartungen von der Welt sind. Treten wir eine solche Wanderuug durch die Geschichte an.

Abimelech wurde durch einen von der Mauer herab= geworfenen Mühlstein erschlagen. Achilles endete sein Leben

durch einen Schlangenbiß. Herkules starb wüthend an
seinem vergifteten Kleide. Semiramis beschloß ihre Lauf=
bahn durch die Mörderhand ihres Sohnes. Sisara gab
seinen Geist durch einen Nagel auf, den ihm Jahel durch die
Schläfe schlug. Agathokles starb durch einen vergifteten Zahn=
stocher, Saul durch Verzweiflung und Selbstmord. Drako
wurde im Theater mit Kasketen zu Tode geworfen, Sar=
danapal verbrannte in der von ihm selbst angezündeten Re=
sidenz, Kambyses ging durch sein eigenes Schwert aus dem
Leben. Xerxes ward von seiner Leibwache getödtet, Themi=
stokles schaffte sich selbst durch Gift aus der Welt. Pau=
sanias mußte im Tempel verhungern, Alcibiades wurde auf
der Flucht von Pfeilen durchbohrt. Conon verschmachtete im
Gefängnisse, Sokrates mußte den Schirlingsbecher trinken.
Artaxerxes starb aus Gram über die Nachstellungen seines
Sohnes, Isokrates hungerte sich zu Tode über die Nieder=
lage der Griechen bei Chaironea, Dyonysius Siculus endete
in der Betrunkenheit. Philipp von Macedonien wurde ge=
rade in dem Augenblick seiner Vergötterung erstochen.
Alexander der Große endete durch Gift. Pyrrhus wurde
durch einen Ziegelstein, den ein Weib von ihrem Hausdache
herabgeworfen, zu Boden gestreckt. Scipio starb im Exil,
und Hannibal, der ewigen Nachstellungen müde, an selbst
genommenem Gift. Antiochus wurde von Würmern zer=
fressen. Romulus ward von den Senatoren umgebracht,
Tullus Hostilius erstickte in der Feuersbrunst seines Palastes.
Antonius machte seinem Leben selbst ein Ende und seine
Geliebte Kleopatra sank durch Vipern dahin, die sie sich
an die Brust setzte. Pompejus fiel durch Meuchelmord.
Cäsar erhielt die letzte seiner 23 Wunden aus der Hand
seines Adoptivsohnes. Cato stürzte sich in sein Schwert.

Cicero wurde in seiner Sänfte umgebracht und seine Zunge von Fulvia mit Nadeln durchstochen. Seneca selbst verblutete durch Oeffnung der Adern. Tiberiu war Anfangs krank, und als er sich zu erholen schien, ward er durch aufgehäufte Betten erstickt. Alexander Severus wurde in Mitte seines Lagers in der ruhigsten Mittagsstunde von Verschworenen ermordet. Maximinus starb an einer scheußlichen Krankheit, Maxentius ertrank, als er über eine eingestürzte Brücke ging. Jovinianus endete durch Kohlendampf, Valens in einer von den Gothen angezündeten Baumhütte. Valerianus mußte dem Könige der Perser, Sapor, zum Fußschemel dienen und ward endlich geschunden. Theodosius II. erblaßte nach einem Sturz vom Pferde. Zeno II. wurde lebendig begraben. Basilikus verhungerte und erfror im Elende. Anastasius ward vom Blitz erschlagen. Theodorich kam während der Tafel beim Anblicke eines Fischkopfes, der ihn an den ermordeten Symmachus erinnerte, von Sinnen und verschied. Mauritius wurde sammt seinen fünf Söhnen auf Befehl des Phokas hingerichtet und Phokas selbst starb auf Befehl des Rächers Heraklius in einem Feuerofen, nach einigen verstümmelt. Hunrich, König der Vandalen, verzweifelte. Arius starb an verfaulten Eingeweiden. Attila geisterte in der Brautnacht aus. Justinian II. schloß sein Leben ab nach abgeschnittener Nase, und Philippus Bardanes nach ausgestochenen Augen. Bajazeth stieß sich den Kopf an den eisernen Stangen des Käfigs entzwei, in welchem ihn Tamerlan als Gefangenen herum führte. Karl der Kahle war ein Opfer seines Leibarztes, Karl der Dicke starb abgesetzt, arm und verlassen. Kaiser Otto III., so erzählen einige Historiker, ward durch vergiftete Handschuhe aus der Welt geschafft, Philipp von

Schwaben durch Otto von Wittelsbach beim Schachspiel erschlagen, Albrecht I. durch Parricida, seinen Neffen, ermordet. Heinrich VII., dem Luxemburger, brachte eine vergiftete Hostie den Tod, Carl I. von England endete, wie 142 Jahre später Ludwig XVI. von Frankreich, auf dem Schaffot. Carl XII. von Schweden fiel durch eine Kugel als Opfer seines Starrsinns. In Rußland ist seit Peter I. kein einziger Kaiser eines natürlichen Todes gestorben; auch Alexander I. endete durch Gift, sein Bruder Nicolaus I., wie jetzt nicht mehr bezweifelt wird ebenfalls durch selbstgenommenes Gift. Der drastische Tod König Ludwigs II. von Bayern ist noch in Aller Andenken. Wie unzählig viele tragische Ausgänge zeigt also nicht das blutige Buch der Geschichte und insbesondere bei den Großen der Erde!

Cäsar gab auf die Frage, welcher Tod wohl der angenehmste sei, die Antwort: der unerwartete. Er hat Recht. Denn Sterben ist ein gewaltsamer Akt, zum Sterben ist Kraft nöthig; die Jugend stirbt deßhalb leichter, als das Alter.

> „Und setzet ihr nicht das Leben ein,
> Wird nimmer das Leben gewonnen sein,"

so stimmt die Jugend freudig in den Soldatenchor von Schillers Wallenstein ein, während das Alter bedächtig dem Tode ausweicht. Diesem gleicht das Leben den sybillinischen Büchern: je weniger Bände, Jahre, noch übrig, um so werthvoller sind sie.

Die alten Römer sagten: Ut vivis, ita ibis, Wie gelebt, so entschwebt. Schon Tacitus bestrebt sich, aus den Todesarten mancher römischer Kaiser die Wahrheit dieses Spruches nachzuweisen. So starb Vespasian, der nach Sueton oft äußerte, ein Kaiser müsse stehend den Tod erwarten, mit einem Scherze, indem er, auf einem Stuhle sitzend, auf seine Apotheose anspielend, sagte: ut puto, Deus fio, Wie ich glaube, werde ich jetzt ein Gott. Der strenge Galba bei seiner Ermordung starb mit einem Richterspruche: Tödte mich, wenn Du glaubst, daß es zum Nutzen des römischen Volkes. Septimius Severus mit einer Aufforderung: Seid zur Hand, falls mir noch Etwas anzuordnen erübrigt!

Die Philosophie der Alten lehrte sterben und das Leben, wo nicht verachten, doch gleichgültig ertragen. Viele Selbstmorde der Alten waren, wie der schon erwähnte von Cato und Seneca, wahrhaft heroisch. Atticus wurde in seinem 77. Jahre krank und gebrauchte drei Monate lang Arzneien und Aerzte. Als aber die Krankheit eine gefährliche und schmerzhafte Wendung nahm, versammelte er seine Freunde und sprach: „Mihi stat, alere morbum desinere. cibus auget dolorem sine spe salutis; es ist für mich zweckmäßig, daß ich aufhöre, die Krankheit zu nähren: die Speise mehrt den Schmerz ohne Hoffnung auf Genesung." So enthielt er sich aller Nahrung und zog, wie Cornelius Nepos sagt, am fünften Tage aus dem Leben, wie aus einem Haus ins andere.

Lag solcher Heroismus wohl nicht mit in der sinnbildlichen Darstellung des Todes, wie die alten Griechen sie hatten? Ihnen war der Tod ein schöner Genius, der Bruder des Schlafes, mit über einander geschlagenen Beinen und umgestürzter Fackel. Diese Fackel kann wieder angezündet werden, der Schlafende erwachen — eine ungleich schönere, wohlthuendere, versöhnlichere Vorstellung, als das abschreckende Gerippe mit der Sense und dem umgekehrten Stundenglase. Das erklärt sehr die sthenische Natur der

Alten. Socrates nahm sich gar nicht die Mühe, sich vor seinen Todesrichtern zu vertheidigen; „denn," sagte er, „ich sehe ja bei herrannahendem Alter und Krankheiten einem schmerzvollen Tode entgegen; mein ungerechter Tod gibt mir noch überdies Aussicht auf größeren Nachruhm." Diogenes setzte sich, als er das Herrannahen des Todes fühlte, am Wege nach Olympia nieder und rief der vorbeigehenden Menge zu: „Seht mich sterben."

Des Kaiser Augustus letzte Worte waren: Plaudite amici, Klatschet Beifall, Freunde; sie offenbarten genugsam seine Ansichten vom Leben wie der Staatskunst. Gewöhnlich citirte er einen griechischen Vers, womit die Schauspieler das Stück zu schließen pflegten:

Klatschet Beifall und lärmet Alle vor Freude.

„Pallida mors aequo pulsat pede pauperum tabernas Regumque turres," — sagt Horaz.

Der bleiche Tod, er beschreitet mit gleichem Schritt die Hütten der Armen, wie die Thüren der Könige. Sehr wahr, aber es sterben, wie gesagt, nicht Alle auf gleiche Weise. Kaiser und Könige, Feldherrn und Staatsmänner, Denker, Dichter und Künstler, sie sterben anders, als das gewöhnliche Chaos der Sterblichen, meist gleichsam im Geiste ihres Jahrhunderts. Auch der Tod trägt bis zu einem gewissen Grade die Signatur der Zeit. Es gibt Zeiten, in denen die Menschen philosophisch sterben, gelassen, er= geben, nichts fordernd von Gott und Unsterblichkeit, wie Platon, den man an seinem 82. Geburtstage als Leiche auf seinem Bette fand, den aufgerollten Aristophanes in seinen Händen, ein Lächeln auf den erstarrten Lippen. Es gibt andere Zeiten, in denen der heroische Tod an der Tagesordnung ist, in welcher selbst Kinder, Frauen und

Jungfrauen den Tod der Helden suchen. Man denke an
die Kreuzzüge, den Kinderkreuzzug insbesondere, dann an
die französische Revolution, an Charlotte Corday und Ma=
dame Roland, an die Freiheitskriege, an Eleonore Prohaska.
(August Renz.) Dann wieder sehen wir die Menschen frei=
geisterisch mit Spott und Sarkasmen über jenseitiges Leben
dahin gehen, wie in den Tagen der Aufklärung und der
Revolution. In den Zeiten der Religions= und Glaubens=
kämpfe hinwieder erstehen die Heroen und Märtyrer, die
für ihren Glauben brennen und bluten. Und wieder in
sittenlosen Perioden sterben die Menschen abgespannt und
gedankenlos, wie Ludwig XIV. und XV. von Frankreich,
oder wie die leichtfertige Caroline von England, die auf
dem Sterbebette ihren Gemahl Georg II. von England bat,
sich doch wieder zu verheirathen, und als dieser, frivol
genug, sagte: „Ich werde mich mit Maitressen behelfen,“
ohne im geringsten verletzt zu sein lispelte: „Das hindert
ja nicht.“ So lauteten ihre letzten Worte.

Gewiß, es sterben nicht alle auf gleiche Weise. „Selten
stirbt ein Mann von Genie oder ein Mann von Geist
schlecht, sein Tod ist die Angelegenheit seines ganzen Le=
bens“ — meint Alexander Dumas. Die Fürsten sterben
meist umgeben von vielen Zeugen, daher wird es der Eitel=
keit leichter, auch im Tode groß und muthig — wenigstens
zu scheinen. Friedrich der Große machte eine Ausnahme.
Er starb allein, auf der Terrasse zu Sanssouci, in voller
Uniform mit Federhut, Mantel und Stiefeln sitzend, sich
an den Strahlen der Sonne ergötzend, ab und zu mit
einem der Lieblingshunde spielend. Nur zwei Bediente
waren um ihn und hörten seine letzten Worte: „Cela va
bien, la montagne est passée.“ Ein Tod, ganz im Gegensatze

zu dem des letzten Kaisers aus dem Hause Luxemburg, Sigismund, der am 9. December 1437 sitzend auf seinem Throne im Kaiser-Ornate starb, noch in seinen letzten Minuten von irdischer Eitelkeit erfüllt. Sein Chronist Eberhard Windeck fand, daß der Kaiser „gar vernünftig starp."

Friedrich's II. großer Rival, Joseph II., befahl am Vorabende seines Todes mit vieler Seelenstärke, das Begräbniß seiner Nichte, der Erzherzogin Elisabeth, zu beeilen, damit für seine eigene Leiche Platz werde. Kaiser Rudolph I., stets heiteren Geistes, verleugnete diesen auch nicht, als ihm — er hatte das 73. Jahr erreicht — die Aerzte ankündigten, er werde nur noch einige Tage zu leben haben. „Nun so laßt uns lebendig nach Speier reisen," sagte er, reiste wirklich und starb auf dem Wege zur Kaisergruft am 15. Juli 1291 zu Germersheim.

Ein ähnliches Beispiel vollendeter Resignation gab bekanntlich Kaiser Carl V., der im Kloster St. Just sein eigenes Leichenbegängniß, wenigstens eine bezügliche Trauerfeierlichkeit, veranstalten ließ und dieser in Person beiwohnte. General von Grävenitz, im Jahre 1798 Commandant von Breslau, ein Abkömmling der bekannten würtembergischen „Landverderberin," ging noch weiter. Als er sein Ende fühlte, ließ er sich einen Sarg machen, legte sich hinein und erwartete so, um, wie er sich ausdrückte, die Procedur des Begrabens zu vereinfachen, in ruhiger Fassung sein Absterben. Wirklich stand er auch von diesem Lager nicht wieder auf, sondern verschied auf demselben ungefähr acht Tage, nachdem er es beschritten.

Sehr reich an heroischen Todesarten ist die englische Geschichte.

Nach König Carls I. schmählicher Hinrichtung ließ Cromwell auch die Lords Hamilton, Holland und Capel, welche für den König aufgestanden und mit den Waffen in der Hand gefangen genommen worden waren, vor Gericht stellen und enthaupten. Mit ihren ward Sir John Oven, ein Edelmann aus Wales, verurtheilt. Er machte den Richtern eine tiefe Verbeugung und sagte: „Es ist mir eine Ehre, mit edlen Lords den Kopf zu verlieren, ich glaubte, man würde mich hängen." Walter Raleigh frühstückte und rauchte am Tage seiner Hinrichtung — es war der 29. October 1618 — ganz wie gewöhnlich. Auf dem Wege zum Blutgerüste redete er mehrfach seine Umgebung an, grüßte Freunde und Bekannte und hielt eine ergreifende Rede, in welcher er seine Seele der göttlichen Gnade empfahl und seinen Feinden vergab. Dann ließ er sich das Richtbeil zeigen, prüfte seine Schärfe, küßte seine Scheide und sagte: „Es ist eine harte Medicin, aber sie heilt alle Uebel." Darauf besah er den Block, versuchte seinem Kopf die rechte Lage zu geben und als er sie meinte gefunden zu haben, gab er dem Henker das Zeichen. Dieser, von Rührung und Ehrfurcht ergriffen, zitterte und zögerte mit dem Schlage. Da richtete Raleigh noch einmal den Kopf und rief: „Was säumest Du, Mann? Schlag zu! Dir geschieht ja nichts." Thomas Wentworth, Graf von Strafford, von seinem Könige Carl II., den später dasselbe Schicksal ereilte, aufgegeben und hingerichtet (12. August 1641) ging wie ein General an der Spitze seines Heeres, hoch aufgerichtet, stolzen Schrittes und freudig zum Blutgerüste, sprach gefaßt und versöhnend zum Volke, nahm herzlichen Abschied von seinem Bruder und seinen Freunden und küßte sie mit den Worten: „Ich lege mein Haupt auf diesen

Block, wie auf ein Ruhekissen nach gethaner Arbeit. Mein Werk ist gethan; Henker, thue das Deine." Bei diesen Worten gab er selbst das Zeichen mit der Hand zum töd= lichen Schlage mit dem Beil. Ganz denselben Gleichmuth bewies James Graham, Marquis von Montrose, der Par= teigänger der Stuarts, als er am 21. Mai 1650 in Edin= burgh gehenkt wurde. Nachdem man ihm die Bitte versagt, mit bedecktem Haupte und im Mantel sterben zu dürfen, auch die, zum Volke zu reden, rief er in aller Seelenruhe den Richtern und dem Henker zu: „Nun wohl, so thut mir alle Schmach und Unehre an, die Ihr nur erfinden könnt, denn ich bin bereit, um der Sache willen, für die ich sterbe, mit Freuden das Schlimmste zu erleiden." Er half selbst die Geschichte seiner Kriege und seine letzte Er= klärung an das Land sich mit Stricken um den Hals zu binden, wie der Urtheilsspruch solches verfügt hatte, indem er lachend sprach: „Ich erachte mich hierdurch für mehr geehrt, als wenn es Seiner Majestät gefallen hätte, mich mit dem Hosenband=Orden zu ehren und zu zieren." Als der Strang angezogen wurde, rief er laut: „Möge Gott sich dieses armen Landes erbarmen." Das waren seine letzten Worte, die mächtig wirkten, so ergreifend, daß Schluch= zen und Wehklagen ringsum hörbar wurde.

Lord Russell, der gleichfalls unter Carl II. enthauptet wurde, gab dem ihn begleitenden Geistlichen Gilbert Burnet seine Uhr mit den Worten: „Nehmen Sie dieses Andenken, das die Zeit anzeigt; ich gehe in die Ewigkeit und brauche es nicht mehr." Graf Görtz, der auf dem Blutgerüste seinen Koch erblickte, rief, ihm die Hand zureichend, zu: „Adieu Duval, je ne mangerai plus de vos soupes." So wie Sokrates, zum Giftbecher verurtheilt, mit seinen Freunden in der Todesstunde noch philosophirte, so sprach auch der jüngere Pitt Lord Chatam, sein Ende fühlend, mit Lord Cambden vom Staate und Vaterlande, drückte sterbend seinem Freunde die Hand mit den Worten: „Dear Cambden, save my country; Theurer Cambden, rette mein Vaterland."

Die Herren und Fanatiker der großen französischen Revolution starben meist alle mit Gleichmuth selbst Kaltblütigkeit in dem Gefühle ihres vermeintlichen Rechts. Bekannt ist das letzte Bankett der Girondisten, (31. October 1793). Ist auch die Schilderung, welche Charles Nodier davon gibt, nur eine geistreiche Phantasie, geschöpft aus den Reden und Schriften dieser begabten Volksvertreter, so steht doch geschichtlich fest, daß ihr Henkersmahl ein heiteres, fröhliches gewesen. Auch Mirabeau, St. Just und vor allen Danton, starben voller Muth, Besonnenheit und Klarheit über ihr staatsmännisches Reden, Handeln und Wirken. „Ich scheide mit der Trauer um die Monarchie, deren Leichentuch ich mit ins Grab nehme", das waren Mirabeaus letzte, bedeutende Worte. Nach Dahlmanns Darstellung starb Mirabeau unter heftigen Krämpfen und verlangte wiederholt Gift, um der unnützen Qual ein Ende zu machen. Cabanis, sein Arzt, drückte den Sterbenden an die Brust und sagte tief gerührt „Adieu mon ami". Wie Mirabeau das Königthum, so nahm Danton die Revolution mit sich ins Grab. Als dieser sein Todesurtheil vernahm, tröstete er sich mit dem Ausrufe: „Unter diesen Schurken, die mich morden, gibt es keinen einzigen, der zu regieren verstände."

Der Weg zum Schaffot führte an Robespierres Wohnung vorbei, und als Danton diesen hinter einem Fenster-Vorhang erblickte, rief er mit donnernder Stimme: „Scheusal

sieh' herab, es ist derselbe Weg, den in höchstens vier
Monaten auch du gehen wirst. Geh' ihn wie ich, wenn
du kannst, aber du wirst zittern, Memme." Am Fuße des
Blutgerüstes erinnerte er sich seiner Frau und seufzte. Dann
fuhr er mit der Hand über die Augen und sagte: „Danton,
keine Schwachheit!" Als Herault Sechelles, sein Todes=
genosse, sich vergebens bemühte, zu ihm zu bringen, um ihn
noch einmal zu umarmen, sagte er besänftigend: „Getrost,
mein Freund, dort im Sack der Guiollotine begegnen sich
unsere Köpfe noch einmal, dort mögen sie sich küssen."
Aber auch das unglückliche Königspaar Ludwig XVI. und
Marie Antoinette starben, wie die Geschichte weiß, muthig,
gottergeben und gefaßt, zumal letztere. Als sie schnellen
Schritts das Blutgerüst erstieg und dabei den Scharfrichter
auf die Füße trat, sagte sie: „excusez, Monsieur, je ne
l'ai pas fait exprès."

Der schönste Tod ist jedenfalls der plötzliche im Be=
rufe, der Heldentod des Kriegers auf dem Schlachtfelde,
der des Geistlichen am Altare oder auf der Kanzel, des
Redners auf der Tribüne, des Richters in foro. Als eines
der schönsten Beispiele wird der Tod des Freundes von
Melanchthon, Valentin Trotzendorf, angegeben, den der Schlag
rührte während des Lehrens über den trostvollen 23. Psalm;
auch der des Cabinetsraths Stelter, der während des Vor=
trages bei seinem Könige Friedrich II. vom Schlage ge=
troffen todt nieder fiel, in demselben Jahre, in welchem
auch der König starb. Von dem Odendichter Johann
Peter Uz lesen wir, daß er in demselben Momente starb,
als er — am 12. Mai 1796 — seine Ernennung zum
Königlich Preußischen Geheimen Justizrath empfing. Ruhig
und gelassen hörte er die Botschaft an und antwortete nichts,

als ein philosophisches: „So." Mit diesem „So" des
Gleichmuths verschied er. Aehnlich war der Tod des be=
kannten mecklenburgischen Geschichtsschreibers Frank, von
dem man erzählt, daß er bei der Todesnachricht eines seiner
Bekannten ganz ruhig geäußert habe, er selbst werde am
folgenden Tage sterben, und daß solches buchstäblich einge=
troffen. „Er las am 21. July 1756 in seiner mecklen=
burgischen Geschichte, griff sich plötzlich in den Nacken und
sank mit dem Worte: „Ey" um." Er hatte sich immer
solch' plötzlichen Tod gewünscht.

Uebertreibung und Uebereilung in Ausübung des Be=
rufs hat sehr oft den Tod zur Folge gehabt, wie beim
Oberstlieutnant Wiedenmann in Dresden, der die von dem
Franzosen Longelure modellirte Statue August's II. in
der Dresdner Neustadt goß. Er verschied, getödtet von
den Dämpfen des bei der Vergoldung gebrauchten Queck=
silbers. Aehnlich war es mit dem berühmten Componisten
Battista Lully, der sich beim Diniren so stark auf den Fuß
schlug, daß ihm die Verwundung im 54. Jahre seines
Alters den Tod brachte (22. März 1687); und mit dem
Bildhauer und Schauspieler Baron, der die Rolle des Don
Diego spielend, sich, wie A. Dumas solches erzählt, mit dem
Degen in den Fuß stieß; es kam der Brand hinzu und er
endete in Folge dieser unbedeutenden Verletzung. Auch
Moliere starb als Opfer seines Berufes. Er war unpäß=
lich, als man seinen Malade imaginaire aufführte; seine
Frau und Baron drangen in ihn, nicht zu spielen. „Was
würden," antwortete er, „so viele arme Handwerker an=
fangen? Ich würde es mir zum Vorwurfe machen, nur
einen Tag versäumt zu haben, ihnen Brod zu geben." Die
Anstrengung, womit er spielte, verursachte ihm Convulsionen,

denen ein Blutsturz folgte (17. Febr. 1675). Louis David, erster Hofmaler Napoleons, wurde malend vom Tode überrascht.

In der Erinnerung an den Tod und die Ewigkeit sterben, gehört jedenfalls zu den glücklichen Todesarten. So erfuhr es Landgraf Ludwig VIII. von Hessen-Darmstadt, der (1768) im Theater todt niedersank, als ein abgehender Schauspieler die Worte sprach: „Gott sei meiner armen Seele gnädig." Auch den Tod Guilberts von Montfort, des Bruders von dem berühmten Connetable de Bourbon, kann man zu den glücklichen Todesarten zählen. Er besuchte das Grab seines Vaters zu Pozzuoli, warf sich weinend dort nieder und blieb todt vor Schmerz (1501). Ungleich häufiger als der Tod mit Gleichmuth und Resignation ist natürlich der aus Alteration, Gram und Aerger. Und doch haben ihn selbst wahrhaft große Männer nicht verwinden können. So der berühmte Cardinal und Minister Carl's V., Ximenes, nicht. Er konnte sich nicht hinwegsetzen über die kalte und herzlose Art, wie der Kaiser ihn entließ. Seine Verdienste, so ließ dieser ihn bedeuten, seien so groß, daß nur Gott im Himmel sie belohnen könne; er erlaube ihm daher, seine Tage in Ruhe in seinem Bisthum Toledo zu beschließen! Aus Aerger starb ebenso der berühmte Historiker Thurmayr, genannt Aventinus, der unter der Regierung Herzog Albrecht's V. von Bayern lebte. Man hatte ihn 1534 zu Ingolstadt als Ketzer, der die Fastengebote übertreten und in seiner Schwachheit Fleisch gegessen, eingekerkert. In der Kirche St. Onofrio in Rom, wo auch Tassos Grabmahl steht, sieht man das Monument des Odendichters Alexander Guidi von Pavia, der, wie die Inschrift besagt, eine

Reformation, ja einen förmlichen Umsturz in den Gesetzen der Metrik versuchte und aus Aerger starb über einen — sinnentstellenden Druckfehler! Uebermäßiger Aerger war gleichfalls die Ursache des Todes vom Fürsten Kaunitz-Rietberg, dem bekannten österreichischen Staatskanzler und „europäischen Kutscher." Er erfuhr, daß seine Rivalen Cobenzl und Spielmann seine Namensunterschriften nachmachen ließen, und nahm sich das so zu Herzen, daß er nicht mehr aß, alle Arznei verschmähte und sich förmlich zu Tode hungerte. Von dem zweiten Fürsten zu Solms-Lich, Karl, erzählt man, daß er sich in seine Mediatisirung nicht habe finden gekonnt und aus Gram darüber (1807) gestorben sei. Jedenfalls eine triftigere Todesursache, als die des Dr. Plathner, Professors an der Universität zu Leipzig, bekannt durch seine „Anthropologie" und seine „Aphorismen." Er starb (1818) aus Schwermuth oder Aerger, weil ihm die neu gestiftete sächsische Hofehre, der Civil-Verdienstorden, entgangen war. Als ernsteres Beispiel zählen wir noch den Tod des Autors der „Unpartheiischen Letzten Historie," Gottfried Arnold, auf, der die allerdings seltsame Art, in welcher Friedrich Wilhelm I. von Preußen seine Armee recrutirte, nicht verschmerzen konnte. Er war Prediger in Perleberg und theilte gerade das Abendmahl aus, als die Werber des Königs in die Kirche drangen und die jungen Burschen ohne Weiteres wegschleppten. Die Alteration über diese Störung der gottesdienstlichen Handlung und Mißachtung seines Amtes tödtete Arnold.

An gebrochenem Herzen starb im Grunde auch Torquato Tasso, der Dichter des befreiten Jerusalems. Wegen seiner Liebe zur Schwester des Herzogs Alfons V. von Ferarra für irrsinnig erklärt, mußte er mehrere Jahre im

Irrenhause weilen, bis es seinen Freunden endlich gelang, ihm die Freiheit wieder zu verschaffen. Sie luden ihn nun nach Rom ein, um ihn mit dem Dichterlorbeer zu krönen. Tasso kam auch nach Rom, aber als gänzlich gebrochener Mann. Er erkrankte, und man mußte die Krönung verschieben. Sein Ende ahnend, schrieb er einem Freunde: „Ich gehe in dasjenige Leben ein, welches das einzig wahre ist." Als man nun jenen seinen Ehrentag vorbereitete — es war am 25. April 1395 — das Kapitol mit Teppichen und Laubgewinden schmückte, die Gäste sich versammelt hatten und die Musiker schon die Instrumente stimmten, die den Festmarsch aufspielen sollten, fand ihn die Freundes-Deputation, welche ihn abholen wollte, einsam in seiner Zelle im Kloster St. Onofrio im Sterben. Mit dem Seufzer: „Vor dem Ziele am Ziele" verschied er.

Einen scharfen Kontrast zu Tasso's Ende, bietet das seines Landmannes, des größten aller Violin-Virtuosen, Nicolo Paganini. Mit äußerster Mühe nur konnte man ihn überreden, die Sterbesacramente zu empfangen. „Sagen Sie mir in aller Welt, was enthielt doch Ihr Instrument, daß Sie im Stande waren, demselben solch' wunderbare Töne zu entlocken?" „Den Teufel enthielt es," antwortete Paganini dem zu ihm gesandten Mönche. Und nun richtete sich der dürre, langhaarige, hohläugige Künstler auf, griff nach der bei seinem Bette liegenden Violine, und fing, im Bette knieend, derartig an zu spielen, daß den Mönch Angst und Grauen erfaßte, und er vor Entsetzen aus dem Zimmer stürzte. Paganini, dadurch erheitert, brach in ein lautes Lachen aus, ward dadurch von einem heftigen Husten überfallen, und von demselben erstickt. Verröchelnd Geige und Bogen den Händen entsinken lassend, verschied er. Da

19*

das Instrument durch den Fall zersprang, hieß es, der böse Geist, der darin gehaust, sei durch den Spalt heraus gesprungen und habe den Künstler erwürgt. So glaubt es das italienische Volk heute noch.

Einen außerordentlich merkwürdigen, drastischen Todesfall erzählt (nach Vehse, Geschichte des Oesterreichischen Hofes, Band II. pag. 238) Hormayr, den des Baron Carl Joseph von Hohenberg, welcher, der letzte seines Geschlechts, 1728 eines plötzlichen und gewaltsamen Todes an seinem 32. Geburtstage starb. Er war ein kleiner, etwas höckericher, heiterer und sarkastischer Mann, der sich stets rühmte, eine Vorahnung, ein zweites Gesicht, das bei den Hochschotten bekannte second sight, zu besitzen. Es bewährte sich bei ihm wie folgt: „Der Baron von Hohenberg hatte zu seiner 32. Geburtstagsfeier alle Verwandte, Freunde und lustigen Brüder der Umgegend geladen. Als der erste unter den Gästen kam Herr v. H., Landvogt der österreichischen Grafschaft Hohenberg. Baron von Hohenberg empfängt ihn mit gewohnter Heiterkeit, führt ihn die Treppe hinauf und öffnet ihm die Thür des großen Saales, fährt aber sofort mit Entsetzen zurück, das Gesicht mit beiden Händen bedeckend und an allen Gliedern zitternd. Auf des Herrn v. H. erstaunte Frage: „Was denn sei?" deutet er heftig gegen die Mitte des Saales, indem er nur den Ausruf: „Da, da, da!" hervorzubringen im Stande ist. Herr v. H. entgegnete, daß er nur das große gedeckte Hufeisen der Festtafel sehe. Baron Hohenberg aber ruft: „„Dort, dort, sehen Sie denn nicht, daß der ganze Saal schwarz ausgeschlagen ist — und die vielen Todtenkerzen - und dort liege ich ja auf dem Rechbrett (dem Paradebett) — und der widerliche Geruch von den vielen Lichtern und dem Oel und wohl von der Leiche selbst."" Herr v. H. hatte große Mühe, den Baron ins Zimmer zu nöthigen, damit er sich durch Betasten von der Existenz der Festtafel überzeuge. Nach und nach, als die Gäste anlangten, verwischte sich der schreckliche Eindruck bei demselben und er kehrte zu seiner früheren Heiterkeit zurück. Er erzählte nun, daß ihm gerade vor einem Jahre bei einem Ritte auf die Jagd eine Zigeunerwahrsagerin aus der Hand prophezeit habe, er solle seinen Geburtstag stets ganz einsam und von aller Welt, selbst von seinen Leuten abgeschlossen, in ernster Betrachtung und Gebet zubringen, denn sein Geburtstag werde auch sein Sterbetag sein: er würde durch einen Narren um's Leben kommen.

Man setzte sich nun zur Tafel, wo jubelnde Toaste auf langes Leben, viel Vergnügen und eine baldige Vermählung ausgebracht wurden. Nach der Tafel begab man sich in's Freie zu allerhand ländlichen Spielen. Auf einmal riefen einige aus der Gesellschaft: „Wo ist denn unser lustiger Tischrath, unser Michael Gänskragen? Seit die Tafel aufgehoben, hat er sich unsichtbar gemacht und liegt gewiß in der Küche oder im Keller tüchtig benebelt." Der arme Mensch, der gewöhnlich zum allgemeinen Stichblatt diente und bei den Spielen mit Nasenstübern, Jagdhieben und Stößen in Uebermaß bedient zu werden pflegte, hatte sich von der wilden Jagd in ein längst verödetes, nur wenig Hausleuten bekanntes geheimes Gemach, ganz oben gerettet, zu dem, wie häufig in den alten Herrenhäusern, eine steile, sehr schmale Treppe hinauf führte. Vergebens durchstöberte die lärmende tolle Schaar das ganze Schloß, fluchend und scheltend kam sie auf den Kegelplatz zurück. Der Baron Hohenberg lachte sie aus und sagte, er wolle den

vielgesuchten Hofnarren und lustigen Tischrath unverzüglich
herbeischaffen. Alles folgte ihm und er fand sofort den
Flüchtling in seinem Verstecke. Dieser weigerte sich aber
zu öffnen. Vergebens suchte der Hausherr die Thür mit
Fußtritten zu sprengen. Da fiel ihm ein, daß ein alter
Zug die Thür öffne, er fand auch sofort den lange ver=
gessenen Strick und zog mit aller Gewalt an. Aber der
alte mürbe Strick riß und Herr von Hohenberg brach,
rückwärts das Treppchen herunterstürzend, das Genick. Als
H. von H. am andern Tag mit seinen Gerichtspersonen in
den Saal des gestrigen Festmahls eintrat, ergriff ihn ein
mächtiger Schauder. Der Verblichene lag genau an der=
selben Stelle und der ganze Saal war so vorgerichtet, wie
Baron Hohenberg es gestern Morgen als second sight
gesehen hatte. „Hohenberg, Hohenberg und nimmermehr
Hohenberg hieß es, wie überall, wo Schild und Helm dem
Letzten eines Geschlechts auf den Sarg gelegt werden."
So Hormayr.

„Wie gelebt, so entschwebt"; dieser lateinische Spruch
bewährt sich am allermeisten nach der materiell=sinnlichen
Seite des Lebens hin.

Das drastischste Beispiel ist wohl der Herzog von
Orleans, der berüchtigte, von seiner eigenen Mutter, der
Pfalzgräfin von Orleans, verleugnete Regent, welcher in den
Armen seiner Maitresse, der Madame de Valory, verschied.
Als man August II., dem Starken von Sachsen und Polen
solches erzählte, rief er aus: „Ah, que je meurs do la
morte de ce juste." Der Zeuge, der für diesen Ausruf
einsteht, ist kein geringerer, als Friedrich der Große. (Vehse,
Band 33, p. 199.)

Es war der leichtsinnige Todeswunsch Ovid's:

Ut mihi contingat, Veneris languescere motu
Cum moriar, medium solvar et inter opus
Atque aliquis nostr lacrimans in funere dicat,
Conveniens vita mors fuit ista sua.

August's II. Nachfolger, August III., der wie jener den Tafelfreuden sehr ergeben war, starb an der Mittagstafel vom Schlage gerührt. Brühl, sein würdiger Minister, ließ sich, als er sein Ende nahen fühlte, die köstlichsten Ungarweine kommen und hauchte, indem er auf die Gesundheit seiner Freunde trank, seine Seele aus. Heinrich Julius, Herzog zu Braunschweig, gleichfalls ein großer Freund der Tafelfreuden, starb (1613), weil er, bereits mit dem Fieber behaftet, zu viel Melonen gegessen und Wasser getrunken hatte. La Mettrie, der Arzt und Freund Friedrich's des Großen, weil er sich an einer Trüffelpastete übernommen hatte. Ebenso endete auch Graf Lamberg, Bischof zu Passau, an seinem Lieblingsgerichte: Sauerkraut mit Speck und Würsten.

Höchst charakteristisch, seinem ganzen Lebenswandel entsprechend, war das Ende Georg Buchanan's. Dieser, einer der berühmtesten Männer und der größte lateinische Dichter des 16. Jahrhunderts († 1582), war der verschrieenste und gottloseste Trunkenbold, den es jemals gegeben hat. P. Garaffe berichtet von ihm, daß er sich durch seine Ausschweifung im Trinken die Wassersucht zugezogen, obgleich man scherzweise von ihm gesagt, daß nur vino intercute und nicht aqua intercute krank sei. Trotz seiner schweren Krankheit hat er es nicht unterlassen, so stark zu trinken, als er es während seiner Gesundheit gethan. Die Aerzte, welche ihn auf Befehl des Königs von Schottland behan-

delten — er war der Erzieher des Kronprinzen, des nach=
maligen Königs von England — stellten ihm eindringlichst
vor, daß er sich offenbar um's Leben bringe und höchstens
nur noch vierzehn Tage leben würde, wenn er in seiner
Ausschweifung beharrte. Er bat sie hierauf, ein Consilium
untereinander abzuhalten und festzustellen, wie lange er noch
leben könnte, wenn er sich des Trinkens enthielte. Sie
eröffneten ihm alsdann, daß er sicherlich noch fünf bis sechs
Jahre leben könnte, wenn er sich so lange bezwänge und
das Trinken aufgäbe, worauf er zu ihnen voll Zorn sagte:
„Packt Euch mit Euren Verordnungen und wisset, daß ich
lieber zwei Wochen, wenn ich mich voll trinken kann, leben
will, als sechs Jahre, ohne zu trinken." Hierauf befahl
er, daß man ihm eine Tonne Wein bringe und zu seinem
Bette hinstelle, mit dem festen Vorsatze, noch vor seinem
Tode den Boden davon zu sehen, und er hielt sich so wacker
dabei, daß er sie bis auf die Neige leerte und unter Got=
tesläfterungen aus dem Leben schied.

Auch Le Fort, der Freund Peter's I. von Rußland,
der auf dessen Lebensweise und Grundsätze so großen Ein=
fluß hatte, starb mit gewaltig leichtem Sinn. Er ließ sich
auf seinem Sterbelager, wohin ihn im 46. Lebensjahre
sein unordentlicher Lebenswandel gebracht hatte, unter Trom=
peten und Pauken die Horazische Ode (III., 2) vordeklamiren:
Angustam amici pauperiem pati, deren schönster Vers ist:

> Dulce et decorum est, pro patria mori,
> Für's Vaterland ist rühmlich und süß der Tod!

Mit ähnlich leichtfertigem Sinne befahl auch die Hof=
dame der Catharina von Medicis, Madame de Liminil,
den „Reißaus" der Schweizer ihr vorzuspielen, den sie
dann mit ihrer sterbenden Stimme begleitete, die Worte:

„Alles verloren" vier bis fünf Mal wiederholend, worauf sie sich umdrehte und verschied.   Diese Kunst, sich den Tod zu versüßen, die „Euthanasia," hielt Bacon von Verulam für ein Mittel, sich den Tod länger fern zu halten.   Es huldigte ihr Kaiser Leopold I., der unter den sanften Tönen der Musik verschied, die er sich, als er seine letzte Stunde nahen fühlte, aufspielen ließ.   Ebenso die talentvolle, origi= nelle und liebenswürdige Soubrette vom Leopoldstädtischen Theater in Wien, Therese Krones, die in weißem Kleide und einem Kranze von weißen Rosen im Haar in Gegen= wart ihrer Colleginnen und Collegen ein öffentliches Be= kenntniß ihrer Sünden ablegte und dann unter Absingung der Strophe verschied:

„Scheint die Sonne noch so schön,
Einmal muß sie untergehn!"

Uebermaß der Freude ist sehr oft die Ursache eines plötzlichen Todes gewesen.   So erzählt man vom Papste Leo X., dem großen Medicäer und Kunst=Mäcen, daß er aus Freude wegen des Sieges der Kaiserlichen über die Franzosen gestorben sei.   Veranlassung zu einer ähnlichen Todesart war auch der große Leibnitz.   Er hinterließ 16 000 Thaler seinem Schwestersohn, dem Pastor Löffler zu Probsthayda, der die Geldsäcke nach Hause holte.   Bei ihrem Anblicke rührte seine Frau vor Freuden der Schlag. Vor Lachen sind Viele gestorben.   Es existirt sogar von einem gewissen B. Textor ein besonderes, 1759 zu Basel erschienenes Verzeichniß von namhaften Männern, die so geendet.   Der lustige Fröhlich, Hofnarr und Kammerherr August's des Starken, dessen Devise lautete: „Semper fröh= lich, nunquam traurig," und dessen 60 Unzen wiegender silberner Kammerherrenschlüssel ihm zugleich zum Zechpocal diente, starb in Warschau lachenden Todes.

Pietro Aretino, der berüchtigte italienische Dichter, der als Günstling mehrerer Päbste Alles that, was er wollte, den Carl V. und Franz I. zu bestechen wetteiferten, um nur von ihm nicht durchgehechelt und bei den Römern unpopulär zu werden, der mit gleicher Fertigkeit die abscheulichsten Schmutzgedichte und geistliche Bußpsalmen verfaßte, gerieth über die lustigen Streiche, die man ihm von seinen als Dirnen lebenden Schwestern erzählte, derartig ins Lachen, daß er mit dem Stuhle rücklings umfiel und das Genick brach.

Der Tod aus Freude und mit Humor hat eine förmliche Litteratur. Im Jahre 1797 schrieb Deslandes: „Miscellaneen über berühmte Männer und Frauen, die bei froher Laune gestorben sind,“ welche von Heidenreich mit Anmerkungen herausgegeben sind. Carl Julius Weber, der dieses Buch vielseitig benutzt hat, tadelt, daß der so höchst interessante Stoff zu flüchtig und ohne allen philosophischen Geist bearbeitet worden sei. Er theilt mehrere interessante Beispiele aus diesem Buche mit. Ein Municipalrath Vigne, der in der großen französischen Revolution mit dem Advokaten Vigneron zugleich guillotinirt wurde, starb mit den Worten: Vous n' aurez plus ni Vigne ni Vigneron, Ihr werdet weder Weinberg (vigne) noch Winzer (vigneron) mehr haben. Als Thomas Hobbes, der bekannte englische Rechtsphilosoph, zum Sterben kam, scherzte er mit seinen Freunden über seine Grabschrift und bestimmte sich endlich für die: „Hier ist der Stein der Weisen.“ Er sah den Tod so gleichmäßig herannahen, daß er seine Freunde noch selbst zu seinem Todtenmahl einlud, unter ihnen auch Robertson, den Geschichtsschreiber. Dieser hatte aber bereits eine andere Einladung auf eine Schildkröte angenommen und nun sagte Hume: „Sein Geschmack im Essen ist so elegant wie im Schreiben, daher zog er natürlich eine Schildkröte meinem Schöpsenbraten vor." So scherzte er bis zu seinen letzten Augenblicken. „Alles was Lucian in seinen Todtengesprächen zu Charon sagt, um Aufschub zu erhalten," meint er, „paßt nicht auf mich; höchstens könnte ich entgegnen: Ich habe eine verbesserte Ausgabe meiner Werke vor, laß mir Zeit noch, zu sehen, wie das Pub= likum sie aufnehmen wird; aber Charon wird erwiedern: Lieber Freund, du würdest nie fertig werden, an deinen Werken zu feilen, packe dich in den Nachen." Bei Erwäh= nung obiger Grabschrift Hume's theilt Carl Julius Weber (Democrit VI. 264) auch die launigen Verse mit, die ein Herr S. T. Hagen, der sich zu Herzberg im Hannö= verischen erschoß, auf seinem Arbeitstische an seine Freunde hinterließ:

Las!

Las de boire et de manger,
Las de trahir mes créanciers,
Las de tasser des amis,
Las de la pour suite des ennemis,
Las de vivre en torture,
Las de voire la meme tournure,
Las enfin de moi — meme, —
Je meurs d'une resignation suprême.

Adieu le 12. May 1728.

S. T. de Hagen.

Müde!

Müde mich in Speise und Trank zu vergnügen;
Müde meine Gläubiger zu betrügen;
Müde mir Freunde zu erwerben,
Müde durch Feinde zu verderben,
Müde so mancher Quälerei,

Müde des ewigen Einerlei,
Müde meiner eigenen Persönlichkeit —
Sterb' ich mit höchster Gleichgültigkeit!

Nicht so gleichgültig aber war der Tod dem berühmten Marschall Moritz von Sachsen, wenngleich auch er wie so viele große Männer mit Resignation starb. Seinem Leibarzt Senée, der seine Krankheit für tödtlich erklärte, sagte er lächelnd: „J'ai fait un beau rêve: Ich habe meine schönen Träume geträumt." Fürst Charles de Ligne, der witzige Diplomat des Wiener Congresses, freute sich, daß er den versammelten Fürsten und Staatsmännern das Gepränge einer Feldmarschallsleiche zum Besten geben könne. Jacob Mauvillon († 10. Jan. 1794), dessen Leben eine witzige, lustige Gesellschaft war, verlangte in seinem Testament, daß Niemand zu seiner Beerdigung gebeten werden sollte, als diejenigen, so sich über seinen Tod freueten; ob und wie viele solcher Freudtragenden sich eingefunden haben, vermögen wir nicht zu sagen.

Mit wahrhaft seltenem Humor endete Paul Scarron. Er wollte, als der Tod nahte, nichts von Erbauung und Trost hören. „Geh' mit Gebeten und Psalmen," sagte er zu seiner Frau, der später so berühmten Maintenon: „Ich hätte nie geglaubt, daß es so leicht ist, sich über den Tod lustig zu machen." „Scarron, Scarron," rief die Gattin flehend, „laß jetzt deine Scherze und Späße. Nicht zum Lachen, sondern zum Weinen ist es Zeit." „Nun wohl," entgegnete Scarron, seinen letzten Einfall verschluckend, „so weine du, aber so viel ist sicher, Ihr werdet nicht halb so lange um mich weinen, als Ihr über mich gelacht habet." Diese Vorstellung erheiterte ihn und so verschied er mit lächelnder Miene.

Ein gar nicht übles Seitenstück zu diesem halbwegs frivolen Sterben ist der Tod des Schauspieldichters Großmann. Er schlug folgenden Wechsel an seine Stubenthür: „Drei Monate nach Dato zahle ich gegen diesen meinen Solawechsel meinen Leichnam an die Mutter Erde. Valutam habe ich von derselben aus ihrem liebevollen Schooße richtig empfangen; leiste gute Zahlung aller Orten nach Wechselrecht. Hannover, den 23. April 1795. G. F. W. Großmann." Er hielt zwar mit der Bezahlung nicht ganz richtig ein, doch hatte ihn sein Vorgefühl nur um einige Monate getäuscht.

Um das Sterbebett des berühmten, 1820 zu Wien verstorbenen Arztes Frank saßen acht seiner Collegen, sich berathend. Der mit dem Tode schon langsam Kämpfende lachte laut auf und sagte: „Mir fällt der französische Grenadier auf dem Schlachtfelde von Wagram ein, der von acht Kugeln durchbohrt da lag: Sapperment, rief er aus, acht Kugeln braucht es also, um einem französischen Grenadier das Leben zu nehmen?"

Schön ist die Weisheit im Leben, aber noch schöner im Tode; männlich und erhaben ist, wer ohne Seufzer einen lächelnden Hoffnungsblick gen Himmel, das Haupt neigt und stirbt. Und die Natur selbst, so scheint es, meint es im letzten Augenblicke noch gut mit uns, hält uns da, wo sie uns zu verlassen scheint, einen breiten Schild vor gegen die Pfeile des Todes; wir werden geistig früher todt als physisch und treten dann so bewußtlos aus der Welt, als wir hineingetreten sind. Meditatio mortis philosophia optima; das Nachdenken über den Tod ist die beste Philosophie. Sie macht ruhig und zufrieden, standhaft und nachgiebig, denn sie ist die Betrachtung der Hinfälligkeit aller Dinge. In gesunden Tagen deßhalb muß man sich zurufen und singen:

> Weil nichts gewisser ist, als Sterben,
> Und bald vielleicht die Reih' an mir,
> So will ich mich bei Zeit bewerben
> Um ein recht selig Sterben hier.
> Ich will eher sterben, als ich sterb',
> Damit ich im Tode nicht verderb'.

———

XIV.

Parteien und Partei-Namen.

————

Jeder Staat entwickelt erhaltende und umgestaltende
Kräfte, und so finden wir überall eine Klasse von Staats-
bürgern, welche in der möglichsten Schonung des Bestehenden
ihre Sicherheit, ihr Wohl und ihr Interesse erkennen und
eine andere, welche stets geneigt ist, zu Veränderungen zu
schreiten. Die Macht der Gewohnheit und der Reiz der
Neuheit, die Anhänglichkeit an das Althergebrachte und
Ererbte, und die Neigung zu Verbesserungen, die Liebe zur
Ordnung und die Liebe zur Freiheit, zur ungehemmten
Anwendung aller und jeder von der Natur verliehenen
Kräfte erzeugen, bedingen und kennzeichnen diese Gegensätze,
deren Extreme entweder zu einer thörichten Verherrlichung
alles Alten, oder zu idealistischen Träumereien und Pro-
jectmachereien führen. Es ist eben so klar, daß beide Richtungen sich mehr oder weniger abschwächen und sich zu den
verschiedenartigsten Schattirungen und Unterabtheilungen
gestalten können und müssen; schwerlich möchte es je einen
Staat, ein Gemeindewesen gegeben haben, in welchem man
nur jene zwei Hauptparteien kannte.

So verschiedenartig wie die Parteien und Partei-
Bestrebungen, so verschiedenartig sind auch stets die Bezeichnungen gewesen, welche sie entweder selbst sich gegeben, oder
welche sie mit und ohne ihren Willen erhalten haben. Die
meisten Parteinamen haben mehr eine äußere zufällige Entstehung, als einen innern Beweggrund. Abzeichen und Farben, Tracht und Kleidung, Beschäftigung und Lebens-
gewohnheit, die Zufälligkeit des örtlichen Auftretens und
Entstehens haben ungleich häufiger den Namen bestimmt,
als das Princip und dessen Begründer und Träger. Aus
Spott- und Spitz-Namen sind, weil man sie, verständig
genug, in stolzem Selbstgefühl als Ehrennamen adoptirte,
oft die gebräuchlichsten Parteinamen entstanden, selbst da,
wo es am wenigsten angebracht war: auf religiösem Gebiete.
Das war insbesondere zur Zeit der Reformation der Fall.
So z. B. nannte man die Anhänger Wiclef's „Lollharden,"
wegen des weinerlichen Tones, in welchem sie ihre Kirchen-
lieder sangen. Der Name war abgeleitet von dem niederländischen Worte lollen = leise singen, und ursprünglich
einer religiösen Genossenschaft gegeben, die sich in Antwerpen
zur Beerdigung der Todten gebildet hatte. Eine ähnliche
Bezeichnung kam in Florenz zur Zeit Savonarola's vor.
Hier nannte man dessen Anhänger wegen der Rührung, in
welche sie durch seine Kanzel-Vorträge verfielen: „Piag-
noni" = Heuler, und seine Gegner die „Arrabiati" =
Wühler. Freilich waren in Florenz die Heuler Demokraten
und die Wühler Aristokraten. Die Benennung „Quäker"
ist ähnlichen Ursprungs. George Fox, der 1629 diese
„innere Religion des Geistes" aufbrachte, nannte seine Anhänger „Bekenner des Lichtes," auch „Christliche Gesellschaft
der Freunde." Die übrigens niemals förmlich adoptirte

Bezeichnung des Quäkers = Zitterer, rührt von ihrer
demuthsvollen Andacht beim Gottesdienst her. Die Namen
der übrigen bedeutendern englischen Confessionen: der Angli-
caner, Anhänger der Episkopal= oder Hochkirche, und ihrer
Gegner, der Presbyterianer und Puritaner (diese wegen
ihres Eifers gegen alle katholisirenden Cultusformen so genannt) drücken mehr oder weniger scharf ihr Princip aus;
der für die letztern auch in Aufnahme gekommene Ausdruck
Roundheads (Rundköpfe) war ein Spitzname und fand
seine Erklärung in dem runden Zuschnitt des Kopfhaares,
worin sie sich gefielen. Die Rundköpfe waren als Gegner
Königs Carl I. zugleich und später sogar vorwiegend eine
bewaffnete politische Partei, welcher die „Cavaliere" als
Anhänger des Königthums gegenüberstanden. Auch die französischen Hugenotten hatten Namen und Ursprung von einer
politischen Partei, den Euguenots (Eidgenossen) von Genf,
welche die 1534 dort die Herrschaft gewinnende Reformation
ganz besonders begünstigten. Von dort übertrug diese
Benennung sich nach Frankreich. Andere leiten den Namen
ab von dem Genfer Hugues, dem Haupte der reformirten
Partei dort, welche Auslegung aber die neuern Forscher
gänzlich verwerfen. Auch die im 17. Jahrhundert in Spanien und Frankreich auftretenden Illuminaten, Erleuchtete,
rechnet man gewöhnlich zu den religiösen Parteien, obschon
sie, wenigstens der 1776 von Adam Weishaupt zu Ingolstadt gestiftete Geheimbund, neben religiöser „Aufklärung"
zugleich ja vorzugsweise die politische verfolgten. Als politischen Verein behandelte denn auch Kurfürst Maximilian
von Bayern den Bund und hob ihn 1785 auf. Der Ausdruck Protestanten war auch bekanntlich kein selbstgewählter;
er rührte von der Protestation her, welche die evangelischen

Reichsstände am 19. April 1529 gegen den Reichsabschied von Speyer einlegten. Seit dieser Zeit wurden sie als die „protestirenden Stände" bezeichnet, und dann der Name „Protestanten" ganz allgemein von allen Anhängern der deutschen Reformation angenommen. Aehnlich geschah es 80 Jahre später in Holland auf der Synode zu Dortrecht, wo die Arminianer, die Anhänger des Arminius (Harmensen), der die mildere Zwingli'sche Lehre predigte, gegen die Satzungen der Gomaristen, der Anhänger des Gomarus, welcher der strengen calvinistischen Lehre zugethan war, eine „Remonstration" einreichten und so den auch noch heute üblichen Namen der Remonstranten erhielten. Ganz unzutreffend ist der Ausdruck Ultramontane für die Bekenner des Katholicismus, mit dem bis zur Stunde noch so viel Unfug getrieben wird. Von Tausend, die ihn im Munde führen, weiß kaum ·Einer, was er ursprünglich bedeutet. Er kam um die Mitte des 15. Jahrhunderts in Italien auf, und zwar merkwürdiger Weise in der Musik, indem man die Niederländer, welche sich damals in dieser Kunst sehr hervorthaten, Oltramontani nannte. (Näheres bei Kolb, Culturgeschichte II., S. 509 ff.) Der Ausdruck Ketzer stammt von der im 10. Jahrhundert entstandenen Secte der Katharer, der Reinen, her, welche ihrer strengen Ascese wegen sich so nannten und so genannt wurden.

Noch mehr erhielten die politischen Parteien nach Aeußerlichkeiten ihre Benennung, vielfach nach Farben.

Das erste Beispiel gab das alte Rom, wo man im Amphitheater die Grünen, die Blauen, die Rothen und die Weißen unterschied. Doch hatte diese Scheidung keine politische Bedeutung. Caligula, der selbst mit rannte, machte einem seiner Leibkutscher, Eutichus, der die grüne Farbe seiner Partei siegen gemacht hatte, das kolossale Geschenk von 2 Millionen Sesterzien. Seinen Lieblingsrenner Incitatus wollte er gar zum Consul machen.

Am bekanntesten sind die Grünen und die Blauen, welche sich im fünften Jahrhundert in Constantinopel, und zwar im Circus beim Wettrennen bildeten, woselbst sie auch blutige Kämpfe ausfochten. 491 fielen die Grünen, damals Anhänger des Kaisers, über die Blauen her und metzelten ihrer gegen 3000 nieder. Unter Justinian wurde 531 eine noch größere Katastrophe in Scene gesetzt. Damals standen die Blauen auf Seiten des Kaisers. Die Grünen nannten den Kaiser einen Tyrannen und standen auf; 30 000 von ihnen, im Circus zusammengedrängt, wurden unter Belisar's Anführung von den Blauen niedergehauen. Die „Schwarzen" und die „Rothen" sind genugsam bekannt, ebenso die „Schwarzgelben" und die „Schwarzweißen;" diese zuerst in der Paulskirche zu Frankfurt aufgekommenen Bezeichnungen werden mehr im ironischen Sinne gebraucht, und sollte damit die Uebertreibung des Parteiprincips gekennzeichnet werden.

Nächst der Farbe wurde die Kleidung zur Unterscheidung gewählt. So die „Hüte" und die „Mützen," welche in der Zeit von 1751 bis 1771 in Schweden unter Friedrich I. und Friedrich II. um die Gewalt sich stritten, beide auf fremde Mächte sich stützend und von ihnen sogar Sold empfangend; die Hüte von Frankreich, die Mützen von Rußland und England. Sonderbar benannten sich im 15. Jahrhundert die demokratische und die aristokratische Partei in Holland: die „Kabeljauws" und die „Hoeks." Erstere wollten ihre Feinde wie der Kabeljau die bleiernen Lockfische verschlingen; letztere benamsten sich nach ihrem

Hauptabzeichen, dem Angelhaken (Hoek). Die Kabeljaus
trugen eine graue, die Hoeks eine rothe Mütze, welche letztere
also eine entgegengesetzte Bedeutung hatte wie zur Zeit der
französischen Republik. Den fast hundertjährigen Partei-
krieg, in welchem die Hoeks auf Seiten Margaretha's von
Hennegau in dem Kampf mit ihrem Sohne Wilhelm V.
von Holland und dann auf Seiten Jakobäa's von Bayern
standen, während ihre Gegner Wilhelm V. anerkannten und
den Vatersbruder Jakobäa's, den Herzog Johann von
Bayern, zum Herrscher von Holland machen wollten, been-
dete erst 1489 Herzog Albrecht von Sachsen, welchen Kaiser
Friedrich III. zur Unterstützung seines Sohnes Maximilian
mit einem Heere in die Niederlande gesandt hatte. Gegen
Ende dieses Parteikrieges hatte sich in Flandern noch eine
dritte Partei von communistischer Tendenz gebildet: die der
Kaas- en Broot-Eters (Käse- und Brod-Essers); sie führten
in ihrer Fahne einen Käse und ein Brod, zum Zeichen, daß
sie für die nothwendigsten Lebensbedürfnisse stritten. Ihr
heftiger Aufstand, ein Vorläufer des großen deutschen Bauern-
krieges, wurde vom Statthalter Albrecht von Sachsen gleichfalls siegreich niedergeschlagen, wofür er 1499 Friesland
zum Erblehen erhielt. Aehnliche Vorläufer des Bauern-
krieges von 1525 sah bekanntlich auch Deutschland, so 1514
in Württemberg den „Armen Conrad" oder „Armen Heinrich," und vor allem am Oberrhein 1502 den „Bundschuh."
Die Bauern hatten sich im Gegensatz zu dem „Ritterstiefel"
der Edelleute den mit Riemen festgebundenen Bauernschuh
zum Feldzeichen gewählt. In Holland ist ferner der Bund
der „Geusen" zu erwähnen, der in dem großen niederländischen Aufstande so erfolgreich auftrat. Der Graf von
Barlaimont soll der Regentin Margaretha von Parma, als

diese bei der Ueberreichung einer Beschwerdeschrift zahlreicher niederländischen Edelleute erschrak, in französischer Sprache zugeflüstert haben: sie möge sich vor einem Haufen Bettler (gueux) nicht fürchten. Dessen erinnerten sich Einige, als am Abend desselben Tages (2. November 1565) der Graf von Brederode die Parteigenossen zu einem Gastmahl versammelt hatte; man beschloß nun, diese Bezeichnung als Parteinamen zu adoptiren, nahm ihm entsprechend einen Bettelsack zum Abzeichen und trug am Halse eine Schaumünze mit dem Bilde des Königs Philipp II. und der Legende: „Getreu bis zum Bettelsacke." Kleidung war ein schlechtes Franziskanertuch und Hüte oder Barette, auf denen kleine Bettelschüsseln und Flaschen angebracht waren. Besonders gefürchtet machten sich die „Meergeusen," welche aber in die verwegensten Seeräuber ausarteten.

Auch in England ist die Benennung der beiden Hauptparteien, welche seit Carl II. um die Herrschaft stritten, die der Tories und der Whigs, eine zufällige, aus Spitznamen entstandene. Mit dem Namen Tories (abgeleitet angeblich von Taar a ry, Komm' o König) bezeichnete man Räuberbanden, welche unter Carl I. als dessen Parteigänger Irland verwüsteten; der Name Wghi ist weniger klar. Nach einigen englischen Historikern nannte man spottweise fromme Bauern in Schottland so, nach Andern war es der Name eines Instrumentes, dessen die schottischen Bauern zum Antreiben des Viehes sich bedienten; wieder Andere behaupten, der schottische Ausdruck bedeute sauere Milch. Eine vierte Ableitung von dem schottischen Wiggamore (Pferdetreiber, Pferdediebe) wäre eine passende Replik auf den Namen der Gegner. Die Benennung kam auf zur Zeit der Exclusion-Bill, 1680, deren Anhänger zuerst Petitioners, und deren Gegner Abhorrers genannt wurden. Erstere entsprachen den Wighs, letztere den Tories. Seit der letzten Parlamentsreform von 1867 hat dieser alte Partei-Unterschied sich verwischt und man spricht jetzt auch in England von Conservativen und Liberalen: die Chartisten, von ihrem radicalen Wahlprogramm so genannt, sind eine außerhalb des Parlaments stehende Partei.

Im mittelalterlichen Italien tritt uns die seltsame Erscheinung entgegen, daß die beiden hauptsächlichsten Parteien ihre Benennung von Deutschland aus erhielten. Es waren die Ghibellinen und die Guelfen. Erstere, die Anhänger der Hohenstaufen- oder die Kaiser-Partei, führten ihren Namen zurück auf das Wort Waiblingen, eine hohenstaufische Burg; in der Schlacht bei Weinsberg (1140), die Kaiser Konrad III. siegreich gegen Herzog Welf VI. schlug, sollen seine Streiter: „Hie Waiblingen!", die Gegner: „Hie Welf!" gerufen haben. Da nun das Geschlecht der Welfen consequent ein Gegner der hohenstaufischen Kaiser war, so bezeichnet man auch in Italien die Gegner dieser sowie der nachfolgenden Kaiser, die Anhänger der Päpste, mit dem Namen Guelfen. Der deutsche Name Welf bedeutet ursprünglich „junge Hunde," und soll durch Jsenbrand, den Sohn des Grafen Warin von Altorf, einen Zeitgenossen Carl's des Großen, veranlaßt worden sein. Zu Anfang des 14. Jahrhunderts spalteten sich die Guelfen in Weiße und Schwarze, die Ghibellinen in Grüne und Trockene. In unserm Jahrhundert begegnen wir den Geheimbünden der Carbonari (Köhler) und der Sanfedisten (Streiter für den heiligen Glauben). Erstere verfolgen demokratische und antimonarchistische Tendenzen; aus ihnen ging nach der französischen Juli-Revolution das „Junge Italien" hervor.

dessen Kind wieder die gegenwärtige „Italia Irredenta" ist.
Die Sanfedisten, deren Haupt lange Zeit der Herzog Carl
von Modena war, hatten keine besonderen Abzeichen.   Die
spanischen Apacuchos waren keine eigentliche politische Partei,
sondern eine Verbrüderung von Officieren der Colonial-
Armee, die sich nach der bei der gleichnamigen Hauptstadt
Peru's erlittenen Niederlage (9. December 1824) gegenseitige
Hülfe und Beförderung im Heimathlande, wo man sie anfangs mit Verachtung aufnahm, gelobten.   Viele der auf
beiden Seiten in dem spätern Carlistenkriege aufgetretenen
Generale, auch Espartero, gehörten dem Bunde an oder
hatten ihm angehört.   Die Armagnaken, welche bei St. Jacob
an der Birs am 26. August 1444 besiegt wurden, waren
ebenfalls keine politische Partei, sondern eine rohe französische Söldnerschaar, welche Carl VII. gegen das Elsaß und
die Schweiz sandte; sie trugen den Namen von ihrem
Führer, dem Grafen von Armagnac.

Sehr vielen eigenthümlichen Parteibenennungen begegnen
wir in der französischen Geschichte.   Zur Zeit der Bour-
bonen des 16. Jahrhunderts gingen die Parteiungen zumeist
vom Hofe aus und hatten vorzugsweise dynastische Zwecke
im Auge, weshalb sie denn auch vielfach nach ihren hauptsächlichsten Führern sich benannten, z. B. die der Guisen.
Im folgenden Jahrhundert entstand die Fronde, eine der
absolutistischen Politik Mazarin's widerstrebende Hofpartei,
an deren Spitze der Hof-Adel und die Parlamente standen,
welche angeblich im Interesse des Volkes agirte.   Deshalb
verglich die Gegenpartei die nicht unbedeutenden Unruhen,
die sie, insbesondere 1648—53 erregte, mit den Schleuder-
kämpfen der Pariser Gassenjungen (Fronde gleich Schleu-
der).   Die große Revolution erzeugte politische Parteien zu

Dutzenden; die bekanntesten Namen sind von den aufge=
hobenen Klöstern genommen, in welchen die Parteien sich
versammelten, so die Clubs der Jacobiner und der Cor=
deliers. Die unglücklichen Girondisten führten ihren Namen
von dem Departement der Gironde, wo die Mehrzahl von
ihnen gewählt war. Aus der National=Versammlung von
1789 stammt aber auch der Brauch, die Parteien nach den
Plätzen zu benennen, der jetzt in allen Parlamenten sich
wiederfindende Unterschied zwischen einer „Rechten,“ einer
„Linken“ und einem „Centrum.“ Seit der Vereinigung
der drei Stände hatte man bemerkt, daß die Mitglieder der
Versammlung, selbst diejenigen, welche den dritten Stand
bildeten, sich in zwei Fractionen theilten, zwischen welchen,
um sie zu trennen, der Stuhl des Präsidenten sich erhob.
Man bemerkte auch, daß die „Patrioten“ die linke Seite
eingenommen hatten, während die „Reactionairen“ auf die
rechte Seite sich zurückgezogen hatten. Zu dieser Unterschei=
dung trat später noch die des „Berges“ und des „Sumpfes,“
womit man die Extreme der Linken und der Rechten gleich=
falls nach Plätzen bezeichnete. Nach der französischen Re=
volution haben überhaupt die Parteien überall verständlichere,
ihr Grundprincip deutlicher ausdrückende Benennungen ange=
nommen und erhalten. Die Namen Christinos, Carlisten,
Migueliften bezeichnen genugsam das (monarchische) Princip:
die Moderados und Exaltados den innern Parteigegensatz.
So war es auch in andern Staaten: man denke an die
italienischen Mazzinisten. Einige Ausnahmen sind jedoch
hervorzuheben. So die „Knownothings“ (Nichtswisser) in
den Vereinigten Staaten von Nordamerika, die frühern
„Nativisten.“ Sie nahmen jenen Namen an, weil die Mit=
glieder gelobten, von nichts zu wollen, was dem Lande

schadete; sie suchten deshalb die Auswanderung und die
Naturalisation zu erschweren und die Eingewanderten möglichst von den Aemtern auszuschließen. Wie man sieht, sind
die russischen „Nihilisten" ihr Superlativ, indem diese social-
democratische Partei darauf ausgeht, alle bisherige von
Sitte, Cultur und Religion aufgestellte politische Ordnung
umzustürzen. Aehnlich sind die Tendenzen der geheimbünd-
lerischen Fenier in Irland, welche seit 1863 die Gründung
einer irischen Republik anstreben. Der Name ist abgeleitet
vom altkeltischen Fenie, gleich Riese, Krieger. Die neben
den Feniern aufgetretenen Homerulers sind dagegen eine
parlamentarische Partei, welche für Irland ein selbständiges
Parlament und eine eigene Regierung fordern.

Es liegt nahe, diesen Parteinamen auch die Scherz-
namen der Völker selbst hinzuzufügen. Zumeist sind diese
nach den gebräuchlichsten Vornamen erfunden; so z. B. John
Bull (Stier) für die Engländer, von dem Satiriker Ar-
buthnot erfunden, der unter diesem Titel 1712 einen Roman
schrieb; Paddy aus Patrick, dem Schutzpatron Irlands,
Samney oder Sandy, aus Alexander corrumpirt für die
Schotten: Ben Jonathan für die Neu-Engländer; Jean
Baptiste für die Canadier. Den Spanier bezeichnet man
häufig mit Juan Espanol, den Franzosen mit Robert Ma-
caire. Unter Onkel Sam (U. S.) versteht man die nord-
amerikanische Regierung, indem man die Anfangsbuchstaben
von United States anwendet; die Nordamerikaner selbst
heißen Yankees, nach dem im Befreiungskriege aufgenom-
menen National-Liede Yankee-Doodle. In der vormärz-
lichen Zeit hatten wir Deutschen viel vom „deutschen
Michel" zu hören, was nun nach dem großartigen Auf-
schwunge unseres Volkes ein Ende genommen hat. Auch

bezüglich dieser Benennung werden nur wenige von denen, welche sie im Munde führen und geführt haben, wissen, woher sie stammt. Sie kam, wie uns Oettinger in seiner Geschichte des dänischen Hofes (II. p. 129) versichert, im dreißigjährigen Kriege auf, wo Hans Michael v. Obertraut, ein geborener Pfälzer und als solcher im Dienst des Kurfürsten Friedrich's V. von der Pfalz, sie unter seinen Kriegskameraden führte und dann weiter vererbte. Er fiel im Treffen bei Kahlenberg am 4. November 1625 als Anführer der hessischen Truppen gegen die kaiserlichen. Sonach ist der wenig schmeichelhafte Titel wie im Kriege entstanden, so auch durch einen siegreichen Krieg wieder außer Geltung gesetzt.

XV.

Philiſtröſe Geſchichts= und Bücherſchreiber.

I.

Die Tinte des Gelehrten und das Blut der Märtyrer
haben im Himmel gleichen Werth: — ſo ſteht's im Koran.
Und es muß eine tiefe Wahrheit ſein, denn warum würden
ſonſt ſo viele es unternehmen, ſich im Gegenſatze zu den
erſten Jahrhunderten unſerer Zeitrechnung, auf unblutige
Weiſe, wenn auch nicht unſterblich, doch ſelig zu machen,
wenigſtens in ihrer Einbildung? Wie wäre ſie überhaupt
zu erklären, „die ſchwarze Fluth, die ungehemmt weithin
die Lande überſchwemmt," vor der auch kein Gegenſtand des
menſchlichen Handelns, Dichtens und Trachtens ſicher bleibt?
Aber ſie iſt nun einmal das fünfte Element, die Tinte;
Bücher regieren die Welt und die Preſſe iſt und bleibt die
Artillerie der Gedanken! Kann es Wunder nehmen, daß,
unerſchöpflich wie die Gedanken, auch unerſchöpflich die Ge=
genſtände ſchriftſtelleriſcher Thätigkeit ſind? Nicht nur ſei=
tens der, ihrer Phantaſie freien Lauf gebenden Dichter,
ſondern auch der ans Reelle gebundenen Hiſtoriker und
Philoſophen. Beſang doch ſchon Vergil den Culex, Ovid
den Pulex, Fronto: Staub, Miſt und Nachläſſigkeit; alſo
ſprach Hutten das Lob des Fiebers, Melanchthon das der
Ameiſe, Agrippa und Paſſeratus lobten den Eſel und das

Nihil, Scaliger die Gans, Marcianus den Rettig, Majora-
gius den Koth, Caleaginus den Floh, Heinsius die Laus,
Scribanius die Fliege. Professor Francheville, am Hofe
Friedrichs des Großen beliebt, verherrlichte in einem langen
didaktischen Gedichte den Seidenwurm, was dem Könige
unendlichen Anlaß zum Spott gab. Als Erasmus 1509
zu London im Hause des Thomas Morus sein berühmtes
„Lob der Narrheit" herausgab, ward er dazu hauptsächlich
angeregt durch die römische Litteratur aus dem Zeitalter
der Renaissance unter Julius II. und Leo X., die er in
Rom selbst kennen gelernt hatte und die nicht nur an Selt-
samkeit der Stoffe, sondern auch an Frivolität alles bis
hier Dagewesene überbot. Damals hatte Paul Cortese seine
Abhandlung „Ueber gelehrte Menschen", Valerianus sein Werk:
„Vom Unglück der Schriftsteller", Franzesco Achilli sein
Gedicht: „Ueber die Stadtpoeten" verfaßt. Daß der sonst
geistreiche Sannazar neben seiner „Christias" und der Ekloge
„über die Dichtkunst" auch Lobgedichte auf den „Seidenwurm" und das „Schachspiel" zusammenreimte, mochte noch
hingehen; schrieb doch auch Magnus Gottfried Lichtwer ein
weitläufiges Epos über „das Recht der Vernunft;" kaum zu
rechtfertigen ist aber des großen Venetianers ferneres auch
längst der verdienten Vergessenheit anheimgefallenes Epos: De
partu virginis, welches die Reihe der christlichen Epen, die mit
Klopstocks Messiade schließen, eröffnete; zwanzig lange Jahre
soll er daran gearbeitet haben. Es begeisterte später auch
in Deutschland zu Nachahmungen, wohin man rechnen mag:
„Das neue Testament, in deutsche Reime gebracht und geschrieben durch mich, Friedrich Grafen von Oettingen, 1607."
Daß der berühmte Thomasius eine „Universalgeschichte der
menschlichen Weisheiten und Thorheiten" 1693 herausgab.

hatte gewiß triftige Gründe; 1766 hielt es Doury zu Am=
sterdam für nöthig, sie durch eine historisch=philosophische Ab=
handlung: „Ueber die vorzüglichsten Lächerlichkeiten der ver=
schiedenen Völker" zu vervollständigen. Was lag nun näher,
als eine Geschichte der Repräsentanten dieser Lächerlichkeiten,
„der Hofnarren," die Flögel im Jahre der französischen Re=
volution zu Leipzig erscheinen ließ. Lächerlichkeiten und Narren
erzeugen Lachen und so kann es nicht Wunder nehmen, daß
auch das Lachen seine Geschichte erhielt: in der „Historia
ludicra," ein Verzeichniß bedeutender Männer, so sämmt=
lich vor Lachen gestorben sind, von Textor 1756 zu Basel
herausgegeben. Dr. Jadig, Leibarzt von Jerome Napoleon
in Kassel, ergänzte 1811 diese Leistungen noch durch „Ge-
lascopia sive divinatio ex risu" oder Scala des Lachens.
„Was hat man," schreibt Professor Josua Eisenlein in
seiner Vorrede zu Buttler's Hudibras, „nicht schon für
seltsame Bücher von Poeten und Gelehrten ersonnen und
fabricirt. Von Poeten oder Gelehrten, die arm oder unglück=
lich gewesen, von solchen, die über 70 oder 80 Jahre alt
geworden, von anderen, die an ihrem Geburtstage verschie=
den, oder die ihren Tod vorhergesagt, oder deren Tod zu
früh angekündigt worden z. B. handelt Baumeister: Exer-
citationes academia, Leipzig 1741. „Von denen Ge=
lehrten, so es nicht können von sich geben. Es fehlt nur
noch, daß man jetzo Listen liefere von solchen, die gerne
Stockfische gegessen oder Warzen auf der Nase gehabt."
Wir werden sehen, was hier noch geleistet ist. War das
Werk von Textor ein tiefgefühltes Bedürfniß, um wie viel
mehr noch die zahlreichen Versuche und Abhandlungen über:
„Die deutsche National=Neigung zum Trunke." Oben an
steht Petersens bezügliche Geschichte derselben, die 1782 zu

Leipzig herauskam und mehrere Auflagen erlebte. Ihm vorangegangen waren indeß schon mehrere competente Autoren auf diesem Gebiete, wie z. B. Obsonäus 1592 mit seinem Traktat: De arte bibendi, ein damals viel gelesenes und auch sehr zeitgemäßes Werk, weil das Reichskammergericht, wie uns J. J. Moser erzählt. von seinen Assessoren forderte, „daß sie nicht bloß die Proceß- und die Reichsgesetze inne haben, sondern auch die Kunst des Trinkens verstehen müßten, um vorkommendenfalls dem Kollegium keine Schande zu machen.“ Indeß auch spätere Zeiten hielten derartige ernst gemeinte Anleitungen nicht für überflüssig, wie der 1811 in Stuttgart erschienene, für jede Jahreszeit, ja jeden Tag Rath ertheilende „Almanach für Weintrinker“ beweist; zahlreicher ähnlicher, meist scherzhafter Schriften nicht zu gedenken. Wie mit dem Wein und dem Trinken, so war's auch mit dem Tabak und dem Rauchen und Schnupfen; die erste ausführliche Schrift darüber erschien 1664 anonym zu Utrecht, enthielt Geschichtliches, Satire und Lobsprüche über den Tabak, insbesondere eine Deklamation gegen das Rauchen, die kein geringerer als König Jakob I. von England unter dem Titel „Misokapnos oder der Rauchfeind“ losgelassen hatte. Taschenbücher für Tabakraucher kamen, nach Analogie jenes Wein-Almanachs, zu Anfang dieses Jahrhunderts noch mehrere heraus. Welche menschliche Leidenschaft oder Angewohnheit ist überhaupt ihrem Geschichtschreiber oder Philosophen entgangen? Selbstredend am allerwenigsten die Liebe. In jeglicher Form, von jeglicher Seite, wie wir schon gesehen haben, wurde sie beleuchtet und gefeiert. Wessel, der Gozzo der Dänen, that dieses durch sein Lehrgedicht: „Liebe ohne Strümpfe,“ eine kostbare Parodie der vielen excentrischen Tragödien seiner Zeit. M. Kempis schrieb 1666 zu Leipzig

eine historisch=philosophische Abhandlung über „die Küsse,"
ein ungeheuer gelehrtes Werkchen, dessen Hauptgegenstand
jedoch der Kuß des Judas ist. Noch gelehrter schrieben
Hekelius und Herrenschmiedius darüber in ihren „Oscu=
loquiis;" letzterer quälte sich mit einer von Kempis vergeb=
lich versuchten definitio ab und definirte — unglücklich
genug: duorum amantium inter se mutua inhäsio! Auch
der unvermeidliche Almanach blieb nicht aus: Aphorismen
über den Kuß von Spiritus asper, Leipzig 1807 mit zehn
herzigen Kupfern! Minder galant und sicherlich den Zorn
unserer Leserinnen erregend ist aber die 1766 in Paris
erschienene Abhandlung: Der Gebrauch der Alten, seine
Geliebte zu schlagen! Es war das eine alles Ernstes von
der Akademie gestellte Aufgabe, und sie ist, Dank der sorg=
fältigen Studien von dem nicht bekannt gewordenen Ver=
fasser, so glücklich gelöst, daß man sagen kann: materiam
superat opus. Ueber Frauen und Jungfrauen, junge wie
alte, existirt eine wahre Sündfluth von gelehrten wie un=
gelehrten Dissertationen aus philosophisch = geschichtlichen
Schriften. Als eine der merkwürdigsten ist bekannt: Haleys'
philosophisch=historisch=moralischer Versuch über alte Jung=
fern, Leipzig 1786 in drei (!) Bänden, deren letzter damit
endet, daß die „alternde Schwesterschaft" dem Schutze der
Ritter vom blauen Hosenbande empfohlen wird. Ob die
Frauenzimmer Menschen oder nicht, war überhaupt eine
noch bis in unser Jahrhundert fortgesetzte Streitfrage.
Picander schrieb einen Beweis: daß sie wirklich Menschen;
Justus Wallfisch einen Beweis: daß sie keine Menschen. So
kann's denn auch nicht Wunder nehmen, daß alles, was mit
dem Wesen, Dichten und Trachten, selbstverständlich der
Kleidung der Frauen zusammenhängt, Gegenstand tiefer

historischer wie philosophischer Studien gewesen ist. Noch
1753 erschien zu Dresden eine ganz ernsthaft gemeinte Ge=
schichte des Frauenzimmerschuhes. Am berühmtesten ist ge=
worden des selbst so berühmten Salmasius Kommentar über
das Haar der Frauen, die er an die bekannte Stelle im
Kapitel XI des ersten Briefes an die Korinther anknüpft,
Leiden 1544. Wir entnehmen daraus, daß zu seiner Zeit
der Kopfputz des schönen Geschlechts so sinnreich geformt
war, daß jeder, der sich einer Dame näherte, ihr gleich an
der Haube ansehen und sich darnach richten konnte, ob sie
verehelicht, Wittwe oder Jungfrau sei. Des Salmasius
Kommentar verhielt sich aber zugleich „de Cesarie virorum,"
über das Haupthaar der Männer und gab zweifelsohne die
Veranlassung, daß auch deren schönste Zierde, der Bart,
seinen Biographen fand; Schelle heißt der Unsterbliche, der
1797 nach französischem Muster schrieb, wozu aber schon
100 Jahre früher ein Namensvetter des berühmten Prä=
sidenten der französischen Republik Thiers durch eine „Histoire de Perucques" den Weg gebahnt hatte. Unzertrennlich
von den Perrücken in Ideen wie in Form aber sind die
Zöpfe, und wer kann sie nennen hören, ohne zugleich Lich=
tenbergs zu gedenken, ihres unvergleichlichen Kommentators!
Seine naturwissenschaftliche Klassifikation dieser Abzeichen
hat zu vielen Nachahmungen Anlaß gegeben, die berühmteste
ist wohl die „Monachologie", worin die sämmtlichen geist=
lichen Orden nach dem Linné'schen Systeme klassifizirt sind.
Sie rührt her von Ignatz, Edler von Born, der zur Zeit
Joseph's II. in Wien lebte. Unter dem Vorwande, Studien
zu einem Heiligengemälde zu machen, schickte der Schelm einen
Maler in die Klöster, der dann unter den Mönchen sich die
prägnantesten Physiognomieen aussuchte und kopirte.

*   *   *

Von den Zöpfen nun, um auf diese zurückzukommen, ist es nicht weit bis zu denen, die sie tragen, zu den Philistern, die ihren Plutarch fanden in Clemens Brentano. Er findet die ehrsame Zunft zerstreut in allen Welttheilen, in allen Ständen und Fakultäten, nirgends aber mehr, als im Lehrstande, der auch noch jetzt die ergiebigste Pflanzschule dafür und beständig bestrebt ist, das Sprichwort wahr zu machen: „je gelehrter, desto verkehrter." Und recht hat er. Denn wer waren größere Philister, als jene Wolkenperrücken, jene „Ungeheuer von Gelehrsamkeit," die mehr schlechte Bücher schrieben, als sie gute lasen, jene Polyhistoren, die der Sentenz von Fausts Famulus Wagner nachlebten: „Zwar weiß ich viel, doch möcht' ich alles wissen." War es geistreich, oder vielmehr bodenlose Nüchternheit, wenn Sieur de la Motte sich sein halbes Leben damit abquälte, die 16 000 unsterblichen Hexameter Homers auf 4600 französische Alexandriner zu reduziren? War er ein Philosoph oder ein Philister, jener holländische Gelehrte, der die Worte der Bibel zählte und fand, daß ihrer gerade 3 566 430 seien, daß der Name „Jehovah" darin 6855 Mal, das Wort „Und," womit bekanntlich im Hebräischen fast jeder Satz anfängt, 46 227 Mal, das Wörtchen „flugs" aber nur einmal darin vorkomme? Philisterhaft und nichts weiter waren jene Versuche Cardones bandwurmlange Gedichte zu schreiben, in denen der Buchstabe r nicht vorkommen durfte, auch die Panares, alle seine Trinklieder nur in Form eines Weinglases zu verfassen!

„Maulesel mit dem Gepäck der Alten beladen," so bezeichnete Swift jene Pedanten, die alles Ernstes untersuchten und bogenlange Abhandlungen darüber schrieben, wie groß wohl das Faß des Diogenes gewesen, wie schwer die Keule

des Herkules gewogen habe, ob Aeneas mit dem rechten oder
linken Fuße ans Land getreten, wie sich Achilles genannt
habe, wo er als Mädchen auf Chios gelebt, ob die Haus=
thüren der alten Römer sich inwendig oder auswendig ge=
öffnet, ob die alten Griechen ihre Eierkuchen mit Speck oder
Butter gebacken? Es verirrten sich auch jene Scholastiker,
die wie Scotus Lombardus, Occam und wie viele andere
noch spitzfindig untersuchten, welche Tänze die Engel tanzten,
welche Instrumente sie spielten, wie viele Federn und von
welcher Farbe der Erzengel Rafael in seinen Flügeln trage,
welcherlei Schuppen der Drache St. Michaels am Schwanze
gehabt u. s. w.

Die Verspottung der christlichen Lehren und Gebräuche
selbst fand einen eifrigen Meister in dem Erzpriester Ruitz
von Hita, der um die Mitte des dreizehnten Jahrhunderts
in Spanien lebte und als Vorläufer von Rabelais bezeich=
net werden kann. Er dichtete einen Krieg zwischen Herrn
Karneval (Don Carnal) und Frau Fasten (Donna Qua=
resma), worin die Fastengebote lächerlich gemacht und ohne
Bedenken heidnische Götter, wie Venus und Amor ins Feld
geführt wurden. Das Non plus ultra auf diesem Ge=
biete aber hat der Vicomte Evariste Desiré de Parny
geleistet in seinem: La guerre des Dieux, eine Parodie der
Iliade, welche die Eroberung des Olymps durch die christ=
lichen und die Vertreibung der heidnischen Götter aus dem=
selben zum Gegenstande hat. Noch unter der Regierung
Louis Philipps wurde ein Buchhändler, der eine neue Auflage
dieses zwar geistreichen, aber äußerst schlüpfrigen und got=
teslästerlichen Gedichtes versuchte, mit 10 000 Francs be=
straft! Selbst der große König von Preußen, der Philosoph
auf dem Throne, betrat dieses Gebiet der Satyre; er

verfaßte, wie uns D. Thiebault in seinen Memoiren über den damaligen preußischen Hof erzählt (cf. II., pag. 46), einen „Heiligen Kommentar über die Eselshaut" und (cf. I., pag. 50) ein Gedicht über den Ursprung der Polen von einem Orang=Utang!

II.

Am allermeisten hat die philiströse Gelehrsamkeit von jeher sich selbst gefeiert. Noch vor Ende des fünfzehnten Jahrhunderts schrieb, wie gesagt, Paolo Cortese eine weit=läufige Abhandlung: De hominibus doctis. Obenan aber stehen die seltsamen Schriften von Dr. Götz in Lübeck (1708), der Abhandlungen schrieb über solche Gelehrte, die Schuster oder Schneider gewesen, die Anton geheißen hatten, die un=verehelicht geblieben, die erfroren oder ertrunken waren. Am berühmtesten ist sein Werk geworden: „De sutoribus eruditis, vel gelehrten Schustern." In echt pedantischer Weise theilt der Verfasser die Personen, über die er sprechen will, in folgende drei Klassen. „Ich werde erwähnen," sagt er, „die Gelehrten, deren Väter Schuhmacher gewesen, dann diejenigen, welche erst Schuhmacher geworden und dann sich zu den Wissenschaften gewandt, und endlich jene Schuster, die zu den Gelehrten gezählt sein wollen." Von den An=gehörigen der zweiten Klasse verdienen dem Verfasser zufolge vorzüglich gelobt zu werden: Alfenus Varus, der römische Konsul, von dem Horaz in den Satiren sagt:

— — — — — — Alfenus vafer omni
Abjecto instrumento artis, clausaque taberna
Sutor erat;

dann Benedict Balduin, welcher ein Buch über die Fußbeklei=dung der Alten schrieb, Valerius Herberger, Samuel Friedrich Lauterbach, M. Joachim Westpfahl, evangelischer Theolog zu

21*

Rostock, M. Chriſtopf Jünger, Profeſſor zu Meißen. Zu
den Gelehrten, welche des Schuhmacher=Handwerks kundig
geweſen ſind, iſt der Sophiſt Hippias zu zählen, der ſich
alle Kleidungsſtücke ſelbſt gemacht, der Philoſoph Simon
von Athen; ferner Johann Baptiſta Gellus, Schuſter und
Mitglied der Akademie zu Florenz, ein ausgezeichneter La=
teiner, der bekannte Hans Sachs, Jakob Böhme aus Görlitz,
der Engländer Fox, von dem man zu ſagen pflegte: „wenn
die Bibel verloren ginge, könnte ſie aus Fox' Munde reſtau=
rirt werden;“ Bruno Lamberts, „ein von Gott gelehrter
Schuhmacher zu Wittmund in Oſtfriesland,“ und Peter
Treiſel, „ein von Gott erleuchteter Schuhmacher aus Danzig.“
Soweit der ſelige Götz, welcher zum Schluſſe ſeiner „Obſer-
vationes“ ſich noch gewaltig ereifert über die Laien, die der
heiligen Gottes=Gelehrſamkeit ins Handwerk pfuſchen, und
ihnen ein donnerndes Ne sutor ultra crepidam! (Schuſter,
bleib bei deinem Leiſten!) zuruft.

Wir ſetzen voraus, daß der gelehrte Verfaſſer die Päpſte
Urban IV. und Johann XXII. richtig in die erſte Klaſſe
eingereiht hat, wohin nach ihm auch noch Cimaroſa, der
holländiſche Geſchichtſchreiber Jan Wagenaar und vor allen
Jean Baptiſt Rouſſeau gehören; wir ſetzen ferner voraus,
daß er dem Bilderſtürmer Leo, dem Iſaurier, die ihm ge=
bührende Stelle in der zweiten Klaſſe angewieſen.

In dieſelbe Kategorie gehört die Idee Baillats, ein Werk
zu verſuchen „über ſolche Gelehrte, die etwas hatten ſchreiben
wollen,“ und noch mehr jene Siſyphus=Arbeit, der ſich Leut=
ſels unterzog, durch ſeine Sammlung „Hiſtoriſcher Nach=
richten über 55 Gelehrte,“ die ſämmtlich im 55. Lebensjahre
geſtorben waren! Da verfuhr doch weit vernünftiger Klotz
mit ſeiner „Geſchichte derjenigen Autoren, denen ihre Werke

verderblich geworden" (Leipzig 1728), und noch mehr der lobsame Greifenberger Magister Christoph Tschanteren mit seiner 1722 erschienenen „Historische Nachricht von gelehrten Leuten, die sich zu Tode studirt, bestehend in drei unter= schiedlichen Theilen, davon der erste aus der Historie aller= hand Exempel unserer und anderer Religionen vorstellt; der zweite die Causas Physicas oder natürlichen Ursachen des frühzeitigen Todes obenerwähnter Gelehrten untersuchet und der dritte die Quæstionem moralem oder hierbei vorkom= mende Sittenfrage, ob und in wie fern mit dergleichen unmäßigem Studiren gesündigt worden? — bescheidentlich erörtert." Die Hauptschrift in diesem Sinne ist indessen die von Pierrius Valerianus, „Vom Unglück der Gelehrten," wozu, wie Ferdinand Gregorovius berichtet, diesem die schreck= liche Katastrophe des „Sacco di Roma" den Stoff bot. Ein Geistesverwandter von Götz und Tscherner lebte noch in unserem Jahrhundert, es war der gelehrte Abbate Francesco Cancellieri unter Pius VII. in Rom. Vor seiner Feder war absolut nichts sicher, auch die allerwidersprechendsten Themata nicht. Er schrieb über die Leibärzte der Päpste und — über den Stich der Tarantel, über die Sitte, dem Papst den Fuß zu küssen, ehe noch auf seinem Pantoffel ein Kreuz gestickt war; — und über Männer, welche ein außerordent= liches Gedächtniß hatten, oder welche ihr Gedächtniß ver= loren hatten u. s. w.

Nach Zünften eingetheilt, behaupten unbestritten die Juristen den ersten Rang unter den Bücher = Philistern. Von ihrer Dialektik ist eigentlich gar nichts verschont ge= blieben; was nur Gegenstand des menschlichen Handelns, Begehrens und Empfindens gewesen, ihrer Feder verfallen. Die zufälligsten Rechtsbeziehungen gaben Anlaß zu den

weitläufigsten Diſſertationen. So Bötticher: vom Schat=
tenrecht (Halle 1739); Einſiedel: vom Fingerrecht (Leip=
zig 1715); Wißmann: vom Farbenrechte (Leipzig 1683);
Voigt: vom Recht der Augen (Leipzig 1724). Da Augen
ſchön ſein können, wenn man weint und die Schönheit mit
Thränen ungleich häufiger Recht bekommt als mit Gründen,
ſo war es ganz natürlich und in der Ordnung, daß Ritter
zu Halle 1718 eine Abhandlung veröffentlichte: De eo, quod
justum est circa pulchritudinem (was in Betreff der
Schönheit Rechtens). Zweifelhafter als die Rechte, welche die
Schönheit verleiht, ſind jedenfalls die, welche der Schlaf gibt,
und ſo hat der gemüthliche Bruder des Todes denn auch
zwei Kommentatoren gefunden: Wedekind zu Erfurt 1692
und Steger daſelbſt 1710, beide „De jure Dormientium.“
Um vom Schlafe zum Leben wieder überzugehen, ſo war
und iſt es ganz in der Ordnung, daß, was zum Leben be=
rechtigt iſt, auch ſeine Rechte angebahnt findet: Wildvogels
1745 zu Helmſtädt gedruckte Abhandlung über die Rechte
ungeborener Kinder hat gewiß ihre volle Berechtigung, ob
aber auch Seyfferths Abhandlung: De jure hominis bici-
pitis: Rechte eines zweiköpfigen Menſchen (Wittenberg 1750),
müſſen wir dahingeſtellt ſein laſſen. Das berühmteſte Werk
dieſer Art iſt jedenfalls das des namhaften Pandektiſten
Johann Leyſer: Discursus politicus de polygamia unter
dem nervöſen Titel: „Das Mark aller Länder.“ Es war
vornehmlich zur Zeit der großen ſächſiſchen Juriſtenwirth=
ſchaft, zur Zeit der „brutalia juris,“ als eine förmliche
Sündfluth der ſeltſamſten Abhandlungen ausbrach, gleichſam
um das Bacon'ſche Weisthum über die Juriſten: Plerumque
ex vinculis sermocinantur, auch für Deutſchland wahr zu
machen. Gleich als ob die Thiere Rechtsſubjekte wie die

Menschen wären, erhielt faſt jede Gattung ihren Rechts=
Kodex; Killmar: De jure apum, vom Bienenrechte, Jena
1711; Pegius: Recht der Tauben und Hühner, Regensburg
1725; Starke: De jure phasionorum, eorumque banno,
vom Rechte der Faſanen und Faſanengehege, Wittenberg
1752. Die Hunde und mit ihnen die Hundstage bekamen
eine förmliche Litteratur; zuerſt der eben erwähnte Pegius,
dann Klüver: De jure canum (Stade 1711); Traut: De eo,
quod justum circa dies caniculares; Wildvogel über das=
ſelbe Thema, Jena 1744. Bekanntlich wird der gelungenſte
Verſuch, dieſes juriſtiſche Seciren einfacher Rechtsverhältniſſe
lächerlich zu machen, Goethe zugeſchrieben, nämlich die viel=
fach aufgelegte, neuerdings von Dr. Scabellicus in Heilbronn
(Verlag von Henninger) wieder herausgegebene Dissertatio
juridica de eo, quod justum est circa spiritus familiares
feminarum, hoc est Pulices. Der neue Herausgeber hat
jedoch nachgewieſen, daß Goethe nicht der Verfaſſer, ſondern
daß es der Profeſſor ordinarius, juris utriusque Dr. Otto
Philipp Zaun Schliffer iſt, der 1729 zu Marburg ſtarb.
„Nach Gegenſtand und Behandlungsweiſe,“ ſagt er, „gehört
dieſe Diſſertation in das Gebiet der ſogenannten „eleganten
Jurisprudenz.“ Wiſſenſchaft und Romantik gehen Hand in
Hand, Leben und Poeſie, Ernſt und Scherz finden ſich darin
gepaart. Das Werkchen iſt ein vortreffliches Handbüchlein
der Rechtswiſſenſchaft, eine Art von Examinatorium, woraus
ein junger Juriſt viel lernen kann, ein angenehmes Unter=
haltungsbuch für einige müßige Stunden.“ Diejenigen, welche
Goethe jenes Werkchen zuſchreiben, erzählen, daß ihm Ver=
anlaſſung dazu gegeben habe eine zu Leipzig erſchienene Diſſer=
tation eines gewiſſen Silber: De hirco, aquam benedictam
bibente; ob ein Bock, der Weihwaſſer getrunken, mit dem

Tode zu bestrafen sei? Verwandt mit der Tendenz dieser
Dissertation waren folgende gleichzeitig erschienene Schriften:
Politische Schnupftabaksdose für die wächserne Nase der
Justiz, in sich fassend juristische Streitfragen, mit satyrischer
Feder entworfen; Jakob Ayrer: Historischer Processus
juris, in welchem sich Lucifer über Jesum darumb, daß er
ihm die Hölle zerstört, eingenommen, die Gefangenen daraus
erlöset und hingegen ihn, Lucifern gefangen und gebunden
habe, auf das allerheftigste beklaget. — — Setzten aber
die Handlungen unvernünftiger Thiere schon den juristischen
Scharfsinn oft in Verlegenheit, wie viel mehr noch die mitunter so raffinirt ausgedachten Handlungen der Menschen?
So war es gewiß nicht ohne triftigen Grund, daß Dr. Mer-
ken 1736 ernstlich die Frage untersuchte, ob jemand mit seiner eigenen Haut bezahlen könnte und darüber die Dissertation schrieb: De tergo subsidiario. Daß die Maulschellen
und Ohrfeigen, ferner das Zeter=Geschrei eine juristische Be-
leuchtung erfuhren durch Franci: Dissertatio de alapis, sive
colaphis und Friese: De clamore violente (Halle 1734 und
Greifswald 1715), hatte seine unzweifelhafte Berechtigung;
ebenso mußte jeder gebildete Mensch wissen, wie er sich zu
verhalten habe, wenn er höflich behandelt wurde, wenn ihm
Glückwünsche dargebracht wurden: daher Dr. Henke, Wittenberg
1734: De eo, quod justum est circa voti novi anni; vom
Recht der Neujahrswünsche! Auch Dr. Homel: De jure arle-
quizinando, über das Harlequins=Recht, lassen wir passiren.
Das Betteln ist bekanntlich in allen gesitteten Ländern verboten und darum war es höchst nothwendig zu untersuchen,
ob das Umherreichen des Klingelbeutels unter diesen Begriff
falle, eine Aufgabe, die Lairiz glücklich löste: De oblationi-
bus, quae fiunt ecclesiae per sacculum sonantem. Seine

Abhandlung erschien 1705 zu Jena; die von Ekard 1719
zu Leipzig herausgegebene über den „Beutel ohne Naht," De
sacco sine Sutura, scheint eine Ergänzung zu sein. Um
dem Mißbrauch mit unnützen Redensarten entgegen zu treten
und andererseits zu beweisen, daß was vernünftige Men=
schen sprechen, auch vernünftig gedacht sei, verfaßte der schon
erwähnte Strykius seinen: Tractatus juridicus de Etcætera,
Von der Klausel „Und so weiter." Am zeitgemäßesten von
allen war damals jedoch offenbar Langguths Abhandlung:
Ueber die juristische Windmacherei, De ostentatione juridica,
Leipzig 1727. Sie beugte gleichwohl nicht vor, daß das Uebel,
dem sie selbst entwachsen, nicht noch weiter um sich griff,
bei jenen Juristen zumal, die in ihrem Namen schon den
Beruf zu finden glaubten, über ein bestimmtes Rechtsthema
schreiben zu müssen, die nomen et omen zu haben wähnten.
So Fischer, Straßburg 1719, über das Recht zu fischen;
Leucht vom Licht= und Fensterrecht, Nürnberg 1726; Läm=
mermann vom Lämmerrecht, Helmstädt 1724; Müller über
das Mühlenrecht, Jena 1687; Biermann über das, was in
Ansehung eines Betrunkenen Rechtens, Altdorf 1742. Dieser
letzte Beitrag zu den Rechtsverhältnissen, welche unsere na=
tionale Erbsünde hervorruft, mochte noch als der gerechtfer=
tigste erscheinen. Hatten doch die Reichsgesetze, insbesondere
die Reichs=Abschiede von 1512 und 1595 die schärfsten Ver=
ordnungen wider das Trinken und Zutrinken erlassen, was,
wie uns Carpzow in seiner „Praxis criminalis" (Band III.,
pag. 328) versichert, die Edelleute nur anfeuerte, einander
um so fleißiger zuzutrinken, mit dem Zuruf: „Es gilt Dir
des Reiches Abschied wider das Zutrinken." Da mußten
denn schon „Jura poculorum" sorgfältig definirt werden, wie
Marl 1619 zu Jena that, dem gleichzeitig ein anonymer

Multibibus mit einem „Jus potandi cum omnibus solen-
nintatibus et controversis occurrentibus secundum jus
civile discussis," vorarbeitete. Oenogythopoli 1688. Die
Reichsabschiede aber nahm dann speziell in Schutz Keßler:
De immoderata adbibendi consuetudine. Vom übermäßigen Zutrinken, Jena 1668.

Daß mit dem übermäßigen Wein- und Zutrinken auch
eine der natürlichsten Folgen davon, die grande et noble
maladie des Podagra ihre gebührende Rücksicht, ihre wohlverdiente Anerkennung fand, war selbstverständlich. Pirkhei-
mer, der bekannte Rath Kaiser Maximilians I., der jahrelang
davon heimgesucht war, machte seinen Leiden in humoristischer
Weise Luft durch eine: Apologia s. laus podagræ!

Kehren wir zum Schluß nochmals zu den Theologen
zurück. Diese boten namentlich im Reformations-Zeitalter
wunderbare Leistungen. Schriften, welche die Auswüchse der
Mode bekämpften, wie des General-Superintendenten An-
dreas Meusel „Verwahrung und Warnung wider den zer-
luderten, zucht- und ehrverwegenen, pludrichten Hosenteufel"
konnte man sich gefallen lassen, weniger die Art und Weise,
wie die „Streittheologen" der damaligen Zeit ihre dogma-
tischen Spitzfindigkeiten zum Austrage brachten. Der Jesuit
Georg Scherer eröffnete 1588 den Kampf mit dem „Lutherischen Bettlermantel" in Knittelversen; worauf Jacob Heer-
brand, Kanzler in Tübingen, „Die Ausklopfung des zusam-
mengeflickten lutherischen Bettlermantels" edirte. Dann kam
von jesuitischer Seite wieder „Rettung der Jesuiten Unschuld
gegen den Giftspinner Lucas Osiander." Dieser, Hofprediger in Stuttgart, dem damaligen „theologischen Augapfel
Gottes," hatte die Jesuiten mit seiner „Warnung vor den
Jesuiten und blutdürstigen Anschlägen und bösen Praktiquen"

herausgefordert. Der Schimpfprozeß spann sich darauf fort durch Replik, Triplik, Quadruplik, bis Osiander mit seinen „Ursachen, warum diese päpstlichen Schalksnarren keiner ferneren Antwort werth," das von beiden Seiten ziemlich unsauber durchgeführte Verfahren zeitweilig schloß. Dann aber nahm es Heilbrunner, lutherischer Pfarrer zu Lauingen, mit seinem „Jesuwider=Spiegel" wieder auf. Gebet=Bücher, wie „Die christliche Handpistole," „Geistliche Hosenträger, um Seele und Körper zusammenzuhalten," „Der geistliche Hammer zur Gnadenthüre" u. s. w., waren überall im Schwunge, bei den Protestanten noch mehr, wie bei den Katholiken. Letzteres Buch hatte sogar eine fürstliche Ver= fasserin, Sophie Elisabeth, Reichsgräfin Penz, eine natürliche Tochter Christians IV. von Dänemark. Auch die berühmte Königin Margaretha von Navarra, „die zehnte Muse und vierte Grazie," versuchte sich in diesem Genre. Sie schrieb, da sie sich in ihrer unglücklichen Ehe mit Henry, d'Albret, König von Navarra, reichlich zu entschädigen gewußt, nach= dem die Sünde sie verlassen hatte, einen: Miroir de l' âme pecheresse, Spiegel der sündigen Seele, der pikant genug ist. Freilich wurde sie weit übertroffen von des Prediger Georg Beyers oder Bavarus „Geistlicher Schlafhaube mit tröstlichen Sprüchen heiliger Schrift zusammengenäht und mit glaubwürdigen Historien und feinen Gleichnissen zierlich gästeppet, sowohl auch mit heilsamen geistlichen Kräutern, die zum sanften Todesschlaf dienen, gefüttert." Görlitz 1608.

Und hiermit wollen wir auch unsern Lesern angenehme Ruhe wünschen, freilich nicht für immer.

———

XVI.

Parlamentshumor aus der Paulskirche.

Mit Minerva, der Weisheit spendenden Göttin, war
auch Momos, der Gott des Tadels, des Witzes und Humors,
in St. Pauls Halle eingezogen, wo seit dem 18. Mai 1848
das erste deutsche Parlament tagte, um „Des Vaterlandes
Größe, des Vaterlandes Glück, dem deutschen Volke bringen
zurück." Und in welcher Versammlung, in welchem Parlamente hätte der jemals auch seinen Sitz nicht eingenommen,
seine gern gehörte Stimme nicht geltend gemacht? Wie
konnte er vollends in der so bunt zusammengewürfelten
National-Versammlung der Deutschen fehlen, die der Charaktere und Typen aller Art, der naturwüchsigen, wie der
manierirten, selbst der excentrischen so viele zählte und wo
Wort wie Handlung tagtäglich Stoff zu den ernstesten, wie
den humoristischsten Betrachtungen darbot? Als die ideale
Stimmung der ersten Wochen, welche auf dem Kölner Dombaufeste noch einmal hell aufflammte, zuerst durch die Rede
des Königs von Preußen im Sitzungssaale des Regierungs-
gebäudes eine starke Abkühlung erfuhr und dann einer stei-
genden Ernüchterung Platz machte, erzeugte das auch in der
gesellschaftlichen Stellung der Parteien eine gewisse Reaktion;

man begnügte sich mit dem Kampfe auf der Tribüne und in der Presse nicht mehr und griff zu Darstellung und Bild, zu den Waffen des Spottes und der Satyre.

Der nächste Angriff auf diesem Kampfplatze ging von der Rechten aus, von dem mecklenburgischen Rittmeister v. Bobbien, der, ein gewandter Zeichner, damit anfing, die durch auffallende Aeußerlichkeiten sich auszeichnenden Mitglieder der Linken zu carrikiren, und mit dem „Reichs-kanarienvogel" — dies war der rothhaarige, kurzgeschorene, schnabelnasige, sich stets in gelben Nanking kleidende Gymnasiallehrer Rößler von Oels — allgemeine Heiterkeit erregte, wie es ebenso die zutreffende Umschrift that: „Singt wenig, spricht viel, lebt von Diäten." Alsbald sah man fast den ganzen Reineke Fuchs auf der Bühne, indem die Linke die Replik nicht schuldig blieb: Fürst Lichnowsky als Hahn, Freiherr v. Vinke als Stier, statt der Hörner Pistolen an der Stirne; (weil er beständig mit Forderungen auf Pistolen bei der Hand war, sogar in den Sitzungen!); Moritz Mohl als Kameel, Affen mit aristokratischer und jüdischer Physiognomie auf den Höckern sitzend, (er hatte für Abschaffung des Adels und gegen die Emancipation der Juden gesprochen); v. Soiron als Laubfrosch, der, als auf den Präsidentenstuhl steigend, stets Sturm brachte; General v. Radowitz, Fuchsowitz genannt, als Fuchs, mit schwarz-weißer Schleife, in der einen Pfote einen Rosenkranz mit Orden, in der anderen einen Bischofsstab tragend; den „Landwirth" Schlöffel (der sich durch sein proterves Wesen auszeichnete) als „Hyæna parlamentaris," mit der Bemerkung „unschädlich;" den Professor Vogt als lauernde Schlange im Grafe, „den Minister der Zukunft" andeutend. Fast täglich wurden derartige neue Reichsämter geschaffen und vergeben,

deren erstes Bobbien selbst zum Danke zufiel, als „Reichs=
pinsel," mit der Umschrift: „Sitzt rechts, spricht nichts,
pinselt viel;" Professor Mittermaher, der hochgelehrte, be=
ständige Einbringer von Verbesserungsanträgen, aus den be=
treffenden Gesetzen aller anderen Staaten zusammengesucht,
erschien als „Lavatrix parlamentaris," einen Gesetzentwurf
in der Waschbütte verarbeitend; Dahlmann, der Vater des
preußischen Erbkaiserthums, als „Reichstodtengräber," der
deutschen Einheit das Grab grabend; Turnvater Jahn als
„Reichshenker," vor der „Köpfmaschine," wie er sich einmal
ausgedrückt hatte, stehend, den Strick des Fallbeils in der
Hand; der mephistophelische Advokat Detmold aus Hannover,
unstreitig der größte Satyriker der Paulskirche, als „Reichs=
Colporteur," seinen „Piepmeyer" ausbietend. Dieser „Piep=
meyer" war der Typus des unsichern, stets zwischen den
Parteien schwankenden, allen möglichen Rücksichten Rechnung
tragen wollenden, dabei auf seine Würde als unverantwort=
licher Volksvertreter höchst eitlen, popularitätssüchtigen Ab=
geordneten, deren es leider in der Paulskirche nur all' zu
viele gab. Der berühmte Genremaler Schrödter, Verfasser
des „Todten Esels" und „Sir John Falstaff's," kam von
Düsseldorf herüber und vereinigte sich mit Detmold zu den
ebenso interessanten als wahren Skizzen. Wir zeichnen
einige nach.

Piepmeyer hat vor der Wahl einen Theil seiner Wähler
von der Stärke seiner konstitutionell=monarchistischen Gesin=
nung und in einer anderen Versammlung einen andern Theil
seiner Wähler von der Reinheit und Kraft seiner republi=
kanischen Gesinnung überzeugt. Er wird einstimmig gewählt.
Zum ersten Male in der Paulskirche ist er ungewiß, ob er
auf der Rechten oder Linken Platz nehmen soll. In dieser

Lage macht er die Bekanntschaft eines Journalisten, der ihn über Manches in's Klare bringt. Die Neigung nach Links stellt sich als zeitgemäß dar und befestigt sich. Er kauft sich einen Parlamentshut und gibt demselben durch Fußtritte die nöthige parlamentarische Form. Zur Erklärung diene, daß die Mode der Hüte genau den herrschenden Grundsätzen in Sachen der Politik entsprach, während der Jahre 1848 und 1849. Der steife, unbiegsame Cylinderhut verschwand mit der Märzrevolution und machte Platz dem weichen, jedem Eindrucke nachgiebigen Filze. Je höher die Fluth der Revolution stieg, desto verbogener der Hut; je tiefer sie sank Anno 1849, desto fester wurde der Hutstoff. Hand in Hand ging damit der Bart, dessen Ueppigkeit ein Symptom der üppigen Freiheit wurde. Hatte sich doch selbst der Kirchendiener Meyer einen stattlichen Schnurrbart wachsen lassen. Piepmeyer, kein junger Knabe mehr, beschließt, der Natur freien Lauf zu lassen, auch in diesem Betrachte, und erreicht bald das Ansehen eines verwogenen Mannes. Inzwischen überreicht er Robert Blum sein Stammbuch und dieser schreibt ihm den Vers hinein: „Ueb' immer Treu' und Redlichkeit." Sein Freund, der Journalist macht ihn ferner darauf aufmerksam, daß es noch immer an einem eigentlichen ausschließlichen National=Getränke für Deutschland fehle, und stürzt ihn damit in die Wehen einer großen politischen Idee: „Die Aufgabe ist, ein Getränk herzustellen, das die richtige Mitte zwischen Wein, Bier und Branntwein hält, und dadurch sowohl einerseits den Neigungen und Richtungen der verschiedenen deutschen Stämme Rechnung trägt, als andererseits auch der Idee der deutschen Einheit entspricht." Er macht kostspielige, nicht gerade unangenehme Versuche; zu seinem Schrecken hört er aber, daß auch der

„volkswirthschaftliche Ausschuß" a u c h mit dieser Angelegen=
heit sich beschäftige, ihm also leichtlich mit der Erfindung
zuvor kommen könne. Moritz Mohl, Philipp Schwarzenberg,
Lette, Eisenstuck führen ein großes Wort in diesem gefürch=
teten, sich um Alles bekümmernden Ausschusse: der brennende
Wunsch entsteht in Piepmeyer, Mitglied dieses Ausschusses
zu werden, für welchen er sich durchaus geschaffen fühlt. Er
weiß sich wenigstens in die Registratur Eintritt zu ver=
schaffen. Einsam arbeitet dort ein Mann im grauen Pa=
letot und blonden Lockenhaupte. Auch von hinten erkennt
er den unerbittlichen Volkswirthschaftslehrer Moritz Mohl:
Piepmeyer tritt leise auf, um des Archimedes Zirkel nicht
zu stören, er will nur die Etiketten der Registratur lesen
und genießen. Und was findet er nicht Alles? „Ueber
Heerwesen." — „Ueber die Vexationen der Schiffsjungen
durch die Matrosen." — „Ueber die Unsterblichkeit der
Seele." — „Ueber verschiedene Mittel gegen Ungeziefer.
NB. vertraulich zu behandeln." — „Ueber den Umgang mit
Menschen." — „Ueber eine Verbesserung an Papierscheeren,"
Berichterstatter Freiher von Rheden." — „Zur deutschen
Reichsverfassung." — „Ueber die Mittel zur Pacification
Mexicos." — „Ueber Verbesserungen an Hosenträgern." —
„Desgleichen an schwerem Geschütz." — „Ueber das Ver=
hältniß zwischen Staat und Kirche." — „Ueber die Er=
ziehung der Kinder beiderlei Geschlechts." Bewundernd hat
er dies durchmustert, selig und neidisch entfernt er sich leise,
wie er gekommen. Die unerläßliche Zeitungslektüre ist so
störsam! Heute nöthigt sie ihn zur Ueberlegung, ob es in
Anbetracht der neuesten Zeitereignisse nicht zweckmäßiger sei,
etwas weiter links zu rücken. Inzwischen hat er sich wieder=
holt zum Worte gemeldet, immer aber erst, nachdem die

Discuſſion geſchloſſen und der grimmige Heinrich von Gagern
berechtigt iſt, ihn abzuweiſen. Pflichtſchuldigſt meldet er es
jedesmal ſeinen Wählern. Endlich aber gelangt er zum
erſten Male auf die Tribüne, und — nimmt einen zurück=
genommenen Antrag wieder auf. Dies meldet er ſeinen
Wählern und ſeiner Frau. Bei nächtlicher Weile und im
Hemde übt er nichtsdeſtoweniger vor dem Spiegel eine Rede
ein nebſt den dazu gehörigen Redensarten und Geſten. Na=
mentlich folgende Ausdrücke mit den entſprechenden Stel=
lungen empfehlen ſich ſelbſt: „Ich interpellire das Reichs=
miniſterium!" — „Wir wollen den Wünſchen des Volkes
Rechnung tragen." — „Von meinem Standpunkt aus." —
„Der Convent, meine Herren, der Convent!" — „Reaction,
die offenbare Reaction!" — „Eine verrätheriſche Kamarilla,
eine brutale Soldateska." — „Kein Fuß breit deutſchen
Bodens!" — „Das brechende Himmelsauge der Freiheit."
Folgen Scenen im Club und Berathung über unerläßliche
Interpellationen. Auf dieſe wirft ſich dann auch Piepmeier
mit Vorliebe, nachdem er mit zweifelhaftem Erfolge eine
Rede gehalten und dafür bei dem Stenographen=Direktor
Herrn Wigard eine angemeſſene Anzahl „Bravo's" und
„Allgemeinen Beifall" in den ſtenographiſchen Berichten nach=
geſucht hat. Interpellationen ſind das Intereſſanteſte. Der
demokratiſche Verein ſeines Wohnortes, welcher ihn überhaupt
veranlaßt weiter links zu rücken, hält grundſätzlich auf Inter=
pellationen. Er tritt alſo auf mit einer ſehr ausführlichen
motivirten, nach welcher der Bürger und Schuhmachermeiſter
Jakob Friedrich Götze zu Rederkoſa, zweiter Vorſtand und
aushelfender Schriftführer des demokratiſchen Vereins da=
ſelbſt, zwiſchen 10 und 11 Uhr Nachts bei der Heimkehr
aus einer Sitzung mit dem Hunde des Nachtwächters

Pittschaft (Pittschaft war eine persona ridiculosa des Vor=
parlaments und nebst anderen Mitgliedern der Paulskirche
Urbild zum „Piepmeyer".) in störenden Conflict und in
Folge dessen mit besagtem Nachtwächter in einen Wortwechsel
gerathen ist, welcher Wortwechsel von Seiten des Nacht=
wächters mit dem unziemlichen Ausdrucke: „Er demokra=
tischer Lump!" geschlossen worden sei. (Unruhe auf der
Linken. Hört! Pfui! Pfui!) „In Erwägung dessen," fährt
Piepmeyer mit strengerer Stimme fort, „in Erwägung, daß
bureaukratische Uebergriffe solcher Art, die an die schlimmsten
Zeiten des Metternich'schen Polizeistaates erinnern, freien
deutschen Staatsbürgern gegenüber unwürdig und unzulässig
sind, daß sie eine Verkümmerung der März=Errungenschaften
des deutschen Volkes enthalten, (auf der Linken: Bravo!
Bravo!) in Erwägung ferner, daß namentlich darin, daß
jene Mißhandlung eines deutschen Staatsbürgers grade in
einem Augenblicke geschah, als dieser aus einer Sitzung des
demokratischen Vereins heimkehrte, offenbar eine Verküm=
merung des freien Vereinsrechtes, und ein Eingriff in dieses
Recht enthalten ist, (auf der Linken: Hört! Hört!) — in
Erwägung endlich, daß der gebrauchte Ausdruck „demokra=
tischer Lump" ein offenbar tendenziöser, daß namentlich die
Verbindung der Worte „demokratisch" und „Lump" ein
klarer Beweis einer gar nicht zu leugnenden Reaction sind.
(Hört! Hört!) — in Erwägung aller dieser Thatsachen frage
ich das Reichsministerium, was dasselbe diesen Thatsachen
gegenüber zu thun gedenke, um die März=Errungenschaften
des deutschen Volkes zu wahren und deutsche Staatsbürger,
welche in der Ausübung ihrer Grundrechte gestört werden,
zu schützen? — Ich bemerke noch, daß, falls der Reichs=
minister (natürlich sitzt auf der Zeichnung der immer malitiös,

sardonisch lächelnde Schmerling vorn auf der Ministerbank),
auf diese meine Frage die gewöhnliche Antwort geben sollte,
„daß das Reichsministerium das Nöthige bereits vorgekehrt
habe," ich mich damit nicht begnügen werde, sondern mir
weitere Anträge vorbehalte." (Bravo!)

Schwere Sorgen machte ihm dann die finanzielle Wohl=
fahrt des Reiches. „In Erwägung, daß neuerdings in
Californien so bedeutende Goldminen entdeckt worden sind:
in fernerer Erwägung, daß in Folge dessen der Werth des
Goldes auf dem Continent sinken wird, frage ich das Reichs=
ministerium, welche Maßregeln hat dasselbe vorgekehrt, um
der Entwerthung des Goldes in den Reichskassen vorzu=
beugen?" (Stürmisches Bravo!) In dieser und ähnlicher
Richtung züchtigte die Carrikatur mit Recht jenes aufgebla=
sene, nichtsnutzige Treiben, womit damals die so edle Zeit
vergeudet wurde. Je mehr ein Abgeordneter hervortrat, um
so vielseitiger fielen auch die Spottbilder aus. Die pikan=
testen Angriffspunkte bot wegen seines vielbewegten, abenteuer=
lichen Lebens Fürst Lichnowsky. Zuerst erschien er als Don
Quichote, Georg v. Vincke, den „Rechtsbodenmann," der sich
den dicken Leib mit dem auseinandergeschlagenen Corpus
juris schützt, als Sancho Pansa im Gefolge. Dann als
Lola=Montez auf der Tribüne, dann als Fürst Schnattera=
towsky, „welcher seine politische Toilette zwischen dem rechten
und dem linken Spiegel macht." dann nach dem Heine'schen
Ausdruck im Atta Troll als Schnapp=Hahnsky, der, (es be=
ruhete das auf einer wahren Anekdote) die sich ihm von
selbst, auf die Gefahr hin, das historische Eherecht zu
verletzen, vorstellende „Patrizia" mit den Worten beruhigt:
„Ich bin entzückt über den Fortschritt, den die Emancipation
gemacht hat, um aber Ihre Besorgniß völlig zu beseitigen,

22*

mögen sie wissen: „Das historische Recht hat keinen Datum nicht." Diesen Ausdruck hatte Fürst Lichnowsky, der mit der Schulgrammatik auf etwas gespanntem Fuße lebte, einst auf der Tribüne mit Hartnäckigkeit wiederholt. Ein anderes Spottbild stellte ihn wieder als Don Juan dar, mit Heckscher, dem Reichsminister des Auswärtigen, welcher die Arie: „Keine Ruh' bei Tag und Nacht" singt, als Leporello, während H. v. Gagern als Kapellmeister fungirt. Würdiger trat dieser dann als Jupiter tonans auf, mit der Präsidial= glocke den ausbrechenden Sturm übertönend und Ruhe schaf= fend, den Reichsadler als Fußschemel: weniger würdig als Schulmeister, wie er seinen im Präsidialfache ungeschickten Schüler Soiron in nicht gut definirbarer Weise abstraft, und auch als Minister der „Reichsschneiderei," wo er mit v. Soiron, Bassermann und v. Beckerath den neuen Reichs= Rock zusammenflickt: „Am preußischen Großlappen müssen die Stiche weit sein, damit der Wind durchstreifen kann; für Hannover und Bayern müssen weite Taschen für Schmug= gelhandel und Clerisei angebracht werden u. s. w. u. s. w." Das war noch glimpflich. Schlimmer erging es den doctri= nairen Professoren des Verfassungs=Ausschusses, die in Schlaf= röcken mit langen Pfeifen und bis über die Augen gezogenen Zipfelmützen da sitzen: „entwerfend den Entwurf eines Ent= wurfs für die Verfassung:" am allerschlimmsten Dahlmann mit seinem Erbkaiser, den er aus dem Dintenfaß zieht:

„O Golim, Golim, Golim,
Wer hat nur den Golim erdacht,
Es hat ihn mit Feder und Dinte
Der Dahlmann zurechte gebracht."

Mit seinen vergeblichen Versuchen, nach der den Waffen= stillstand von Malmoe verwerfenden Abstimmung vom 5.

September ein Ministerium zu bilden, wird Dahlmann als
Küchenjunge verspottet, der auf der Suche ist nach Früchten
für die Tafel seines gnädigen Herrn, aber nichts als Fliegen=
schwämme findet. Altvater Ernst Moritz Arndt mußte her=
halten als Franzosenfresser, wie er aus einer Schüssel voll
Rothhosen einen mit der Gabel aufspießt und sagt: „Ah!
wie famos, schmeckt so ein Franzos!" Arndts Franzosenhaß
war dazumal nicht mehr am Platze; in der Sitzung vom
24. Juni wurde auf Raveaux's Antrag ein Gruß der fran=
zösischen National=Versammlung mit Gegengruß durch Er=
hebung von den Sitzen beantwortet. Im Grunde aber waren
die auf die Linke gemünzten Spottbilder doch geistreicher
und treffender als die auf die Rechte abzielenden: die Mit=
glieder der Linken boten schon in ihrem äußeren Auftreten
und Gebahren ungleich mehr verwundbare Punkte dar, ganz
besonders Robert Blum, der denn auch in den verschieden=
artigsten Gestaltungen erschien: als Nußknacker, womit Rößler
und Vogt vergebens die in seinem Munde befindliche Nuß
der Monarchie zu zerknacken bemüht sind: „Es ginge wohl,
aber es geht nicht!" — als Ausscheller der Volkssouverai=
nität, als schwerbewaffneter Barrikadenkämpfer und bluth=
rother Aula=Redner in Wien, wo er schließlich mit Fröbel
in die Rattenfalle geräth, endlich, und das war wohl die
bezeichnendste und bitterste Illustration von Allen, als
„Genius der Wahrheit," die Nummern der von ihm redi=
girten „Reichstagszeitung" um den unplastischen nackten Leib,
in der Linken eine Fackel, in der Rechten einen sein Antlitz
en face zeigenden Spiegel. Noch weit bezeichnender traf
die Satyre den Professor Carl Vogt. „Ein fetter Leib,"
so carrikirt ihn Heinrich Laube in seiner „Geschichte des
ersten deutschen Parlaments," „mit fetten frechen Augen,

behandelte dieser unendlich dreiste Redner Gott und die
Welt wie ein Kartenspiel, welches man mischen kann nach
Belieben und mit welchem man je nach Witterung oder
Laune Whist oder Lhombre, am Passendsten aber Faro spielen
mag. Nie ist eine leichtsinnigere Mischung revolutionärer
Bestandtheile gesehen worden, als in diesem politischen Aben=
teurer. Etwas von Baron Holbach, etwas von Camille
Desmoulins, etwas von landmannschaftlichen Studenten deut=
scher Bierbank, etwas vom vergessenen Doktor Bahrdt mit
der eisernen Stirne, welcher die Wunder skandalös aufklärte,
etwas vom lüsternen Feinschmecker, welchem die Trüffel aus
der Chambertin und die üppige Neigung aus den Augen
leuchtet. Dies Alles auf den Demokraten von 1848 ge=
pfropft und mit unbeschreiblicher Sicherheit auf der Redner=
bühne aufgepflanzt, welch' ein Reiß, welch' ein Früchtlein!"
Deßhalb war auch die Haupt=Carrikatur auf Vogt, mit der
Ueberschrift: „Gar kein Standpunkt" so schlagend. Als
Bummler mit dem Knotenstock und ohne Hut wandert
er durch die Luft, ein paar strangulirte Conservative als
Ränzel an den Schultern, eine zusammenstürzende und bren=
nende Stadt unter den Füßen. Vorzüglich die Kirchthürme
fallen links und rechts um und alle großen Gebäude dazu.
Er hatte in der Frage über die Freiheit der Kirche, die
Trennung der Kirche vom Staat ganz naiv geäußert: „Hier
kann ich sagen, stehe ich wirklich erhaben über alle Parteien,
auf einem so vollkommen neutralen Standpunkte, daß ich fast
sagen möchte, es wäre gar kein Standpunkt." Diese ma=
terialistische Weltauffassung fand noch weiteren allgemeinen
Ausdruck in einem Bilde: Neue Errungenschaften. Zwei
bestialische Kerle, die phrygische Mütze bis über die Augen
herabgezogen, tragen auf ihren Schultern eine verdorrte

grundgarstige Weibsperson und jeder hält auf einem Stecken sein Motto hoch in die Luft. Das eine heißt: „Kein Jenseits;" das andere: „Der Himmel nur auf Erden." Zwei ältere Zuschauer aber, deren Hund den Aufzug anbellt, fragen: „Wen bringen die denn da, die Physiognomie kommt mir bekannt vor, — ist das nicht die alte Pariser Göttin der Vernunft?" „„J, Herr Je! die ist recht alt geworden und findet doch noch ihre Liebhaber.""

So ziemlich dieselben Angriffspunkte bot Arnold Ruge, der alles Beweisende, jedem Gegner seines nebelhaften Humanismus mit dem Secirmesser der Logik und dem Scheidewasser der Dialektik auf den Leib rückende fahlblonde Pommer, mit hohen Schultern und nach vorn geneigtem Kopfe. H. v. Gagern hatte einst, es war in der polnischen Frage, als Ruge in einer überschwänglichen Rede sich sogar zu dem Wunsche verstieg, daß die deutschen Heere in Posen, Italien, und wo sie sonst noch gegen die Freiheit der Völker kämpfen würden, geschlagen werden möchten, die unruhige Versammlung beschwichtigt und mit den Worten geschlossen: „Sie kennen ja die Weltanschauung des Redners." Darauf bezog sich die bezeichnende Carrikatur, die Ruge darstellt, wie er den Kopf durch die Beine nach hinten gebückt, die Erde sich anschaut. Wer hätte es damals für möglich gehalten, daß A. Ruge für seine Bemühungen um Deutschlands Einheit und Verfassung vom Fürsten Bismarck einen Ehrensold erhalten und annehmen würde! In derselben Stellung sah man auch Dokter Eisenman, den bekannten Dulder, welcher, weil er die Majestätsbeleidigung vor dem Bilde seines Königs verweigert, volle 16 Jahre im Gefängniß zugebracht hatte, aber ein äußerst querköpfiger, sperrbeiniger Charakter war, als er sagt: „Ich sehe keine Reaktion"; die er dann später, als Windischgrätz und Jellachich nach Wien rückten, mit einem großen Fernrohr am politischen Himmel entdeckt. Die allergrößte Heiterkeit aber erregte die Versinnbildlichung des Abgeordneten Adolf Wiesner aus Wien, als Medizin= fläschchen mit der Etiquette: „Aqua Viennensis laxativa, Wiener Tränkchen, allwöchentlich einmal für die National= Versammlung zum Abführen." Damit Niemand sich irren konnte, wer gemeint sei, bildete sein feistes mit sich einiges und zufriedenes Antlitz den Stöpsel des Fläschleins. Der unglückliche, schwatzhafte „Publizist," wie er sich zu betiteln beliebte, gehörte, gleichwie auch Dr. Nauwerk aus Berlin, der wegen seiner hohlen Grabesstimme ebenfalls ein Reichs= patent, das als „Todtengräber," erhalten hattte, zu jenen, leider nur zu dick gesäeten Rednern jenes denkwürdigen Parlaments, welche mit „fortlaufendem Beifall" sprachen und deren Erscheinen auf der Tribüne gewöhnlich das Sig= nal zur Einnahme des Frühstücks oder sonstiger Herz= stärkung in der nahe gelegenen Restauration gab. Am dra= stischsten ist dieses Redetalent und die Redesucht Wiesners illustrirt in Gustav Schwetzsch'kes, des Vertreters von Halle: „Novæ epistolæ obscurorum virorum, datæ ad D'm. Arnoldum Rugium, Philosophum rubrum nec non ab= stractissimum", eine Parodie auf Hutten's allbekannte Flug= schrift, unzweifelhaft die beste humoristische Leistung der da= maligen Zeit. Wiesner (Adolphus Pratensis) theilt seinem Freunde darin einen glücklichen Zufall mit, durch den ihre gemeinschaftliche Sache einen erfreulichen Aufschwung nehmen wird. Er ist zum Börsenkönige Rothschild beschieden, der an einer obstructio dura leidet, wofür der Arzt keinen Rath weiß. Dieser spricht beiläufig dem Börsenkönig von Wies= ners in der Paulskirche erörterten Finanzplänen und der

entnimmt aus dem Eindrucke dieser Mittheilung, daß davon
etwas zu hoffen stehe und läßt den berühmten Redekünstler
kommen, ihn einladend ihm sein Talent zu entwickeln. Doch
jetzt müssen wir in der Ursprache fortfahren: „Statim incipio
et facio magna verba de praecipuis foris pecuniaris Con-
tinentis et Magnae Brittanniae. Quinque minutas me
locuto, subito bombisat Liber Baro. Jnterrogo: Quid est,
quod tu bombisavisti Liber Baro? At ille respondet:
„Nihil est, pergas quaeso." Iterum feci magna verba,
et quinque minutis de novo praeteritis alterum bombisavit Liber Baro. Rursus interrogo: Quid est, quod tu
bombisavisti Liber Baro? At ille iterum respondet:
„Nihil est, pergas quæso." Pergo facere magna verba,
et tertium praeteritis quinque minutis bombisavit Liber
Baro tertium sonitu vehementissimo, et alta voce clama-
vit: „Jo triumphe, salvatus sum, ego sum tuus aeternus
debitor," et subito in stubam prope sitam abiit, excessit,
evasit, erupit. O rem, admiratione dignissimam! Obstupui,
steteruntque comae, vox faucibus haesit. — — — —
— — Liber Baro, cui subditi sunt omnes principes to-
tius Europæ, est meus debitor et per Deos infernos juro,
pecuniam ille largietur, ut oculi ei transeant." Die Linke
rächte sich nach Kräften in Wort und Bild. Sie ließ den
„Deutschen Michel" erscheinen, der den Augiusstall der
Rechten mit scharfem Besen säubert: erschrocken fliehen H.
v. Gagern und Soiron vom Präsidententisch, stürzt Sekretär
Jucho von der Tribüne, liegen Dahlmann, Radowitz, Schmerling und Andere am Boden, der Besen fährt v. Vincke in's
Gesicht und macht ihn stumm. Dann erschien die „Reichs-
fegemühle", wobei es auf die Centren abgesehen war, deren
Mitglieder in allerlei symbolischen Gestalten als Spreu in

den Wind fliegen, während die der Linken und auch nach
der rechten Seite hin einige als gediegenes Korn stolz daraus
hervorgehen u. s. w. Natürlich entging auch der Erzherzog=
Reichsverweser weder der Feder, noch dem Griffel der Satyre.
Ein erstes Blatt zeigt ihn als Handwerksburschen, der, seinen
Knotenstock in der Hand, nachdenklich am Scheidewege unter
einem Wegweiser sitzt, dessen Spitze die Köpfe von Radowitz
und Blum bilden; der Arm unter ersterem zeigt nach „Für=
stenhausen,“ der unter letzterem nach „Volkshausen“. Der
Wanderer denkt ernstlich nach:

> Grad' aus Tyrol und Wien komm' ich heraus,
> Deutschland, wie siehst Du so wunderlich aus!
> Rechter Hand, linker Hand, wie soll ich geh'n?
> Wem soll ich folgen und — werd' ich besteh'n?
> Schwer ist mein Bündel, gebirgig der Pfad,
> Arbeit bekomm' ich in jeglichem Staat,
> Doch will ich reisen nach Frankfurt am Main,
> Weil dort die Herberg am besten soll sein.
> Dort ist versammelt das Reichsparlament,
> Leut' vom Gewicht und verschied'nem Talent.
> Dort find' ich sicherlich Wegweiser steh'n,
> Die mir's bedeuten, wie ich weiter soll geh'n.

(Parodie auf das bekannte Lied von H. v. Mühler, späteren preußischen
Cultusminister: Grad' aus dem Wirthshaus komm ich heraus.)

Eine andere Zeichnung stellt ihn als Organist dar: die
Orgelpfeifen bilden pyramidenförmig die distinguirten Mit=
glieder der Rechten und der Centren; als Bälgetreter fungirt
boshaft genug, Weinflasche und Glas in den Händen, der
Preußenkönig Friedrich Wilhelm IV. Orgelspieler: „Ich
kann holt' ka Harmonie 'rausbringen!“ Bälgetreter: „Hal=
ten Sie sich man nur an die Noten.“ Diese aber lauten:
„Wir lassen holt Alles beim Alten.“ Auf einem dritten Bilde
erscheint (nach dem Rücktritt des Ministeriums Schmerling

am 5. September 1848) der „Verwalter" beim Tabaks=
fabrikanten Dahlmann: „Zeigen Sie mir ihren besten Tabak,
haben Sie vielleicht Hamburger oder Bremer?" (Heckscher,
Reichsminister des Auswärtigen, war aus Hamburg; v. Duck=
witz Reichshandelsminister aus Bremen.) „Bedaure, sind
beide bereits vergriffen; wenn ich jedoch — ein Packet mit
der Aufschrift: Portoriko=Vogt zeigend — dienen kann mit
dieser Sorte, sehr beliebt?" Verwalter: „Den kenne ich
schon: mir für jetzt zu stark."

Mit obigen Versen sind wir auf's Gebiet der humo=
ristischen und satyrischen Poesie gerathen, die nicht minder
in vielen Adern floß. Hier war die Linke der Rechten ent=
schieden über. Moritz Hartmann's „Rheimchronik des Pfaffen
Mauritius", die in drei Bändchen die ganze Parlaments=
geschichte behandelt, versteht sich im Sinne seiner, der re=
publikanischen Partei, ist wohl das bedeutendste Erzeugniß
dieser Art und überreich an witzigen, wenn auch nicht immer
wahren und vollkommen zutreffenden Charakteristiken. Noch
reichlicher, als diese historisch=epische Dichtung strömte die
lyrische, in allen möglichen Parodien beliebter Volks= und
Studentenlieder, und ebenso die epigrammatische. Vom Erz=
herzog Johann, um an diesen wieder anzuknüpfen, hieß es:

> Wahr bleibt wahr!
> Johannes war nicht der Erlöser!
> So ist's auch mit dem Reichsverweser.

Dann die

> Grabschrift eines Reichsverwesers.
> Es blieb den Aerzten keine Wahl
> Im schwersten Fall von allen Fällen:
> Man gab ihn auf; denn radikal
> War er doch nimmer herzustellen.

Auf Herrn v. Schmerling war gemünzt:

Von Ministern, die schlimm hausten, ließe sich sehr viel berichten,
Liebes Wiener Kind, wir haben leider nur zu viel Geschichten.

Ernst Moritz Arndt, der für den Ausschluß Oesterreichs gestimmt hatte, mußte sich sagen lassen:

Der für's g a n z e Deutschland schwärmte, will als guter Preuße
sterben,
Alter Moritz, willst wahrscheinlich es mit beiden nicht verderben!

Wie auf einzelne Personen und Parteien, so hagelte es Epigramme auf ganze Staaten, ,den Partikularismus geißelnd. Bayern, welches mit dem Matrikularbeitrage für die deutsche Flotte zurück hielt, adressirte an das Reichs= ministerium:

Vielversprochne deutsche Flotte! Geld für sie verlanget ihr?
Herr von Beckerath,*) wir brauchen unser Geld für bayrisch Bier.

Die Kleinstaaten wurden illustrirt in folgenden Versen:

Als besonderer Kleks auf Deutschlands Staatenkarte zu erscheinen,
Darauf könnt ihr nicht verzichten! O ihr eigensinn'gen Kleinen!
Deutsche Einheit, holde Blume, blühst hinfort nur in Gedichten,
Denn die S o n d e r h ä u s e r können auf's Regieren nicht verzichten.

Anhalt=Bernburg:

Wühler, Heuler und Reformer auch bei uns ihr Wesen treiben:
Viele wollen preußisch werden, viele gut anhaltisch bleiben!

Die Bückeburger:

Neulich haben sie es deutlich uns'rem Parlament geschrieben,
Daß sie ihrer Lippenfürsten vielgetreue Diener blieben,
Daß sie schönstens sich bedanken für das Mediatisiren,
Denn sie wollten sich in Deutschland nie und nimmer so blamiren!
Bückeburger! eure Treue sollte ein Virgil besingen,
Lorbeern her und Epheukränze! Laßt euch küssen und umschlingen!

---

*) Herr v. Beckerath war Reichsfinanzminister.

Niemals wart ihr Demokraten, niemals Wühler, gottvergessen,
Eure treuen Herzen sprudeln ganz ergebenste Adressen.
Lohnet solche Unterthanen! Laßt sie fischen, laßt sie jagen
Und im Teutoburger Walde unentgeltlich Brennholz schlagen!

Gewaltig unpopulär war damals die Idee des Kaiser=
thums, insbesondere des, auch zweimal verworfenen preu=
ßischen Erbkaiserthums. So hieß es denn:

> Im Kaisersaal zu Frankfurt a. M.
> Die Freiheit will uns noch nicht strahlen!
> Laßt euch noch ein'ge Kaiser malen.

––––––––

Spitzt die Feder, ihr Poeten! Kaiserlieder laßt erschallen,
Auf der deutschen Freiheit Blüthe ist ein böser Frost gefallen.

Mystizismus und Romantik, mit Historikern im Bunde,
Wollen liebevoll, o Deutschland, heilen deine große Wunde. —
Auferstehen soll ein Kaiser aus dem Grabe der Verwesung,
Um dem neugebor'nen Reiche Heil zu bringen und Genesung.

An probaten Zauberformeln fehlt's nicht unsern Professoren,
Darum staunt nicht, daß sie plötzlich ein Gespenst heraufbeschworen,
Ein Gespenst mit Purpurlappen, das, mit Fleisch und Blut be=
                                                         kleidet,
Als ein neuer Völkerhirte unsere deutschen Schaafe weidet!

––––––––

In „Germanias Schlummerlied" kehrt derselbe Gedanke
wieder:

> Schlaf Herzens=Michel, mein Liebling bist Du,
> Schließe die blöden Guckäugelein zu,
> Alles ist ruhig, ist still wie das Grab,
> Schlafe, ich währe die Wähler Dir ab.
> Radowitz betet, dann kommen im Nu,
> Fürstliche Engel mit prächtiger Truh',
> Dreißig und mehr noch gar gütig und hold,
> Bieten Dir Scepter und Krone von Gold.

Greife nur zu, 's ist goldene Zeit,
Später, ja später ist's nimmer wie heut';
Dann kommt der Schlöffel, kommt Vogt und der Zitz,
Zerbrechen die Krone und aus ist der Witz. —

Friedrich Wilhelm's IV. geflügeltes Wort: „Preußen soll in Deutschland aufgehen" fand seinen Kommentar in folgenden Versen:

Deutschland soll in Preußen aufgehn, denn der Adler liebt die Taube!
Blondgelockte deutsche Jungfrau, bald schmückt dich die Ehstandshaube,
Aus Muslin ist sie gemacht nicht, sondern aus Metall und Leder,
Daß wir Preußens Pickelhaube meinen, merkt gewiß ein Jeder!

Oesterreichs Ausschluß beklagte folgender wehmüthige Vers:

Oestreich bist von uns geschieden, unseres Ostens starke Burg!
Windischgrätz ist jetzt dein Solon und der Banus*) dein Lykurg!

Am gewandtesten war auf diesem Gebiete, nämlich in der Verfertigung von Epigrammen, Parodien und Travestien, der „Professor in naturalibus," wie ihn die Litteræ obscurorum virorum nennen, Carl Vogt. Als am 21. März 1849 der Welcker'sche Antrag auf Herstellung des preußischen Erbkaiserthums durchfiel, verfaßte er nachfolgende Parodie auf Uhland's: „Der Wirthin Töchterlein."

Es zogen drei Burschen wohl über den Rhein:
Bei Frau Germania kehrten sie ein.

„Frau Wirthin! hat sie gut Bier und Wein?
Wo hat sie ihr schiaches**) Kaiserlein?"

„Mein Bier und Wein ist frisch und klar,
Das Kaiserlein liegt auf der Todtenbahr."

Und als sie kamen nach Frankfurt am Main,
Da lag es in neuem schwarz-weißen Schrein.

---

*) Jellachich.

**) Dies Wort war die poetische Unthat eines Oesterreichers, der statt „kleines" — schiaches gesetzt hatte.

Der Dahlmann, der schlug den Schleier zurück
Und schaute es an mit gläsernem Blick!

„Ach, lebtest Du noch, Du schiacher Freund!
Ich würde Dich lieben so morgen wie heut'!"

Der Beseler deckte den Schleier zu
Und kehrte sich ab und weinte dazu:

„Ach, daß Du liegst auf der Todtenbahr!
Ich hab' Dich geliebet so manches Jahr."

Der Heinrich*) hub ihn wieder sogleich
Und küßte ihn auf den Mund so bleich:

„Dich lieb' ich immer, ich lieb' Dich noch heut',
Und werde Dich lieben in Ewigkeit!"

Das Gedicht wurde Uhland, der mit für die Ver=
werfung gestimmt hatte, vom österreichischen Abgeordneten
Joseph Rank überreicht, als die letzte Debatte über das Erb=
kaiserthum im Gange war. „Erst röthete sich," so erzählte
Rank, „sachte seine Stirn und eine merkwürdige Heiterkeit
spielte um seinen Mund, dann brach er in ein herzliches
Lachen aus und blickte unverwandt nach der Tribüne, wo
eben derselbe Beseler das Wort hatte und in rührendem, fast
weinerlichem Tone über das verunglückte Kaiserthum zu
sprechen anfing.

Ein zweites, nicht minder gelungenes Gedicht, war die
Parodie auf Goethes „Erlkönig:"

Wer reitet so spät durch Nacht und Wind?
Zu Esel der Dahlmann mit seinem Kind.

Er hält den Kaiser wohl in dem Arm,
Er faßt ihn sicher und hält ihn warm.

„Mein Sohn, was birgst Du so bang Dein Gesicht?"
„„Siehst Vater denn, Dahlmann, die Linke Du nicht?""

*) Gagern.

„Ein Scepter nur seh' ich und goldenen Reif'."
„„Ach nein, es ist nur ein Nebelstreif.""

„„Mein Vater, mein Dahlmann, ach hörest Du nicht,
„„Was leise, was fest mir die Linke verspricht?""

„Bleib ruhig, mein Kind, Dich schützet die Pflicht,
Der Friedrich Wilhelm hält, was er verspricht."

„„Ach Dahlmann, mein Vater, siehst Du nicht dort
Blutrothe Gestalten am nächtlichen Ort?""

„Mein Sohn, mein Kaiser, ich seh' es genau,
's sind Bassermänner*) vom Heulen so grau."

„„Mein Vater, mein Dahlmann, jetzt faßt sie mich an,
Die Linke, sie hat mir ein Leids**) gethan.""

Dem Dahlmann graußelts, er reitet geschwind,
Es stolpert der Esel, es ächzet das Kind;

Erreicht Berlin mit Mühe und Noth;
In seinen Armen der Kaiser war todt.

Die allerbitterste Paraphrase aber war wohl die auf
Arndt's Vaterlandslied:

Was ist des Deutschen Vaterland?
Antwortet Einer mit Verstand?
„Ich bin ein Preuße!" gröhlt das Pack;
„Muß größer sein!" — der Schabernack; —
Und Schwarz und Roth und Gold
Vom Preußen-Teuffel wird's geholt.

Was ist des Deutschen Vaterland?
Ist's hoher Zöllner Raubverband?

---

*) Sollte eine Anspielung sein auf die „Gestalten" in Bassermanns Rede.

**) Mit dem Leid war das Compromiß gemeint, welches die Gagern'sche Partei mit der Linken eingegangen war: Annahme des Erblaiserthums, gegen Bewilligung des allgemeinen Wahlrechts und Suspensiv-Vetos. Das machte die Krone unannehmbar.

Ist's, wo die Fallsucht Habsburg's graut?
Ist's schwagerliche Knuten-Mauth?
O nein! — O nein! — O nein!
Ihr deutscher Bund muß größer sein.

Nun, was ist denn das deutsche Land?
So nenne mir das große Land!
Ist's, was der Schergen Trug zerklaubt?
Ist's, wo man Tod der Freiheit schnaubt?
Ja ja! — Ja ja! — Ja ja!
Doch sind zu wenig Kerker da!

Das ist des Deutschen Vaterland!
Jetzt, Deutsche, kennt Ihr Eure Schand!
So weit die deutsche Zunge lügt,
Betrog'nes Volk sich selbst betrügt:
Das soll es sein — das soll es sein;
Und jeder Schuft stimmt überein.

Das ist des Deutschen Vaterland;
An jeder Wand ein Vigilant,
An jeder Eck' ein Galgenstrick,
Ein Bajonett für jed's Genick.
Das soll es sein? Das soll es sein?
Du, deutsches Volk, stimmst überein?

Das ist des Deutschen Vaterland!
Die Polizei! Der Krieg(ch) erstand!
Wo faules Volk im Elend schwitzt
Und freies Wort im Kerker sitzt:
Das soll es sein! Das soll es sein!
So will's der Teuffel Schandverein.

O Gott im Himmel sieh darein!
Laß Deine Menschen Menschen sein!
Und gieb dem Volke Thaten-Muth
Und segne das vergoss'ne Blut:
Schwarz soll es werden, Gold und Roth
Für Deutschlands Freiheit oder — Tod.

———————————

XVII.

Anekdoten und Charakterzüge
aus dem Leben Friedrich Wilhelm's IV.,
Königs von Preußen.

———

Der am 2. Januar 1861 verewigte König Friedrich Wilhelm IV., der siebzehnte der preußischen Regenten aus dem Hause Hohenzollern war unstreitig einer der geistreichsten, wie kenntnißreichsten Fürsten aus dieser so begabten Dynastie, wie seiner Zeit überhaupt. Schon als kleiner Knabe offenbarte er die herrlichsten Anlagen, die durch eine sorgfältige Erziehung sich zu den glänzendsten Blüthen entfalteten. An dieser Erziehung hatten Stein und demnächst Ancillon, die darüber von seinen königlichen Eltern, der Mutter insbesondere, zu Rathe gezogen waren, den hervorragendsten Antheil. Des letzteren charakteristische Worte waren: „Qu' une jeunesse laborieuse, soumise, serieuse, sans tristesse, gaye sans frivolité et sans dissipation, lui donne de la trempe et du caractère et le forme à sa haute destination." Im Frühjahr 1808, als der königliche Knabe in seinem dreizehnten Jahre stand, schrieb die

Königin Louise an ihren Vater, den Großherzog von Mecklenburg-Strelitz: Der Kronprinz ist voller Leben und Geist, er hat vorzügliche Talente, die glücklich entwickelt und gebildet werden. Er ist wahr in seinen Empfindungen und Worten und seine Lebhaftigkeit macht Verstellung unmöglich. Er lernt mit vorzüglichem Erfolge Geschichte und das Große und Gute zieht seine Liebe an. Für das Witzige hat er viel Empfänglichkeit und seine komischen und überraschenden Einfälle unterhalten uns sehr angenehm. Er hängt vorzüglich an der Mutter und kann nicht reiner sein, als er ist. So wie diese ihren Erstgebornen und Lieblingssohn schilderte, so ist er geblieben, als Jüngling, als Mann und als Greis. Freilich ging dieser originelle Geist oft seinen eigenen Weg und erwog nicht immer, ob seine Einfälle unangenehm berührten oder gar schmerzlich trafen.

Eines Tages sagte die Königin dem Stallmeister Rabe, der dem damals zwölfjährigen Kronprinz Reitunterricht gab: „Lieber Rabe, können Sie denn nicht machen, daß der Fritz ein wenig besser zu Pferde sitzt? Er hat doch gar keinen hübschen Anstand beim Reiten." „Ich bedaure, daß ich das wirklich nicht machen kann," erwiderte der Stallmeister. „Wie so nicht?" fragte die Königin verwundert. „Wenn ich Seine Königliche Hoheit bitte, sich zusammen zu nehmen, damit die Haltung eine andere werde, erwidern mir Höchstdieselben: „Lassen Sie mich reiten, wie ich reite, ich komme doch, wohin ich will!" Vergebens sprach die königliche Mutter zu ihrem Sohne, bittend und mahnend: er blieb bei seiner Art und Weise, und ist denn auch wirklich im ganzen Leben kein Reiter geworden: das heißt, er hat zu Pferde nie den schönen Anstand gehabt, durch den sein Vater sich so sehr auszeichnete, der wohl der kunstgerechteste und

23*

ritterlichste Reiter in der ganzen Arme war — aber er ist frisch und fröhlich darauf los geritten und hat damit oft seine Umgebung und sein Gefolge in die peinlichste Besorg= niß versetzt. Merkwürdiger Weise traf ihn nie ein Unfall, während alle seine Brüder, die sämmtlich treffliche Reiter waren, solche mitunter in der empfindlichsten Weise erlitten haben.

Denselben Mangel an Rücksichtnahme auf die Ermah= nungen des Reitmeisters zeigte der kronprinzliche Knabe auch gegen den Sprachlehrer. Er hatte einen leicht erklärlichen Widerwillen gegen die Franzosen und Alles was französisch war und klang. So erklärte er denn eines Tages seinem Sprachlehrer, er nehme keinen französischen Unterricht mehr. Als keine Gegenvorstellungen fruchteten, sah jener sich ge= nöthigt Meldung beim Könige zu machen, aber auch dem Vater gegenüber blieb der Sohn, der sonst voll Pietät war, bei seinem Entschluß. Da bekam er Arrest. Nach einiger Zeit gefragt, ob er nicht lieber nachgeben wollte, erwiderte er, zwischen Unmuth und Uebermuth kämpfend: „Nun gut, ich will; hat der Vater die Franzosen nicht schlagen können, so muß der Sohn freilich französisch lernen, damit er unter= handeln kann mit ihnen." Mit ungleich mehr Vorliebe wandte er sich dem Studium der englischen Sprache und Litteratur zu. Gegenüber seinen militärischen Erziehern, welches erst Oberst von Gaudy, dann Major von Luck war, zeigte er, die Wichtigkeit der militärischen Disciplin sehr wohl begreifend, mehr Gefügigkeit. Unter letzterem zog er 1813 mit in den Befreiungskrieg nach Frankreich. In einem Vorpostengefecht wagte er sich bei einem muthigen Angriff zu weit vor und v. Luck bemerkte ihm, daß er sein Leben nicht muthwillig in Gefahr bringen dürfe, da er der Kronprinz von Preußen sei. Der junge Prinz antwortete: daran liege nicht so viel, denn wenn ihn eine Kugel treffe, so sei sein Bruder Wilhelm Kronprinz.

Gar oft riß ihn das Flammige seines Gemüths zu übermüthigen Scherzen und unmuthiger Gereiztheit hin, aber sein Rechtsgefühl nnd Edelsinn war so tief und groß, daß er sein Unrecht nicht nur erkannte, sondern was dem Königssohne und König hoch anzurechnen ist, auch bekannte. Eines Tages — er trat eben in die Jünglingsjahre — bemerkte er bei einem Spaziergange durch den Park von Sanssouci, daß eine Hofdame eine große Furcht vor Fröschen zeigte. Er fing einen und verfolgte sie damit, die Dame lief schreiend, bis er sie einholte und als er ihr nahe war, warf er ihr den Frosch zu, der — war's Absicht oder Zufall — sie auf den bloßen Hals traf. Ganz außer sich vor Schreck, Abscheu und Aerger vergaß sie sich so weit, daß sie dem jungen Herrn — eine Ohrfeige gab. Beide standen einen Augenblick erstarrt. Der Kronprinz sammelte sich zuerst: er beruhigte die Hofdame, die so außer aller Fassung war, daß sie keine Worte finden konnte, um ihre Gefühle auszusprechen, und sagte: „Ich bin nur bestraft, wie ich's verdiene, darum küsse ich die Ruthe, die mich strafte," damit küßte er ihr die Hand.

Eine ähnliche Scene spielte in späteren Jahren mit einem Kammerdiener. Von diesem verlangte der Kronprinz vor dem Schlafengehen einen Dienst, der eigentlich Sache des Lakaien war und sich auch wohl nur für diesen ziemte. Der Kammerdiener sagte: „Erlauben Königliche Hoheit, daß ich den Lakaien rufe!" Da wallte, durch den Widerspruch gereizt, der Gebieter auf und befahl streng: „Ich habe gesagt, Sie sollen es thun!" Bescheiden aber fest sprach der

Kammerdiener: „Gestatten Ew. Königliche Hoheit, daß ich den Lakaien rufe!" Da schritt der nun doppelt Gereizte auf ihn zu, trat ihn auf den Fuß und rief: „Werden Sie's auf der Stelle thun?' Der Getretene zog den Fuß nicht zurück, er blieb ruhig stehen und sah seinem Gebieter traurig in's Auge; da erschrack der über das, was er gethan, er wandte sich ab und ging in's Nebenzimmer: dort ging er mit starken Schritten eine Zeitlang auf und ab, während der Kammer= diener jenen Dienst nicht leistete, aber auch den Lakaien nicht rief. Die Schritte im Nebenzimmer wurden ruhiger und hörten bald ganz auf, ein Schubfach wurde aufgeschlossen, und bald darauf kam der Kronprinz in's Zimmer zurück, ging mit milderem Wesen auf den Kammerdiener zu und bat ihn in liebreichem Tone: „Vergessen Sie, was ich that!" nahm ihn bei der Hand, drückte sie ihm und wollte eine goldene Dose hineinlegen. Der überraschte Diener sagte, indem er die Dose bescheiden ablehnte: „Königliche Hoheit, eine Dose kann das nicht gut machen!" „Das soll sie auch nicht!" rief der Kronprinz, „sie soll Ihnen nur zeigen, wie leid mir das ist, was ich gethan habe, sie soll Ihnen nur ein Zeichen sein von meiner Liebe, von meiner herzlichen Achtung!" Da stürzten dem wackern Diener die Thränen über's Gesicht, er küßte des Prinzen Hand und rief in tiefer Bewegung: „Königliche Hoheit, dann wird sie mir ein ewig theures Andenken sein!" Und Herr und Diener sind seit= dem fast unzertrennlich gewesen.

Ueberhaupt war Friedrich Wilhelm IV., wenn er sein Unrecht oder seine Uebereilung einsah, der erste, der sich be= strebte, sie wieder gut zu machen, und seine Dienerschaft und nähere Umgebung wußte das. Als er einmal von einer Ausfahrt in das Palais zu Potsdam zurückkehrte, befand sich der Portier nicht auf seinem Posten. „Portier ist abgesetzt!" rief der Monarch zornig, und man kannte die Hartnäckigkeit, mit welcher er an solchen Anordnungen fest= hielt. Aber der betreffende Portier war sonst ein pflicht= treuer Diener, weshalb der dienstthuende Flügel=Adjutant beschloß, sich bei dem König für ihn zu verwenden. Als er am nächsten Tage bei dem Monarchen weilte, fragte er daher im Gespräch: „Majestät, ist der Portier auf einen oder auf zwei Tage abgesetzt?" „Auf einen!" lautete die Antwort Friedrich Wilhelms, der das geschickte Verfahren seines Adjutanten zu würdigen wußte.

Leutselig gegen seine Bedienung und gegen Untergebene, und in jeder Hinsicht ein wohlwollender, an ihren häuslichen Leiden und Freuden theilnehmender Herr, konnte er sich's doch nicht versagen, sie mitunter durch einen Scherz in Ver= legenheit zu setzen. So sah er einst auf einer Gemäldegallerie ein frisch gemaltes Bild, das weniger als mittelmäßig war, das von einem Beamten derselben gemalt und in edler Selbstüberschätzung dort aufgestellt war, um des Kronprinzen Augen auf sich zu ziehen. Die Absicht glückte: verwundert sah der Kronprinz das Bild an und fragte den Maler, der in gespannter Erwartung daneben stand: „Von wem ist das Bild?" „Von mich!" sprach mit tiefer Verbeugung und strahlendem Antlitz der Gefragte. „Von wem?!" fragte der Kronprinz. „Von mich!" wiederholte Jener. „Den Kerl kenn' ich nicht!" sagte der Fürst kopfschüttelnd und ging weiter.

Er gedachte gern seiner fröhlichen Jugend und freute sich, wenn er an die Scenen daraus erinnert wurde. Im Jahre 1813 war während des Waffenstillstandes eine Zeit das Hauptquartier auf dem Gute Kreysau in der Nähe von Schweidnitz. König Friedrich Wilhelm und der Kaiser Alexander behalfen sich dort in dem Hause der Gutsherr=schaft und führten Beide ein anspruchsloses, einfaches Leben. Im herrschaftlichen Garten stand ein alter, mächtiger Kirsch=baum, dessen Früchte der Kaiser sehr gerühmt hatte, sie wurden deßhalb für ihn besonders gehegt und ein alter Knecht als Hüter der für jeden Anderen verbotenen Frucht an den Baum gestellt. Der Kronprinz strich im Garten umher, sah die lockende Frucht, sah den Wächter am Fuße des Bau=mes auf dem Rücken liegen und sanft schlummern, kletterte den Stamm hinauf in die Aeste hinein und labte sich an der süßen Frucht nach Herzenslust; aber die Lust wäre nur halb gewesen, wenn der Wächter nicht erwacht wäre, er warf also mit Kirschkernen so lange nach seinem Gesicht, bis ihn einer traf. Der, erweckt und erschreckt, sah in die Höhe und erblickte entrüstet über sich den lachenden königlichen Kirschen=räuber. Aber vergebens schalt er, der Kronprinz warf ihn zur Antwort mit Kirschen, die er handvoll auf ihn warf. Da ergrimmte der alte Wächter und drohte, wenn er nicht ginge, würde er ihn gleich herunterholen. „So komm doch!" lachte der Jüngling aus sicherer Höhe, „komm doch und hole mich!" Da eilte der Alte fort, kam mit einer langen Boh=nenstange bewaffnet wieder und stieß und stach nach dem jungen hohen Herrn, daß er endlich um Pardon bitten und den Rückzug antreten mußte.

Ohne daß Beide es wußten, hatte der Kaiser Alexander den ganzen Hergang vom Fenster aus mit angesehen, hatte den König rufen lassen, und Beide schauten, der König mit sinnigem Lächeln, der Kaiser mit herzlichem Gelächter, dem ungleichen Kampfe des Wurfgeschosses mit der Lanze zu. Der Kaiser beschenkte den getreuen Wächter reichlich, aber

noch reichlicher neckte er den Kronprinzen mit seinem unfrei-
willigen Rückzuge.

Nach einer Reihe von Jahren, im Jahre 1820, besuchte der Kronprinz zum ersten Mal die Provinz Schlesien.
Sein bevorstehender Besuch war lange Zeit vorher bekannt.
Die Besitzerin des Gutes Kreysau, auf welchem der Kirschen-
raub stattgefunden, Frau von Dresky, ließ den Kirschbaum,
der gerade in diesem Jahre voll der schönsten Früchte prangte,
mit einem haushohen Wall von Erde und Rasen umgeben,
ließ den mit einigen Luft- und Lichtlöchern versehenen
Wall oben mit Balken und Brettern bedecken und diese
mit Erde beschütten, so daß der Baum und seine Frucht,
wie in einem dunkeln, kühlen Keller stand. So vor den
Strahlen und Gluthen der Sonne geschützt, behielten die
Früchte ihren Saft und ihr Ansehen, bis zu einer Zeit, in
der es längst keine Kirschen mehr gab, da der Kronprinz
Schlesien und unter andern Städten auch Schweidnitz be-
suchte. Am Tage seiner Ankunft ließ Frau von Dresky den
Baum ausgraben, so daß seine Wurzeln mit einem großen
Erdballen umgeben blieben, ließ den Baum sammt dem
Ballen auf ein Gestell von Bohlen bringen, das Gestell auf
Walzen legen und auf diese Weise den Kirschbaum in der
Nacht durch zwölf Ochsen nach Schweidnitz transportiren,
Dann ließ sie ihn vom Gestell herunterheben und ihn unter
den Fenstern des Kronprinzen, die nach dem Garten hinaus-
gingen, eingraben, so daß es aussah, als wären die Früchte
unter seinen Fenstern gereift. Am Morgen ließ sie sich bei
ihm melden und sagte, sie wisse aus Erfahrung, daß Seine
Königliche Hoheit Sich gern die Kirschen von diesem Baume
mit eigener Hand pflückten, deßhalb hätte sie sich erlaubt, den
Baum hierher zu verpflanzen. Den Kronprinzen amüsirte

dies ganz ungemein, er nahm die originelle Gabe mit leb=
haftem Dank und sichtbarer Freude entgegen und bereitete
dadurch der Geberin eine sehr große Freude. Aber sie hatte
noch eine andere daran, so wie sie noch einen andern Zweck
dabei gehabt hatte. Ein junger Mann aus edler Familie
hatte in jugendlicher Unbesonnenheit ein Vergehen begangen,
das ihm nach dem Spruch des Gesetzes auf einige Zeit seine
Freiheit nahm. Frau von Dresky benutzte die fröhliche
freundliche Stimmung des Kronprinzen um ihn zu bitten,
sich bei dem königlichen Vater um Begnadigung für jenen
Unglücklichen zu verwenden. Das wurde huldvoll zugesagt
und führte bald zum erwünschten Ziel. Als am Abende
desselben Tages, an welchem die Stadt dem Kronprinzen ein
Fest gab, der Commandant, General von Stutterheim, die
anwesenden Damen demselben präsentirte und dasselbe auch
mit Frau v. Dresky thun wollte, wies der Kronprinz das
mit Lachen und mit den Worten zurück: „Die brauchen Sie
mir nicht zu präsentiren, die hat mir heut früh schon ein
Register meiner Jugendsünden vorgelesen."

Nichts haßte und rügte Friedrich Wilhelm IV. strenger,
als leichtsinniges Schuldenmachen, wie er denn selbst seinen
Hofetat — wir werden darauf zurückkommen — strenge inne
hielt. Eines Tages bot man ihm ein Gemälde zum Kauf an,
das ihm ungemein gefiel. Er fragte den Kammerdiener nach
dem Preise. Der nannte denselben. „Wie viel Geld habe ich
noch?" fragte der Prinz weiter. Der Kammerdiener nannte
eine Summe, welche der geforderten gleichkam. „Gib sie
ihm," sagte der Kronprinz, „das Bild lasse ich nicht fort."
„Eure Königliche Hoheit bedürfen nothwendig Hemden," er=
widerte der Kammerdiener, „die müssen angeschafft werden:
der Maler will das Bild auch nicht gleich bezahlt haben."

„Nein, nein," rief der Kronprinz, „Schulden mache ich nicht, schicke ihm das Bild wieder." Der Kammerdiener erwiderte nichts, ließ aber das Bild im Vorzimmer stehen. Am Nach= mittage traf er seinen Herrn in der Betrachtung des Bildes versunken und für sich sprechend: „Es ist doch ein delicieuses Bild!" Plötzlich wandte er sich an den Diener und fragte: „Wie viel Hemden habe ich?" Jener schüttelte bedenklich den Kopf und erwiderte: „Nur noch dreißig." „Ach was," rief der Kronprinz, „mit dreißig Hemden kann ich noch lange auskommen, bezahl ihm das Bild!" Schüchtern entgegnete der Kammerdiener: „Dann sind Königliche Hoheit ja bis zum Ersten ohne Geld: aber ich könnte ihm eine Anweisung auf's nächste Quartal geben." „Thue das, aber schaff' mir das Bild fort: ich mag's nicht sehen, so lange es nicht be= zahlt ist." Am Ersten des nächsten Monats bezahlte der Kammerdiener das Bild und hängte es auf. Da betrachtete der Kronprinz es mit sichtlicher Befriedigung, rieb sich die Hände und sagte: „Nun erst habe ich meine Freude daran."

Beständig warnte er seine nächste Umgebung vor Schulden: wo er erfuhr, daß sie solche gemacht hatten, be= zahlte er sie wohl ohne ihr Wissen und gab erst, nachdem sie abgemacht, die Zustimmung zu einer gewünschten Beför= derung. Ein Oberst v. N., der tief verwickelt war, wurde dem Kronprinzen einst wegen seiner trefflichen Eigenschaften gerühmt. Dieser schüttelte den Kopf und sagte: „Wenn er nur nicht ein so leichtsinniger Schuldenmacher wäre." Man erwiderte entschuldigend, „er sei aber dabei, sich mit seinen Gläubigern zu setzen." „Ja, da wird er viele Stühle brauchen," lautete die witzige Gegenbemerkung. Ein Fürst, der immer derangirt war, baute eine Wasserkunst in seinem Parke. Als der Prinz ein im Bau begriffenes neues

Gebäude bemerkte, fragte er nach der Bestimmung desselben.
Es ist eine Pumpanstalt, hieß es. „Die hat er freilich nö=
thig," erwiderte der Prinz. Und so hatte er immer tref=
fende Antworten bei der Hand. Ein Hofmann, der eben
so selbstgefällig als bescheiden war, sprach gern von seinen
Schwächen und gestand zu, daß er sich derselben wohl be=
wußt wäre. Das erwähnte man einst zu seiner Entschul=
digung gegen den Kronprinzen: Er kennt, hieß es, alle seine
Fehler. „Mein Gott," rief dieser, „was muß der Mann
für eine ausgebreitete Bekanntschaft haben!"

In unvergleichlich geistreicher Weise verstand Friedrich
Wilhelm IV. zu schenken. In der Zeit, als die Fürstin
von Liegnitz die Gemahlin seines Vaters geworden war und
sich noch nicht bei allen Mitgliedern der königlichen Familie
der besten Aufnahme erfreute, mußte eines Abends beim
Gesellschaftsspiele jeder seine Lieblingsblume nennen. „Meine
Lieblingsblume," rief der Kronprinz mit einem innigen Blick
auf die Fürstin, „ist ein Stiefmütterchen." Das nahm ihm
die Fürstin wie auch der König=Gemahl sehr hoch auf und
erstere wurde erst recht erfreut, als bald darauf ein Ge=
schmeide folgte, dessen Edelsteine lauter Stiefmütterchen dar=
stellten. Die Fürstin überwand bekanntlich durch ihren edlen
Sinn alle Vorurtheile und erwärmte die Herzen zu hoher
Achtung und Verehrung. Dem Hofschlächter Raabe in Pots=
dam, der einst zu Weihnachten den Kronprinzen mit einem
Packet feinster, trefflichster Würste beschenkt hatte, ließ er als
Gegengabe eine in Form einer Wurst gearbeitete goldene
Dose zustellen, worauf die Worte eingravirt waren: Wurst
wider Wurst.

Bei einem Morgenspaziergange sah er einstens in der
Nähe von Sanssouci einen Knaben stehen, der in der einen

Hand einen Brief, in der andern einen vor einen Karren
gespannten Esel hielt; der Knabe blickte ängstlich um sich her,
als ob er rathlos wäre, und fing endlich an zu weinen, da
fragte ihn der Kronprinz, was ihm fehle und hörte, daß
der Knabe den Brief da oben im Schloffe an eine Küchen=
frau abgeben sollte. „Nun, so thue das doch!" sagte
der Kronprinz. „Ja," erwiderte der Knabe, „dann läuft
mir der Esel davon." „So binde ihn doch hier an das
Stacket." „So klug würde ich selber sein, aber dann
scheuert er so lange mit dem Kopfe am Zaune, bis er
die Halfter abgescheuert hat, und dann krieg' ich Prügel,
und wenn ich den Brief nicht selbst bestelle, krieg' ich
auch Prügel, und so krieg' ich auf jeden Fall Prügel." —
Der Kronprinz sah sich ringsum und sprach: „Wenn doch
Jemand da wäre, dem ich sagen könnte, daß er den Esel
so lange hielte." „Ist aber doch Niemand da," sagte der
Junge, sah den freundlichen Herrn bittend an und sprach:
„Ach, wären Sie wohl so gut und hielten mir den Esel
einen Augenblick, ich springe geschwind hinauf und bin gleich
wieder hier." Der Kronprinz lachte und sagte: „Gieb her
den Strick, aber mach geschwind." Der Knabe lief in vollen
Sprüngen, aber — kam nicht wieder. Minute auf Minute
verging, dem hohen Hüter wurde die Zeit sehr lang, denn
der Esel, von Fliegen und Bremsen geplagt, wurde sehr un=
ruhig und wollte durchaus nach Hause. Vergebens sah sich
der Kronprinz nach allen Seiten um, ob nicht Jemand
käme, der ihn ablöste, aber es kam Niemand, und so hielt
er denn sein Wort und den Esel, bis endlich nach länger
als einer Viertelstunde der Junge in vollen Sprüngen den
Berg herunter kam, voller Freude erzählte, er hätte die Frau
erst gar nicht finden können, nachdem er sie aber endlich

gefunden, habe sie ihm zwei Groschen geschenkt und weil er
den Esel so schön gehalten, solle er einen davon nehmen,
damit reichte er ihm die Hälfte seines Trinkgeldes hin. Ver=
gebens wies der Kronprinz ihn lachend zurück, der Junge
bat so zutraulich, so dringend, er möge ihm doch die Liebe
erweisen und den Groschen nehmen, daß der Kronprinz nach=
gab, den Groschen in die Westentasche steckte, sich schön be=
dankte und heimkehrte. Als er zu seiner Gemahlin kam,
sagte sie: „Du hast mich heute recht lange warten lassen!"
„Ich hab' mir erst etwas verdienen müssen!" „Was denn?"
Der Kronprinz nahm das Biergeld, das er empfangen, aus
der Tasche, legte es auf die flache Hand, hielt es hin und
sagte: „Den Groschen hier!" „Womit denn?" „Ich habe
einen Esel gehalten."

In den Abend=Gesellschaften ließ Friedrich Wilhelm
seiner humoristischen Ader freien Lauf und manche Hofdame,
mancher Garde=Lieutnant, Gesandtschafts=Sekretär oder
Attaché ist darin der Gegenstand seiner ungezügelten Ein=
fälle gewesen. Eine dort spielende Anektode haben wir
schon mitgetheilt: eine zweite, sehr pikante, weil sie zutreffend
war, ist folgende: Es wurden plastische Räthsel gespielt und
eine der Hofdamen hatte das Wort „Silberblick" dar=
zustellen, was sie in der Weise that, daß sie ihre sonst schö=
nen Augen auf einen in der Hand haltenden silbernen Löffel
richtete und dann einen ihr gegenüber sitzenden Herrn, dem
zunächst die Auflösung oblag, fragend ansah. Diesem, wel=
chem die Lösung schwer fiel, flüsterte der König zu „Löffel=
gans," womit derselbe denn auch herausplatzte und natürlich
großes Gelächter über sich und die Dame hervorrief.

Ein junger Herr aus einer dem Hofe nahe stehenden
vornehmen Familie hatte sein Examen für die diplomatische

Carrière gemacht, aber nicht glücklich, so daß er's noch ein=
mal machen sollte: als er kurz nach dem unglücklichen
Examen an dem Abendcirkel Theil nahm, gratulirte ihm die
Kronprinzssin, die nur wußte, daß er's gemacht, aber nicht
wie, zu glücklich überstandenem Examen: da rief ihr der
Kronprinz zu: „Er hat's so gut gemacht, daß die Exami=
natoren alle gerufen haben: da capo!"

Rang und Stand machte dabei keinen Unterschied. Er
verschonte selbst die vornehmsten Gäste nicht, wenn sie
ihm zum Spott Anlaß gaben, wie er denn mit allen witz=
begabten Männern die Eigenschaft theilte, daß er einen guten
Einfall nicht zu unterdrücken vermochte. Wahrhaft köstlich
war eine Scene, die mit dem verstorbenen Herzog von
Sachsen=Meiningen sich abspielte. Dieser hatte zwei Räthsel,
die er Jedermann aufgab, und die so schwierig waren, daß
er sie schließlich immer selbst auflösen mußte, was ihm großes
Vergnügen machte. Sie lauteten also: Erstes Räthsel. Frage:
Was würden Sie thun, wenn Sie ein Zahnarzt wären?
Antwort: Ich würde der Zeit ihren Zahn ausziehen. Zweites
Räthsel. Frage: Was würden Sie thun, wenn Sie ein
Taucher wären? Antwort: Ich würde in das Meer der
Ewigkeit tauchen. Nun besuchte König Friedrich Wilhelm IV.
den Herzog von Meiningen: er hatte schon von Dritten die
landeskundigen beiden Räthsel erfahren. Der Herzog, wel=
cher Sr. Majestät gern das Beste auftischte, was er hatte,
konnte ihm unmöglich die Räthsel vorenthalten. „Wollen
Ew. Majestät," fragte er nach Tische, „allerhuldreichst ge=
statten, daß ich Allerhöchstdemselben ein paar Räthsel vor=
lege?" „Gewiß, mein Bruder!" „Was würden Ew.
Majestät thun, wenn Ew. Majestät ein Zahnarzt wären?"
„Ich würde in das Meer der Ewigkeit tauchen." Der

Herzog war anfangs wahrhaft bestürzt über diesen Scharffinn.
Bisher hatte kein Sterblicher ein einziges seiner Räthsel
gelöst, geschweige denn alle beide. Da kam nun dieser ge=
krönte Oedipus und löste beim ersten schon im voraus das
zweite. Das war zu arg. Allein die durchlauchtigste Sphinx
von Meiningen stürzte sich deshalb noch keigswegs, wie
dies vormals in heidnischen Zeiten Sitte gewesen sein soll,
vom Felsen herunter, sondern sagte zuletzt schmunzelnd: „Ja,
ja, Majestät, so was kann man auch nur, wenn man König
ist," eine Antwort, an welcher seinerseits wieder Friedrich
Wilhelm IV. den höchsten Gefallen fand. Gewährsmann
dieser Anekdote ist der verstorbene General J. von Radowitz.

Etwas unbequem, um einen gelinden Ausdruck zu wählen,
war des Königs stets schlagfertige witzige Rede zuweilen für
diejenigen, die eben bei ihm eintraten, die er mit einem
solch' fröhlichen Witzwort empfing, und die, wenn sie nicht
ganz besondere Geistesgegenwart hatten, oft nur mit einer
heiteren Miene antworten konnten, die ein Vergnügtsein
ausdrücken sollte, aber wenn sie ehrlich gewesen wäre, ein
Verdrießlichsein ausgedrückt hätte. So empfing er Nagler,
der sich als General=Postmeister in seiner nicht sehr geschmack=
vollen Uniform (Orange mit Gold gestickt), die Brust voller
Orden präsentirte, mit den Worten: „Mein Gott, aus wel=
cher Broncefabrik kommen Sie denn her?" So begrüßte
er den hannoverschen Gesandten Ompteda, der oft verreist
war, einmal bei seiner Rückkehr mit den Worten: „Ompte
hier, Ompte dort, Ompte da."

In derartigen Wortspielen mit Namen war er von je
her stark. Schon als übermüthiger Jüngling sollte er auf
Beschwerde eines bei seinem Vater in hoher, aber nach seiner,
des Kronprinzen Auffassung unverdienter Gunst stehenden

Herrn von Klewitz Arrest erhalten, weil er folgendes
Räthsel auf ihn gemacht und noch obendrein ihm selbst zu
rathen aufgegeben hatte:

> Mein Erstes frißt das Vieh',
> Das Zweite hatt' ich nie,
> Mein Ganzes, alle Tage —
> Wird's mehr des Landes Plage!

Der Kronprinz entschuldigte sich damit, er habe „Heu=
schreck" gemeint und kam damit auch glücklich durch. Zu
der Zeit, als der verstorbene Statthalter von Elsaß=Lo=
thringen, Graf v. Manteuffel, zum ersten Flügel=Adjutanten
ernannt wurde, war dessen Vetter, Freiherr Theodor von
Manteuffel, Ministerpräsident und dessen Bruder Otto Chef
des landwirthschaftlichen Ministeriums. Der König regierte
fortan wie er sagte: „In des Drei=Teufels=Namen!"

Bei einer Anwesenheit in Iserlohn versäumte er, noch
Kronprinz, es nicht, den alten Pastor Strauß an der Bauern=
kirche zu besuchen, dessen Sohn von Friedrich Wilhelm III.
zum Hof= und Domprediger ernannt worden war und der
dem Kronprinzen nahe stand. In der auf die leichteste Weise
geführten Unterhaltung äußerte der freundliche Besucher:
„O gewiß, Papa Strauß, mein Vater vermag viel. Er
hat ja aus einem Strauß einen Dompfaffen gemacht."

Einst spielte bei einem Hoffeste die Musik: „Ich bin
ein Preuße." Der Herzog von Anhalt=Köthen sagte zu
Friedrich Wilhelm IV.: „Wie beneide ich die Preußen um
diese National=Hymne!" „Das ist nicht nöthig," versetzte
der König; „singen Sie doch: Ich bin ein Köther, kennt ihr
meine Farben!"

Eine unverhehlte Abneigung hatte er gegen den König
Ernst August von Hannover, weniger wegen des Verfassungs=

streites, als wegen der sonstigen Eigenschaften und Thaten
dieses bekanntlich nicht sehr liebenswürdigen Monarchen.
Derselbe hielt sich während des Sommers 1841 oder 1842
längere Zeit in Berlin auf und als er abreiste, antwortete
der König, um die Parole des Tages gefragt, ganz trocken:
„Oxford." Andere freilich versichern, es sei nur der Gesandte Ernst's August, Lord Westmoreland gewesen, auf den
dieser Sarkasmus gemünzt. Bekannt ist aus den verhängnißvollen Novembertagen des Sturmjahres 1848 sein Satz
und Entschluß: „Brandenburg in die (National-)Ver-
sammlung und die Versammlung in Brandenburg."
Diese ihm aufgenöthigte Versammlung lag ihm, wie er das
mehrere Male sagte, schwer im Magen, gerade wie mitunter
auch „Der Racker vom Staat." Dieses Ausdrucks eines
Merseburger Bauern bediente sich der König im Scherze,
wie in Ironie oft. Er hatte einem solchen, wie Büchmann
in seinen „Geflügelten Worten" erzählt, eine unbillige Forderung mit Verweisung auf den Staat und dessen Ordnung
abgelehnt und der Bauer darauf erwidert: „O, ich wußte
wohl, daß nicht mein geliebter König mir entgegensteht, sondern der Racker vom Staat." Aufgewachsen und erzogen
in allen Traditionen der Legitimität und Autorität, glaubte
Friedrich Wilhelm, „als Erbe einer ungeschwächten Krone,
diese auch ungeschwächt seinem Nachfolger überliefern zu
müssen," wie er in seiner Eröffnungsrede zum Ersten Vereinigten Landtag sagte und verstand sich nur ungern und
durch die Verhältnisse gezwungen zu Concessionen. So äußerte
er gegen seinen Bruder, unsern jetzigen König und Kaiser,
als er damals mit ihm die Vorkehrungen im Weißen Saale
des Schlosses in Augenschein nahm und der Prinz die Bemerkung machte, die Sitze für die Abgeordneten seien zu

schmal und enge, ganz bezeichnend: „Nun, sie sollen sich auch
nicht breit machen." Als die Verhandlungen dieser Ver=
sammlung nicht den gewünschten Verlauf nahmen, Freiherr
Georg v. Vinke die Fahne der Opposition aufsteckte und die
Fassung der vom Grafen Schwerin in Antrag gebrachten
Adresse zu allerlei Nergeleien Anlaß gab, vertiefte sich der
König in das Studium der — Tropenländer. So fand
ihn A. v. Humboldt, der bekanntlich freien Zutritt hatte und
seine Verwunderung über solche Beschäftigung zu solcher Zeit
nicht zurück hielt. „Warum soll ich nicht," erwiderte der
geistreiche Fürst, „die Zeit und ihre Temperatur, das eben
ist an der Zeit: beräth denn nicht der Landtag jetzt eben,
ob er an mich eine Adresse über Null oder unter Null er=
lassen soll?" Daß er, der selbst in die trockensten Geschäfte
hinein Humor brachte, ihn bei der Tafel nicht verschmähte,
versteht sich wohl ungesagt. Es herrschte während derselben
fast unausgesetzt eine heitere Stimmung, und wenn die Gäste
auch dabei nie vergaßen, daß sie an einer königlichen Tafel
waren, so beherrschte der König, der eigentlich die ganze
Tafel wie der Musikdirector ein Orchester leitete, und dabei
stets die erste Violine spielte, doch die Stimmung so voll=
kommen, daß nie etwas Störendes aufkam. Toasten und
sprechen konnte er wie kein Anderer; seine Reden haben die
Reise um die Welt gemacht; unvergleichlich waren seine Trink=
sprüche beim Kölner Dombaufeste vom August 1848 an der
großen Festtafel im Gürzenich. Die köstlichsten Scenen aber
spielten sich ab bei den Empfangsfeierlichkeiten auf Reisen.
Hier hat freilich die Dichtung Manches zur Wahrheit hin=
zugethan und diese verfärbt, so daß wir uns Schranken
ziehen müssen und nur mittheilen, was wir selbst erlebt haben
oder aber aus unmittelbarster Quelle wissen. In einer ost=

oder westpreußischen Landstadt erhob, als der würdige Podesta
gerade seine wohl eingeübte Begrüßungsrede anhub, ein Bru=
der Graurock, den seine durch die Umstände gerechtfertigte
Zurücksetzung kränken mochte, sein unmelodisches Yah, Yah.
„Still, still," sagte der König, „Einer nach dem Andern."
(Dieselbe Anekdote wird übrigens auch Friedrich dem Großen
zugeschrieben.)

Der König war bekanntlich kein großer Freund vom
Anhören langer Reden, wenn es sich um den Empfang in
einer Stadt handelte. So war er eines Tages bereits meh=
rere Stunden mit Extrapost gefahren und traf um die Mit=
tagszeit vor dem Thore einer kleinen Stadt ziemlich ermüdet
und hungrig ein. Hier wurde der König von den Hono=
ratioren empfangen und der Bürgermeister begann mit fol=
gender langathmigen Rede: „Allerdurchlauchtigster, großmäch=
tigster König, Allergnädigster König und Herr! Als Hannibal
vor den Thoren Karthagos stand . . . ." „. . . hatte er
wahrscheinlich eben solchen Hunger wie ich. Nun kommen
Sie, lieber Bürgermeister, setzen Sie sich in meinen Wagen
und seien Sie mein Gast." Beim Einzug in eine kleine
Stadt wollte der Bürgermeister den König mit einer Rede
begrüßen. „5000 Bürger!" begann er, ohne fortfahren
zu können. „5000 Bürger!" — Abermalige Kunstpause.
„Grüßen Sie, bitte, die 5000 Bürger von mir, aber jeden
einzeln!" rief der König und fuhr weiter.

Im Jahre 1852 oder 1853 wurde der König, der zu
den Herbstmanövern durch Thüringen fuhr, in der Stadt M.
festlich empfangen. Natürlich waren Bürgermeister und
Stadtverordnete im schwarzen Frack mit weißer Binde und
Weste am Bahnhofe aufgepflanzt. Des ersteren nicht mehr
ganz modegerecht zugeschnittener Frack bedeckte die weiße Weste

nicht vollständig, so daß sie in Form eines spitzwinklichen Dreiecks auf dem stattlichen Bürgermeisterbauche sichtbar blieb. Der König hörte die, übrigens passende Rede lächelnd und wohlgefällig an und sagte dann: „Brav, brav, Superbe, aber ich fürchte, Sie haben Sich ihren Montblanc erkältet!" Im Sommer 1855 bereiste er die Rheinprovinz und fuhr von Trier die Mosel herab nach Coblenz. In einer der Moselstädte wurde ihm ein Becher Wein credenzt mit der Versicherung, daß die Gesinnungen an der Mosel so lauter und rein, wie dieser Wein. „Ist doch kein Achtundvierziger?" lautete die witzige Antwortsfrage.

Als auch auf dieser Reise das Dampfboot, welches den König rheinabwärts führte, in die Nähe von Bonn kam, sagte er zu seiner Umgebung: „Nun wird gleich der alte Arndt auf seinem Balkon erscheinen im altdeutschen Rocke und uns einen Gruß zuwinken." Genau so geschah es: er kannte seine Leute.

So oft der König auf einer in Berlin einmündenden Bahnlinie die Station W. passirte, ließ er sich von dem durch seinen colossalen Körperumfang bekannten Bahnhofs- restaurateur, der zugleich das erste Hotel in der Stadt besaß und den Titel „Hoftraiteur" führte, in seinem Salon- wagen den Kaffee oder das Dejeneur serviren oder wenig- stens eine Platte mit Apfelkuchen präsentiren, welcher sich in W. durch besondere Güte auszeichnete, wobei ihm der dicke Traiteur mit der Elephantentaille und den sackartigen Hosen- beinen viel Spaß zu machen pflegte. Einmal fragte er ihn bei solcher Gelegenheit, welchem Umstande er eigentlich „den unmenschlichen Cubikinhalt seines Leibes zu verdanken hätte," worauf der Gefragte mit tiefster Ehrerbietung zwar, aber doch mit unverkennbarem Stolze erwiederte: „Gestatten Ew.

königliche Majestät allergnädigst die unterthänigste Bemerkung, daß mein Embonpoint nur ein angeborenes Talent ist." — Erst nach zwei Jahren passirte der königliche Train wieder die Station W. Dieses Mal hatte der Hoftraiteur für eine Collection der herrlichsten Früchte Sorge getragen, hatte aber beim Besteigen des Salonwagens das Malheur, einen Teller mit Erdbeeren von dem silbernen Präsentirbrett herabgleiten zu lassen. In der tödtlichen Verlegenheit stammelte er: „Gestatten Ew. königliche Majestät allergnädigst die unter= thänigste Bemerkung, daß meine Ungeschicklichkeit . ." „nur ein angeborenes Talent ist!" unterbrach ihn der König schnell, welcher die Definition des Embonpoints noch nicht vergessen hatte.

Im Jahre 1845 wurde in Bonn das Denkmal Ludwig van Beethovens feierlich enthüllt. Es erschienen auch König Friedrich Wilhelm IV. und die Königin Victoria von Eng= land, welche damals gerade in Deutschland weilte, in der Stadt, um den Festlichkeiten beizuwohnen. Das Comitee, durch den hohen Besuch in Verwirrung gerathen, wußte den Herrschaften keinen anderen Platz anzuweisen, als das gräflich Fürstenbergische Haus, von dessen Fenstern sie zwar einen hübschen Ueberblick über den Festplatz genossen, aber die Statue nicht in der Front sahen. Als die Versammlung lautlos den Worten der schwungvollen Weiherede lauschte und diese bei dem Moment angelangt war, wo die Hülle von dem Denkmal fallen mußte, schlug plötzlich eine der anwe= senden Hofdamen der Königin ein Gelächter auf und Frie= drich Wilhelm rief heiter aus, indem er auf das Denkmal deutete, „Sehr artig ist der nicht, der kehrt uns den Rücken zu!" Die anwesenden Comitemitglieder stammelten in der Verlegenheit eine Menge Entschuldigungen, aber Alexander

von Humboldt, welcher sich im Gefolge des Königs befand,
trat an diesen heran und sagte: „Majestät, das darf Sie
nicht wundern, Beethoven war sein Leben lang ein grober
Kerl!" Allgemeine Heiterkeit.

Humboldt, um auf diesen speciell zurückzukommen, dem
„Papa Wrangel" den sehr charakteristischen Namen „unser
demokratischer Weltweiser" verliehen hatte, war nach seinen
persönlichen Neigungen und Anschauungen entschieden „liberal,"
doch konnte er andererseits die Hofluft nicht entbehren und
führte so eine Art von Zwitterleben, wodurch die Aufrich=
tigkeit und Lauterkeit seines Lebens und Strebens nicht ge=
rade gewann. Für den König hatte er, wie dieser selbst
sagte, wegen seines gewaltigen Wissens den Werth eines
großen, wenn auch nicht ganz zuverlässigen Konversations=
lexikons, wobei man jedoch nicht vergessen darf, daß nicht
allein der König ihm in der Geschichte entschieden überlegen
war, sondern auch in seinem damaligen zweiten Kabinetsrath
Niebuhr einen Mann zur Seite hatte, der vermöge seiner
umfassenden Bildung den berühmten Polyhistor (Vielwisser)
nicht selten auf den Sand setzte.

Die nachfolgende Anekdote erzählte der verstorbene Pro=
fessor Dr. Lichtenstein. Bei einem feierlichen Aufzuge der
Universität von Berlin nahm Friedrich Wilhelm III., be=
kanntlich ein abgesagter Feind des deutschen Studententhums,
Anstoß an den natürlich sehr zur Schau getragenen Farben
und Abzeichen der verschiedenen Corps und stand im Begriff,
seinen Unwillen laut zu manifestiren, als der Kronprinz ihn
mit den Worten beschwichtigte: „Es sind ja die Farben der
verschiedenen Facultäten." Die meisten und besten Witze hat
Friedrich Wilhelm IV. überhaupt auslaufen lassen, als er
noch Kronprinz war; in seiner Jugend trugen sie ihm, wie

schon erwähnt, mitunter Stubenarrest ein. Kaiser Nicolaus von Rußland war, als er das Palais unter den Linden erworben, damit Bürger von Berlin geworden und nicht wenig erstaunt, als er eines Tages eine im gröbsten amtlichen Lapidarstil abgefaßte Aufforderung zugestellt erhielt, sich zum Dienste bei der Feuerwehr unverzüglich und bei Strafe einzufinden! Der Kronprinz hatte seinen Mann so gut instruirt und legitimirt, daß diesem nichts anzuhaben war; demnächst erregte der Vorfall natürlich bei Hofe die berechtigte große Heiterkeit.

Als die Subscriptionsbälle aufkamen, fanden sie anfänglich im Schauspielhause statt und sah man als Abschluß der Decorationen durch ein großes Portal eine sehr gut gemalte Schweizer-Landschaft. Friedrich Wilhelm IV. sprach sich über diese Decoration sehr anerkennend aus, indem er, mit der Lorgnette die Damen im ersten Rang betrachtend, sein Lob mit den Worten schloß: „Ganz wie in der Schweiz, — eine Malerei neben der andern.' — Bei einer Parade standen die Garde-Regimenter wie die Bildsäulen, waren aber in ihrem Anzuge zu steif, um andere Bewegungen machen zu können, als für die Parade erforderlich waren. Als nun einige Officiere in der Umgebung des Kronprinzen die Haltung der Truppen rühmten, ließ dieser neben einem Flügelmann ein Goldstück fallen und befahl dem Gardisten, es aufzuheben. Der Soldat war außer Stande sich zu bücken. „Sehen Sie,“ sagte der Kronprinz, „das sind meines Vaters Soldaten.“ Sprach's und kriegte Stubenarrest. — Am 1. Februar wurde 1842 wurde dem Prinzen Albrecht eine Tochter geboren: Ihre königliche Hoheit die jetzige verwittwete Herzogin von Mecklenburg-Schwerin. Bekanntlich wird jedes neue Glied unseres Königshauses bei seiner Geburt

mit Kanonenschüssen begrüßt, die dem Volke das freudige
Ereigniß verkünden sollen. Als nun bei dieser Gelegenheit
der Commandeur der Artillerie von dem Könige seine Befehle wegen der Salutschüsse erhalten hatte, blieb der Officier
noch zögernd in dem Zimmer stehen. Der König sah ihn
fragend an. „Majestät, ich habe meine Instruktion für die
Geburt eines Prinzen und auch die für eine Prinzessin. Wenn
nun aber der liebe Gott uns einen Prinzen und zugleich
auch eine Prinzessin schenkt — — wie dann?“ „Dann mein
Lieber“ — lachte der König hell auf — „dann nach unserm
alten preußischen Wahlspruche: „Suum cuique“ (Jedem das
Seine).

Wir dürfen diese Sammlung, die mehr Anspruch darauf
macht, zuverlässig, als vollständig zu sein, nicht schließen,
ohne noch einiger „Geflügelten Worte“ zu gedenken, die im
Volke, wie in der politischen Welt, in den Parlamenten zumal, den weitesten Widerhall gefunden haben. Dahin gehört
zunächst der biblische (Josua 24 V. 15 entnommene) Wahlspruch des Königs: „Ich und Mein Haus, wir wollen
dem Herrn dienen.“ Er betonte ihn besonders in der
Thronrede, womit am 11. April 1847 der Erste Vereinigte
Landtag eröffnet wurde. Dieselbe enthielt auch den seitdem
so geläufig gewordenen Begriff der „Erbweisheit ohne
Gleichen“, in folgender Version: „Möchte doch das Beispiel
des einen glücklichen Landes, dessen Konstitution die Jahrhunderte und eine Erbweisheit ohne Gleichen gemacht haben,
aber kein Stück Papier, für uns unverloren sein und die Achtung finden, die es verdient.“ Es war natürlich England
gemeint und nicht, wie der sarkastische Georg v. Vincke bei
der Adreßdebatte am 15. April persiflirte, Mecklenburg. In
derselben Rede, die auch bis zur Stunde noch für eine der

claſſiſchſten gilt, die jemals in einem Parlamente gehalten
worden und als Thronrede wohl unübertroffen daſteht, rief
er dem Landtage zu: „Zwiſchen uns ſei Wahrheit" und
„Vertrauen weckt Vertrauen," — erſteres ein glück-
liches Citat aus Göthes Iphigenie, wo (Act 3 Scene 1)
Oreſt dieſes Wort an ſeine Schweſter richtet: letzteres das
eines königlichen Freundes, Friedrichs Auguſt II. von Sachſen,
der es als Mitregent am 20. September 1830 der Dresdener
Communalgarde zur Antwort gegeben hatte. Auch der viel-
beſprochene „Rechtsboden" iſt ein Original-Ausdruck Friedrich Wilhelms IV. und nicht, wie man vielfach geglaubt
hat und noch glaubt, des Freiherrn Georg v. Vincke. Der
König ruft dem Landtage zu, ihm zu helfen „den Boden
des Rechts, den wahren Acker der Könige immer mehr zu
befeſtigen und zu befruchten." Freiherr v. Vincke verſchaffte
in der Sitzung vom 15. Mai durch das Citat dieſer Stelle
ihr nur noch einen noch größeren Widerhall. Und ebenſo
iſt es mit dem Begriff einer „Verfaſſung auf brei-
teſter Grundlage." Dieſer Worte bediente ſich der König
zuerſt in einer Antwort an eine Deputation der Städte
Breslau und Liegnitz und ſie wurden dann in dem Propo-
ſitionsdecrete vom 2. April 1847 an den Vereinigten Landtag wiederholt. Aus dem folgenden, dem Sturmjahre 1848
iſt das Wort bekannt geworden: Gegen Demokraten
helfen nur Soldaten. Es findet ſich zuerſt am Schluß
eines Briefes an den Ritter v. Bunſen vor, der ſich über
die Frankfurter Kaiſerwahl verhält und iſt dann vom Könige mehrere Mal noch wiederholt worden. Jener Brief,
der gleich wie obige Thronrede von Anfang bis zu Ende
claſſiſch zu nennen, enthält auch den berühmt gewordenen
Ausſpruch über „das Hundehalsband der Volksſou-

veränität," „das die Patrioten dem Narren, dem Preußenkönig umschnallen wollen und das ihn der Revolution leib-
eigen machen soll." „Gottes Ordnung ist wohl, daß
die Wahrheit im Bettlergewande siegt, aber nicht
im Narrenkleide;" diese die religiös-legitimistische An-
schauungsweise des Königs prägnant zeichnende Sentenz
wandte er ebenfalls gegen Bunsen an gelegentlich einer
zwischen ihnen beiden über das protestantische Missionswesen
entstandenen Meinungsverschiedenheit. Bunsen hatte, wie der
König sagte, „norddeutsch-sentimental" gesprochen „von der
Wahrheit, die sich doch Bahn bricht" und sich abfällig über
das kath. Missionswesen geäußert.

Friedrich Wilhelm IV. hatte die für einen Beamten,
geschweige denn für einen Fürsten ganz unschätzbare Gabe,
das, was hinter ihm lag, ganz hinter sich liegen zu lassen,
und wenn ein Geschäft beendet war, und wäre es das unan-
genehmste gewesen, sogleich zu einem anderen, angenehmen,
oder auch zu einer fröhlichen Unterhaltung, nicht etwa nur
mit äußerlicher Theilnahme, nein, mit ganzem ungetheilten
Herzen überzugehen. Dies erklärt, wenigstens zum Theil,
die ihm innewohnende beispiellose Arbeitskraft.

Der Geheimrath v. B., der mit ihm, als er noch Kronprinz war, und der Minister v. T., der mit ihm, als er
König war, viel gearbeitet, versicherten, sie wären oft
nach vielstündiger Thätigkeit so erschöpft gewesen, daß sie
mit einer Ohnmacht gekämpft, so abgespannt, daß sie nach
beendeter Arbeit nicht essen, nicht schlafen, kaum noch klar
denken konnten; während der Fürst in derselben Frische wie
zu Anfang der Arbeit geblieben und sofort auf etwas anderes mit unerschöpfter Kraft und unerschöpflicher Laune
übergegangen sei.

Er schien unermüdlich und doch wurde er müde, da der Lebensabend nahte: das fühlten die ihm Nahestehenden kurz bevor der Schlaganfall ihn im Herbst 1857 traf. Er hatte die Mitglieder des in Berlin versammelten evangelischen Bundes nach Potsdam eingeladen, und redete dort mit Vielen von ihnen. Zu einem derselben, dem oben erwähnten jüngeren Strauß, dessen Mutter kürzlich gestorben, sprach er: „Ihr Mütterchen ist nun auch zur Ruhe — ach, ich sehne mich auch recht nach der Ruhe!" Wenige Tage darauf gab ihm jener Anfall, wenn auch nicht die ewige Ruhe, doch das Ausruhen von seinem königlichen Beruf.

So lebte, sprach, wirkte und starb ein Fürst, von dem ein englischer Staatsmann sagte: Friedrich Wilhelm IV. ist von allen Monarchen, die je geherrscht haben, der einzige, der, wenn er vom Throne stiege, in jeder beliebigen Wissenschaft sein Brod als Professor hätte verdienen können. Ganz dasselbe Urtheil fällte der ihm besonders befreundete General v. Radowitz, von welchem wir, wie erwähnt, mehrere der erzählten Anekdoten und vor allen die Characterschilderung wissen.